절망의 죽음과
자본주의의 미래

중년의 삶은 어떻게 비극으로 내몰리는가

절망의 죽음과 자본주의의 미래

앵거스 디턴 · 앤 케이스 지음 | 이진원 옮김

DEATHS OF DESPAIR
AND THE FUTURE OF CAPITALISM

한국경제신문

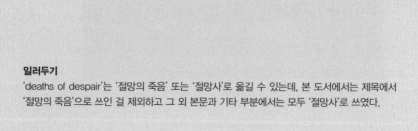

일러두기

'deaths of despair'는 '절망의 죽음' 또는 '절망사'로 옮길 수 있는데, 본 도서에서는 제목에서 '절망의 죽음'으로 쓰인 걸 제외하고 그 외 본문과 기타 부분에서는 모두 '절망사'로 쓰였다.

이 책을 줄리안, 셀리스틴, 라크, 앤드류,
라이언, 제임스, 존, 마리, 윌에게 바칩니다.
모두가 보다 공정하고 절망적이지 않은 세상에서
즐기며 살 수 있기를 바랍니다.

DEATHS
OF DESPAIR
AND THE FUTURE OF CAPITALISM

CONTENTS

1부 ──────── 비극의 서막

한국 독자들을 만날 수 있게 되어 진심으로 기쁩니다. 지금 같은 격동의 시대에 안녕하시길 바랍니다. 《절망의 죽음과 자본주의의 미래》에 대해 연구하고 집필하던 때만 해도 우리는 전 세계에 코로나19처럼 치명적인 바이러스가 엄습하리라고는 예상하지 못했습니다. 더군다나 미국에서 가장 많은 사망자가 나올 거라고는 더더욱 생각하지 못했습니다. 이 글을 쓰고 있는 10월 중순 현재 한국에선 코로나19로 인한 사망자 수가 400명대 중반 정도에 불과해 미국과 극명한 대조를 보이고 있는 것으로 알고 있습니다. 한국의 적극적인 대응에서 교훈을 얻었더라면 미국의 사망자 수가 어느 정도 줄지 않았을까 궁금할 따름입니다.

현재 한국은 미국처럼 심각한 약물과 술로 인한 사망률(어느 특정 인구에 대한 일정 기간의 사망자 수 비율로, 보통은 인구 10만 명당 연간 사망자 수를 나타냄 – 옮긴이)이 올라가고 있지는 않지만, 자살로 인한 사망자 수는 위험한 수준에 이르러 있습니다. 주지하다시피, 한국은 세계에서 자살률이 가장 높은 나라 중 하나입니다. 2016년 자살률은 10만 명당

25.8명으로 OECD 국가 중 1위를 차지했죠. 우리는 미국의 상황을 분석하면서 사회적 격변기에 자살 확률이 더 높아진다고 주장했던 사회학의 창시자 에밀 뒤르켐(Émile Durkheim)이 쓴 글로부터 많은 지혜를 얻었습니다. 사회적 격변은 미국의 절망사(deaths of despair)와 한국의 자살 모두의 근본적인 원인일지도 모릅니다. 한국은 전 세계 역사상 가장 놀라운 변화와 경제 성장을 이뤄낸 국가지만 그런 변화의 이면에서 사람들은 '사회적 안식처(social moorings)'로부터 단절되고 있을 수 있습니다. 뒤르켐은 지난 반세기 동안 미국의 노동자 계급에서 목격된 쇠퇴뿐만 아니라 고도성장 역시 위험하다고 믿었습니다.

코로나19가 창궐하기 훨씬 전부터 대학 학위가 없는 미국인들의 삶은 붕괴되어왔으며, 자살과 약물 과다복용, 알코올성 간질환으로 인한 사망자가 해마다 증가하고 있었습니다. 이 책은 코로나19와는 다른 그러한 유행병, 즉 1990년대 초반부터 사람들의 생명을 앗아가기 시작해서 2018년이 되자 한 해에 15만 8,000명의 미국인을 죽게 만든 유행병에 관한 책입니다. 현재 미국의 코로나19로 인한 공식 사망자 수는 21만 명을 넘어섰지만, 이 숫자는 과소평가된 것이 확실하며, 연말까지 더 늘어날 게 분명합니다.

똑같지는 않더라도 코로나19와 절망사라는 두 유행병으로 인한 죽음의 패턴에는 공통점이 많습니다. 약물, 자살, 술로 인한 죽음은 교육 수준이 낮은 미국인들에게 가장 큰 위험을 초래하며, 1990년대 중반 이후 4년제 대학 학위가 없는 사람들 사이에서 주로 이 세 요인에 따른 사망자가 늘어났습니다. 당분간은(아마도 2021년 말까지도) 코로나19로 사망한 사람들의 교육 수준에 대해 알 수 없겠지만, 교육을 덜 받은 사람들의 감염 위험이 더 크다는 사실은 이미 명백히 드러났습니다. 미국 노동통계국(Bureau of Labor Statistics)은 2020년 6월, 5명 중 1명꼴인 대졸 이상 학력자와 달리 대학을 나오지 못한 고졸 이하 학력자는 3명 중 1명 이상이 직업상 코로나19 감염 위험에 '상당히 크게 노출'된 것으로 파악했습니다.[1] 다수의 고학력자들은 재택근무를 하고 있고, 실직 위험도 거의 없습니다. 6월 기준, 코로나19로 인해 원격 근무를 하기 위해 컴퓨터를 사용하는 사람들의 75퍼센트가 대졸 이상 학력자들인데, 이 비율은 전체 인구에서 그들이 차지하는 비율의 두 배 이상에 해당합니다.[2] 동시에 교육 수준이 낮은 미국인들은 대중교통을 이용하고, 사람들로 붐비는 지역에 생활할 가능성이 더 큽니다.

코로나19 대유행이 교육 수준이 낮은 미국인들의 소득과 고용에 훨씬 더 부정적인 영향을 미치면서 대학 학위가 있는 사람과 없는 사람들 사이의 격차를 더욱 벌리고 있는 건 분명합니다. 교육을 덜 받은 많은 미국인들은 소매업, 요식업, 청소 및 보안 서비스, 교통 분야에서 일하는데, 이런 분야 업체 다수는 폐업한 후 영업을 재개하지 못할 수 있는 영세 업체들입니다.[3] 첨단 기술 기업들은 다른 기업들에 비해 상대적으로 더 크게 번창했지만, 규모에 비해 적은 수의 노동자만을 고용하고 있습니다. 반면에 전문가들은 소득이 거의 줄지 않았고, 그들이 보유한 주식과 퇴직연금의 가치는 기록적인 수준으로 상승했습니다. 시종일관 이 책을 관통하는 주제인 4년제 학위 유무에 따른 사람들 사이의 격차는 코로나19 사태 속에서 계속해서 더 벌어지고 있을 뿐입니다.

유행병들 사이에는 중요한 차이점들이 있습니다. 절망사는 주로 젊은이와 중년 성인들 사이에서 집중적으로 일어나고 있으며, 20세기 초에 태어난 사람들보다 후에 태어난 출생 코호트에서 절망사 위험이 더 큽니다. 코로나19 사망자 중에선 노인 비중이 압도적으로 높습니다. 절망사는 비히스패닉계 백인에 더 집중되어 있지만, 2013년 이후에는 길거리에 헤로인보다 몇 배 더 강한 오피오이드인 펜타닐이 등장하면서 흑인 사회에서 약물 사망률이 올라가기 시작했습니다. 아프리카계 미국인과 히스패닉인들 사이에서 코로나19 사망자가 급증하고 있습니다. 코로나19는 부국과 빈국 가리지 않고 모든 나라에 영향을 미치며 범세계적으로 유행하고 있지만, 절망사는 미국인들 사이에서만 일어나는 건 아니더라도 다른 부유한 나라들보다 미국에서 훨씬 더 심각합니다.

일부에선 코로나19 대유행과 그에 따른 사회적 봉쇄가 더 많은 절망사를 야기할 것이라 추측하고 있습니다. 자살 예방 상담전화로 걸려오는 전화가 증가했다는 언론 보도가 등장하고 있고, 일부 지역매체는 자살뿐만 아니라 '자살 생각(suicidal ideation)', 즉 자살을 하고 싶어 하고 실행하려는 것과 연관된 정신건강 질환이 증가했다고 보도하고 있습니다.[4] 코로나19 사태로 사람들이 통상 받던 중독 치료를 제대로 받지 못하고 있어 어려움을 겪고 있으며, 알코올 중독을 치료하기 위한 '12단계 프로그램'은 폐쇄되거나 온라인으로 진행되고 있는 것으로 알려졌습니다. 다시 말하지만, 우리는 당분간 제대로 된 통계를 얻지 못할 것입니다. 2018년에는 이 책에서 다룬 최근 해인 2017년과 같은 15만 8,000건의 절망사가 발생했습니다. 약물 과다복용에 따른 사망자는 2017년보다 다소 줄었지만, 자살과 술 관련 사망자는 오히려 늘어났습니다. 2019년 자료(잠정치)를 보면, 마약중독 사망자는 다시 증가 추세로 돌아섰고,[5] 응급실에서 치료받은 약물 과다복용에 대한 정보는 이런 추세가 코로나19 사태가 터지기 전인 2020년까지 이어졌음을 보여줍니다.[6] 이에 따라 코로나19 자체가 직접적인 영향을 미치지는 않더라도 2019년보다 2020년에 약물 과다복용 사망자가 더 늘어났을 것으로 보입니다.

또 과거 몇몇 경기 침체 때 그랬듯이 코로나19로 인해 비롯된 경기 침체로 자살이 더욱 늘어날 것이라는 주장도 제기되고 있습니다. 분명 가능할 법한 일입니다. 사회적 고립 또한 자살 위험을 높입니다. 그러나 가장 최근 일어났던 경기 침체인 2008년의 금융 위기 이후 대침체로부터 나온 증거는 둘 사이를 자동적으로 연결할 수 있는 어떤 고리를 만들어주지 않습니다. 10장에서 설명했듯이, 절망사는 경기 침체 이전에도, 도중에도, 그리고 이후에도 계속 늘어났습니다. 즉 경기 침체를 사망률 상승의 징후로 볼 수 없습니다. 그렇다고 하더라도 지금의 침체는 다릅니다. 과거 어떤 침체도 사회적 거리두기로 이어지거나 감염에 대한 두려움을 키우지는 않았다는 점에서 그것은 오늘날 일어나고 있는 일에 대한 좋지 않은 징후일 수도 있습니다.

미국의 건강관리 시스템은 방법은 서로 다를지 몰라도 두 유행병 모두에 깊이 관련되어 있습니다. 우리는 이 책에서 이 시스템이 유지하는 데 많은 돈이 들고, 고용보험료에 대한 의존도도 높다는 점에서 교육을 덜 받은 미국인들의 고용 시장에 사실상 엄청난 타격을 가했다고 주장하고 있습니다. 제약회사와 유통업자들은 사실상 합법적인 헤로인인 중독성이 강한 약을 제조하고 유통함으로써 막대한 수익을 올렸습니다. 코로나19 대유행 시대에 고용주가 건강보험료를 부담해야 한다는 사실은 또 다른 종류의 재앙을 불러일으켰습니다. 수천만 명의 노동자가 실직하면서 대체 보험에 대한 어떠한 보장도 없이 건강보험 자격을 상실했기 때문입니다. 심지어 건강보험 자격을 유지하고 있는 사람들조차 코로나19나 다른 어떤 원인으로 병에 걸리면 경제 파탄의 위험에 빠질 수 있습니다.

코로나19 사태가 일어나고 첫 6개월 동안 의료 분야 로비스트들은 백신이 개발될 경우 가격 제한을 약화하는 데 성공했습니다.[7] 코로나19와 절망사는 모두 공중보건 시스템의 무능력과 미국인들의 정부에 대한 불신을 잘 드러내줍니다. 많은 저숙련 노동자들은 이 시스템이 자신들에게 불리하게 작용하고 있다고 믿고 있으며, 더 나은 삶에 대한 희망을 잃어버림으로써 약물과 술에서 위안을 찾고 있습니다. 코로나19 대유행 시대에 마스크를 착용하고 사회적 거리두기를 하는 게 중요하다는 정부의 발표를 회의적인 시선으로 바라본 사람들이 많았습니다. 신뢰하지 않는 정부가 내린 지시로 간주했기 때문입니다. 8월 초 갤럽이 실시한 조사 결과, 미국인 3명 중 1명 이상은 미국 식품의약국(FDA)이 승인한 무료 백신을 접종하지 않겠다고

말했습니다.[8]

우리는 적어도 앞으로 몇 년 안에 치료법과 백신이 개발되면서 코로나19로 인한 사망이 억제되기를 바랄 수 있습니다. 그러나 약물이나 술, 자살로 목숨을 잃을 위험에 처한 사람들을 위한 백신은 앞으로도 나오지 않을 것입니다. 이처럼 백신과 치료제 개발이 충분히 어렵지만, 그보다 더 어려운 것은 미국 자본주의의 작용 방식에 대한 개혁, 즉 교육받은 엘리트만이 아니라 모두를 위해 그것이 작동하게 만드는 개혁의 실행입니다.

앵거스 디턴과 앤 케이스

* 앵거스 디턴과 앤 케이스의 한국어판 서문은 2020년 10월에 작성되었다.

2013년 출간한 《위대한 탈출》에서 우리 두 저자 중 한 사람이 지난 250년 동안 이어진 인류의 진보에 대해 긍정적인 이야기를 들려줬다. 책에서는 이전에 상상할 수 없었던 물질적 진보에 해당하는, 빈곤과 박탈감의 감소와 인간 수명의 연장 문제를 다뤘다. 유용한 지식의 생성과 응용이 이러한 진보를 가능하게 해줬다. 이 쇼에 등장하는 스타는 세계화라는 긍정적 힘의 지원을 받아 수백만 명을 극심한 가난으로부터 해방시켜준 자본주의였다. 민주주의가 전 세계로 퍼져나가면서 점점 더 많은 사람들이 그들이 속한 지역사회와 사회에 영향을 주는 일에 참여할 수 있게 되었다.

이 책은 전작에 비해 훨씬 덜 낙관적이다. 이 책은 절망과 죽음을 상세히 기록하고, 자본주의의 여러 측면을 비판하며, 오늘날 미국에서 세계화와 기술적 변화가 어떻게 작동하고 있는지 질문한다. 그러나 우리는 여전히 낙관적이다. 우리는 자본주의를 신뢰하며 세계화와 기술적 변화가 모두가 이득을 보도록 관리될 수 있다는 신념을 고수한다. 자본주의가 오늘날 미국에서처럼 작동할 필요는 없다. 그것이 폐지돼야 할 필요는 없지만 공익을 위해 쓰이도록 바뀌어야 한다. 자유시장 경쟁은 많은 것을 할 수 있지만, 엄청난 비용으로 인해 미국의 건강과 웰빙에 막대한 해를 끼치고 있는 의료보험 서비스 제공을 포함해 그런 식의 경쟁이 좋은 효과를 거둘 수 없는 분야도 많다. 미국 정부가 다른 부유한 국가들이 그랬던 것처럼 건강보험에 의무적으로 가입하게 하고 보험료를 통제하는 힘을 갖기를 꺼린다면 비극은 불가피하다. 절망사는 이런 교훈을 배우지 못하고 미국만이 저지르는 실패와 많은 연관성을 갖고 있다.

19세기 초 산업혁명이 진행되고 있을 때와 1929년 시작된 대공황 이후처럼 자본주의가 대부분의 사람들을 망쳐놓은 때도 있었다. 그러나 이 자본주의란 짐승은 살해되기보다는 길들여졌고《위대한 탈출》에서 설명해놓은 것처럼 우리에게 위대한 혜택을 선사했다. 우리가 정책을 바로잡을 수 있다면 오늘날 일어나고 있는 일이 또 다른 큰 재앙의 서막이 아니라 우리가 더 번창하고 더 건강해질 수 있는 일시적 후퇴임을 확신할 수 있을 것이다. 우리는 이 책이《위대한 탈출》만큼 고무적이지는 않더라도 금세기 우리가 과거에 이뤄왔던 발전 궤도에 다시 올라타는 데 도움이 되길 바란다. 자본주의의 미래는 절망이 아닌 희망의 미래여야 한다.

우리는 책 뒤에 실린 주석을 참고하거나 오디오북 청취자들의 경우 수치를 보지 않아도 책을 읽을 수 있도록 쉽게 썼다. 충분한 정보와 도표를 넣었지만 그런 것들이 없어도 우리 주장을 이해할 수 있을 정도로 충분히 자세하게 설명해놓았다. 우리는 두 가지 목적으로 미주(尾註)를 사용하는데, 대부분은 우리가 제시하는 요점에 필요한 자료를 제공하거나 요점을 기록해놓은 인용구들이다. 학술계에 종사하는 독자들이 확인하길 원하는 더 많은 기술적 자료에 대해 더 자세히 설명하기 위해서도 미주를 여러 차례 사용하는 경우도 있으나 그것이 우리 이야기에 꼭 필요한 것은 아니다.

우리는 절망을 주제로 글을 쓰다가 간혹 스트레스를 받기도 했다. 일부 독자들도 스트레스를 받고 있을 것이다. 우리가 설명하는 우울증이나 중독으로 고통받는 사람들을 도와주는 곳들이 있다. 자살을 고민한다면 국립자살방지 생명의전화(National Suicide Prevention Lifeline) 같은 정부 기관에 전화하면 된다. SpeakingOfSuicide.com/resources에 들어가서 필요한 추가 자료도 찾아볼 수 있다. 당신이나 가족 중 누군가나 또는 지인이 약물이나 알코올 중독으로 고통받고 있다면 신뢰할 수 있는 가정이나 영적 조언자와 대화하는 것이 좋은 첫걸음이다. 우리는 또한 알코올중독자갱생회(Alcoholic Anonymous, aa.org)와 알코올 중독자의 가족들끼리 서로 도우며 격려하기 위한 모임인 알아넌(Al-Anon, al-anon.org)의 도움을 받을 것을 권장한다. 이러한 기관들은 미국뿐 아니라 전 세계 대부분의 장소에서 많은 사람들을 만나 도움을 줄 뿐만 아니라 그들을 따뜻하게 맞이해주면서 아무런 위험도 가하지 않는 효과적인 지원 커뮤니티 역할을 해준다. 이 기관들의 웹사이트는 지역 단체 찾는 일을 도와주려고 설립됐다.

오후의 죽음

이 책은 2014년 여름 미국 서부 몬태나주의 한 오두막에서 탄생했다. 우리는 매디슨산맥의 산들이 내려다보이는, 매디슨 강가의 바니 브리지(Varney Bridge)란 아주 작은 마을에서 매년 8월을 보낸다. 우리는 행복과 자살의 연관성, 즉 사람들이 자신이 정말로 힘들게 살아가고 있다고 말하는 카운티나 도시나 국가처럼 불행한 장소들에서 자살이 더 빈번하게 일어나고 있는지를 조사하기로 약속했다. 지난 10년 간 몬태나주 매디슨 카운티는 우리가 수업 외의 나머지 시간을 보내는 뉴저지주 머서 카운티의 네 배에 달하는 자살률을 나타냈다. 우리는 특히 몬태나에서 대체로 행복한 시간을 보냈고 그곳에서 거주하는 다른 사람들도 행복해 보였기 때문에 호기심이 발동했다.

우리는 조사를 진행하는 동안 중년 백인 미국인들의 자살률이 빠르게 상승하고 있다는 사실을 발견했다. 또 우리를 어리둥절하게 만드는 다른 사실도 발견했다. 중년 백인 미국인들은 다른 방식으로 상처를 입고 있었다. 그들은 미국 노인들만큼은 아니더라도 예전보다 더 많은 고통과 전반적인 건강 악화를 경험하고 있었고, 그 격차가 줄어들고 있었다. 노인의 건강은 좋아지고 있었지만, 중년의 건강은 나빠지고 있었던 것이다. 우리는 고통이 사람들을 자살로 몰아갈 수 있다는 것을 알고 있는 이상 이 두 가지 발견이 관련되어 있는지가 궁금했다.

그런 궁금증이 발단이었다. 우리는 우리의 조사 결과를 어떻게 글로 정리할지 고민하면서 자살의 맥락을 따져보고 싶었다. 다른 모든 죽음과 비교했을 때 자살은 얼마나 심각한 문제인 걸까? 암이나 심장병과 같은 큰 사망 원인과 비교했을 때는? 우리는 질병통제예방센터 (Centers for Disease Control, CDC)에서 통계를 내려받아 계산해봤다. 그런데 놀랍게도, 중년 백인의 자살뿐만이 아니라 '총사망률(all-cause mortality)'도 높아지고 있었다. 큰 폭은 아니더라도 사망률은 매년 하락할 것으로 여겨지기 때문에 사망률 상승은 말할 것도 없지만 사망률 하락이 멈췄다는 것조차 뉴스거리였다.

우리는 우리가 잘못 생각한 것이 틀림없다고 생각했다. 사망률의 지속적 하락은 20세기의 가장 크고도 확실한 특징 중 하나였다. 총사망률은 어떤 대규모 집단에서도 상승하지 않아야 한다. 제1차 세계대전의 막바지에 크게 유행한 인플루엔자나 30년 전 젊은 남성들 사이에서 올라간 HIV/에이즈 사망률 등 예외가 있긴 하다. 그러나 특히 중년의 꾸준한 사망률 하락은 20세기의 가장 대단하고도 신뢰할 수 있는 업적 중 하나로, 미국뿐 아니라 전 세계의 다른 부유한 나라의 기대수명(특정 연도의 0세 출생자가 앞으로 생존할 것으로 기대되는 평균 생존 연수 – 옮긴이)을 끌어올렸다.

그런데 무슨 일이 일어나고 있었던 걸까? 전체 사망 건수를 반전시킬 만큼 충분한 자살이 일어나지는 않았다. 우리는 어떤 다른 원인이 있는지 살펴봤다. 그런데 놀랍게도, '불의의 중독(accidental poisonings)'이 중요한 원인으로 밝혀졌다. 어떻게 그럴 수가 있었을까? 사람들이 우연히 배수구 세정제인 드라노(Drano)나 제초제를 마시고 있었단 말인가? (당시에는) 우리의 무지 탓에 '불의의 중독'의 범주에 약물 과다복용이 포함되는지, 아니면 당시 이미 만연했고 지금도 여전히 급속도로 퍼지고 있는 마약성 진통제인 오피오이드(opioid)로 인한 사망이 유행하고 있는지 몰랐다. 알코올성 간질환으로 인한 사망도 급속히 증가해 자살, 약물 과다복용, 알코올성 간질환, 이 세 가지 원인으로 인한 사망률이 가장 빠르게 올라갔다. 이런 종류의 죽음은 모두 자해에 의한 것이다. 총을 쏘면 순식간에, 약물에 중독되면 총보다 느리고 덜 확실하게, 그리고 술을 마시면 그보다도 더 느리게 숨을 거두게 된다. 우리는 이 세 가지 원인에 의한 죽음을 모두 '절망사'라고 부르기 시작했다. 경제적·사회적·심리적 절망 중 어떤 종류의 절망인지는 알지 못했고, 추측하지도 않았다. 그래도 우린 그런 '절망'에서 죽음의 원인을 찾았고, 이것은 그런 절망을 심도 있게 탐구한 책이다.

이 책에서 우리는 절망사와 절망사로 죽어가는 사람들을 다루고 있다. 우리는 그때 알아냈던 것과 이후 우리와 다른 사람들이 찾아낸 사실을 정리해놓았다. 다른 저자들은 언론과 일련의 훌륭한 책들에서 사망자의 이름과 얼굴을 올리고 그들의 죽음과 관련된 뒷얘기를 들려줬다. 우리 역시 그런 설명 방식을 따를 것이다. 과거 우리의 연구는 주로 일어난 일을 기록하는 데 초점을 맞췄지만, 여기서 한 걸음 더 나아가 '절망사'를 초래하는 근본적인 경제적·사회적 원인까지 자세히 파고들기 위해 노력할 것이다.

누가 죽어가고 있는가? 사람이 죽으면 사망진단서를 작성해야 하는데, 진단서에는 고인의 학력을 묻는 칸이 있다. 그런데 이것이 우리에게 또 다른 놀라움을 주었다. 학사학위가 없는 사람들 가운데서 거의 모든 절망사가 증가했기 때문이다. 4년제 학위가 있는 사람들은 대부분 해당이 안 된다. 즉 위험에 처해 있는 것은 그들보다 학력이 낮은 사람들이다. 이런 사실은 자살로 인한 사망의 경우 특히 더 놀라웠다. 지난 1세기가 넘는 시간 동안 자살은 통상 교육받은 사람들 사이에서 더 흔했지만,[1] 현재 유행하고 있는 절망사의 경우에는 그렇지 않다.

4년제 대학 학위가 점점 더 미국을 갈라놓고 있으며 학위가 주는 특별히 이로운 혜택은 시종일관 이 책의 주제다. 학사학위 유무에 따른 격차가 죽음뿐 아니라 삶의 질에서도 커지고 있다. 학위가 없는 사람은 고통, 건강 악화, 심각한 정신적 스트레스의 정도가 커지고 있고, 일하는 능력과 사교성이 떨어지고 있다. 이런 격차는 또한 소득, 가족의 안정성, 지역사회 측면에서도 확대되고 있다.[2] 마치 대학을 못

나온 사람은 붉은 선이 대각선으로 그어진 '학사학위' 글자가 새겨진 원형 주홍색 배지를 달아야 하는 것처럼 4년제 학위가 사회적 지위의 핵심 표지가 됐다.

지난 반세기 동안 영국 등 다른 부유한 나라들처럼 미국도 당연히 위대한 업적으로 간주하는 '능력주의(meritocracy)' 체계를 구축했다. 그러나 '능력주의'에는 1958년 이 용어를 맨 처음 쓰기 시작하며 그것이 사회적 재앙을 초래할 것이라고 예측했던 영국의 경제학자 겸 사회과학자인 마이클 영(Michael Young)이 오래전 예견했던 어두운 면이 존재한다.[3] 시험에 통과하지 못하고 이후 세계 엘리트 계층에 편입하지 못하는 사람들은 첨단 기술로 무장해 빠르게 성장하고 번창하는 도시에서 거주하지 못하고, 세계화와 로봇에 의해 위협받는 직업을 얻게 된다. 엘리트들은 때로 자신이 이룬 업적에 대해 우쭐하며 자신이 능력이 좋아 그런 업적을 이뤘다고 여기고, 기회가 있어도 그 기회를 날려버린 학위 없는 사람들을 무시한다. 교육을 덜 받은 사람들은 평가절하되거나 심지어 무시당하고 자신을 패배자로 간주하도록 부추겨진다. 그들은 시스템이 자신에게 불리하게 작용하고 있다고 느낄 수도 있다.[4] 오늘날처럼 성공의 열매가 클 때 능력주의의 시험에서 실패한 것에 대한 벌칙도 그만큼 크다. 선견지명이 있던 영은 낙오자 집단을 '포퓰리스트', 엘리트 집단을 '위선자'라고 각각 불렀다.

우리는 죽음뿐 아니라 고통과 중독, 그리고 갈라져나와 짜임새와 의미를 상실한 삶에 대한 이야기를 들려주겠다. 학사학위가 없는 미국인들의 경우 동거하고 혼외자녀를 가질 위험이 계속 커지는 반면 혼인율은 하락 중이다. 많은 중년 남성들이 자기 자식조차 모르고 산다. 한때 동거했던 여자와 헤어졌고 동거 중 낳은 아이들은 이제 의붓 아버지와 살고 있기 때문이다. 이제는 기성 종교, 특히 전통 교회에서 얻던 위안을 느끼지 못하는 사람도 많다. 일에 애착을 느끼지 못하는 사람이 늘었고 다수가 비경제활동인구로 전락했다. 직원은 고용주에게 장기간 헌신하고, 고용주 또한 직원에게 헌신하며 다수에게 지위를 부여해주고 의미 있는 삶의 토대를 쌓게 해주는, 이런 관계를 만드는 사람들은 드물어졌다.

예전에는 지금보다 노동조합(이하 '노조')에 가입하는 노동자들이 더 많았다. 노조는 노동자들의 임금 인상뿐 아니라 그들이 직장과 근로 조건을 어느 정도 통제할 수 있게 도와준다. 많은 마을과 도시에서 노조가 직영하는 고용 사무소는 사회생활의 중심지였다. 한때 블루칼라 귀족을 지탱해줬던 좋은 임금은 대체로 사라졌고 제조업은 의료, 취사와 서비스, 관리와 청소 서비스, 유지 보수 등의 서비스 직종으로 대체됐다.

절망사, 고통, 약물과 알코올 중독, 자살, 저임금의 열악한 일자리, 결혼 감소, 종교 쇠퇴에 대한 우리의 이야기는 대부분 4년제 학위가 없는 비(非)히스패닉계 백인 미국인들에 대한 이야기다. 2018년 미국 인구조사국은 25~64세 미국 인구수를 1억 7,100만 명으로 추산했다. 그들 중 62퍼센트는 비히스패닉계 백인이고, 이 비히스패닉계 백인 중 62퍼센트는 4년제 대학 학위를 갖고 있지 않았다. 위험에 처한 덜 교육받은 백인 미국인은 생산가능인구(working-age population)의 38퍼센트를 차지한다. 노동력을 해치는 경제력은 인종이나 민족을 막론하고 모든 노동자 계급 미국인이 똑같이 접하지만, 흑인과 백인의 사정은 확연히 다르다.

1970년대와 1980년대에 이너 시티(inner city, 대도시의 중심 업무 지구 외곽에 위치하는 소규모 공업이나 상업 시설과 주택이 혼재하는 거주 환경이 열악한 지역 - 옮긴이)에서 일하던 아프리카계 미국인들은 지금 생각해보면, 그로부터 30년 뒤 백인 노동자 계급에 일어났던 일과 몇 가지 특징을 공유하는 사건들을 경험했다. 세계화의 1차 파도는 누구보다도 흑인들을 더 심하게 강타했다. 오랫동안 사회적으로 혜택을 받지 못한 이들에게 이너 시티의 일자리가 부족해진 것이다. 더 나은 교육을 받고 더 재능 있는 흑인들은 이너 시티를 떠나 더 안전한 도시나 교외로 향했다. 한때 결혼이 가능했던 남성들이 더 이상 일하지 않게 되면서 혼인율은 떨어졌다.[5] 반면 범죄율은 상승했다. 폭력, 크랙 코카인(crack cocaine, 흡연 형태의 강력한 코카인 - 옮긴이)이 유행하면서 약물 과다복용으로 인한 사망률과 흑인들이 압도적으로 많이 걸린 HIV/에이즈로 인한 사망률도 올라갔다. 흑인들에 대한 홀대가 더욱 심해지면서, 그들은 저숙련 노동자들의 해고를 점점 더 늘리는 국내외적 변화의 피해를 가장 먼저 겪어야 했다.

아프리카계 미국인들은 오랫동안 백인들보다 훨씬 더 힘든 삶을 살았다. 과거나 지금이나 흑인들은 백인들보다 더 어린 나이에 죽는다. 흑인들은 또한 대학에 진학하거나 직장을 구할 가능성이 작다. 일하는 흑인들의 수입은 평균적으로 백인보다 낮다. 흑인들은 재산이 적고 자가(自家) 소유 확률은 낮지만, 수감되거나 가난하게 살 확률은 더 높다. 모두는 아니더라도 이런 분야 중 다수에서 흑인들의 생활이 개선된 것은 사실이다. 1970년 이후 흑인의 교육, 임금, 소득, 재산은 증가했다. 1970~2000년 사이 흑인 사망률은 백인 사망률보다 더 크게 하락했는데, 특히 21세기 들어 15년 동안 노동자 계급 백인 사망률이 상승한 시기에도 흑인 사망률은 하락했다.

1970년에 비해 공공연한 차별은 감소했다. 흑인 대통령이 나왔다. 예전에 결혼하면 안 된다고 생각했던 대다수가 이제는 결혼해도 괜찮다고 생각하는 대다수가 되었다. 일부 백인들은 오랫동안 이어져 온 특권을 상실해 흑인이 아닌 자신들이 피해를 보게 된 데 대해 분개했을 게 분명하다.[6] 주로 흑인을 겨냥한 인종차별적 제도 때문에 오히려 가난한 백인들이 고통을 받았다는 말이 오랫동안 회자됐다. 부유층은 가난한 백인들을 포용하면서 그들이 가진 것이 많지는 않아도 어쨌든 백인이 아니냐며 위로해줬다. 마틴 루터 킹(Martin Luther King Jr, 1929~1968) 목사가 말한 대로 "남부 귀족은 세상을 빼앗고 불쌍한 백인에게 짐 크로법(Jim Crow, 흑인 차별을 규정한 법. '짐 크로'는 1830년대 미국 코미디 뮤지컬에서 백인 배우가 연기해 유명해진 바보 흑인 캐릭터 이름에서 따온 것이며, 흑인을 경멸하는 의미로 사용됐다 – 옮긴이)을 주었다". 킹 목사는 이를 두고 "불쌍한 백인이 음식을 사 먹을 돈이 없을 때 아무리 가난해도 흑인보다 나은 백인이라고 말해주는 심리적 새인 짐 크로를 잡아먹게 해준 것이다"고 주장했다.[7] 짐 크로법이 다른 형태의 차별들과 함께 약해지자 노동자 계급 백인들은 그 덕에 누려왔던 모든 혜택을 상실했다. 백인 노동자 계급 미국인의 절반 이상은 백인에 대한 차별이 흑인과 다른 소수자에 대한 차별만큼 큰 문제가 됐다고 생각하는 반면, 대학 교육을 받은 백인 미국인의 30퍼센트만이 이에 동의한다.[8] 역사학자 캐럴 앤더슨(Carol Anderson)은 "항상 특권을 누려온 사람에게는 평등이 억압처럼 보이기 시작한다"라고 말했다.[9]

흑인 사망률이 여전히 백인 사망률보다 높지만, 지난 30년 동안 고졸 이하 학력의 흑인과 백인 사이의 사망률 차이는 현저하게 줄어들었다. 1990년대 초만 해도 흑인 사망률이 백인 사망률보다 두 배 이상 높았지만, 백인 사망률이 상승한 반면 흑인 사망률은 하락하면서 양측의 사망률 격차는 20퍼센트까지 좁혀졌다. 2013년 이후 오피오이드 유행병이 흑인 사회로 퍼졌지만 그때까지 절망사란 유행병은 백인이 주로 걸렸다.

이어지는 장에서 우리는 지난 반세기 동안 백인 노동자 계급 삶의 쇠퇴를 기록해놓았다. 비히스패닉계 백인이 생산가능인구의 62퍼센트를 차지하는 이상 그들의 사망률을 이해하는 것 자체가 중요하다. 70년대와 80년대에 아프리카계 미국인들에게 일어났던 일은 광범위한 연구와 논의의 대상이었다.[10] 따라서 오늘날 거기에 백인들과 비슷한 점이 있다는 것 외에는 추가로 해줄 말이 없다. 히스패닉은 공통어로만 구분되는 광범위하게 이질적인 집단이다. 히스패닉계 미국인의 사망률 추세는 멕시코, 쿠바, 엘살바도르 등지에서 이민 온 사람들의 구성상 변화에 따라 바뀐다. 우리는 이와 관련해 일관된 변화 패턴을 찾아보려고 하지는 않겠다.

우리는 노동자 계급의 삶을 서서히 더 힘들게 만든 사회적·경제적 힘에 대해 설명했다. 백인 노동자 계급 자체 내에서 벌어지는 가치 하락이나 점점 더 제 기능을 하지 못하는 문화에도 역시 초점을 맞췄다.[11] 처음에는 정말 많은 사람들 눈에 더할 나위 없이 자유로워 보였던 혼외자식을 갖는 걸 금기시한 사회 규범의 붕괴로 우리가 장시간에 걸쳐 큰 대가를 치러야 했다는 데에는 의심의 여지가 없다. 구속 없는 삶을 살 수 있다고 생각한 젊은 남성들은 중년이 되어 외로움 속에서 방황하는 자신을 발견했다. 종교를 외면하는 것도 어쩌면 이와 유사한 힘 때문일지 모르지만, 기성 종교가 정치적·경제적 변화에 적응하고 변화하는 세상에서 의미와 위안을 계속해서 제공하지 못하기 때문이라고 생각할 수도 있겠다. 사회 규범에 대한 이러한 주장들은 분명 옳지만, 우리는 주로 반세기 전에 그랬듯 노동자 계급의 삶을 특징짓는 기초를 조금씩 무너뜨린 외적인 힘에 관해 이야기하려고 한다. 노동자들이 일에 흥미를 잃음으로써 재앙을 자초했다는 견해에 반하는 강력한 사실적 증거가 존재한다.

인플레이션 조정 후 미국 남성들의 중위임금(median wage, 근로자들의 임금을 금액순으로 늘어놓았을 때 한가운데 있는 임금 – 옮긴이)은 반세기 동안 정체되어왔다. 4년제 학위가 없는 백인 남성들의 경우, 그들의 중위소득이 1979~2017년 사이 구매력의 13퍼센트를 상실하게 만들었다. 같은 기간 1인당 국민소득(national income)은 85퍼센트 증가했다. 2013~2017년 사이 교육을 덜 받은 사람들의 소득에서 반가운 반전이 있었지만, 장기 하락세를 감안하면 매우 작은 반등에 불과했다. 대침체(Great Recession, 2009년 9월 서브프라임 사태 이후 미국과 전 세계가 겪은 경제 침체 - 옮긴이) 종식 이후 2010년 1월부터 2019년 1월까지 1,600만 개 가까운 일자리가 새로 생겼지만, 4년제 학위가 없는 사람들을 위한 일자리는 300만 개가 채 되지 않았다. 고등학교 학위만을 가진 사람들이 일할 수 있는 자리는 5만 5,000개에 불과했다.[12]

장기적 임금 하락은 교육을 덜 받은 미국인들에게 불리하게 작용하는 근본적인 힘이다. 그러나 단순히 물질적 생활수준의 저하로 인한 절망과 연결해서는 지금까지 일어난 일을 설명할 수는 없다. 우선 좋은 일자리건 나쁜 일자리건 모든 일자리가 감소하면서 임금이 하락했는데, 나쁜 일자리가 매력적이지 않거나, 일자리가 거의 없거나, 쉽게 이주할 수 없거나, 또는 이런저런 이유가 합쳐져 많은 사람들이 구직 활동을 단념했다. 일자리의 질 저하와 구직 활동 단념은 소득 상실로 이어져 비참한 삶을 초래한다.

저임금 일자리의 상당수는 말단이라도 성공한 기업의 일원이 됨으로써 느낄 수 있는 자부심을 느끼게 해주지 못한다. 청소부, 관리인, 운전기사, 고객 서비스 대표 등은 대기업이 직접 고용했을 때는 '소속감'을 느끼지만, 그들이 임금은 낮고 승진 가망성이 적은 대기업 하청 서비스 업체 소속일 때는 그런 '소속감'을 느끼지 못한다. 노동자들이 하청 노동자로 일하기 전에 했던 것과 같은 일을 하더라도 그들은 더 이상 대기업 직원이 아니다. 경제학자 니콜라스 블룸(Nicholas Bloom)의 인상적인 지적처럼 그들은 더 이상 휴일 파티에 초대받지 못한다.[13] 사진용품 회사인 이스트먼 코닥(Eastman Kodak)의 관리인이 승진해 계열사의 최고경영자(CEO)가 될 수 있는 시대는 끝났다.[14] 이런 직업들 중 일부에서 노동 여건은 노동자들로부터 한때 많은 미움을 샀던 낡은 조립 라인보다 노동자들로부터 통제력과 주도권을 빼앗아 가는 소프트웨어에 의해 더 면밀히 감시된다.[15] 예전에는 심지어 석탄 채굴처럼 위험하고 더러운 직업이나 유명 기업 내 말단으로 일하는 노동자들조차 자신의 역할에 긍지를 느낄 수 있었다.

전망이 없는 남자는 좋은 결혼 상대자가 되지 못한다. 교육을 덜 받은 백인들의 혼인율은 떨어졌고, 자식들이 성장하는 모습을 보고 손주들을 보는 것 등 결혼이 주는 혜택을 놓치는 사람들이 점점 더 늘어났다. 교육을 덜 받은 백인 어머니 중 다수가 현재 적어도 한 명의 혼외 자식을 뒀다. 더 가난해질 것이란 전망은 사람들이 그들의 부모가 누렸던 삶을 살거나, 집을 소유하거나, 아이들을 대학에 보내기 위해 저축하는 것을 더 어렵게 만든다. 보수가 좋은 일자리의 부족은 지역사회뿐 아니라 학교와 공원과 도서관 등 그것이 제공하는 서비스를 위협한다.

일자리는 단순히 돈이 나오는 곳이 아니라 노동자 계급 삶의 의식과 관습과 일상의 기본이다. 일자리를 없애면 결국 노동자 계급은 살아남을 수가 없다. 그로 인해 결혼과 공동체가 주는 혜택을 누리지 못하게 될 뿐만 아니라 의미, 존엄성, 자부심, 자존심을 잃게 되는데, 이는 금전적 손실만이 아니라 절망으로 이어진다.

우리의 설명은, 사회가 그것의 일부 구성원들에게 존엄하고 의미 있는 삶을 살 수 있는 '틀'을 제공하지 못했을 때 어떻게 자살이 일어나는지에 대한 사회학의 창시자 에밀 뒤르켐이 해줬던 설명과 유사하다.[16]

경제적 고난이 분명 존재하지만 우리는 그런 고난에 초점을 맞추지 않는다. 미국에서 가장 가난한 집단은 대학 학위가 없는 백인들이 아니다. 그들은 아프리카계 미국인들보다 훨씬 가난할 확률이 낮다. 그보다 우리는 임금 하락이 사람들의 삶의 모든 면의 기반을 서서히 흔들어놓고 있다고 본다.

경제는 왜 노동자 계급을 추락시키고 있는 것일까. 우리가 변화에 필요한 아이디어를 내놓으려면 과거에 무슨 일이 있었고, 어디서부터 시작하고, 어떤 정책이 변화를 만들 수 있는지를 알아야 한다.

다시 말하지만, 우리는 사람들의 실패 자체에 주목하면서 현대 경제에서는 학사학위 없이는 번영할 수 없으며, 사람들은 그냥 더 많은 교육을 받으면 된다고도 주장할 수 있다. 우리는 교육에 반대할 이유가 없으며 교육은 시간이 지나면서 확실히 더 많은 가치를 갖게 됐다. 우리는 대학에 진학함으로써 혜택을 받을 수 있고, 대학에 진학하려는 사람들 모두가 진학할 수 있는 세상이 오기를 바란다. 그러나 우리는 사람들이 학사학위가 없는 한 경제에 쓸모가 없다는 기본 전제를 받아들이지 않는다. 그리고 우리는 확실히 학사학위를 받지 못한 사람들이 어떤 식으로든 무시되거나 이류 시민처럼 대우받아야 한다고 생각하지 않는다.

세계화와 기술 변화는 교육받지 못한 노동자들이 주는 가치를 떨어뜨린 뒤 그들을 저렴한 외국인 노동자나 값싼 기계로 대체했기 때문에 주요 악당으로 간주된다. 그러나 유럽 등 다른 부국들도 세계화와 기술 변화에 직면하고 있지만 장기적인 임금 정체도 없었고, 절망사도 유행처럼 번지지 않았다. 미국에서는 그들과 다른 어떤 일이 일어나고 있으며 그것은 특히 노동자 계급에게 독이 된다. 이 책의 많은 부분을 그것이 무엇인지를 알아내려고 애쓰는 데 할애했다.

우리는 의료보험 시스템이 미국인들의 삶의 질을 떨어뜨리는 미국에만 있는 재난이라고 믿는다. 우리는 또한 다른 곳보다 단연 미국에서 시장과 정치력이 노동에서 벗어나 자본으로 이동했다고 주장할 것이다. 세계화는 노조의 힘을 약화시키고 고용주들에게 힘을 실어주면서 그런 변화를 지원했고,[17] 미국의 여러 제도들은 다른 곳보다 그런 변화를 더 강력히 추진하는 데 도움을 주었다. 노조의 힘이 약해지자 기업은 더 강해졌고, 정치는 기업에 더 유리해졌다. 애플이나 구글처럼 규모에 비해 고용 노동자 수가 적고 노동자 1인당 창출하는 부가가치가 높은 첨단 기업들의 폭발적인 성장도 이런 변화에 일부 영향을 미쳤다. 이런 기업들의 등장은 생산성과 국민소득 증대에 이바지하지만 노동자, 특히 교육을 덜 받은 노동자들은 그러한 혜택을 거의 공유하지 못한다. 일부 미국 산업에서 일어나는 통합(병원이나 항공사가 대표적 사례다)은 일부 제품 시장에서 시장 지배력 강화로 이어져 기업들이 자유롭게 경쟁하는 시장에서 가격을 더 높게 올릴 수 있게 됐다는 점은 덜 긍정적이다. 기업의 경제력과 정치력은 올라가고 노동자의 경제력과 정치력은 쇠퇴하면서 기업은 서민, 소비자, 특히 노동자의 희생을 감수하고 이익을 얻을 수 있게 됐다. 최악의 경우, 이 힘은 정부 인허가로 보호를 받는 일부 제약 회사들이 실상은 생명을 파괴하고 있음에도 안전하다는 허위 광고를 하면서 중독성 오피오이드를 팔아 수십억 달러의 이윤을 챙길 수 있게 해줬다. 보다 일반적인 경우, 미국의 의료보험 시스템은 정치권의 보호 아래 병원, 의사, 의료기기 제조 업체 및 제약 회사로 이윤을 상향 재분배하면서 부유한 나라 중에서 최악의 건강 결과를 낳는 대표적 제도다.

우리가 이 책을 쓰고 있는 2019년 8월, 오피오이드 제조 회사들은 법정 진술을 하고 있다. 한 판사는 존슨앤드존슨(Johnson & Johnson)에게 오클라호마주에 5억 달러 이상을 배상하라고 명령했다. 존슨앤드존슨의 한 자회사가 미국에서 생산된 거의 모든 아편의 원료로 쓰인 양귀비를 태즈메이니아에서 재배했기 때문이다. 최악의 범죄를 저지른 옥시콘틴(Oxycontin) 제조사 퍼듀(Purdue)와 맺은 합의에 대한 초기 보도에 따르면, 이 회사 소유자 색클러(Sackler) 가족은 패소해 과거에 올린 수십억 달러의 이익을 토해내야 할 것 같다. 하지만 FDA가 사실상 합법적 헤로인인 옥시콘틴의 사용을 허가해준 근거가 된 규정이 여전히 존재하는 것과 마찬가지로 의사와 환자들을 상대로 한 옥시콘틴의 공격적인 마케팅 역시 계속 진행 중이다. 오피오이드 스캔들을 추적해온 다수의 기자들은 합법적 마약 판매상들과 광범위한

경멸과 비난의 대상인 불법 헤로인과 코카인 공급 업체들의 행동 사이에 별다른 차이를 찾지 못했다.[18]

의료보험 산업의 문제는 오피오이드 스캔들을 훨씬 뛰어넘는다. 미국은 서양 세계에서 몇 가지 최악의 건강 결과를 위해 돈을 물 쓰듯 쓰고 있다. 우리는 이 산업이 경제의 중심부에 퍼진 암이라고 주장할 것이다. 그것은 널리 전이되어 임금을 끌어내리고, 좋은 일자리를 파괴하며, 유권자들이 필요로 하는 것을 주와 연방정부가 제공하기 점점 더 어렵게 만들고 있다. 공익적 목적과 서민들의 복지는 이미 부자들의 사적 이익에 종속되고 있다. 이 중 어느 것도 대중의 이익을 위해 행동해야 할 정치인들의 묵인과 간헐적인 열정적인 개입 없이는 불가능할 것이다.

로빈 후드는 가난한 사람들을 도와주기 위해 부자들의 재산을 털었다. 오늘날 미국에서는 로빈 후드가 한 일과 정반대로 부자들이 가난한 사람들의 재산을 털고 있다. 가히 노팅엄의 보안관(Sheriff of Nottingham, 로빈 후드 이야기에 등장하는 악역 – 옮긴이)식 부의 재분배라고 말할 수 있다. 경제학자와 정치학자들 사이에서 이른바 '지대추구(rent-seeking, 기득권의 울타리 안에서 자기 이익을 위해 비생산적 활동을 경쟁적으로 하는 현상 – 옮긴이)'로 알려진, 부자들을 대신해 가난한 사람들의 것을 훔치는 개인적 배 불리기를 위해 정치적 보호 수단이 악용되고 있다. 그것은 어떤 의미에서 자유시장 자본주의와는 배치된다. 좌파는 그것의 분배 결과 때문에 반대하고, 우파는 그것이 자유와 진정한 자유시장을 훼손하기 때문에 반대한다. '경제학의 아버지'로 불리는 애덤 스미스(Adam Smith, 1729~1790)가 1776년에도 잘 알고 있었던 것처럼 지대추구는 자본주의 자체만큼이나 오래되었다. 스미스는 자본주의의 성경으로 간주되는 저서 《국부론》에서 "세법이 잔인할 수는 있지만, 우리 상인과 제조업자들이 그들 자신을 위한 불합리하고 억압적인 독점을 지원하기 위해 압박 끝에 입법부로부터 갈취해온 법에 비하면 부드럽고 온화한 방식"이라고 말했다. 그는 "그런 법들은 모두 피로 쓰였다고 말할 수 있다"고 주장했다.[19] 지대추구는 미국 노동자 계급이 겪는 임금 정체의 주된 원인이며 절망사와 많은 관련이 있다. 우리는 그것에 대해 할 말이 많을 것이다.

교육을 덜 받은 미국인들의 생활수준이 저하되는 이유에 대한 가장 일반적인 설명은 세계화로 인해 공장이 문을 닫고 멕시코나 중국으로 옮겨가고, 자동화로 노동자들이 실직했기 때문이란 것이다. 이런 힘들은 충분히 현실적이고 우리 논의 다수의 기저를 이룬다. 그러나 다른 부국들이 겪은 경험에서 알 수 있듯 모든 나라에서 직면한 세계화와 자동화가 죽음의 유행병을 일으킨 것도 아니거니와 미국에서 일어났던 일처럼 임금을 깎아내리는 것도 아니다. 정책과 마찬가지로 미국의 의료보험 분야가 주로 비난을 받아야 한다. 특히 상품보다는 노동시장에서 시장 지배력에 맞서 반독점 수단을 쓰지 않고, 제약 회사뿐 아니라 보다 일반적으로 의료보험과 은행 및 의사, 헤지펀드 매니저, 스포츠 프랜차이즈 소유자, 부동산 업자, 자동차 딜러 등 많은 중소기업 기업가들의 지대추구를 통제하지 못한 데 대해 비난

받아야 마땅하다. 이들 모두가 '압도적 독점'과 특약, 세금 감면, 입법부로부터 갈취한 규제 덕에 부자가 된다. 미국 상위 1퍼센트 내지 0.1퍼센트에 속하는 최상위 소득자들은 회사 사장이라기보다는 자기 회사를 직접 경영하는 경영자일 확률이 높으며,[20] 그들 중 다수는 지대추구에 의해 보호받고 있다.

불평등은 그것이 미치는 끔찍한 영향 때문에 많이 인용된다. 이 책에서 우리는 불평등을 원인만큼이나 결과로 간주한다. 부자들이 임금 상승을 억누르고 가격을 올리는 불공정한 과정을 통해 부를 쌓는 것이 허용된다면 불평등은 단연코 확대될 것이기 때문이다. 하지만 누구나 그렇게 해서 부자가 되는 것은 아니다. 어떤 사람들은 새로운 도구나 마약이나 기계 장치나 새로운 작업 방법을 발명하고 그들 자신뿐만 아니라 다른 많은 사람들에게 혜택을 준다. 그들은 다른 사람들의 삶을 개선하고 연장함으로써 혜택을 받는다. 위대한 혁신가들이 부자가 되면 좋다. 만드는 것과 취하는 것은 별개다. 불공평한 것은 불평등 자체가 아니라 그런 불평등을 발생시키는 과정이다.

낙오자들은 아마존의 제프 베이조스(Jeff Bezos) CEO나 애플의 팀 쿡(Tim Cook) CEO가 부자라는 사실보다는 자기 자신의 생활수준 저하와 공동체 상실에 신경을 쓴다. 하지만 그런 불평등이 부정행위나 특혜로부터 생긴다고 생각할 때 상황은 견디기 힘들어진다. 금융 위기가 책임져야 할 일들이 많다. 금융 위기 전에는 많은 사람들이, 은행가들은 자신들이 무슨 일을 하고 있는지 알고 있고 공익을 위해 일하면서 급여를 받고 있다고 믿었다. 금융 위기 이후 그렇게 많은 사람들이 일자리와 집을 잃는 가운데 은행가들은 보상을 계속 받으면서도 책임을 지지 않자 미국 자본주의는 일반적인 번영의 엔진이라기보다는 상향식 재분배를 위한 부정한 돈벌이 수단처럼 보이기 시작했다.

우리는 세금이 지대추구의 해결책이라고 생각하지 않는다. 도둑을 막는 올바른 방법은 도둑에게 더 많은 세금을 부과하는 것이 아니라 도둑질을 하지 못하게 막는 것이다.[21] 우리는 오피오이드의 남용과 과잉 처방을 중단시켜야 하지 그것을 팔아 챙기는 이윤에 과세해서는 안 된다. 우리는 결과를 고치려 할 것이 아니라 과정을 바로잡아야 한다. 우리는 외국인 의사들이 미국에서 진료를 볼 수 있는 자격을 더 쉽게 취득하게 해줘야 한다. 은행가와 부동산 중개업자들이 자신들의 이익에 맞게 규제와 세법을 만들지 못하게 막아야 한다. 교육을 덜 받은 사람들이 겪는 문제는 불평등 자체가 아니라 정체되고 감소하는 임금이다. 그리고 실제로 많은 불평등은 소수를 부유하게 해주기 위해 임금을 강제로 끌어내리면서 빚어진 결과다. 지대추구를 줄이면 불평등을 낮추는 데 큰 도움이 될 것이다. 제약 회사의 소유주들이 로비스트들을 동원해서 정부가 약값 인상, 특허 연장, 신약 승인, 규제 완화를 하도록 설득해 엄청난 부를 얻었을 때, 그들은 사실상 약값을 부담해야 하는 사람들의 실질 소득을 끌어내리더라도 분배의 최상위 계층에 있는 사람들의 최고 소득을 끌어올리면서 불평등에 크게 기여하는 것이다. 차입자에게는 불리하지만 자신들에게 유리한 파산법을 만든 은행가들 역시 마찬가지다. 한 논평가는 "우리 역사상

채권자와 채무자 사이의 힘의 균형을 바꾸기 위해 이렇게 잘 조직되고, 잘 조율되고, 재정적으로 잘 뒷받침된 캠페인이 시행된 적이 없었다"라고 꼬집었다.[22]

흔히 언급되듯 부자에 대한 고율의 과세조차도 가난한 사람들에게 별다른 안도감을 선사하지 못한다. 가난한 사람들이 너무 많고 부유한 사람들은 너무 적기 때문이다. 그러나 오늘날 세계에서 우리는 다른 방향으로 작동하는 과정을 생각해볼 필요가 있다. 즉 다수의 일하는 사람들 각각에서 조금씩이라도 짜내면 그런 짜내기를 주도하는 부자들은 엄청난 부를 챙길 수 있다. 그것이 오늘날 일어나고 있는 일이고 우리는 그것을 막아야 한다.

엘리트뿐 아니라 노동자의 삶을 더 좋게 만들어주기 위해 무엇을 해야 할까? 답변이 비관적으로 되기 쉽다. 일단 정치와 금융의 힘이 점점 더 한곳에 집중되기 시작하면 이런 역학이 저절로 시정될 것처럼 보이지 않는다. 그런 상황 속에서 도널드 트럼프(Donald Trump) 대통령의 당선은 이해할 수 있지만, 그것은 상황을 더 나아지게 만들기는 커녕 오히려 더 악화시킬 좌절과 분노의 제스처에 불과하다. 노동자 계급 백인들은 민주주의가 그들을 도울 수 있다고 믿지 않는다. 2016년 백인 노동자 계급의 3분의 2 이상이 선거는 부자와 대기업에 의해 통제되므로 자신들이 투표해도 의미가 없다고 믿었다. 의회 내 투표 패턴에 대한 정치학자들의 분석은 그들의 이런 회의적 시각을 뒷받침해준다. 민주당과 공화당 의원들 모두 다른 사람들의 이익에는 별

다른 관심을 두지 않고 부자 유권자들의 이익을 위해서만 일관되게 투표한다.[23]

루이스 브랜다이스(Louis Brandeis, 1856~1941) 판사는 19세기 말 거대 신탁들이 저지른 잘못된 행동에 반대 운동을 벌이다가 나중에 제28대 미국 대통령인 우드로 윌슨(Woodrow Wilson, 1856~1924)에 의해 미국 최초로 유대인 출신 연방대법원 대법관에 임명됐다. 브랜다이스는 극심한 불평등은 민주주의의 보존과 양립할 수 없다고 생각했다. 이런 생각은 '좋은' 불평등과 '나쁜' 불평등 모두에 해당한다. 합법적으로 부를 쌓은 사람이라도 그것을 부자가 아닌 사람들의 권익을 해치는 데 합법적으로 사용한다면 사람들이 어떻게 부자가 되었는지는 중요하지 않다. 우리로서는 이러한 문제를 해결할 수 있는 최고의 방법은 극심한 불평등의 배후에 있는 지대추구, 로비, 시장 권력의 오남용을 막아 불공정한 절차를 멈추는 것이다. 만약 멈추는 것이 불가능하다면 고율의 소득세나, 그보다 낫지만 사실상 훨씬 더 부과하기 어려운 부유세를 부과하면 부가 정치에 미치는 영향력은 낮아질 것이다. 그러나 낙관하기도 때때로 힘들다. 한 역사학자는 불평등이 일단 고착되면 폭력적인 파열을 통해서만 극복될 뿐이고 석기시대 이래 늘 그래왔다고 주장했다.[24] 우리는 그것이 너무 비관적인 주장이긴 하더라도 불평등을 낳은 과정과 제도의 개혁 없이는 오늘날의 불평등 수준이 낮아지는 것을 보기 어렵다고 생각한다.

그러나 낙관할 수 있는 몇 가지 이유가 있다. 또 지금처럼 결함이 있는 민주주의에서도 실현 가능하고 상황을 더 좋게 만들 수 있는 정책들이 있다. 제도는 바뀔 수 있다. 이러한 이슈들을 둘러싸고 지적 동요가 심하고, 우리가 책 후반부에서 논의할 새로운 좋은 아이디어들이 대거 등장했다. 그러나 우리는 이번 소개 부분을 또 다른 더 낙관적인 역사적 유사 사례를 소개하면서 끝맺겠다.

19세기 초 영국의 불평등은 오늘날 우리가 목격하는 어떤 불평등보다도 심각했다. 세습 지주들은 부유했고 심하게 제한된 독점권을 통해 의회를 지배했다. 1815년 이후 악명 높은 곡물법(Corn Laws)이 제정되면서 현지 가격이 너무 높아서 사람들이 굶주릴 위험이 있을 때까지 밀 수입이 금지됐다. 높은 밀 가격 때문에 서민들이 피해를 보더라도 수입 제한 덕을 보며 임대료로 사는 토지 소유 귀족들은 아주 큰 이윤을 챙겼다. 그것이 고전적이고 평범한 지대추구이자 사람들의 죽음을 막지 못한 지대추구였다. 이것은 일명 '피로 쓴(written in blood)' 법률이었다. 산업혁명이 시작되면서 혁신과 발명이 잇따르자 국민소득은 증가했다. 그러나 일하는 사람들은 그로 인한 혜택을 누리지 못했다. 사람들이 비교적 건강한 시골에서 벗어나 악취가 나고 비위생적인 도시로 이주함에 따라 사망률이 상승했다. 세대를 거칠수록 작아지는 신병들의 키는, 먹을 것을 충분히 구하지 못하고 비위생적 상황 속에서 제대로 영양을 섭취하지 못해 생기는 유년기 영양실조 상황이 갈수록 심각해지고 있음을 알려줬다. 교회가 새로운 산업도시가 아니라 시골에 있기만 해도 종교 예배 건수가 감소했다. 임금은 반세기 동안 정체 상태가 유지됐다. 기업 이윤은 증가하고 있었고 노동력의 희생 덕에 그것이 국민소득에서 차지하는 비중이 높아졌다. 이런 과정의 긍정적인 결과를 예측하기는 어려웠을 것이다.

하지만 세기말이 되자 곡물법은 폐기됐고 귀족들이 받던 임대료와 축적한 재산은 전 세계 밀 가격과 함께 하락했다. 특히 미국 대초원에서 수확한 밀이 시장에 넘쳐났던 1870년도 이후 이런 현상은 더욱 두드러졌다. 일련의 개혁법안은 세기 초 남성 10명 중 한 명이 가졌던 투표권을 세기말 절반 이상이 가질 수 있게 해줬다. 다만 여성들은 1918년이 돼서야 선거권을 가질 수 있었다.[25] 임금은 1850년부터 오르기 시작했고 1세기 이상 이어진 사망률의 하락이 시작됐다.[26] 이 모든 일이 국가의 붕괴나 전쟁이나 유행병 없이도 낙오된 사람들의 요구를 서서히 수용하기 시작한 제도의 점진적인 변화를 통해서 일어났다. 이런 논리가 우리 시대에 적용돼야 하는 이유와 적용 가능성을 모른다 하더라도 여러 사실 자체는 분명 적어도 제한적인 낙관론을 정당화해준다.

1부
—

비극의 서막

DEATHS
OF DESPAIR
AND THE FUTURE OF CAPITALISM

1장

폭풍이 일어나기 전의 고요함

1990년 이후 미국인의 수명은 6년마다 약 1년씩 늘어나고 있다. 오늘날 태어난 아이의 기대수명은 약 78세로 1900년에 태어난 아이보다 30년 가까이 더 길다. 내가 태어난 이후 심장병으로 인한 사망이 70퍼센트 이상 줄었다. HIV/에이즈 치료와 예방의 발전 덕에 이제 우리는 30여 년 전 에이즈가 발생한 이후 처음으로 에이즈가 없는 세대를 상상할 수 있게 될지 모른다. 암 사망은 지난 15년 동안 매년 약 1퍼센트씩 줄어들고 있다.

2014년 4월 28일 프랜시스 콜린스(Francis Collins) 미국 국립보건원 원장의 상원 증언 내용 중

20세기가 되자 역사상 유례없을 정도로 사람들의 건강 상태가 개선 됐다. 2000년까지 인간의 건강은 부단히 향상될 것으로 기대되는 것이 정상적이었다. 아이들은 그들의 부모보다 더 오래 살았고, 부모들은 그들의 부모보다 더 장수했다. 10년마다 사망 위험은 낮아졌다. 생활수준 개선, 의약품과 치료 방법의 발전, 그리고 행동, 특히 흡연이 건강에 어떤 영향을 미치는지를 더 잘 이해하고 취한 행동의 변화가 더 나은 건강을 뒷받침해줬다. 다른 부유한 나라들도 비슷한 이유로 비슷한 발전을 목격했다. 가난한 나라들은 특히 20세기 후반에 훨씬 더 극적인 발전을 이뤘다. 2000년 이후 이러한 모든 발전은 무한정 계속될 것처럼 보였다.

경제도 눈부신 발전을 거뒀다. 2000년대에 들어 전 세계의 거의 모든 사람들은 빅토리아 여왕이 타계하고 가수 루이 암스트롱(Louis Armstrong, 1901~1971)이 태어난 1901년에 살았던 조부모나 증조부모나 고조부모에 비해 더 부유했고, 그 이전인 19세기 때 누렸던 발전을 이어갔다. 서유럽과 북미의 부국에서는 제2차 세계대전 이후 30년 동안, 즉 프랑스에서 이른바 '영광의 30년(Les Trente Glorieuses, 전자와 정보 발달로 특정지어지는 '제3의 산업혁명'이 도래한 시기 – 옮긴이)'으로 알려진 1945~1976년 사이 소득 증가율이 사상 최고치를 기록했다. 미국에서는 이 시기 동안 그 어느 때보다 1인당 국민소득이 빠르게 증가했다. 부유층, 빈곤층, 중산층의 소득 모두가 그렇게 빠른 소득 증가를 경험했다.

교육도 역시 마찬가지다. 1900년에는 전체 인구 4명 중 1명만 고등학교를 나왔지만 19세기 중반에는 인구 4명 중 3명 이상이 고등학교를 나왔다. 같은 기간 대학 졸업자 비율도 20명 중 1명에서 5명 중 1명으로 올라갔다. 그리고 일반적으로 교육 수준이 높은 사람들이 교육 수준이 낮은 사람들보다 더 많이 벌었지만, 제2차 세계대전 이후

20세기 중반 전후의 노동시장은 고등학교 졸업장만 가진 사람들에게 도 좋은 일자리를 제공했다. 철강이나 자동차 공장 등의 공장에서 일 하는 사람들도 계층의 사다리를 올라가면서 안락한 삶을 영위했다. 남자들은 아버지를 따라 노조에 가입한 후 종종 다른 노동자와 회사 모두로부터 평생 고용을 약속받았다. 남자들은 결혼하고, 가정을 꾸 리고, 집을 장만하고, 그들과 같은 나이 때 부모 때보다 여러모로 더 나은 삶을 기대할 수 있을 만큼 충분히 높은 임금을 받았다. 부모들은 자녀들이 훨씬 더 나은 삶을 살 수 있게 해주기 위해 그들을 대학에 보낼 생각을 할 수 있었다. 이른바 '블루칼라 귀족 시대'로 불렸던 시 대의 모습은 그랬다.

우리는 결코 20세기가 21세기에 사라진 낙원이었다는 주장을 하 고 싶지는 않다. 이보다 더 사실과 동떨어진 주장은 없기 때문이다.

20세기에도 수천만 내지는 심지어 수억 명이 목숨을 잃은 역사상 최악의 재앙들이 많았다. 두 차례의 세계대전과 히틀러, 스탈린, 마오 쩌둥이 이끈 살인 정권들은 살해된 사람들의 숫자로 봤을 때 최악의 사건이지만, 제1차 세계대전 말기의 인플루엔자와 20세기 말의 에이 즈 등 치명적인 전염병도 창궐했다. 전 세계적으로 수백만 명의 어린 이들이 소아 질병을 예방하는 방법을 알고 난 지 한참 후에도 그런 흔한 질병으로 죽었다. 전쟁, 대량 살상, 전염병, 그리고 어린이들의 불필요한 죽음으로 인해 기대수명이 급격히 짧아졌다. 경제적 재앙 도 있었고 웰빙은 결코 보편적으로 공유되지 못했다. 대공황은 수백 만 명의 사람들에게 가난과 고통을 가져다줬다. 짐 크로가 살아나 흑인 미국인들을 상대로 교육적·경제적·사회적 박탈감을 제도화하고 있었다.

우리는 또 19세기 때처럼 오랜 기간 지속적이고 꾸준한 진보가 일어났을 때 사람들이 사망할 확률은 낮고 번창할 확률이 높았다고 주장하지는 않는다. 어떤 결과들은 다른 결과들보다 더 안정적인 발전을 보여줬고, 어떤 나라들은 다른 나라들보다 더 발전했다. 그러나 20세기에는 건강과 생활수준의 발전이 충분히 장시간 계속되자 세기말 사람들은 당연히 발전이 계속되면서 그들이 살면서 받았던 축복을 자녀들도 계속해서 누릴 수 있으리라고 기대할 수 있었다. 세계 인구 대부분은 20세기 말 역사상 그 어느 때보다도 더 큰 번영과 장수를 목격했다. 그뿐만 아니라 제2차 세계대전 종전 이후의 개선이 워낙 꾸준히 장시간 이어지다 보니 미래 세대가 여전히 분명 더 잘될 것처럼 보였다.

이러한 과거의 변화뿐 아니라 우리가 이 책에서 기술할 훨씬 덜 유익한 변화를 이해하기 위해서는 발전을 평가하는 방법을 명확히 정해놓을 필요가 있다.

생과 사: 기대수명과 사망률

우리는 종종 사망률과 기대수명에 대해 이야기할 것이다. 이 둘은 어떤 의미에서 서로 반대된다. 사망률은 죽음을, 기대수명은 수명을 각각 측정한다. 사망률은 사망할 위험이고, 기대수명은 출생자가 앞으로 생존할 것으로 기대되는 평균 생존연수다. 사망률이 높을 때와 높은 장소에서는 기대수명이 낮다. 그 반대의 경우도 마찬가지다. 사망률은 연령별로 다르다. 즉 아기와 유아 사이에서는 높지만, 어린이와 10대 청소년과 젊은이 사이에서는 낮다. 중년이 되면 죽음의 위협이 현실로 나타나기 시작하고, 서른이 지나면 사망 위험은 해마다 높아진다. 미국의 경우, 2017년 30세와 31세의 사망률은 1,000명당 1.3명이었고, 40세가 되면 1,000명당 2명, 50세가 되면 1,000명당 4.1명, 60세가 되면 1,000명당 9.2명으로 나타났다. 중년에 죽을 확률은 10년마다 두 배로 증가한다. 다른 부유한 나라에서는 사망 위험은 조금 낮지만 전염병이나 전쟁이 없을 때는 장소와 시간과 상관없이 어디서나 이와 같은 패턴이 나타난다.

우리는 갓난아기의 삶을 생일 때마다 장애물을 넘어야 하는 장애물 경주라고 생각한다. 사망률은 각 장애물을 넘지 못할 확률이다. 신생아가 첫걸음을 뗄 때까지 초기에 높고, 아기가 경험을 쌓으면서 각 장애물을 쉽게 넘어갈 때 잠시 낮아졌다가, 중장년이 되어 몸에 피로가 쌓이면서 점점 높아진다. 우리는 이 책을 통해 기대수명, 즉 신생아가 평균적으로 얼마나 많은 장애물을 뛰어넘을 것인지와 장애물을 만났을 때 그것을 뛰어넘지 못할 확률인 사망률에 대해 이야기할 것이다. 우리에겐 두 가지 개념이 모두 필요하다. 우리가 설명할 사건들이 장애물마다 각기 다르게 영향을 미치기 때문이다. 따라서 노인들 사이에서 위험이 줄어들 때 중년 사이에서 위험이 커질 수 있는데, 이러한 변화들이 서로의 위험을 상쇄한다면 기대수명에선 그렇다는 것이 전혀 드러나지 않을 수 있다.

초반에 장애물이 높을 때 무사히 멀리까지 트랙을 뛰어넘어 달릴 수 있는 주자는 많지 않을 것이다. 미국에서는 20세기 초에 아이들이 높은 사망 위험에 직면했다. 모든 아이들이 양질의 음식을 충분히 섭취하지 못했고 홍역 같은 아동 질병은 종종 치명적이었다. 백신 접종은 보편적인 것과는 거리가 멀었으며, 미국 내 많은 곳들이 무엇보다 하수 처리와 식수 공급을 적절히 분리하지 못해서 안전하게 마실 수 있는 물을 공급하지 못했다. 상류에 사는 누군가가 화장실로 쓰고 있는 강에서 나온 물을 마시는 것은 불쾌할 뿐만 아니라 극도로 위험하다. 안전한 물을 제공하고 좋은 위생 시설을 갖추려면 비용이 많이 들고, 보건 공무원들이 그런 준비를 하는 데까지 오랜 시간이 걸렸다. 그리고 심지어 기초 과학, 즉 모든 질병의 원인이 세균 감염이라는 이론을 이해하고 수용하더라도 공중보건 공무원들이 도처에서 이러한 준비를 하는 데까지 오랜 시간이 소요됐다.

처음 태어났을 때를 제외하고는 나이가 들면서 숨질 확률이 높아진다. 아기와 노인 때가 가장 살기가 위험하다. 부유한 나라에서는 유아기 때가 안전하다. 미국 아기 1,000명당 6명만이 돌 때까지 생존하지 못하며, 다른 나라들의 사정은 심지어 이보다 더 낫다. 예를 들어, 스웨덴과 싱가포르에서는 1,000명당 2명만이 돌 전에 사망한다. 일부 가난한 나라에서는 아기가 숨질 확률이 훨씬 더 높지만, 그런 곳들에서도 빠른 변화가 일어나면서 현재 유아 사망률이 50년 전보다 높은 나라는 전 세계에 단 한 곳도 없다.

20세기 동안 미국에서 전반적인 출생 때의 기대수명은 49세에서 77세로 올라갔다. 1970년에 70.8세였던 기대수명은 2000년이 되자 76.8세로 늘어났다. 실제로 10년마다 기대수명이 2년씩 늘어난 것이다. 미국의 종합 데이터 집계가 시작된 1933년부터는 기대수명 감소가 1~2년 이상 지속되지 못하는 등 기대수명은 거의 지속적으로 증가하는 추세를 나타냈다. 미국 내 모든 주가 기록을 유지하고 있진 않아서 1933년 이전의 데이터가 완전하지는 않지만, 제1차 세계대전 말기 인플루엔자가 유행하던 1915~1918년 사이 3년 동안 기대수명은 줄어든 것으로 보인다.

기대수명 증가세가 계속되었다면 2100년까지 기대수명은 90세를 넘고 상당수 사람들이 100세 이상 살 것이란 예상이 가능했다. 서유럽 국가들과 일본, 호주, 뉴질랜드, 캐나다에서도 유사한 예상을 할 수 있다.

변화하는 죽음의 얼굴

|

1900년 세 가지 주요 사망 원인은 전염병인 폐렴, 결핵, 소화기 감염병이었다. 21세기 중반에 이르러 공중보건과 예방접종 프로그램이 대부분 완성되고 항생제가 발명되어 널리 쓰이기 시작하자 사망 원인으로서 전염병의 중요성이 줄어들게 되었다. 초년 시절의 장애물은 낮아졌지만 중장년의 사망률은 올라갔다. 죽음 자체가 나이가 들면서 아이들의 장(腸)에서 나와 중장년층의 폐와 동맥으로 이동했다.

한번 이런 일이 일어나면 기대수명을 늘리기가 훨씬 어려워진다. 초기에 장애물을 낮추면 사람들이 훨씬 더 멀리 뛸 수 있지만, 일단 거의 모든 사람들이 중장년기로 접어들면 노인들의 생명을 구해봤자 수명을 훨씬 짧게 연장할 수 있을 뿐이다.

20세기 말 주요 사망 원인은 심장병과 암이었다. 사람들이 금연하면 심장병과 폐암 환자가 줄어든다. 따라서 흡연 인구의 급감은 사망률 하락에 크게 기여했다. 심장병 예방 치료도 이에 도움을 주었다. 고혈압 치료제는 혈압을 조절하고 심장마비를 막는 데 도움을 주는 저렴하고 복용하기 쉬운 약이다. 스타틴(statin)은 심장마비와 뇌졸중을 줄이는 데 효과적인 콜레스테롤 저하제다. 심장병 사망률의 하락은 20세기 마지막 25년의 위대한 성공담 중 하나였다. 또 유방암을 포함한 일부 암에 대한 약물 치료와 검사도 성공적이었다.

신약은 사람들의 행동만큼 사망률을 낮추는 데 중요한 역할을 하지 않을지 몰라도 종종 생명을 구한다. 그리고 이 책 후반부에서 우리가 제약 산업의 도를 넘는 행동에 대해 말할 때 약물이 많은 생명을 구했다는 것을 항상 명심해야 한다. 항생제, 당뇨병 환자에 필요한 인슐린, 아스피린이나 이부프로펜, 마취제, 혈압강하제, 항레트로바이러스제, 피임약이 없는 세상은 훨씬 더 나쁜 세상이 될 것이다. 공공정책이 해결해야 할 핵심적 퍼즐은, 경제적 비용을 포함하되 그것을 뛰어넘어 사회적으로 용인하지 못할 결과를 만들지 않고도 더 장시간 나은 삶의 혜택을 누리는 방법을 찾아주는 것이다.

어떤 질병은 없어지고 어떤 질병은 줄어들면 다른 질병이 제1 사망 원인의 자리를 차지하기 위해 나선다. 이러한 질병들 대부분은 새로운 것이 아니다. 그들은 항상 우리 곁에 있었지만 그전까지 이전 대량 살상 원인에 비해 살상 규모 면에서 왜소해 보였을 뿐이다. 알츠하이머나 말기 암과 같은 몇몇 사인(死因)은 단지 사람들이 좀처럼 그런 병들이 중요해질 나이까지 살지 못했기 때문에 흔하지 않았다. 그러나 사고나 자살이나 당뇨병과 같은 다른 원인들은 항상 존재했지만, 천연두나 콜레라나 하물며 보다 최근의 결핵이나 소아 설사병 시대에는 덜 심각한 사인이었다. 우리가 전염병에서 벗어나면서 우리의 사인도 달라진다. 감염은 박테리아나 바이러스와 같은 동인에 의해 전파되기 때문에 몸속이나 전염 수단(더러운 물, 모기, 벼룩 또는 쥐)에서 그들에 대한 생물학적 메커니즘을 발견함으로써 원인을 이해할수 있고, 치료나 심지어 제거에 이를 수 있는 경로를 찾아낼 수 있다.

그러나 생물학이 결코 모든 것을 해결해주지는 않는다. 사람들이 어디에서 어떻게 사느냐가 항상 중요하다. 이 책에서 보게 되겠지만 사람들의 행동과 그들이 거주하는 경제적·사회적 여건이 생물학보다 흡연 관련 질병이나 자살, 독살, 사고에 더 중요한 영향을 미치는 경우가 종종 더 많다.

생물학과 행동, 의학과 사회과학

1848년 발진티푸스(typhus) 전염병의 근본 원인은 위대한 병리학자 루돌프 피르호(Rudolf Virchow, 1821~1902)가 알아냈듯 가난과 정치적 대표성(political representation)의 부족이었다. 콜레라, 결핵, 탄저균의 원인이 되는 박테리아를 규명했던 미생물학의 창시자 로베르트 코흐(Robert Koch, 1843~1910)는 기세등등하게 "사람들은 지금까지 결핵을 사회적 불행의 결과로 간주하고, 괴로움을 덜어줌으로써 결핵을 줄일 수 있다고 기대하는 데 익숙해져왔다. 그러나 인류의 이 무서운 전염병에 맞선 최후의 투쟁에서 사람들은 더 이상 부정확한 무엇을 갖고 싸우기보다는 실제 기생충과 싸워야 할 것이다"라고 썼다.[1] 생물학과 행동의 이분법은 오랫동안 종종 논란거리였다. 우리가 논의할 죽음에서는 행동이 보통 죽음의 열쇠가 될 것이고, 우리는 실제 기생충에 초점을 맞추지 않을 것이다. 총이 어떻게 사람을 죽이고, 교통사고가 어떻게 사람을 불구로 만들 수 있는지를 이해하는 데 많은 생물학이 필요하지는 않지만, 생물학은 식사와 운동이 어떻게 비만에 영향을 미치고, 스트레스가 어떻게 고통을 유발하고, 술이 어떻게 간을 파괴하고, 흡연이 어떻게 심장병을 유발하는지를 파헤친다. 우리는 항상 사회과학과 의학을 함께 묶어 생각해볼 필요가 있다.

다음의 〈도표 1.1〉은 이러한 생각들을 정리해서 보여준다. 〈도표 1.1〉은 1900~2000년 사이 중년 백인 미국인들의 사망률을 보여준다. 선은 매년 45~54세 사이의 남녀 사망률을 나타낸다. 다음에서 우리는 다른 연령대의 사망률을 자세히 살펴보겠지만, 우리는 이 중년의 연령 집단을 종종 조명할 것이다. 보통 중년 때 사망률이 상승하기 때문에 중년은 사망률의 진화 추세를 살펴볼 수 있는 좋은 연령대인 경우가 많다. 중년에 사망하는 사람은 드물어서 보통 연간 10만 명당 사망자로 나타난다. 중년의 사망률은 1900년에는 10만 명당 1,500명(연 1.5퍼센트) 정도에서 시작해 2000년이 되면 400명(연 0.4퍼센트) 정도로 떨어진다. 3분의 2가 넘는 사망자 수 감소는 그래프의 중요한 시사점이다. 우리는 다른 연령대와 민족 및 인종 집단의 사망률도 이와 비슷한 수준으로 하락했다는 것을 알게 될 것이다.

다른 주목할 만한 사건들도 볼 수 있다. 1918년 제1차 세계대전 말 미국과 전 세계를 휩쓴 인플루엔자 전염병 때문에 사망률이 급등했다. 1930년대와 대공황기에는 사망률 상승 속도가 다소 둔화됐지만, 1920년대 경제 호황기에도 마찬가지였다. 이처럼 사망률과 경제 상태 사이에는 분명한 상관관계가 존재하지 않는다. 실제로 1920년대까지 거슬러 올라가 실시한 연구에선 경제가 잘 돌아가고 있을 때 오히려 사망률이 더 올라가는 경우가 더러 있었다는 다소 놀라운 결과가 나왔다.[2] 20대와 30대 때 골초였던 다수가 폐암과 심장병으로 사망한 1960년 전후로 몇 년 동안 사망률 하락은 정체되었다. 1970년 이후 다시 사망률이 하락하기 시작했는데, 이는 주로 심장질환으로 인한 사망자가 감소했기 때문이다. 1970년 이후 패턴은 흡연의 해로운 영향에 대한 지식이 확산하고 의사들이 고혈압과 콜레스테롤을 억제할 수 있는 약을 처방하면서 다른 부유한 국가들에서도 나타난다.

〈도표 1.1〉은 모든 주요 사망 원인을 보여준다. 대표적 전염병은 인플루엔자이며, 인플루엔자는 세계대전으로 인한 경제적·사회적·인간적 파괴의 영향을 받는다. 행동은 흡연, 흡연이 미치는 영향에 대한 의학적 지식의 이해, 그리고 고혈압을 통제하는 의료 시스템을 통해

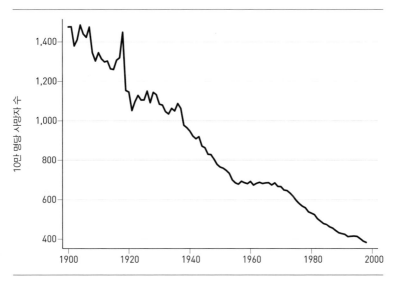

〈도표 1.1〉 20세기 45~54세 미국 백인 남녀 사망률(10만 명당 사망자 수). CDC 데이터를 이용해 저자들이 계산함.

나타난다.

〈도표 1.1〉은 45~54세 사이의 백인만을 보여준다. 그러나 다른 연령대도 20세기 사망률 하락의 혜택을 입었다. 아프리카계 미국인들은 백인 미국인들보다 사망 확률이 더 높고, 기대수명은 더 짧다. 오랫동안 그랬고 지금도 마찬가지다. 그러나 흑인 남성과 여성 사망률은 백인보다 빠른 속도로 진척을 보이면서 흑인과 백인 사망률의 격차도 줄어들고 있다. 노인 사망률도 떨어졌다. 1900년에 60세 미국여성은 15년을 더 살고, 같은 나이의 남성은 14년을 더 살 것으로 예상할 수 있었다. 20세기 말이 되자 이 숫자는 여성은 23년, 남성은 20년으로 각각 늘어났다.

우리는 사망률 추세보다는 유병률(morbidity, 어떤 시점에 일정한 지역에서 나타나는 그 지역 인구에 대한 환자 수의 비율 – 옮긴이)의 추세에 대해 더 잘 모르고 있다. 하지만 우리는 사람들이 더 장수할 뿐만 아니라 그들의 삶이 더 좋고 건강해졌다는 확신을 가질 수 있다. 20세기 후반 25년 동안 우리는 사람들에게 장애, 고통, 그리고 일상 업무를 수행할 수 있는 능력에 대해 물어보는 조사라는 직접적 평가 방법을 찾아냈다. 한때는 사람들의 생존 연령이 늘어나자 죽지는 않고 아파하며 고통과 장애 속에서 살게 될 것이란 두려움이 컸지만, 그런 일은 일어나지 않았다. 의학의 발전은 사망률을 낮춰놓았을 뿐만 아니라 사람들이 살아 있을 때 더 잘 살 수 있게 도와줬다. 관절 치환술은 통증을 줄여주고 그것을 받지 않고선 불가능했을 법한 활동을 할 수 있게 해줬다. 백내장 수술은 수술하지 않으면 잃게 될 시력을 회복시켜줬다. 그리고 약은 때때로 고통을 낮추고 우울증과 다른 정신적 고통을 완화하는 데 효과적이다.

미국인들 또한 신장이 커졌는데, 이것은 어린 시절의 영양 상태와 공중보건이 개선됐음을 잘 보여주는 결과다. 1980년에 태어난 남자들은 1세기 전에 태어난 사람들보다 성인이 됐을 때 키가 1인치 반 정도 커졌다. 다른 부유한 나라들의 남자들은 훨씬 더 신장이 커졌다. 예전에는 미국인들이 세계에서 가장 키가 컸지만 지금은 독일인, 노르웨이인, 그리고 특히 네덜란드인에게 추월당했다. 이는 아마도 미국의 모든 것이 다 좋은 게 아님을 보여주는 신호일지 모른다.[3]

2장

분리 상황에 대한 증거들

20세기가 끝날 무렵 대부분의 낙관주의는 이미 희미해진 상태였다. 철, 유리, 가구, 신발 등을 생산하면서 70대 노인들에게 위대한 성장 장소로서 애정어린 기억 속에 남아 있던 미국 내 중심 마을과 도시들은 공장 문을 닫았고, 가게들은 영업을 중단하며 무너져내렸다. 잔해 속에서 술과 마약의 유혹은 많은 사람들을 죽음으로 내몰았다. 이와 관련된 이야기들 대부분은 결코 전해지지 않는다. 자살, 약물 과다복용, 술 중독으로 인한 사망일 때 고인을 욕되게 하지 않으려고 종종 사망 원인이 제대로 공표되지 않는다. 중독은 질병이 아닌 도덕적 약점으로 여겨지고 그것의 결과는 숨기는 것이 가장 좋다고 믿어졌다.

유명한 요리사가 자살하거나 음악계 거물이 마약성 진통제인 펜타닐(fentanyl)을 과다복용하거나 앤 매클레인 쿠스터(Anne McLane Kuster) 의원이 전한 바와 같이, "지구상에서 이보다 조용한 곳은 없을 거라 여겨졌던 킨 뉴햄프셔라는 작은 마을에서 사랑받던 교사이자

세 아이의 어머니가 헤로인 과다복용으로 숨진 사건"[1]처럼 사망 사건이 지역사회에 충격을 주는 경우만 예외다. 각각의 이야기가 사실이고 비극적이더라도 긴 안목에서 고려해봐야 한다. 우리가 숫자, 즉 모든 숫자를 살펴보면 우리는 훨씬 더 크고, 무섭고, 비극적인 이야기를 보게 된다. 언론에 보도되는 사건들은 뉴스 가치가 있다고 판단돼 선정된다. 연예인들은 특히 주목을 받으며, 중독이나 자살 미수에 대한 직접적 설명은 본인이 겪은 경험을 글로 쓰는 데 익숙한 사람들로부터 나오는 경우가 많다. 최상류층의 자살과 마약 사망 등 눈에 띄는 특이한 사망은 속속들이 보도되는 반면, 일반인들의 사망은 그로 인해 유족과 친구들이 엄청난 충격을 받더라도 거의 화제가 되지 않는다. 오늘 일어난 사건은 뉴스가 되지만, 장기적 추세는 과거의 뉴스라 전혀 뉴스거리가 되지 못한다. 폐암, 심장병, 당뇨로 인한 사망은 그것 자체가 뉴스거리는 아니다. 폐암은 비록 더 많은 생명을 앗아가지만 에볼라나 에이즈와 다르다. 그리고 우리는 부고를 읽을 때만 우연히 폐암으로 인한 사망을 알게 된다. 비교할 수치가 없다면 우리는 알지 못한다. 비행기 추락이나 테러 공격처럼 사망자는 적지만 충격적이고 뉴스거리가 될 만한 사건이나, 아니면 에볼라나 중증급성호흡기 증후군인 사스(SARS)처럼 많은 사람을 겁에 질리게 하지만 거의 죽게 하진 않는 전염병을 보고 있는지, 아니면 우리가 실제로 공중보건을 위협하고 1세기 동안 이어온 인류 건강의 발전을 뒤집어놓을 훨씬 더 큰 무언가를 상대하고 있는지 말이다.

미국에서 일어나는 모든 사망은 당국에 보고되며 이 정보는 애틀

랜타에 있는 CDC에 의해 수집된다. 누군가 죽으면 사망진단서를 통해 많은 정보가 수집되는데, 지난 30년 동안 여기에는 최종학력도 포함됐다. CDC는 'CDC 원더(CDC Wonder)'라는 매력적인 이름의 웹 사이트를 운영 중인데, 이 웹사이트에서 관련된 많은 정보를 쉽게 구할 수 있다. 사망진단서 자체도 기밀 정보(이름과 사회보장번호 등)를 제외한 상태로 내려받아 검사할 수 있다. 우리는 이 자료들을 갖고 시작해보겠다. 자료들은 죽음에 대한 이야기만큼이나 고통스럽다.

미국 예외주의, 과거 청산, 무리로부터의 이탈 그리고 사실들
|

우리는 앞의 장에서 1900년에 10만 명당 1,500명이었던 미국의 중년 백인 사망률이 2000년이 되자 10만 명당 400명으로 떨어졌다고 말했다. 우리는 이제 21세기 이들의 상태를 추적해보겠다.

우리는 미국과 마찬가지로 1인당 개인소득이 높은 전 세계 다른 국가들을 살펴볼 수 있다. 이 국가들은 그런 국가들 사이에서 흔한 과학적·의학적 지식을 공유하고 시행하고 있다. 그런 국가들에서는 1945년 이후 중년 사망률이 급속히 하락했고, 미국에서와 마찬가지로 1970년 이후에 특히 하락 속도가 빨라졌다. 거의 모든 부유한 국가들에서 45~54세 사이 중년 사망률은 1970년대 후반부터 2000년 사이에 매년 평균 2퍼센트씩 하락했다.

다음의 〈도표 2.1〉은 과거 일어났던 일을 보여준다. 우리는 이것을 '분리 상황'이라고 부르겠다. 프랑스, 영국, 스웨덴에서는 중년 사망

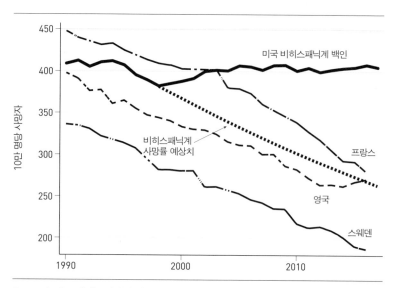

〈도표 2.1〉 미국 비히스패닉계 백인, 프랑스, 영국, 스웨덴의 45~54세 사이 '연령 조정(age-adjusted)' 사망률과 미국 비히스패닉계 백인 사망률이 1998년 이후 매년 2퍼센트씩 꾸준히 하락한다는 가정에 따른 예상 사망률. CDC와 HMD(Human Mortality Database) 자료를 갖고 저자들이 계산함.

률이 계속해서 하락했고, 도표에 없는 다른 부유한 국가들에서도 비슷한 진척을 나타냈다. 그런데 미국의 비히스패닉계 백인들 사이에서는 이와 완전히 다른 패턴이 나타났다. 이들의 사망률이 다른 나라들처럼 하락하지도 않았을 뿐만 아니라 사망률 하락이 완전히 중단되고 오히려 상승하기 시작했다.

20세기 일어났던 일을 토대로 미국 중년 백인들에 대해 우리가 예상했을 수 있는 미래는[2] 도표에서 두꺼운 점선으로 표시해뒀다. 미국 비히스패닉계 백인 사망률을 가리키는 선은 시간이 지나면서 다른 부유한 국가들의 그것 사이에 있다가 우리가 예상할 수 있었던 경로에서 현저히 벗어났다.

중요하고, 끔찍하고, 예상하지 못한 일이 일어나고 있다. 그러나 이
것이 단순히 백인 중년 남녀에게서만 일어나는 일인가, 아니면 다른
연령대에서도 같은 일이 일어나고 있는가? 남성과 여성 중 누구에게
서 더 자주 일어나는 일인가? 다른 연령대는 어떠한가? 미국 일부 지
역에서만 집중적으로 일어나는 현상인가, 아니면 어디서나 상당히
유사한 현상이 일어나고 있는가? 그리고 무엇보다 왜 이런 일이 일어
나는가? 앞으로 보게 되겠지만 술, 자살, 오피오이드 유행병이 이 이
야기에서 아주 중요한 역할을 하지만, 우리는 먼저 다른 몇 가지 이슈
에 대해 이야기해볼 필요가 있다.

1장에서 우리는 20세기 내내 중년 사망률이 하락하는 현상을 보여
주면서 다른 연령대들도 역시 그런 혜택을 누리고 있다고 지적했다.
하지만 〈도표 2.1〉에 나타난 역전 현상은 보편적으로 공유되지는 않
는다. 우리가 보게 되겠지만 더 젊은 연령대의 사망률 추세에도 비슷
한 변화가 일어났음에도 노인들의 사망률은 20세기 말 그랬던 것처
럼 계속해서 하락하고 있다. 우리는 앞으로 이런 현상에 대해서 훨씬
더 많이 설명하면서 역전 현상이 가장 젊은 노인들에게도 영향을 미
치기 시작했다는 걸 보여줄 것이다.

〈도표 2.1〉에서 우리는 모든 백인이 아닌 비히스패닉계 백인으로
범위를 좁혀놨는데, 20세기 대부분의 기간 그들에 대한 자료가 존재
하지 않았다. 비히스패닉보다 평균적으로 훨씬 더 가난한 히스패닉
은 비히스패닉보다 사망률이 낮고, 그들의 진전은 다른 국가들과 보

조를 같이해 이 기간 그들의 사망률은 영국의 사망률처럼 보인다. 아프리카계 미국인의 사망률은 도표에서 볼 수 있는 다른 어떤 집단이나 국가의 사망률보다 높지만, 그들의 사망률 하락 속도는 도표에 나온 어떤 집단이나 국가보다 더 빠른 편이다. 미국 흑인과 백인 중년 사이의 사망률 격차는 1990~2015년 사이 크게 줄었지만, 이후 우리가 보게 되듯 오피오이드와의 관련성 때문인지 중년 흑인의 사망률 하락도 중단됐다. 인종 간 사망률의 차이에 대한 이야기는 중요하므로 우리는 나중에 역사를 자세히 살펴보면서 흑인과 백인 사망률 격차가 줄어들 수 있다고 주장할 것이다. 이런 차이는 그것의 성격보다는 그것이 생기는 시기가 더 중요하다.

인종과 민족 간 사망률 사이에 이렇게 차이가 생기는 이유를 결코 충분히 이해하긴 힘들지만 그런 차이는 오랜 시간 존재해왔다. 아프리카계 미국인들의 경우, 다른 많은 중요한 결과들과 마찬가지로 그들의 결과가 나쁜 이유를 장기간 이어진 그들에 대한 차별과 고품질 의료 서비스에 대한 열악한 접근성에서 찾을 수 있다는 것이 중론이다.[3] 비히스패닉계 백인보다 히스패닉이 훨씬 더 장수한다는 사실에 대해 많은 연구가 진행되어왔지만, 그 이유는 충분히 설명되지 못했다. 아시아계 미국인 같은 다른 집단들의 사망률이 히스패닉이나 백인 사망률보다 더 낮다는 점도 눈여겨볼 대목이다. 우리는 이 책에서 이 세 주요 집단 사이에 상당한 차이를 나타내고 있는 최근 추세에 대해 자주 살펴볼 예정이다. 다만 본론으로 들어가기 전에 우리가 설명하기 쉽지 않은 사실들을 많이 찾아내게 될 것임을 인정해야겠다.

앞서 〈도표 2.1〉은 남녀를 묶어서 그렸는데, 이런 경우 항상 그림이 잘못될 가능성이 크다. 일단 한평생 여성의 사망률은 남성의 사망률보다 낮다. 다시 말해 여성이 남성보다 더 장수하는데, 미국의 경우 여성이 남성보다 5년 정도 더 오래 산다. 남녀가 앓는 질병도 다르며 같은 질병과 행동으로 인한 고통의 정도도 다르다. 예를 들어, 남성의 자살 확률은 여성보다 3~4배 정도 더 높다. 하지만 20세기의 지속적인 진전에서부터 진전의 중단 내지는 심지어 21세기의 퇴보에 이르기까지 상황의 반전은, 비록 그런 반전이 남성보다 여성 쪽에 조금 더 크게 일어나긴 했지만 어쨌든 중년 남녀 모두에게 일어났다. 미국의 백인과 다른 국가들의 백인 사이의 격차, 그리고 미국 백인 사망률과 우리가 기대했던 결과 사이의 격차는 남녀 모두에서 크기 때문에 남녀를 같이 합쳤다고 해서 수치가 잘못되는 것은 아니다.[4]

백인 사망률의 반전이 가진 중요성을 가늠해보는 한 가지 방법은 실제 일어난 일과 점선으로 표시된 추세를 비교해보는 것이다. 두 선 사이의 격차는 매년 사망률의 차이를 보여준다. 우리는 이 차이를 통해서 20세기 후반의 진전이 계속됐더라면 살아 있을 수 있었던 45~54세 사이 중년들이 매년 얼마나 많이 숨지고 있는지를 계산할 수 있다. 우리가 반전이 생기기 시작한 결정적 시기인 1999~2017년 사이 이 숫자를 합산해보면 총계가 상당히 커진다. 즉 예상대로 진전됐더라면 살아 있을 중년 미국인의 사망자 수가 60만 명이나 된다는 것을 알 수 있다. 참고로 1980년대 초 전염병 창궐 이후 HIV/에이즈로 인해 숨진 미국인 수가 67만 5,000명 가까이 된다. 우리는 앞으로 우리 추정치를 다듬어가면서 다른 연령대에도 대입해보고 그것의 구체적인 근거들을 찾아보겠지만, 일단 지금 그것은 관련 사건에 대한 '근사치(ballpark estimate)' 역할을 할 뿐이다. 우리가 현재 우리 연구에 확실한 결론을 내리려고 해봤자 실제로는 대참사만 빚어질 뿐이다.

　백인 사망률의 반전이 가진 중요성을 가늠해보는 또 다른 방법은 기대수명의 변화를 살펴보는 것이다. 기대수명은 어린 나이 때의 죽음에 더 민감하게 영향을 받기 때문에 중년 사망률이 크게 바뀌어야만 그것에 영향을 주는 것이 가능하다. 백인의 경우, 2013~2014년 사이 1년 동안 기대수명이 10퍼센트 짧아졌다. 이후 3년 동안인 2014~2015년, 2015~2016년, 그리고 2016~2017년 사이에는 미국 인구 전체의 기대수명이 줄어들었다. 이러한 기대수명의 감소는 중년뿐 아니라 전 연령대의 사망률을 보여주는데, 이것은 사실상 중년 백인에게 일어난 일로부터 상당한 영향을 받는다. 어쨌든 기대수명의 하락은 극도로 예외적인 일이다. 따라서 그것이 3년 동안 하락했다는 것은 '낯선 영역'에 진입했다는 의미다. 1933년 미국 주들의 인구동태 등록(vital registration)이 완료됐던 때 이후 미국인의 기대수명이 3년 연속 하락한 적은 결코 없었다.[5] 그 이전에 일부 주들에서 사망자를 등록했던 전례는 지금으로부터 1세기 전 제1차 세계대전과 이후 인플루엔자 전염병이란 재난이 일어났던 1915~1918년 사이에만 찾아볼 수 있다.

사망률의 지형도

우리가 이런 식의 사망률이 생기는 이유를 이해하려고 한다면 우리는 사망자가 생기는 '장소'에서 먼저 단서를 찾을 수 있다. 우리가 1999~2017년 사이 미국 주들에서 일어난 45~54세 중년 백인들의 사망률 변화를 살펴보면, 6개 주를 제외한 모든 주에서 사망률이 상승했음을 알 수 있다. 특히 웨스트버지니아, 켄터키, 아칸소, 미시시피에서 사망률이 가장 크게 상승했는데, 이들은 모두 전국 평균에 비해 학력 수준이 낮은 주들이란 공통점이 있다. 중년 백인 사망률이 눈에 띌 정도로 하락한 유일한 주들은 모두 학력 수준이 높은 캘리포니아, 뉴욕, 뉴저지, 일리노이였다.

이와 관련한 보다 자세한 지형도는 다음의 〈도표 2.2〉에 그려놓았다. 도표에선 2000년(위)과 2016년 미국 전역 약 1,000개 소규모 지역의 중년 백인 사망률을 표시해놓았다. 이 소규모 지역들은 카운티거나 카운티 인구가 적으면 인접 카운티를 모아놓은 곳이다. 색깔이 진할수록 사망률이 높다는 뜻이다. 따라서 지도를 보면 2000년에는 캘리포니아를 제외한 서부 지역과 애팔래치아(버지니아주 와이즈카운티에 있는 마을 - 옮긴이), 그리고 남부 쪽 사망률이 높고, 2016년에는 마인, 미시간 북부, 그리고 텍사스 여러 지역 등 새로운 지역으로 사망률 상승 현상이 강하게 확산되고 있음을 알 수 있다.

우리는 이 책 내내 이 지도들에 나온 패턴들을 언급할 것이다.

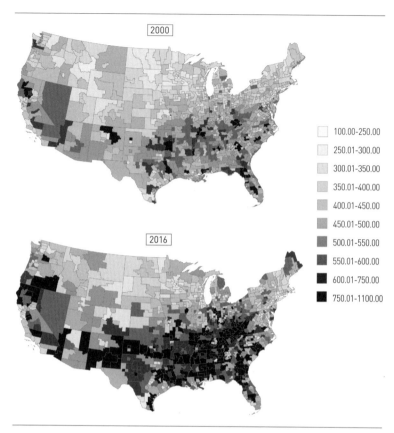

	100.00-250.00
	250.01-300.00
	300.01-350.00
	350.01-400.00
	400.01-450.00
	450.01-500.00
	500.01-550.00
	550.01-600.00
	600.01-750.00
	750.01-1100.00

〈도표 2.2〉 소규모 지역별 45~54세 사이 비히스패닉계 백인의 총사망률. CDC 자료를 갖고 저자들이 계산함.

문제를 같이 안고 가기: 연령 효과와 코호트 효과
|

〈도표 2.1〉에선 45~54세 사이에 해당하는 한 가지 특정 연령대에 속한 사람들의 전국적 사망률을 비교해놓았지만, 우리의 관심은 여기서 끝나지 않는다. 백인 사망률의 진전은 미국 외 나머지 부유한 세계

에서와 달리 성년을 거치면서 반전됐다. 우리는 45~54세 사이에 속하는 중년 집단을 집중 조명하고 있다. 하지만 앞으로 보게 되겠지만 사망률 상승은 제2차 세계대전 후 태어난 베이비 붐 세대에만 일어나는 현상은 아니다. 미국 백인들의 경우 젊은이들을 가로막는 장애물들도 높아졌다.

오늘날 중년 성인의 미래 역시 의문투성이다. 중년들은 생존하면 사망률 위기에서 '벗어나는 나이'가 될 것인가? 아니면 나이가 더 들어서도 기존 문제를 짊어지고 가기 때문에 내일의 노인들은 오늘의 중년처럼 고통받게 될 것인가? 미국 노인들은 중년들이 받지 못하는 메디케어(미국에서 65세 이상 된 사람에 대한 노인 의료보험제도 - 옮긴이) 건강 관리 사회보장제도(Social Security)로 인한 연금 등의 혜택을 받는데, 이런 혜택들이 건강에 도움을 준다면 그런 식의 긍정적인 대안에 찬성하는 주장이 나올 수 있다. 하지만 살아온 환경이나 자신들이 선택한 생활 방식으로 인해 1950년경에 태어난 중년이 숨진다면 그들이 나이가 들어도 그들의 사망률이 하락하리라고 기대할 수는 없다. 불행하게도, 최근 나온 자료들은 이런 두 번째의 보다 부정적인 결과와 더 일맥상통한다. 제2차 세계대전 이후 태어난 출생 코호트(birth cohort, 특정 해나 기간에 출생한 집단 - 옮긴이)가 노인 세대로 이동하면서 중년 사망률 상승이 이제 노인들에게 영향을 주기 시작했다. 65~74세 사이 백인의 총사망률은 1990년대 초부터 2012년 사이에 매년 평균 2퍼센트 하락했지만 2012년 이후로 하락세를 멈췄다.

사회과학자들은 종종 두 가지 다른 현상을 분리해보려고 애쓴다.

한편으로는 어떤 결과가 나이와 관련돼 생기는 '연령 효과(age effect)'가 있을 수 있고, 결과가 비슷한 시기에 출생한 사람들로 제한되고, 그들이 나이가 들면서도 계속 그 결과를 떠안고 살게 되는 '코호트 효과(cohort effect)'가 있을 수 있다는 것이다. 연령 효과와 코호트 효과는 물론 상호 배타적이지 않으며 모든 가능성을 포함하지도 않는다. 우리는 안타깝게도 두 효과 중에 더 비관적인 코호트 효과를 해석한 버전에 대해 찬성할 것이다. 출생 코호트에는 그들을 취약하게 만들면서 평생 짊어지고 가게 만드는 '뭔가'가 존재한다. 이 '뭔가'의 본질을 찾아내는 것이 이 책 나머지 부분에서 우리가 맡은 과제다.

꼭 그렇게 보이지 않아도 되지만 종종 경쟁적 관계에 있는 것처럼 보이는 두 가지 이야기가 있다. 한 가지 이야기, 즉 '외부' 내지 환경을 둘러싼 이야기는 사람들에게 일어난 일, 그들이 가진 기회나 직업이나 사회적 환경의 종류를 강조한다. 또 다른 이야기인 '내부'에 관한 이야기는 사람들이 자신에게 직접 한 일, 즉 그들이 얻은 기회가 아닌 그런 기회나 그들이 선호하는 것 중에서 한 선택을 강조한다. 이것은 한편에서는 나빠진 기회들, 다른 한편에서는 나빠진 기호나 가치 내지는 심지어 미덕의 감소 사이에서 벌어지는 논쟁이다.

이 이야기를 더 자세히 하기에 앞서 우리는 21세기 초 중년 미국인들에 대한 이야기로 돌아가서 그들의 사인을 좀 더 밝혀보기로 하겠다. 놀랄 것도 없겠지만 자살, 오피오이드, 그리고 술이 주요 사인이겠으나 그것들이 결코 유일한 사인은 아니다.

○ 3장 ○

절망사에 대하여

베키 매닝 남편이 아들의 마약 등 온갖 것에 대해 엄청난 죄책감을 느끼다
가 갑자기 우울해하더니 목숨을 끊었어요.

폴 솔먼 어떻게 자살했죠.

베키 매닝 머리에 총을 쐈어요.

폴 솔먼 가장 친한 친구 마시 코너의 남편도 자살했어요.

마시 코너 남편은 아주 어린 시절부터 술에 중독됐어요.

폴 솔먼 평생의 친구들도 같이 그랬죠.

마시 코너 한 친구는 심장마비로 숨졌지만 한평생 약물과 술 중독에 시달
렸어요. 또 다른 친구는 암으로 숨졌는데, 죽을 때까지 술을 마셨
어요. 그리고 제 남편은 사실상 위절제 수술을 받고 영양보급관
을 장착했는데, 죽을 때까지 그것을 통해 술을 퍼마셨어요.[1]

미국 중년 백인들의 사망 원인은 무엇일까? PBS에서 방송됐던 켄터

키주에서의 인터뷰에 담긴 위 대화는 불과 몇 단어로 우리가 '절망사'라고 부르게 된 죽음의 세 가지 상이한 원인이 자살, 마약, 술임을 정확히 포착해낸다. 인터뷰는 또 세 가지 원인이 종종 어떻게 밀접하게 연관되는지도 보여준다. 베키 매닝의 남편은 아들의 마약 남용 때문에 우울해하다가 스스로 목숨을 끊었다. 매닝의 남편과 그의 친구들은 성인이 돼서도 내내 술과 마약에 중독된 삶을 살았고, 마시 코너의 남편은 위에 술을 직접 투하하다가 숨졌다. 친구들 중 한 명은 심장마비로 숨졌는데, 술이 간접적인 사인이었을 수도 있다. 술은 장기간 심장병을 앓고 있던 사람의 심장마비를 유발할 수 있기 때문이다.

우리는 앞서 살펴본 〈도표 2.2〉 그래프의 초기 버전을 처음 봤을 때 사람들의 사인이 무엇일지 자문하다가, CDC 자료로 돌아가서 백인 사망률이 오르기 시작한 1999년 이후 어떤 종류의 사망이 가장 빠르게 늘어나고 있는지를 알아봤다. 직접적 영향을 미친 사망 원인은 세 가지였다. 중요도 순에 따라 나열하면 첫째가 우발적 내지는 '의도가 미확인된(intent-undetermined)' 중독(거의 전적으로 약물 과다복용으로 인한 중독이 많았다)이고, 다음이 자살, 알코올성 간질환과 간경변증이었다. 자살이나 술 중 하나보다는 약물 과다복용으로 숨지는 백인이 더 많지만, 자살과 술로 인한 사망자 수를 합치면 약물 과다복용으로 죽는 사람보다 더 많다. 이 세 가지 종류의 죽음 모두가 중요하다. 죽음은 여행을 계속하고 있다. 어린이의 배로부터 노인의 폐와 동맥으로 이동한 죽음은 이제 다시 중년의 머리, 간, 정맥으로 되짚어가고 있다.

이로 인한 사망자의 빠른 증가는 미국인들, 특히 그중에서도 백인들에게 영향을 줄 뿐 다른 부유한 국가들 사람에게는 영향을 주고 있지는 않다. 캐나다, 아일랜드, 영국(특히 스코틀랜드), 호주 같은 다른 영어권 국가들에서도 약물 과다복용이 늘어났고, 영국과 아일랜드에서는 술과 관련된 사망자가 증가했다(데이터 부족으로 우리는 이들 외 다른 부유한 국가들의 민족이나 인종 집단에 따라 사망자를 별도로 분류하지는 못했다). 다른 국가들에서도 나타나는 이러한 사망자 수 증가는 공중보건에 심각한 위협이 되며 미래에는 더 심각해질 수도 있다. 하지만 스코틀랜드에서의 약물 과다복용에 의한 사망을 제외하고, 다른 국가들에서는 미국에서의 약물 과다복용에 의한 사망에 비해 사망자 수가 아주 적은 편이다. 미국에서는 치명적 오피오이드인 펜타닐이 시중에 대대적으로 깔리기 시작한 최소 2013년까지 흑인이나 히스패닉의 절망사는 늘어나지 않았다.

미국에서 일어난 사망자 폭증 현상이 1918년 스페인 독감 같은 전염병에 의해 수많은 사람이 사망할 때 보게 되는 것과 같은 현상일 수도 있지만, 이것은 바이러스나 박테리아에 의해 전염되거나 공기 오염이나 원전 사고로 인한 낙진 등 외부 요인에 의해 생기는 것은 아니다. 사람들은 죽을 때까지 술을 마시거나, 스스로 마약에 중독되거나, 총을 쏘거나 목을 매고 있다. 실제로 우리가 거듭 보게 되겠지만 세 가지 사망 원인은 깊숙이 연관되어 있어서 검시관이나 법의학자조차 사인을 분류하기 어려울 때가 종종 있다. 자살을 우발적 약물 과다복용(accidental drug overdose)으로 인한 자살과 구분하기가 항상 쉬운 것은 아니다. 모든 사망자는 장단기적으로 상당히 불행한 삶을 살았다. 그들이 총을 가지고 또는 목에 줄을 맨 상태로 의자 위에 올라가서 의자를 걷어차는 식으로 순식간에 죽었든, 아니면 마약이나 알코올에 중독되면서 서서히 죽었든 그들의 죽음을 모두 자살로 분류하고 싶은 유혹이 느껴진다. 그렇지만 많은 중독자들은 중독돼서 사실상 어쩔 수 없이 죽게 된다는 것을 알았을 때조차 죽기를 원하지 않는다.

대다수의 약물 과다복용으로 인한 사망은 '우발적 중독'으로 분류된다. 하지만 이것은 사다리를 오르다 떨어지거나 잘못해서 전기가 통하는 전선을 만져서 감전되는 것과 같은 의미의 사고는 아니다. 분명 일부 사람들은 약을 잘못 먹어서 몸이 감당할 수 없을 정도로 대량의 헤로인을 몸에 투여하거나 마약과 술에 같이 중독됐을 때 닥칠 위험을 잘못 계산했을 수도 있다. 하지만 주변에서 '우발적 사망'에 대한 이야기를 듣고서도 고강도 마약을 손에 쥐기 위해 마약 거래상을 찾아나서는 중독자들은 어떠한가? 아니면 헤로인보다 훨씬 더 강력하면서도 위험한 약물인 펜타닐을 구하는 사람들은? 〈워싱턴포스트〉는 제왕절개 수술 이후 오피오이드에 중독됐다가 다시 헤로인에 중독된 뒤 이어 펜타닐이 가미된 헤로인에 중독된, 볼티모어에 거주하는 26세의 아만다 베넷에 대한 이야기를 해줬다. 베넷은 "무슨 일이 있어도 펜타닐이 들어 있지 않은 헤로인을 원하진 않는다"라고 말했다.[2]

그러한 약물을 구하려는 사람들은 죽음이 아니라 강력하게 높거나 일시적인 안도감을 갈구하고 있는 것뿐이다. 높은 사망 위험도 그들을 막지 못한다. 약물을 과다복용했다가 약물 과다복용으로 인한 호흡 저하를 역전시키기 위해 응급 상황에서 정맥 주사로 사용되는 아편제 길항제(拮抗劑)인 날록손(naloxone) 덕분에 기적적으로 원상태로 돌아왔다가, 불과 몇 시간 만에 다시 약물을 과다복용하는 중독자들도 있다. 술 중독은 오피오이드 중독보다는 즉각적인 위험도는 덜하며, 사회생활을 유지하면서 자신의 중독을 감추는 일명 '고기능(high-functioning) 약물 중독자'가 일부 있듯이 '고기능 알코올 중독자'도 있다. 하지만 또한 중독 때문에 가족, 일자리, 인생을 잃어버린 사람들도 있다. 중독은 그것의 희생자들을 살 만한 가치가 있는 인생에서 분리해놓는 감옥이다.

미국 국립약물남용연구소(National Institute on Drug Abuse) 초대 소장인 로버트 듀폰트(Robert DuPont)는 중독의 두 가지 중요한 특징이 약물 사용으로 인해 심각한 결과가 초래됨에도 불구하고 그것을 계속해서 남용하게 되는 것과 부정직함이라고 주장했다.[3] 그에 따르면, 중독자는 이른바 '이기적 두뇌(selfish brain)'에 장악돼 약물에 대한 갈구 외에 다른 어떤 것을 할 여유를 갖지 못한다.[4] 술이나 약물 부작용으로 스스로 숨질 위험에 빠지는 사람들은 이미 인생을 살 만하고 가치 있게 만드는 많은 것을 잃었다. 그로 인해 느끼는 상실감은 자살을 결심하는 다수의 사람들이 경험하는 상실감과 유사하다.

우리는 이런 세 가지 종류의 죽음을 '절망사'라고 부른다. 이것은 불행과의 연관성, 정신이나 행동 건강과의 연관성, 그리고 감염원의 부족을 시사해주는 편리한 호칭이긴 하지만, 절망을 일으키는 구체적인 원인을 의도적으로 드러내주진 않는다. 우리는 나중에 그런 배경이 되는 원인들, 즉 '원인의 원인들'에 대해서 상당히 할 말이 많을 것이다. 지금으로선 '절망사'가 단지 적절한 호칭이란 점만 밝혀둔다. 45~54세 사이 백인 남녀의 절망사는 1990년 10만 명당 30명에서 2017년에는 10만 명당 92명으로 증가했다. 미국의 모든 주에서 45~54세 사이 백인의 자살 사망률은 1999~2000년과 2016~2017년 사이에 늘어났다. 두 주를 제외한 모든 주에서 알코올성 간질환 사망률도 올라갔다.[5] 그리고 모든 주에서 약물 과다복용 사망률도 높아졌다.

우리가 약물 과다복용 증가 현상을 최초로 찾아낸 것은 결코 아니다. 약물 과다복용 유행병은 1990년대 초부터 시작해 FDA가 중독성이 강한 처방 진통제인 옥시콘틴을 승인한 뒤 이 약의 마케팅이 시작되면서 더 강하게 퍼지기 시작했다. 사실상 합법적 헤로인인 옥시콘틴은 퍼듀파마(Purdue Pharmaceutical)가 제조했다. 알코올성 간질환으로 인한 사망과 자살을 연구하던 학자들은 특히 중년 백인들 사이에서 이런 사망과 자살이 늘어나고 있다는 것을 알아냈으나, 이 연구 결과는 약물 과다복용으로 인한 사망만큼 대중의 주목을 받지는 못했다. 우리는 약물 과다복용, 자살 술과 관련된 죽음 사이의 연관성을 찾고, 그런 죽음이 모두 함께 늘어나고 있으며, 특히 백인들 사이에서 주로 늘어나면서 장기간 이어진 그들의 전체 사망률 하락세가 중단됐거나 오히려 사망률이 상승 반전했다는 것을 알아내는 데 이바지했다. 우리는 또 '절망사'란 집단적 호칭을 선택했는데, 이것은 복합적 유행병을 알리면서 약물 과다복용 외에 여러 원인이 사망에 관련 된다는 것을 강조하는 데 도움을 주었다.

하지만 다른 뭔가가 일어나야 한다

|

우리 연구에 대한 초기 논평에서 보건경제학자들인 엘렌 메라(Ellen Meara)와 조너선 스키너(Jonathan Skinner)는 절망사가 빠르게 늘어나 고 있지만, 전체 절망사 사망자 숫자만으론 전체 사망률의 평탄화 내 지는 반전을 설명해주기에는 충분하지 않다고 지적했다.[6] 백인 사망 률의 반전을 설명하기 위해선 20세기의 진전과 21세기 미국과 다른 부유한 국가들 내 다른 집단과 더불어 비교해 뭔가 다른 일이 일어나 고 있어야 한다는 것이다. 우리는 그 '다른 뭔가'를 찾아내야 했다.

1970년 이후 가시적인 사망률 하락과 그와 관련된 기대수명의 증 가는 미국 1·2위 사망 원인인 심장병과 암으로 인한 사망의 급속한 감소가 상당 부분 영향을 미쳤다. 75세가 되기 전에 암으로 숨질 위 험은 심장병으로 숨질 위험보다 크지만, 75세가 넘으면 심장병으로 인한 사망이 더 늘어난다. 노인 연령대의 사망률이 가장 높기 때문에 심장병은 미국 제1의 사망 원인이다. 중년 사망 원인 1위인 암 치료는 새로운 세기에도 빠른 속도로 진전을 이뤘다. 절망사와 더불어 중년 사망률 하락을 중단시킨 그 '다른 뭔가'는 오랫동안 건강과 기대수명 개선을 이끈 엔진 역할을 했던, 심장병 사망률을 낮춰준 진전의 현저 한 둔화로 밝혀졌다. 이전의 진전에는 통상 특히 남성들의 금연이 기여했다. 여성들보다 심장병으로 숨질 확률이 높은 남성들은 여성들보다 이른 나이에 담배를 끊었다. 또 혈압과 콜레스테롤 수치를 낮추기 위한 예방약(혈압강하제와 스타틴)을 복용하는 사람들이 늘어난 것도 역시 이전의 진전에 도움을 주었다. 45~54세 사이 미국 백인들의 심장병 사망 위험은 1980년대에 연평균 4퍼센트씩 빠른 속도로 줄었지만, 1990년대에는 매년 2퍼센트, 그리고 2000년대에는 매년 1퍼센트로 하락세가 둔화되다가 2010년 이후부터 되려 상승 반전했다.[7]

〈도표 3.1〉은 미국뿐 아니라 영국과 다른 영어권 국가들인 캐나다, 호주, 아일랜드의 45~54세 사이 백인 심장병 사망률을 보여준다. 흡연 감소와 부국들에선 쉽게 누릴 수 있는 예방 치료 확산으로 지속적인 진전을 기대할 수 있듯 1990년 이후 사망률 하락은 여러 국가에서 보다 유사하게 나타난 현상이었다. 다만 다른 이웃국들과 또다시 결별한 미국은 예외다. 실제로 심장병으로 인한 사망의 진전 속도 둔화는 〈도표 2.1〉에 나타난 '분리'에 충분한 영향을 미쳤다. 우리가 2장에서 추산했던 45~54세 사이 백인 추가 사망자 60만 명 중 15퍼센트는 절망사뿐만 아니라 심장병 때문에 숨졌다.

심장병 사망률은 2010년까지 다른 영어권 국가들에서 상당한 진전을 보였다. 하지만 2011년 이후 이러한 진전이 돌연 중단됐다. 2010년까지 사망률이 꾸준히 개선되다가 답보 상태에 머물게 되는 이러한 패턴은 미국 내 흑인과 히스패닉에게도 마찬가지로 나타났다. 영어권 세계에서 일어난 이러한 현상은 중년에 심장병으로 숨질 위험이 계속해서 낮아진 다른 나머지 부유한 세계에서는 나타나지

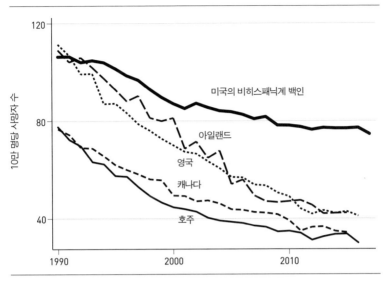

〈도표 3.1〉 45~54세 남녀의 연령 조정 사망률. CDC와 세계보건기구(World Health Organization, WHO) 데이터를 갖고 저자들이 계산함.

않았다. 아마도 영어권 세계에서 예방에 따른 개선 효과가 효력을 다하거나, 아니면 금연하는 사람만큼 흡연하는 사람이 늘어나고 있어서 그런 것일 수 있다. 하지만 이것만으로 1990년에 국제적 기준에서 미국의 심장병 사망률이 높으며 안 좋은 모습을 보인 이유를 설명할 수는 없다. 사망률은 개선의 여지가 적기보다는 많아야 했기 때문이다.

우리가 약물 과다복용이나 자살을 살펴보면 사인 분류는 직접적인 사망 이유를 알려준다. 하지만 심장병은 많은 형태로 나타나고, 많은 원사인(underlying casue of death, 사망을 불러일으킨 첫 사인 – 옮긴이)이 있을 수 있어서 〈도표 3.1〉의 '이유'를 확실히 단정하기가 훨씬 더 힘들다.

절망사와 관련된 약물과 술 때문에 사람들이 심장병으로 숨질 확률이 높아졌을 수도 있다. 적당한 음주(하루 남자 두 잔과 여자 한 잔)는 '좋은' 콜레스테롤(HDL)을 늘려주고 '나쁜' 콜레스테롤(LDL)을 줄여주는 것으로 간주되지만, 장기간의 과음은 고혈압 위험을 높이고 심근을 약화시켜 심장병을 일으킬 위험을 높일 수 있다. 폭음(1~2시간 동안 3잔 이상 음주)은 심장을 불규칙하게 뛰게 만들 수 있다. 약물 남용과 심장병 사이의 관계는 한층 복잡할 수 있다. 각기 다른 약이 중추신경계에 서로 다른 영향을 미치기 때문이다. 각성제의 일종인 메타암페타민(methamphetamine)과 '완벽한 심장마비약'으로 불리는 코카인은 혈압과 심장박동을 끌어올리면서 심장마비와 급성심장사 위험을 높이는 각성제들이다. 오피오이드 남용과 관련된 심장 위험에 대해서는 알려진 것이 덜하다. 최근 연구는 장시간 작용하는 오피오이드와 심혈관계 질환으로 인한 사망 사이의 연관성을 시사해주지만 여전히 더 많은 연구가 수행돼야 한다.[8] 심부전이나 치명적 심장마비가 장기적인 술이나 약물 남용의 결과인 이상 이러한 죽음은 '절망사'로 분류될 수 있다.

중년 심장 건강에 가해지는 보다 일반적인 위협은 흡연, 고혈압, 비만처럼 보인다. 미국의 흡연율은 지난 20년 동안 전반적으로 떨어졌지만, 일부 지역(미시시피, 켄터키, 알라바마, 테네시처럼 동남과 중부 지역에서 특히 더 그렇다)의 흡연율은 여전히 높고, 일부 인구집단(특히 고졸 중년 백인 여성)의 흡연율은 계속해서 상승해왔다. 또 혈압강하제 복용도 최근 들어 일부 감소했다.

지금까지 심장병 사망 원인으로 가장 자주 거론되는 것은 비만이다. 미국인들은 상당히 과체중이며, 세계에서 가장 몸무게가 많이 나가는 축에 속하고, 많은 학자들이 건강을 해칠 것이라고 오랫동안 예측해왔던 장기적인 비만 증가 추세가 실제로 그런 부정적인 영향을 미치고 있다. 많은 연구들이 심장병, 고혈압, 당뇨 등 비만의 위협을 지적해왔다. 비만과 당뇨병 사이의 연관성은 특히 강하며, 당뇨로 인한 사망은 심장병이 있을 때 심장병으로 인한 사망으로 기록되는 경우도 종종 있을 수 있다.[9] 일부 사람들은 스트레스를 받았을 때 지나친 음주만큼이나 지나친 과식에 빠져든다. 사람들은 살면서 힘든 일을 겪고 실망할 때 '자기위안(self-soothing)' 방법으로 그렇게 과식하기 때문에 비만과 관련된 죽음 역시 절망사로 간주할 수 있다.

우리는 지금 비만과 관련된 죽음을 이야기하지는 않을 것이다. 심장병으로 인한 사망 중 어떤 사망이 과식과 관련되어 있는지를 알아내기가 무척 어려운 것도 일부 이유다. 하지만 비만에 대한 설명이 결코 끝난 것은 아니다. 비만에 대한 비관론자들은 오랫동안 비만의 위험에 대해 반복적으로 경고해오면서 기대수명의 하락 신호가 등장하기 전에 이미 그것의 하락이 시작될 것이라고 경고해왔다.[10] 최근 몇년 동안 비만과 관련된 위험은 그것에 대한 연구가 시작됐을 때보다는 낮아졌을 수 있다. 연구들은 사람들을 다년간 추적·조사해야 하기 때문에 새로운 치료법과 약이 등장할 때마다 항상 연구가 끝나기도 전에 이미 연구가 쓸모없게 될 위험이 상존한다. 비만이 심장병 위험을 높이는 한 가지 경우가 고혈압 유발을 통해서라는 점에서 혈압

강하제의 가용성과 활용성을 높였다면 비만의 위험이 예전보다는 더 낮아졌을 수도 있다.

국가별 비교 역시 비만의 역할에 대한 많은 의문을 해소해주지 못한다. 영국과 호주에서 45~54세 사이 비만 성인의 증가는 1990년대 중반과 2010년 사이 미국 백인에서 목격됐던 현상과 거의 유사했다.[11] 당시 영국과 호주에서 심장병 사망률은 매년 평균 4퍼센트씩 하락했다. 2011년 이후 미국 흑인과 히스패닉 및 다른 영어권 국가에서 중년 성인들 사이 심장병 사망의 진전이 동시에 중단됐다는 사실은 이제 몇 가지 추가적인 요인이 작용하고 있는 것은 아닌지 의문의 여지를 남겨준다.

궁극적 원인이 무엇인지를 떠나서, 미국 백인 심장병 사망률의 독특한 패턴이 절망사의 독특한 패턴과 결합되어 1998년 이후 중년 백인 사망률을 끌어올렸다. 우리는 이런 일종의 '줄다리기'의 결과로 전체 사망률에 일어난 일을 생각해볼 수 있다. 즉 한편에서는 심장병 치료의 진전으로 관련 사망률이 하락했다. 다른 한편에서는 처음엔 약하더라도 절망사가 늘어나면서 사망률은 상승했다. 1990년 심장병 치료의 진전이 '승리'하면서 전체 사망률은 하락했다. 하지만 시간이 지나면서 심장병 치료의 진전이 힘을 잃은 반면 절망사는 더 늘어나면서 전체 사망률 하락은 멈췄고, 일부 중년 집단의 사망률은 상승하기 시작했다.

이런 설명은 여기서 우리 이야기에 중요하다. 심장병 사망률 수준과 그것을 막기 위한 진전의 둔화가 모두 연령대별로 달라서 총사망률의 방향을 가늠해줄 '주도권 싸움' 역시 연령대마다 다르기 때문이다. 20대 후반이나 30대 초반 백인의 주요 사인은 심장병이 아니다. 그리고 절망사의 급속한 증가가 지난 20년 동안 이 연령대에 속한 성인들의 총사망률을 끌어올려왔다. 30대 후반과 40대 초반 백인의 경우 심장병과 암으로 인한 사망의 감소와 절망사의 증가는, 치명적인 오피오이드(펜타닐)를 구하기 쉬워지면서 약물 과다남용으로 인한 사망자 수가 급증하기 시작한 2013년까지 정체 상태를 나타냈다. 50대의 경우 약물, 술, 자살로 인한 사망자 증가를 막기 위한 심장병 치료의 진전이 완전히 무너지면서 21세기가 시작된 이후 총사망률은 상승세를 나타냈다.

미국 젊은이들 사이에서도 유행하는 절망사

우리는 온갖 종류의 중년 사망에서 시작해서 우리가 알아낸 대로 이야기를 하고 있다. 우리는 다음으로 직접적 사인에 초점을 맞췄는데, 백인들 사이에서는 절망사와 함께 그때까지 사망률 하락의 주요 엔진 역할을 했던 심장병으로 인한 사망자 감소세의 둔화 내지 증가 반전이 직접적 사인으로 나타났다. 그런데 불행하게도, 절망사가 중년 백인에게만 영향을 미치는 것은 아니다. 노인은 대체로 예외였지만 젊은 백인들 사이에서 특히 약물 과다복용과 자살로 인한 절망사가 급증했다. 45~54세 사이 백인의 절망사는 1990~2017년 사이 세 배로 늘어났다. 2017년에는 절망사로 인한 사망률이 중년에서 가장 높았다. 하지만 젊은 백인들의 상황도 악화되면서 그들의 죽음은 심지어 더 빠르게 늘어났고, 지난 몇 년 동안 늘어나는 속도는 더 빨라졌다.

우리가 이 글을 쓰고 있는 현재 이러한 유행병이 심화되고 있는 중이다. 다음 장에서 우리는 시간이 지나면서 연령대별 상황이 이전의 같은 연령대에 비해 계속해서 나빠지는 유행병에 대해 이야기할 것이다. 한편 우리가 중년의 죽음에서 목격한 패턴이 노년으로 이동 중이다. 2005년 중년 이후 절망사가 늘어나기 시작했다.

부모들은 당연히 성장한 자녀들이 죽는 것을 보길 원치 않는다. 정상적인 사물의 질서와 정반대이기 때문이다. 자식이 부모의 장례를 치뤄주는 게 맞지, 그 반대의 경우가 되어서는 안 된다. 또한 '성인이 된 아이'를 포함해서 아이의 죽음은 가족의 붕괴를 초래할 수 있다. 또 죽어서는 안 되는 한창때의 사람을 잃는다면 지역사회와 직장도 이만저만한 손실이 아니다. 서두에 우리는 매닝이 '마약을 복용하는' 아들 앞에서 자살한 이야기를 해줬다. 오늘날 수백만의 미국 아버지와 어머니가 그들의 성인 아들이나 딸이 전화를 걸어도 받지 않는다거나 경찰이나 병원 응급실에서 전화가 걸려올까봐 두려움에 떨면서 살고 있다.

2부

—

무슨 일이
일어나고 있는가?

4장

교육 수준이 높은 사람들과
낮은 사람들의 생사

2017년 기준 베키 매닝과 마시 코너가 남편의 자살 이야기를 들려준 켄터키주에서 중년이 자살, 우발적 약물 남용, 또는 알코올성 간질환으로 숨질 위험은 전국 평균보다 3분의 1 정도 더 높았다. 하지만 모든 켄터키주 사람들이 똑같은 위험에 처한 것은 아니었다. 절망사로 숨질 위험이 현저히 커졌지만, 이것은 오로지 4년제 대학 학위가 없는 사람들에게만 해당했다. 1995~2015년 사이 고졸 이하 학력자 사망률은 10만 명당 37명에서 137명으로 올라간 반면 대졸 이상 학력자 사망률에는 거의 변화가 없었다.

켄터키는 주민들의 교육 수준이 상대적으로 낮은 주에 속한다. 45~54세 사이 백인 중 불과 4분의 1만이 학사학위를 갖고 있다. 하지만 4년제 대학 졸업장이 없는 사람들에게 점점 더 위험하게 변하고 있는 이런 패턴이 미국의 모든 주에서 재연되고 있다. 교육은 분명 누가 무슨 이유로 죽는지를 이해하는 열쇠다. 동맥과 폐에서부터 머리,

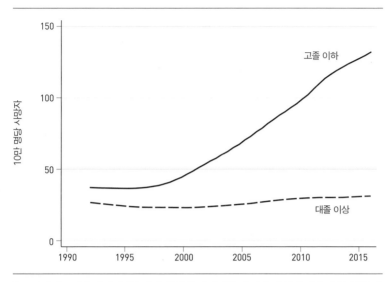

〈도표 4.1〉 45~54세 사이 비히스패닉 백인 중 켄터키주 내 교육 수준에 따른 자살, 약물 과다복용, 알코올성 간질환에 따른 사망률. CDC 자료를 갖고 저자들이 계산함.

간, 혈관 이상은 주로 대학을 다니지 못한 사람들의 사인이다. 우리가 이런 고졸 이하 학력자들이 감당해야 하는 추가적 위험을 이해하려면 사람들의 삶에서 교육이 하는 역할을 이해할 필요가 있다.

인생에서 교육의 의미

|

2017년 기준 24세 이상 미국 인구의 40퍼센트 가까이가 고졸 이하 학력자들이고, 27퍼센트는 대학을 다녔지만 학사학위를 따지는 못했다. 그리고 33퍼센트는 4년제 대학이나 대학원을 나왔다. 미국에서 학력별 인구 비율은 1925~1945년 사이에 크게 바뀌었다. 1940년

대에는 20~24세 사이 성인 중 10퍼센트만이 학교 교육을 받았지만, 1960년대 후반이 되자 이 비율은 20퍼센트로 두 배로 늘어났다.[1] 이후로 대학 교육을 받은 사람들도 천천히 늘어났다. 1945년에 태어난 사람 4명 중 1명만이 대졸자지만, 1970년이 되자 3명 중 1명이 대학을 졸업했다. 1970년 이후 태어났고, 1990년 이후 졸업한 사람들의 경우에는 대졸자 비율에 거의 변화가 없었다.

대학을 나옴으로써 얻는 가장 확실할 이점은 소득이 늘어나고, 소득이 늘어나면 더 안락한 삶을 누릴 수 있게 된다는 점이다. 1970년대 후반 대졸 이상의 교육을 받은 노동자들의 소득은 고졸 노동자들의 소득보다 평균 40퍼센트가 높았다. 하지만 2000년이 되자 경제학자들이 말하는 이러한 '소득 프리미엄(earnings premium)'은 무려 80퍼센트로 두 배가 늘어났다.[2] 반면 이 기간 대학을 중퇴한 미국 노동자들의 소득은 고졸 노동자들의 소득에 비해 15~20퍼센트 정도 높은 수준에 머물면서 소득 프리미엄엔 비교적 큰 변화가 나타나지 않았다. 1970년대 초반 고등학교 졸업 후 대학 진학을 포기한 사람들은 20세기 말에 그들이 얼마나 많은 소득을 포기해야 할지를 알 수 없었다.

과거와 달리 대학 학위를 요구하는 직업이 많이 늘어났기 때문에 대학을 다니지 못한 사람들에게 돌아갈 기회는 줄어들고 있다. 대졸자들에게 돌아가는 기회가 늘어나고 있는 것과는 대조적이다. 미국의 실업률이 역사적 저점인 3.6퍼센트에 머물렀던 2017년에도 고졸자 실업률은 대졸자 실업률에 비해서 근 두 배가 높았다. 2017년 25~64세 사이 대졸 이상 학력자들의 취업률은 84퍼센트였던 반면 고등학교만 졸업하고 추가로 교육을 받지 않은 사람들의 취업률은 68퍼센트에 그쳤다.[3] 미국 노동자들의 소득은 통상 45~54세 사이에서 정점을 찍는다. 2017년 이 연령대에 속한 미국 고졸 이하 학력자들의 25퍼센트가 실업자였지만 대졸 이상의 학력자 중에는 실업자가 10퍼센트에 그쳤다는 점은 심히 우려스럽다.

앞으로 보게 되겠지만, 이런 차이가 생기는 '원인'을 두고 많은 논란이 있었다. 교육 수준이 낮은 사람들은 그들이 받을 수 있는 수준의 임금이 낮아서 일하길 원하지 않는 것 아닌지, 아니면 일하고는 싶어도 일자리가 없거나 몸에 장애가 있어서 일할 수 없는 것은 아닌지 등이 논란의 핵심이다. 이유 불문하고, 노동시장이 교육을 못 받은 사람들이 아닌 잘 받은 사람들에게 더 많은 혜택을 제공한다는 사실은 계속해서 유효하다.

기업과 정부가 어느 때보다도 정교하고 복잡한 기술을 도입하고 있고 그들의 컴퓨터 사용이 크게 늘어나면서 고숙련·고능력 노동자들에 대한 수요가 확대됐다. 이것이 교육 수준이 높고 낮은 사람들 사이의 소득과 고용 격차가 생기게 된 일부 원인일 수 있다. 헤지펀드 트레이더나 실리콘밸리 기업가나 CEO나 일류 변호사나 의사 등 최상위 계층에 속하는, 운이 좋으면서 능력 있는 소수는 사실상 무제한으로 소득을 올릴 수 있고, 그럴 가능성은 예전보다 훨씬 더 커졌다. 2018년 기준 미국 350대 기업 CEO의 평균 소득은 1,720만 달러로 노동자의 평균 소득보다 278배가 높았다. 1965년에는 이 차이가 20 대 1에 불과했다.[4] 100년 전으로 거슬러 올라가면 최고 소득을 올린 사람들은 '자본'을 통해 얻었다. 즉 그들은 과거 시대로부터 유산을 물려받은 사람들이었다. 이자와 배당금에 의지해서 살아가는 사람들에게는 먹고살기 위해 일한다는 것은 '수치심의 증표'였다. 딸을 제조업자와 결혼시키는 것보다 더 큰 불명예는 없었다. 오늘날 최고 소득은 재산을 물려받은 사람이 아니라 CEO처럼 고소득자나 컨설턴트, 의사, 변호사처럼 독자적으로 일하는 고숙련 사업주들이 올린다. 가족이나 출생이 아니라 교육이 그러한 직업을 갖는 데 반드시 필요한 관문이다.[5]

사람들은 비슷한 기호와 배경을 가진 사람들과 결혼하는 경향이 강하다. 대졸 여성은 대졸 남성과 결혼할 가능성이 더 크다. 20세기 후반 대졸 여성들은 더 이상 집에 머물지 않고 집 밖으로 나와서 일하기 시작했다. 결과적으로 노동시장이 대졸자들 위주로 돌아가면서, 여성들의 고소득 전문직 진출이 늘어나던 시기에 남편과 부인 모두 전문직 고소득을 올리는 커플이 늘어나기 시작했다. 대졸 이상 학력은 고소득 직업뿐 아니라 고소득자와 결혼할 수 있는 '티켓'이었다.

우리가 앞으로 이 책에서 여러 번 보게 되겠지만 세상은 교육을 더 받은 사람들과 덜 받은 사람들 사이의 세상으로 나눠졌다.[6] 오늘날 입사할 수 있는 기업들도 교육에 따라 나눠질 가능성이 커졌다. 그리고 우리가 나중에 보게 되겠지만 기업들은 과거 자체적으로 하던 저숙련 일자리 다수를 아웃소싱하고 있다. 더 이상 교육 수준이 다른 사람들끼리 같은 회사의 구성원으로서 함께 일하던 모습을 찾아보기 힘들다. 교육을 더 받고 덜 받은 사람들의 주거지도 예전보다 더 분리

됐다. 성공한 사람들은 집값이 높아서 성공하지 못한 사람들이 진입하기 힘든 장소에서 살고 있다. 지리적 분리의 확대는 아이들이 다니는 학교 교육 수준의 격차도 확대해놓았다. 잘나가는 부부는 아이들 학교 일 외에 다른 지역사회 활동에 참여할 시간이 없다. 그래서 교육을 더 받은 사람들과 덜 받은 사람들 사이에는 서로 안면을 트거나, 상대방의 관심 사항을 이해하거나, 공통적인 사회 활동에 참여할 가능성이 작다. 두 집단의 취향에도 차이가 있어서 서로 식사하는 식당, 방문하는 웹사이트, 시청하는 TV 프로그램, 뉴스를 얻는 출처, 예배를 보러 다니는 교회, 읽는 책 등이 모두 다르다. 그리고 나중에 보게 되겠지만 결혼 제도에 대한 가치관도 서로 다른데, 이런 현상은 점점 더 심화되고 있다. 교육을 더 받은 사람들은 더 늦게 결혼하되 더 오랫동안 결혼 생활을 유지하고, 아이들을 훨씬 더 늦게 낳고, 혼외자를 가질 확률이 낮다.

갤럽이 다수의 미국인을 상대로 '인생 사다리(ladder of life)'에서 그들의 인생을 0(상상할 수 있는 최악의 삶)에서 10(상상할 수 있는 최고의 삶)으로 평가해 달라고 부탁했다. 2008~2017년 사이 250만 명이 넘게 이 질문에 답했는데, 그들이 매긴 자신의 인생에 대한 평균 점수는 6.9점이었다. 대졸 이상 학력자들의 평균 점수는 7.3이었던 반면 고졸 이하 학력자들의 평균 점수는 이보다 낮은 6.6점에 그쳤다. 인생 사다리에서 누리는 이점 중 절반가량이 더 많은 교육을 받은 사람들이 누리는 고소득으로부터 나온다. 상당히 많은 이점을 교육이나 또는 적어도 교육이 선사하는 소득 외 혜택 덕분에 누리는 것이다. 갤럽은 또 사람들에게 매일 흥미롭거나 좋아하는 일을 하게 되는지를 물었다. 마찬가지로 교육 수준이 높은 사람들이 그런 일을 하는 데 상당히 유리한 것으로 밝혀졌다.[7]

교육과 능력주의

교육 수준이 높은 사회는 개인들 사이뿐만 아니라 많은 면이 다르다. 적어도 어느 정도는 모두가 교육 수준이 높은 사람들이 이뤄낸 혁신과 높은 생산성으로부터 수혜를 입는다. 기회 평등의 확대가 가치 있는 목표인 이상 모두가 과거에 가족, 소득, 또는 출생 문제로 소외됐던 똑똑한 아이들에게 교육받을 기회의 문을 열어주는 것을 승인한다. 능력주의는 우리 시대의 척도 역할을 하는 미덕이며, 모든 사람들에게 그들이 가진 능력 수준까지 성공하고 승진할 기회를 허용함으로써 누리는 혜택에 대해 누구도 의심하지 않는다. 실제로 일부 분야에서 이런 능력주의가 더 필요한 것은 정말로 사실이다. 아주 훌륭한 사례가 발명가가 된 사람이다. 발명은 경제 성장과 미래 번영의 열쇠다. 소득 분포 최상위 1퍼센트에서 태어난 아이들은 소득 분포 하위 50퍼센트에서 태어난 아이들에 비해 발명가가 될 확률이 10배가 더 높다. 이러한 능력주의의 실패는 더 나은 세상을 만들 수 있을 '아인슈타인 같은 사람들을 놓치는 결과'로 이어지고 있다.[8]

1958년 능력주의라는 용어를 처음으로 만들었고, 능력주의가 득세하면 결국 사회적 재난이 초래될 것이라고 예상했던 영국의 경제

학자 겸 사회과학자인 마이클 영이 생각했던 것처럼 능력주의에는
여러 가지 단점이 존재한다.[9]

사실상 우리는 과거 대졸자가 아니어도 구할 수 있었던 몇몇 일자
리가 이제 대졸자들의 몫으로 돌아가는 심각한 문제를 이미 목격했
다. 법 집행 같은 일들을 대졸자들이 더 잘 수행한다면 그것은 그 자
체로 나쁜 것은 아니다. 하지만 생활하고 일할 수 있는 멋진 장소처럼
공급이 제한된 자원이 있다면, 그것은 덜 교육받은 사람이 아닌 더 교
육받은 사람에게 할당될 것이다. 영이 걱정했던 더욱 심각한 문제는
덜 교육받은 집단에서 가장 똑똑한 아이가 나오지 않음으로써 그 집
단에 필요한 인재가 사라지게 된다는 사실이다. 영은 "국가 지출 배
분을 둘러싼 협상은 '두뇌 싸움'인데, 똑똑한 아이들을 적에게 내준
사람들이 반드시 패배하게 되어 있다"라고 말했다. 그는 이어 엘리트
들이 그토록 상대적으로 큰 성공을 거둔 진짜 이유는 "미천한 사람들
에게는 그들 자신 외에 그들을 대변해줄 사람이 없기 때문"이라고 지
적했다. 능력자들이 위로 올라갈 기회를 얻지 못할 때 그들은 일할 수
있는 더 넓은 세상에서 빛나고 타인들에게 혜택을 줄 수 있는 기회를
놓친다. 하지만 인재의 이동 역시 그들이 속했던 장소와 집단을 벌거
벗긴다. 영은 덜 교육받은 집단을 '포퓰리스트'로, 엘리트를 '위선자'
로 칭했다.[10]

그로부터 약 60년 뒤 우리 시대 정치 철학자인 마이클 샌델(Michael
Sandel)은 능력주의가 갉아먹는 '부식 효과(corrosive effect)'에 대해 이
렇게 말했다. "승자는 성공을 자신이 잘해서 얻은 결과로 여기면서

자기가 가진 미덕의 척도로 간주하고, 자기보다 운이 나쁜 사람들을 무시하도록 부추겨진다. 패자는 시스템이 조작됐고, 승자가 정상의 자리를 차지하기 위해 속이고 조작했다고 불평할지 모른다. 또는 실패는 자업자득이며, 그저 성공할 수 있는 재능과 추진력이 부족하다는 생각에 빠져 의기소침해할지 모른다."[11] 2019년 실시한 여론조사 결과를 보면 미국 성인 중에 절반만이 대학이 국가에 긍정적인 영향을 미치고 있다고 생각하고 있었다. 교육 수준이 점점 더 떨어지고 있는 당으로 변신하고 있는 공화당원들의 59퍼센트는 대학이 '부정적 영향'을 미치고 있다고 생각하고 있었다.[12]

실력자들은 가족의 재산이나 지위가 아닌 능력에 따라 뽑혔기 때문에 그들이 밀어낸 사람들보다 훨씬 더 능력이 있다. 재차 말하지만, 이런 능력은 개인적·사회적인 혜택을 선사할 것이다. 하지만 새로운 집단이 성공하면 그것은 이전 집단이 시도했던 적이 있는 일을 하게 된다. 다음 실력자 세대의 등장에 대비해 자신의 위치를 공고히 다지는 일이다. 그들은 더 많은 능력을 가진 이상 자신과 아이들을 위해 개인적으로는 부유해지더라도 사회적으로는 피해가 큰 배제와 '이점 추구(advantage-seeking)' 전략을 더 성공적으로 추진한다. 부자들은 대학 입학시험과 논술에 유리한 고품질의 개인 교습을 더 많이 받을 수 있을 뿐만 아니라 돈을 써서 아이들이 학교 수업과 시험에 더 많은 시간을 투자할 수 있게 해주는 장애 진단을 받게 해줄 수도 있다.[13]

시험 합격, 승진, 짝짓기, 성공적인 투자, 당선처럼 성공적으로 확인된 능력에 거액의 보상을 해주는 오늘날 미국처럼 능력주의가 불평등할 때는 능력과 미덕뿐 아니라 속이고 성공의 방해물로 장기간 간직해온 윤리적 제약을 포기한 데 대해서도 보상이 돌아간다. "속이지 않았다면 시도해본 것도 아니다"라는 말은 스포츠 외 분야에도 적용된다. 불평등한 능력주의 사회는 대중의 행동 기준이 낮고, 엘리트 중 일부는 타락했거나 외집단(out-group)에 속한 사람들의 눈에 타락한 것으로 보이는 사회일 가능성이 있다. 극단적인 사례가 2019년 부자 부모들이 뇌물을 주고 일류 대학에서 아이들을 합격시켰던 대학 입학 스캔들이다. 오늘날처럼 광범위하게 불평등한 미국에서 능력주의의 부흥은 '승자독식'과 훨씬 더 가혹해진 기업 환경 조성에 기여한 것으로 추정된다.[14] 능력주의는 시간이 지나면 자멸할지도 모른다.[15]

죽음과 교육
|

미국에서 교육 수준이 낮은 사람들의 사망률이 더 높다는 것은 오랫동안 알려져온 사실이다. 예방 가능한 질병으로부터 교육이 우리를 지켜줄 수 있는 한 가지 방법은 질병 감염의 원리를 이해할 수 있게 해주는 것인데, 교육 수준이 높은 사람들이 그것에 대한 이해도가 더 높다. 인구통계학자 사무엘 프레스턴(Samuel Preston)과 마이클 하이네스(Michael Haines)는 이렇게 주장했다. "20세기 초 질병의 세균 유래설을 폭넓게 받아들이기 직전에만 해도 의사 자식들의 사망률이 평범한 아이들의 사망률과 거의 비슷했는데, 이는 의사들도 생존에 유

리하도록 자기 마음대로 동원할 수 있는 무기가 거의 없었다는 사실을 아주 분명히 시사해준다. 1924년이 되자 의사 자식들의 사망률은 전국 평균보다 35퍼센트 낮았다. 교사 아이들의 사망률도 급속히 개선됐고, 모든 전문가들의 사망률이 이때 크게 개선되는 모습을 나타냈다."[16] 더 현재로 다가와, 1964년 건강에 대한 담배의 유해성을 지적한 일반 외과의사의 연구보고서(Surgeon General's Report Smoking and Health)가 나오기 전에 교육 수준별 흡연율은 상당히 비슷했다. 이후 흡연율의 차이가 나타나기 시작했는데, 교육 수준이 높은 사람들은 금연할 확률이 높고 흡연할 확률은 낮아졌다. 물론 이것이 흡연과 관련된 건강 위험이 이해된 지 50여 년이 지나서도 교육 수준이 낮은 사람들의 흡연율이 여전히 높은 이유를 설명해주지는 못한다. 지식이 분명 전부는 아니다. 사회적 지위에 따라 건강 관련 행동 패턴들이 종종 발견되는데, 지위 자체는 그런 행동을 이해하는 여러 가지 열쇠 중 하나에 불과할 수 있다.[17]

건강을 지키려는 행동은 교육 수준에 따라 계속해서 변할 수 있다. 2017년 25세 이상 고졸 이하 학력의 미국 백인들은 대졸 이상 학력자들에 비해 현재 흡연자일 확률이 29퍼센트 대 7퍼센트로 네 배 이상 더 높았다. 반면에 대학 중퇴자들의 흡연율은 두 집단의 중간 정도인 19퍼센트였다. 2015년 기준 고졸 이하 학력의 백인 3명 중 1명이 비만이었던 반면 대졸 이상 학력자 중 비만은 4명 중 1명도 채 되지 않았다. 대졸 이하 학력자들은 고혈압을 성공적으로 통제하는 데도 실패했다. 대졸 이상 학력자들은 그보다 학력 수준이 낮은 사람들

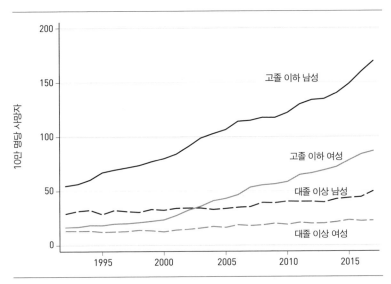

〈도표 4.2〉 45~54세 사이 비히스패닉 백인의 약물, 술, 자살 사망률. CDC 자료를 갖고 저자들이 계산함. 본 자료는 연령대 내 평균 연령의 상승을 반영해 조정함.

에 비해 평균 0.5인치 정도 키가 더 큰데, 이는 그들의 어린 시절 건강과 영양 상태가 더 좋았기 때문으로 볼 수 있다.[18]

　이러한 요인들은 오늘날 우리가 목격하고 있는 대학 학위 유무에 따라 백인들 사이의 사망률 격차가 급속히 벌어지는 데도 영향을 미친다. 종합적으로 봤을 때 45~54세 사이 연령대에 속한 백인의 사망률은 1990년대 초 이후 비슷한 수준을 유지해왔다. 하지만 여기에는 고졸 이하 백인 사망률이 25퍼센트 상승한 반면 대졸 이상 사망률은 40퍼센트 하락했다는 사실이 감춰져 있다.[19] 2017년 대졸 이상 학력자는 고졸 이하 학력자에 비해 두 배 이상 소득이 높았는데, 이는 교육 수준이 높을수록 잘살 수 있다는 것을 말해준다. 전자가 중년에 숨질 위험이 후자의 4분의 1에 불과하다는 사실은 그들이 죽는 데도 유리하다는 것을 알려준다.

심장병과 암 사망률 격차의 확대는 교육 수준별 사망률 격차 확대에도 영향을 미쳤지만, 총사망률 격차 확대에 상당한 영향을 미치는 것은 고졸 이하 학력자들 사이에서 늘어난 절망사다. 앞서의 〈도표 4.2〉는 미국 남녀의 사망자 수를 분리해서 전체적으로 보여주고 있다.

이 연령대에 속한 남녀가 대학 학위가 있다면 절망사로 숨질 확률은 급락한다. 두 집단 사이의 격차는 1992년 남성 사이에서 눈에 띈다. 교육 수준이 낮은 남성들은 술, 약물, 자살로 숨질 가능성이 항상 더 컸지만 이들의 유행이 진행되면서 격차는 빠르게 확대됐다. 이에 따라 2017년이 되자 교육 수준이 낮은 사람들이 술, 약물, 자살로 숨질 확률이 세 배는 더 높았다.

1990년대 초만 해도 백인 여성들은 교육 수준과 상관없이 술, 자살, 약물 과다복용으로 숨질 위험이 낮았다. 당시 언론들은 '분노한' 백인 남성들의 사망을 머리기사로 다루곤 했는데, 그때만 해도 여성들도 이렇게 술, 자살, 약물 과다복용으로 자살할 수 있다고는 생각할 수 없었던 것 같다. 역사적으로 보면 그런 생각이 맞지만 지금은 세상이 바뀌었다. 과거 예외에 속했던 중국을 포함해서 우리가 자료를 확보한 전 세계 어디서나 여성이 남성보다 자살 확률이 낮은 건 맞는 것 같다. 알코올성 간질환이나 약물 과다복용으로 숨질 확률도 마찬가지다. 하지만 〈도표 4.2〉에 나온 그래프를 보면, 유행병이 남성과 여성에게 거의 같은 수로 영향을 미친다는 것을 알 수 있다. 자살, 약물 과다복용, 알코올성 간질환을 서로 떼어 분석해봤을 때도 모두 그렇다. 우리는 이것이 여성에게 더 심각한 유행병이라는 일부 언론의 시각에도 반대한다. 이 병은 성별을 가린 적이 없었다.[20]

태생적 운명

|

다음의 〈도표 4.3〉에는 중년뿐 아니라 모든 성인들의 절망사가 표시되어 있다. 우리는 여기서 대학 학위가 있고 없는 사람들을 출생연도에 따라 살펴보고 있다. 우리는 출생 코호트별로 시간이 지나 나이를 먹으면서 겪게 되는 일들을 추적하고 있다. 이 도표가 지금까지 일어난 일을 이해하는 데 중요하고, 우리가 이후에도 이와 비슷한 도표를 이용할 것이므로 이것은 자세히 살펴볼 만한 가치가 있다. 미국인들의 운명은 출생 시기, 학교 졸업 시기, 그리고 취업 시기에 따라 달라진다. 그리고 〈도표 4.3〉은 이 모든 차이를 일목요연하게 확인하는 데 유용하다.

왼쪽과 오른쪽 패널(panel)은 각각 고졸 이하와 대졸 학력자들의 10만 명당 사망자 수 변화를 보여준다. 두 패널이 정확히 똑같은 방식으로 구성되어 있지만 왼쪽이 더 알아보기가 쉽다. 각 선은 구체적인 출생 코호트, 다시 말해 특정 연도에 태어난 사람들의 집단을 가리키는데, 도표에 잘 표시해놓았다. 맨 왼쪽은 1985년 출생한 코호트고, 맨 오른쪽은 1935년 출생한 코호트다. 가로축은 나이를 보여준다. 우리는 우리가 구할 수 있었던 1992~2017년 사이 26년 동안 코호트별로

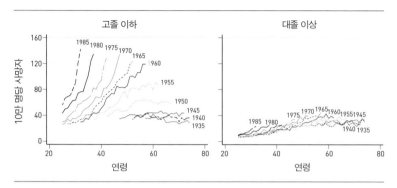

〈도표 4.3〉 1992~2017년 사이 출생 코호트별 술, 약물, 자살에 따른 사망률. 저자들이 CDC 자료를 이용해 계산함.

사람들을 추적했다. 도표의 이해를 돕기 위해 우리는 5년씩 나눠 출생 코호트를 보여준다. 각 선 내지 도표의 '트랙'은 출생 코호트별로 나이가 들면서 절망사 사망률이 어떻게 변했는지를 보여준다.

우리는 고졸 이하 학력자들이 속한 더 젊은 코호트를 살펴보면서 그들이 절망사로 숨질 위험이 그 이전에 출생한 코호트의 사망 위험에 비해 더 높다는 것을 알아냈다. 고졸 이하 학력자들의 경우 45세 기준으로 1960년에 태어난 출생 코호트는 1950년에 태어난 코호트보다 사망 위험이 50퍼센트가 더 높았고, 1970년에 태어난 코호트도 사망 위험이 두 배 이상 더 높았다. 다시 말해, 태어난 연도가 늦을수록 어떤 특정 연도 때건 절망사로 숨질 위험이 더 컸다. 1935~1940년 사이에 태어난 가장 연로한 코호트를 제외하고 모두 나이가 들수록 사망 위험이 올라갔다. 이후 이어지는 코호트들은 나이를 먹을수록 이전 코호트들이 직면했던 것보다 더 빠르게 사망 위험이 증가하고 있다.

놀랍게도, 대졸 이상 학력자들이 속한 코호트를 보여주는 오른쪽 패널은 왼쪽 패널과 상당한 차이를 보여준다. 고졸 이하 학력자들이 코호트별로 큰 차이를 보여주는 것과 달리 오른쪽 패널에서는 출생 코호트별로 차이를 구분하기가 어렵다. 교육 수준이 낮은 사람들이 그런 것과 마찬가지로 적어도 60세까지는 나이가 들수록 절망사 위험이 커지지만, 각 코호트는 거의 같은 궤적을 따라서 나이가 드는 것 같다. 좀 더 자세히 살펴보면, 코호트별로 전반적으로 차이가 훨씬 더 적은 편이며, 여기서도 마찬가지로 늦게 태어난 코호트들의 사망 확률이 약간 더 높다는 것을 알 수 있다. 그러나 인구 통계학 용어를 빌려 말하자면 '코호트 효과'가 없거나, 있어도 아주 조금 있을 뿐이다. 각 코호트는 같은 패턴으로 나이가 들고 있다.

비히스패닉계 흑인들의 두 교육 집단 모두에서, 그리고 출생 코호트 전반적으로 나타나는 패턴도 대졸 학위를 가진 백인들에게서 나타나는 패턴과 아주 흡사하다. 즉 교육 집단 내에서 나이가 들수록 절망사 위험이 올라가지만 출생 코호트들 사이에서는 거의 차이가 보이지 않는다. 흑인들의 경우 젊은 코호트들에서 '진행성 악화(progressive deterioration)' 현상은 나타나지 않는다.

〈도표 4.3〉의 60대와 70대에 속하는 1935년에 태어난 비히스패닉계 백인 코호트의 경우 대학 학위 유무에 따른 절망사의 위험 차이가 10만 명당 3명에 불과하다. 하지만 이처럼 교육을 더 받은 사람과 덜 받은 사람 사이의 차이는 이후 출생한 코호트들 사이에서 눈에 띄게

커졌다. 따라서 지금 40대와 50대에 해당하는 1960년에 태어난 코호트의 경우 대학 학위 유무에 따른 차이는 1935년 태어난 코호트에 비해 10배나 더 컸다. 이처럼 교육 수준이 낮은 백인들이 겪고 있고 나중에 태어날수록 점점 더 악화되는 이러한 재난은 교육 수준이 높은 백인들에게는 훨씬 덜 심각한 영향을 미친다.

19세기, 아니 심지어 1897년 에밀 뒤르켐이 자살에 대한 기본 연구서를 발표하기 전에도 교육 수준이 높은 사람이 자살할 확률이 더 높았다.[21] 그런데 이런 유행병의 장기적 패턴이 뒤바뀌었다. 1935~1945년 사이 태어난 코호트들 내에서 자살은 대학 학위 유무와 상관없이 모두에게 똑같이 빈번하게 일어났다. 하지만 1950년대 초에 태어난 코호트부터 시작해서 고졸 이하 코호트들의 자살 위험이 올라갔다. 교육 수준에 따른 자살 위험의 편차는 이후 코호트에 따라서 점점 더 벌어졌다. 예를 들어, 1980년에 태어난 코호트의 경우 고졸 이하 백인은 대졸 백인보다 자살할 확률이 네 배 이상 더 높다. 이러한 21세기의 자살은 과거의 자살들과는 성격이 다르다. 지금은 예전과 다른 사람들이 자살하고 있다. 우리는 여러 가지 합리적 이유를 추론할 수 있다.

5장

흑인과 백인의 죽음

B. D.와 그의 친구 레이가 등장하는 시사 연재만화 〈둔즈베리(Doonesbury)〉에서 레이는 흑인과 라티노들이 정신적 고통과 박탈감에 익숙해져 절망적 고통에 면역이 되어 있다고 주장한다. B. D.는 아이러니하게도 이러한 면역을 '흑인들이 가진 특권'이라고 부른다.[1] 이런 말이 아이러니한 이유는, 실상은 중년 흑인들이 인생의 많은 면에서 전혀 특권을 누리지 못하듯 죽을 위험에서도 특권을 누리지 못하고 있기 때문이다.

최소 2013년까지 지난 25년 동안 아프리카계 미국인들은 우리가 백인들 사이에서 기록해왔던 절망사의 무자비한 증가로 고통받지는 않았다. 하지만 20세기 초 흑인들은 흡연 형태의 강력한 코카인인 크랙 코카인과 HIV의 등장으로 촉발된 죽음의 위기에 직면했다. 이런 위기는 비숙련 흑인 노동자들이 대규모로 일자리를 잃던 시기가 지나자 일어났다. 도심에서 제조업과 운송업 분야의 일자리가 사라지면서 사회의 대변동, 구직 포기, 가족과 사회생활의 붕괴가 야기됐다. 뒤에서 살펴보겠지만, 이 이야기는 지난 25년 동안 교육 수준이 낮은 백인들에게서 일어났던 일과 많은 면에서 유사하다. 노동시장이 가장 숙련도가 낮은 노동자들에게 불리하게 돌아가자 흑인들이 가장 먼저 피해를 봤다. 그들의 숙련도가 낮았다는 점도 일부 이유였겠지만 오래된 차별화의 패턴도 역시 이유였다. 그로부터 수십 년 뒤에는 백인의 특권에 의해 보호받았던 덜 교육받은 백인들이 다음 차례였다. 기회의 부족과 미덕의 부족 중에서 무슨 이유 때문이냐를 둘러싼 논쟁들도 두 에피소드에서 놀랄 만큼 비슷하다. 즉 흑인과 백인 모두에게 일어난 일은 '내용'보다는 '시기'만 좀 더 달랐을지 모른다.

우리가 이와 관련된 이야기를 좀 더 자세히 하겠지만, 우리는 일단 평소처럼 숫자를 갖고 시작해보겠다.

흑인과 백인 사망자에 관한 사실들

〈도표 5.1〉은 1968년 이후 45~54세 사이 중년 흑인과 백인의 사망률을 보여주고 있다.[2] 흑인 사망률은 백인 사망률에 비해 훨씬 더 빠른 속도로 하락했지만 과거나 지금이나 꾸준히 더 높은 수준을 유지하고 있다. 이런 현상은 흑인 중년 사망률이 백인보다 무려 두 배 반 높았던 1930년대 이후 이어져왔다.

흑인과 백인 사이의 격차가 좁혀졌지만 시기별로 사망률에는 차이를 보였다. 1960년대 후반에는 초기 흡연 때문에 백인의 사망률이 답

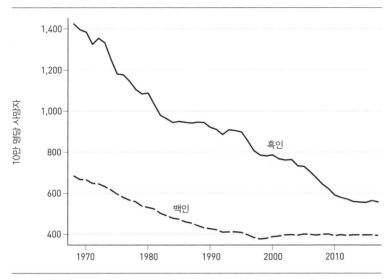

〈도표 5.1〉 1968~2017년 사이 흑인과 백인의 사망률. CDC 자료를 갖고 저자들이 계산함.

보 상태를 나타내자 격차는 빠르게 축소됐다. 1980년대에는 흑인의
사망률이 정체됐다. 크랙 코카인과 HIV 전염병이 흑인 사회를 강타
했을 무렵이다. 우리는 당시 일어난 일에 대해서 추후 다시 다뤄보고
자 한다.

1990년도부터 흑인 사망률은 다시 하락하기 시작했고, 1990년대
후반 백인 사망률 하락이 중단되자 양측의 격차는 빠르게 축소됐다.
이러한 격차의 축소는 매우 환영할 만한 일이지만, 흑인 사망률이 점
점 더 빠른 속도로 하락하고 백인 사망률 하락이 답보 상태를 보이지
않은 결과로 일어난 것이라면 훨씬 더 환영할 수 있을 것이다. 그래프
맨 오른쪽을 보면 중년 흑인 사망률은 하락을 중단하고 상승하기 시

작한다. 우리는 이 문제도 다시 논의할 것이다.

한 가지 분명하지만 중요한 사실이 있다. 그래프를 보면 흑인 사망률은 백인 사망률보다 항상 높다. 흑인들이 백인들보다 더 '못하고' 있다. 반면 흑인 사망률은 백인 사망률보다 빠르게 하락해왔다. 이를 보고 흑인 사망 확률이 더 높더라도 백인보다 '더 잘하고 있다'고 말하는 사람이 있을지도 모른다. 우리는 항상 우리가 사망률 '수준'과 사망률의 '변화율(진척)' 중 무엇을 이야기하고 있는지를 아주 분명히 밝히려고 노력할 것이다. 보다 근본적 차원에서 봤을 때 사람들에게 중요한 것은 사망률이지 그런 확률의 변화가 아니므로, 이 점에서 백인이 누리는 특권은 유효하다. 백인 사망률이 올라가고 있더라도 백인과 흑인 사망률 '수준'의 차이는 확연하다. 즉 2017년에도 흑인 사망률은 40년 전 백인 사망률보다 약간 더 낮아졌을 뿐이다.

앞서 언급한 만화에서 B. D.가 사망률의 변화건 수준이건 간에 흑인에게 나쁘지 않은 건강의 척도가 있을 수 있다는 사실을 의아하게 생각하는 것은 이해할 만하다. 특히 의기소침하게 만드는 사실은 인생의 한 측면에서 겪는 박탈감은 항상 다른 측면에서의 박탈감을 수반한다는 점이다. 집단 간의 건강 불균형은 보통 그런 집단 간 사회적·경제적·교육적 불균형과 보조를 맞춘다. 그리고 미국에서 흑인들은 가난하게 살고, 대학을 나오지 못하고, 계속해서 차별에 시달릴 확률이 높다. 따라서 백인들의 총사망률이 상승하고 있지만 흑인들의 총사망률이 하락하고 있다는 사실은 사실상 이례적이고도 놀라운 일이 아닐 수 없다.

현재 절망사의 위험에 처한 흑인과 백인

21세기 초 흑인 사망률이 백인 사망률에 비해 더 빨리 하락한 주요 원인은 흑인은 약물 과다복용, 자살, 알코올 중독으로 고통받지 않았기 때문이다. 〈도표 5.2〉는 1992~2017년 사이 45~54세 사이 백인과 흑인의 절망사(자살, 술, 약물 과다복용에 따른 사망)를 보여준다. 4장에서 봤듯이 대학 학위 유무에 따라서 사망 확률이 크게 달라지기 때문에 우리는 두 집단을 별도의 선으로 표시해놓았다.

대학 학위 유무에 상관없이 흑인 중년들의 절망사 사망률은 지난 25년 동안 보합 내지 하락하는 모습을 보였다. 반면 백인 사망률은

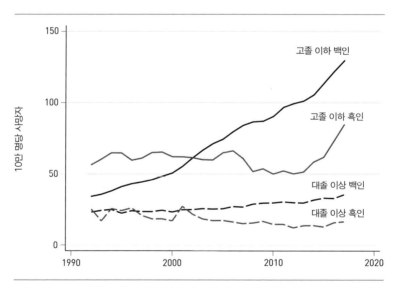

〈도표 5.2〉 1992~2017년 45~54세(연령 조정 이후) 사이 대학 학위 유무에 따른 중년 흑인과 백인의 약물, 술, 자살에 의한 사망률. CDC 자료를 갖고 저자들이 계산함.

특히 고졸 이하 백인을 중심으로 상승했다. 흑인과 백인 모두 대학 학위 유무에 따른 차이가 특히 주목할 만하다.

가장 최근 몇 년 동안 흑인 사망률이 올라간 것은 현재의 오피오이드 유행과 흑인 사회에서 조기 약물 유행이 복합적으로 작용했기 때문이다. 9장에서 보게 되겠지만, 이 유행은 가장 최근 헤로인보다 훨씬 더 강력하면서도 위험한 오피오이드인 펜타닐로 인해 초래됐다. 흑인들 사이에서 나타난 초기 약물 유행으로 인해 흑인 사회에서는 장기적이지만 안정적으로 기능하는 중독자들이 생겨났다. 하지만 마약상들이 펜타닐을 헤로인과 코카인과 섞기 시작하자 이러한 장기 중독자들이 숨지기 시작했다. 평소처럼 안전하게 복용하더라도 희생자는 부지불식간에 치명적인 혼합제를 복용하게 된 것이다. 2014년 흑인들의 총사망률의 관점에서 봤을 때 펜타닐 같은 합성 마약과 관련된 사망률이 45~54세 연령대에서 목격되는 사망률 상승에 상당한 영향을 미칠 수 있다. 증가한 사망자의 절반은 헤로인과 코카인과 섞은 합성 마약과 관련됐다. 아울러 2장에서 논의했듯 심장병으로 인한 사망자 수도 감소세가 중단됐는데, 이는 아마도 마약 사망과 관련됐을 수 있다. 이러한 사건들이 일어나기 전까지 현재의 유행은 백색 마약의 유행이었다.

약물 과다복용과 알코올성 간질환이 확산되던 초기 흑인들 사이에서 다수의 사망자가 나왔지만 지금은 백인들 사이에서 그렇게 사망자가 많이 나오고 있다. 하지만 자살로 인한 사망의 경우에는 이런 평행선이 무너진다. 즉 아프리카계 미국인들은 백인 미국인들에 비해 자살률이 훨씬 더 낮다. 중년 흑인들의 자살률은 지난 50년 동안 거의 변화가 없었으며 지금도 백인 자살률의 4분의 1 정도에 불과하다. 이 비율이 고정된 것은 아니고 연령대에 따라 차이가 있기는 하지만 과거나 지금이나 흑인들의 자살률이 훨씬 더 낮았고, 이러한 사실은 1897년 뒤르켐이 쓴 자살에 대한 기본서에서도 지적됐다.[3] 이런 차이가 생긴 데 대해 광범위하게 인정받는 이론은 없다. 미국의 고생물학자인 조지 심프슨(George Simpson, 1902~1984)은 뒤르켐의 책 영역본에 붙인 서문에서 뒤르켐의 시각을 "체계적인 억압과 특권의 박탈은 사람들로 하여금 우리 모두가 겪는 고통과 비극에 적응할 수 있게 만들어줬을지 모른다"라고 요약해놓았다.[4] 심프슨은 이어 흑인들의 낮은 자살률은 특권 박탈이 자살의 유일한 원인은 아니라는, 오늘날까지도 유효한 지적을 해줬다.

아프리카계 미국인이 겪는 절망

20세기 중반 아프리카계 미국인들이 거주하던 도심 빈민가에서 일어난 일은 21세기 백인들에 대한 우리 설명에 대한 예시라고 말할 수 있겠다. 당시 이야기는 미국의 저명한 사회학자 윌리엄 줄리어스 윌슨(William Julius Wilson)의 1987년 저서 《실로 혜택받지 못한 사람들(The Truly Disadvantaged)》에 소개되어 있다.

　1960년대 후반과 1970년대 초 빈민가에 거주하는 아프리카계 미국인들은 제조업과 운송 등 구(舊)경제 산업에 종사했다. 전후 외국과의 경쟁, 제조업에서 서비스업으로의 전환, 제조업 중심지로부터 관리와 정보 처리 중심지로 도시의 진화가 시작되면서 아프리카계 미국인들은 가장 진보한 영역에서 상처를 입었다. 이것은 실업과 사회 해체에 관한 이야기다. 윌슨에 따르면, 도시에 거주하던 흑인들은 "상품 생산에서 서비스 생산 산업으로의 전환, 저임금과 고임금 분야로 노동시장의 양극화 심화, 기술 혁신, 제조 산업의 도시 외곽으로의 이전 등 구조적 경제 변화에 취약한 곳에서" 주로 높은 취업률을 보였다.[5] 이러한 변화 속에서 1968년 공평주거권리법(Fair Housing Act, 부동산의 매매, 임대, 융자에 있어 인종, 종교, 국적, 성별에 따른 차별을 금지하는 법 - 옮긴이) 이 통과되자 더 많은 교육을 받고 성공한 아프리카계 미국인들은 빈민가에서 벗어났고, 남은 흑인들은 가족의 붕괴와 궁극적으로 범죄와 폭력을 포함한 광범위한 사회 병리들에 점점 더 자주 노출되었다.

혼외 자식을 가진 여성은 남성이 결혼할 능력이 안 돼, 즉 일자리를 구하지 못해서 미혼 상태로 자식을 낳아야 했다. 앞서 마이클 영의 예언대로 가장 재능이 있고 성공한 사람들이 빈민가를 벗어나면서 흑인 사회는 그들을 잃게 됐다. 1960년대 시민권 법안의 통과는 흑인들이 빈민가를 벗어날 수 있게 해줬다. 전문가와 육체노동자, 성공하고 교육 수준이 높은 사람들뿐 아니라 어떤 식으로건 취업한 사람들이 교육 수준이 높고 낮은 사람이 뒤섞여 있던 흑인 사회를 떠나면서 이들의 지역사회는 특히 젊은이들을 중심으로 부정적인 영향을 받았다. 윌슨은 흑인 빈민가가 직면한 문제의 원인을 "노동시장에서 일어난 대규모의 해로운 변화와 그로 인한 공간의 집중과 흑인 사회 내 상대적으로 부유한 지역들로부터의 고립"에서 찾았다.[6] 경제학자인 라구람 라잔(Raghuram Rajan)은 오늘날 이와 유사한 현상에 대해 쓴 글에서 "재능이 있고 교육 수준이 높은 젊은이들은 성장하고, 성공한, 최첨단 도시와 마을로 향했다"고 지적했다.[7]

아프리카계 미국인이 거주하는 빈민가는 1980년대에 크랙 코카인으로 위기를 맞았다. 이 코카인의 유행은 현재의 오피오이드 유행과 대조적인 면과 유사한 면을 모두 갖고 있다. 크랙은 값이 쌌고 중독성이 강해 곧바로 황홀감을 느끼게 만들어줬다. 그러자 중독자들이 코카인 구입에 필요한 돈을 구하려 하면서 범죄율은 상승했다. 크랙 거래상들이 길모퉁이에서 판매 장소를 차지하기 위해 싸우는 동안 젊은 흑인들의 자살률은 급등했다. 지금도 구할 수 있는 크랙 코카인이 여전히 골칫거리지만 1990년대 중반 이것의 유행이 크게 꺾인 것도 사실이다. 그 이유에 대해선 여전히 논란이 되고 있지만 크랙 코카인에 의존했던 사람들이 나이를 먹었고, 그것이 가족과 친구들의 삶을 파괴하는 모습을 지켜본 젊은 세대들 사이에서 그것에 대한 거부감이 커졌다는 점 모두가 영향을 미친 것으로 보인다. 최근 연구에 따르면, 크랙 코카인 때문에 빈민가에서 구할 수 있는 총기 수가 영구히 늘어나는 등 그것이 계속해서 사회에 부정적인 영향을 미치고 있는 것으로 나타났다.[8] 우리가 살펴봤듯 크랙 코카인 유행으로 인한 중독 여파로 펜타닐 사망률이 상승했다.

유행은 보통 1980년대 빈민가에서 크랙 코카인이 구하기 쉬워졌다든가, 1990년대 중반 이후 특히 백인 사회에서 오피오이드 처방 건수가 늘었다든가 등 '근접한 원인(proximate cause)' 외에도 다른 원인의 영향을 받았다. 이 두 원인을 유발한 근본적인 힘은 1970년대 북부 도시에서 거주하는 흑인들과 더 최근 들어 미국 상당수 지역에 퍼져 있는 교육 수준이 낮은 백인 등 노동계급의 장기 실업이었다. 세계화, 기술의 변화, 노동자 의료비 상승, 그리고 제조업에서 서비스업으로의 전환과 함께 기업들은 교육 수준이 낮은 노동자를 정리 해고했고, 이로 인해 가장 먼저 흑인이, 그리고 다음으로 교육 수준이 낮은 백인이 일자리를 잃었다.

두 가지 유행 당시 심리적이나 육체적 고통을 경감해줄 수 있는 약들이, (거의 분명히) 그것이 줄 수 있을 것 같았던 '도피'에 목말라 했던 사람들에게 저렴한 가격에 팔렸다. 크랙 코카인이 유행할 당시 빈민가는 합당한 삶의 진전 방안을 제시해주지 못했다. 오피오이드 위기 때는 약물, 술, 자살의 희생자가 된 것은 대다수 경제의 미래가 어둡거나 삶의 어떤 면에서도 긍정적인 미래를 기대하기 힘든 교육 수준이 낮은 백인들이다. 우리는 오늘날 흑인과 백인을 비교할 때 특히 유사점을 과장해서 말해서는 안 된다. 절망사에는 자살이 포함되는데, 자살은 인종별로 현격한 격차를 보이기 때문이다.

1970년대와 1980년대에 아프리카계 미국인들이 겪은 불행의 원인은 주로 흑인 문화의 붕괴 때문이었다. 대니얼 패트릭 모이니핸(Daniel Patrick Moynihan)은 하버드대학교 사회학과 교수이자 1977~2001년 사이 뉴욕주 민주당 상원의원을 지냈고 존슨과 닉슨 정부의 자문관으로 활동했다. 그는 1965년에 쓴 유명한 보고서 〈흑인 가족(The

Negro Family)》[9]에서 아버지 없는 가족을 아프리카계 미국인 사회의 핵심 문제로 간주하면서 이런 결손 가족이 생기게 된 원인을 노예제도에서 찾았다. 문제의 근본적 원인이 기회의 부족에 있지는 않다는 생각에는 정치과학자인 찰스 머리(Charles Murray)도 공감했다. 그는 저서 《기반 상실(Losing Ground)》에서 빈곤 퇴치를 위해 기획된 복지 혜택이 근로 욕구를 해치고 기능장애적 행동을 유발한다고 주장했다. 그는 나중에 쓴 책《양극화(Coming Apart)》에서는 교육 수준이 낮은 백인들이 현재 겪고 있는 많은 문제의 원인을 그들이 가진 미덕, 즉 부지런함의 결여에서 찾았다. 다시 말해 그들이 생계를 유지하거나 가족을 부양하기 위해 일하는 데 대한 관심이 사라졌다는 것이다.[10]

11장에서 우리는 노동시장을 살펴보면서 머리의 책이 교육 수준이 낮은 백인들에게 최근 일어난 일을 설명할 수 없다는 것을 보여주겠다. 사람들이 구직 활동을 포기하면 전반적으로 임금이 상승해야 하지만 20세기 후반에서 21세기로 접어들 무렵 임금은 취업자 수와 동반 하락했다. 이는 공급이 아닌 수요 감소에 문제가 있다는 걸 명확히 시사해주고 있다. 앞서 나온 일화와 관련해 우리는 "직접적인 증거도 부족할 뿐만 아니라 아울러 설명 대상인 하층 계급의 행동으로부터 문화적 가치를 유추한 뒤에 이 가치를 하층 계급의 행동을 설명하는 데 이용했다는 점에서, 즉 '순환 논법(전제의 진리와 본론의 진리가 서로 의존하는 것과 같은 하나의 의론이 그대로 되풀이되는 허위의 논증 방법 – 옮긴이)'처럼 보인다는 점에서 하층 계급의 삶과 행동에 대한 보수적 주장은 약화됐다"는 윌슨의 생각을 지지한다.[11]

6장

살아 있는 사람들의 건강

19세기 러시아를 대표하는 위대한 작가 겸 사상가인 레프 톨스토이 (1828~1910)는 소설《안나 카레니나》에서 가족이 행복해지는 방법은 하나밖에 없지만 불행해지는 방법은 많고도 다양하다는 유명한 주장을 펼쳤다. 우리는 이 주장이 완벽히 옳다고 인정하지는 않지만 이것이 죽음과 질병에도 들어맞는 것은 분명하다. 당신이 죽었건 살았건 간에 여러 가지 방식으로 아플 수 있다. 질병은 다양한 형태로 당신이 잘 살 수 없게 만든다. 경제학자이자 철학자인 아마르티아 센(Amartya Sen)의 말에 따르면, 질병은 당신이 가진 능력을 감퇴시킨다.[1] 우리는 이번 장에서 여러 가지 건강 악화의 척도들을 살펴보면서 그들 모두가 사망자 증가처럼 중년의 건강이 더 나빠지고 있다는 걸 보여주고 있음을 확인해볼 것이다. 사람들이 죽어가고 있고 그들의 삶의 가치도 추락하고 있다. 질병은 절망사에서 절망을 일으키는 원인 중 하나다.

병에 걸리고 죽는 사람이 반드시 함께 늘어나야 하는 것은 아니다. 비록 알코올에 중독됐거나 암에 걸려 사망 위험이 높아진 사람들이 숨지기 전 건강이 나쁜 것은 사실이지만, 때로는 '비치명적 건강(nonfatal health)'이라 불리는 인구의 건강과 사망률 사이에 반드시 어떤 연관성이 있는 것은 아니다. 죽는 사람이 가장 아픈 사람이라면 사망률이 상승할 경우 남은 사람들의 평균 건강 수준이 올라갈 수도 있다. HIV의 증식을 억제하는 항레트로바이러스 치료법 같은 새로운 치료법이 많은 생명을 구하기도 하고 많은 사람들이 치명적이진 않은 만성 질환을 앓으면서도 살 수 있게 할 수 있다.

이번 장에서는 살아 있는 사람들의 건강을 살펴보겠다. 특히 교육 수준이 낮은 사람들의 건강 상태는 좋지 않다. 중년 백인들 사이에서 사망률이 높아지자 죽지 않은 사람들의 건강지표가 나빠지고 있다. 자신의 건강이 아주 좋거나 훌륭하다고 생각하는 사람은 감소했다. 일상생활에서 고통, 심각한 정신질환, 그리고 어려움을 겪는 사람들이 늘어나고 있다. 사람들은 건강이 나빠 일하기 힘들다고 말하고 있다. 일하지 못하면 소득이 줄어들어 다른 빈곤과 시련을 겪을 수 있으며 일은 그 자체로 많은 사람들에게 만족과 의미를 선사한다. 친구들과 만나거나, 외식하거나, 야구경기를 보러 가거나 사람들과 어울리지 못하면 쪼들리고 궁핍한 삶을 살게 된다. 사망과 마찬가지로 경제 활동이 가능한 사람들 중 교육 수준이 낮은 사람들의 건강이 특히 더 나빠지고 있는 것 같다.

살아 있는 사람들의 건강에 대한 평가

|

WHO는 건강한 상태를 "단순히 질병이나 질환이 없는 차원이 아니라 육체적·정신적·사회적으로 완전히 안녕한 상태"로 정의한다.[2] 이러한 광범위한 견해를 감안해야 한다는 것은 잘 지내는지를 보여주는 긍정적 지표와 질병 같은 부정적 지표 모두를 다수 살펴봐야 한다는 뜻이다. 살아 있는 동안 건강이 나쁘다는 걸 말하는 기술적 용어는 죽음을 가리키는 '사망(mortality)'과 대조되는 '유병(morbidity)'이다. 우리는 다양하게 아플 수 있고 그 다양한 아픈 상태를 알려주는 개별적 지표들이 존재한다. 어떤 지표들은 매년 실시하는 건강검진에서 측정한다. 혈액과 소변 검사 결과는 콜레스테롤, 당뇨병, 심장, 신장, 간 기능을 나타내는 지표를 보여준다. 의사나 다른 전문의는 네 가지 '활력 징후(vital sign)', 즉 혈압, 맥박, 체온, 그리고 호흡량을 측정할 것이다. 최근 몇 년 동안 우리가 뒤에서 다룰 주제인 다섯 번째 활력 징후로 불리는 '통증'에 대해 의사들이 물어보는 일이 흔해졌다.

과체중이나 흡연과 음주 여부, 육체적·정서적 느낌, 일이 가능한지나 통증을 가끔 내지 규칙적으로 경험하는지와 통증을 경험했을 때 강도는 어느 정도인지 등 어떤 행동을 관리할 수 있고 없는지 등 전문가의 도움 없이도 알 수 있는 건강지표도 있다. 좋은 의사는 정신 건강과 당신의 사회적·정서적 삶에 대해서도 질문할 것이다. 직장, 친구, 배우자를 잃게 되면 극심한 정신적 스트레스를 느낄 수 있다. 좋은 의사는 상처가 없어도 종종 통증을 느낄 수 있으며, 상처가 없는 통증을 '머릿속에만 있는 통증'으로 치부해버릴 수 없으며, 감정적 고통과 신체적 고통 사이에 명확한 경계선이 없다는 것을 이해한다.

당신이 "나는 73퍼센트 건강하다"고 말하는 것처럼 건강에 대한 단일 종합 지표를 내놓으려고 애써봤자 아무런 의미가 없다. 단순한 흑백 구분인 살거나 죽은 것과 달리 건강과 유병은 어떤 단순하고 논란의 여지가 없는 척도로 평가하기에는 너무나 다차원적이다. 어떤 척도들은 다른 척도들보다 어쩔 수 없이 더 '변화가 완만'하다. 한편으로는 혈압이나 맥박수를, 다른 한편으로는 건강이나 생활에 대한 일반적인 감정에 대해 생각해보자. 자기 보고(self-report)는 상당히 주관적인 경우가 많다. 인생 평가나 통증은 당사자들이 어떻다고 말해주는 것이지 의료 전문가가 진단해주는 것이 아니다. 당신의 삶이 어떻게 진행되고 있는지, 또는 당신의 세계가 고통으로 제약을 받고 있는지에 대해 아는 전문가는 없다. 사람들이 받는 느낌을 무시하는 것은 비록 의학과 경제학 전문가들이 오랜 역사 동안 되풀이해왔던 것이라도, 어쨌든 실수다.

누군가가 죽으면 사망과 그와 관련된 모든 세부 사항을 공식 사망진단서에 기록해야 하는데, 우리는 그것을 통해 앞의 장에서 살펴본 사망률에 대한 정보를 얻었다. 그러한 중요한 통계에 대한 기록은 전 세계 부유한 국가들에선 표준이 됐다. 그러나 당신이 신체적·의학적 문제로 진료를 보러 갔을 때 진료 결과는 중앙 정부가 기록해놓지 않기 때문에 비만, 고혈압, 콜레스테롤 같은 것에 대한 전국적 차원의 기록은 없다. 메디케어로 치료받는 사람들의 경우 중앙정부가 의료 기록을 저장하지만, 이러한 기록에도 환자들의 개별 특성에 대한 정보가 많지 않다. 따라서 기록이 우리에게 환자 상태, 치료법, 그리고 비용에 대해 많은 것을 알려주더라도 치료받는 환자의 개인적 특성에 대해선 훨씬 적은 정보만을 알려줄 뿐이다. 정부가 의료보험 서비스를 제공하는 일부 스칸디나비아 국가들에선 의사와 환자 사이의 모든 접촉이 기록되며, 그러한 데이터는 적어도 원칙적으로 교육, 결혼 이력, 소득 및 세금 같은 개인에 대한 다른 데이터와 연동될 수 있다.

미국에서는 중요한 민간 조사들도 있긴 하지만 대부분 CDC가 표본 가구나 개인을 대상으로 실시하는 조사에 의존한다. 가장 대규모 조사는 CDC 주도로 사람들의 건강 관련 정보를 알아보기 위해 전국적으로 실시하는 전화 조사인 '행동 위험요인 감시 시스템(Behavioral Risk Factor Surveillance System, BRFSS)'이다.[3] CDC는 매년 40만 명의 성인들을 상대로 실시하는 BRFSS 조사를 통해 정보를 얻는다. 조사는 건강 상태를 평가하고, 고통 정도를 알려주고, 흡연, 음주 같은 위험요소와 신장과 몸무게, 운동 같은 건강에 영향을 미치는 행동에 답변하게 하는 방식으로 진행된다.

우리는 또한 연간 3만 5,000가구를 방문해 성인 한 명씩을 대상으로 심층 인터뷰하고 다른 모든 가구원에 대한 정보를 수집하는 전국보건면접조사(National Health Interview Survey, NHIS)[4] 자료에 나온 통계도 이용한다. 이러한 조사들은 사람들에게 의사로부터 암이나 고혈압이나 심장병 진단을 받는 등 의료 시스템에 접촉해본 경험에 대해 질문한다. 이러한 보고서들은 유용하지만, 단지 유병 여부뿐 아니라 사람들이 병원을 방문하고 병원이 얼마나 적극적으로 진단 테스트를 실시했는지에 따라 결과가 달라진다. 예를 들어, 최근 몇 년간 갑상선암 진단 건수가 급증했으나 그로 인한 사망률에는 변화가 없는 것으로 나타나 실제 유병률은 검사 정도보다 훨씬 덜 상승했음을 시사한다. 많은 진단 테스트가 병원에게 상당히 수익을 안겨주는 이상 과잉검사(그리고 이어지는 과잉 치료) 가능성을 항상 배제할 수 없다. 여기서 우리의 목적에 비춰봤을 때 과잉 검사 정도가 장소마다 다르다면 지리적이나 국가적 패턴이 왜곡될 것이다.

BRFSS와 NHIS는 전국적 대표성을 띠고 매년 실시되기 때문에 우리는 조사 시기별 결과를 비교함으로써 건강과 건강 행위가 개선되거나 아니면 악화되고 있는지를 알려주는 징후를 찾아볼 수 있다. BRFSS나 NHIS 규모의 조사는 특별히 설계된 모바일 센터에서 훨씬 더 작은 규모로 실시되는 조사에서 종종 시행되는 신체검사와 실험실 테스트와 달리, 건강에 대한 응답자들의 자기 보고에 의존하기 때문에 조사 비용이 많이 든다.[5] 소규모 조사에서는 자기 보고보다는 의료 전문가들이 측정한 키, 체중, 혈압과 혈액에 대한 정보를 수집한다. 놀랄 만한 일이 아닐 수 있겠지만 사람들은 그들의 키와 몸무게를 의도적으로 잘못 알려준다. 많은 사람들이 50세가 넘어가면 키가 줄어들지만 한창때를 기억하면서 젊은 성인 시절 자신의 키만을 기억하고 알려준다. 여성보다 남성 사이에서 이런 일이 더 자주 벌어진다. 반면 여성은 몸무게를 줄여 알려주려는 경향이 강하다.[6] 과학적 목적을 위해 사실을 아는 것이 좋겠지만, 사람들이 약간의 상상력을 발휘해 자신을 더 낮게 보이게 만든다 해서 그것을 못마땅하게 생각할 수는 없다. 의료 전문가들은 우리 저자 중 한 사람을 포함한 노인 남성들이 키에 대한 자기 보고를 종종 무시하고 그들의 주장이 정확할 때 놀라움을 드러내곤 한다. 검사는 사람들이 스스로 알 수 없는 건강에 대한 정보를 수집할 수 있을 뿐만 아니라, 더 광범위하고 덜 비용이 들고 외과적인 인터뷰의 정보를 교차 점검할 수 있게 해준다.

건강 상태에 대한 자기 보고

모든 건강 관련 질문들 중에서 가장 간단한 질문은 사람들에게 본인의 건강 상태를 '최고다(excellent)', '매우 좋다(very good)', '좋다(good)', '괜찮다(fair)', '나쁘다(poor)' 중 하나로 평가해보게 하는 것이다. 이러한 질문들에서 허점을 찾아내기는 쉽다. 사람들마다 '최고'나 '매우 좋다'고 생각하는 기준이 다르기 때문이다. 어떤 사람들은 엄격한 기준을 적용해 나머지 사람들보다 월등히 좋은 환경에 있어야 훌륭한 상태에 있다고 느낄지도 모른다. 사람들이 내놓는 대답은 분명 건강에 대한 개인적·사회적 기대의 영향을 받는다. 가난한 나라에서는 가장 가난한 사람들은 종종 건강이 너무 나빠 일할 수 없다는 것을 인정할 수 없어서 부자들보다 자신이 더 건강하다고 말한다.[7] 내 건강 상태가 좋을까? 좋다면 무엇과 비교해서 그런가? 이런 모든 문제에도 불구하고 사람들의 대답은 객관적으로 입증 가능한 척도들을 포함한 다른 척도들과 일치하는 경향이 있다. 또 놀랄 수도 있겠지만 사람들은 의사가 철저한 건강검진을 통해 얻는 것 이상으로 더 많은 건강 정보를 수집하기도 한다.[8] 사람들의 보고 중에는 가능하다면 검증하는 것이 좋긴 하겠지만 검증이 불가능할 때 어느 정도 확신을 주는 진짜 정보도 들어 있다.

BRFSS를 토대로 그린 〈도표 6.1〉은 본인의 건강이 '괜찮다'거나 '나쁘다'고 말한(우리가 말하는 '나쁜 건강'에 속하는) 비히스패닉계 백인 인구 분율(fraction)을 보여준다. 각 선은 25~75세 연령대에 속한 사람들의 특정 연도 때의 분율을 추적한다. 우리는 절망사에서 벗어나게 해주는 교육의 중요성을 고려해 4년제 학위 유무에 따라 그래프를 좌측과 우측으로 나눠서 1993년, 2007년, 2017년도 때 사람들의 건강 상태에 대한 자기 보고 결과를 보여주고 있다. 각 패널의 세로축은 자신의 건강이 '괜찮다'거나 '나쁘다'고 답한 응답자의 분율이다.

두 교육 집단에 속한 사람 모두에게서 나이가 많을수록 건강 상태

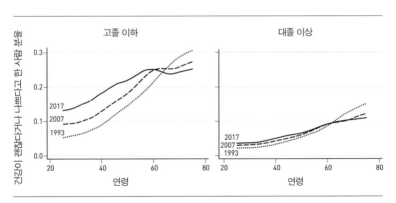

〈도표 6.1〉 1993~2017년 사이 자신의 건강 상태가 '괜찮다'거나 '나쁘다'고 말한 비히스패닉계 백인 분율. 저자들이 BRFSS 자료를 이용해 계산함.

가 나쁘다고 대답한 사람이 늘어난다. 나이가 들수록 좋은 건강을 방해하는 아픔과 고통과 만성 질환을 더 많이 겪게 될 가능성이 크다. 실제로 나이가 들수록 건강이 좋지 않다는 대답이 늘어나지 않는다면 우리는 자기 보고를 건강에 대한 유용한 척도로 간주하지 않을 것이다. 그렇다 하더라도 그러한 대답의 증가는 사람들이 단순히 본인 연령대의 다른 사람들과 비교해 건강을 판단하는 것은 아니라는 걸 말해준다. 만약 그렇다면 그래프의 선들은 평평해야 한다. 사람들은 평균적으로 또래의 다른 사람들의 평균만큼 건강하기 때문이다.

건강 상태가 나쁘다고 답한 사람들의 분율은 교육 수준에 따라 현격한 격차를 보인다. 예를 들어, 1993년에 40세인 고졸 이하 학력자들은 대졸 이상 학력자들보다 건강이 안 좋다고 보고할 가능성이 세 배 가까이(8퍼센트 대 3퍼센트) 높았다. 하지만 이 숫자에서 중요한 것은 시간이 지나면서 고졸 이하 학력자들을 가리키는 선에서 나타난 변화다(우리는 중간에 다른 해들의 조사 결과를 갖고 있지만 도표 이해를 높이고자 그것을 거론하지는 않겠다). 대학을 나오지 못한 젊은 사람들, 즉 왼쪽 패널의 25~55세 전후의 사람들은 시간이 지날수록 건강이 나빠졌다고 밝혔다. 40세 때 1993~2017년 사이에 건강이 나쁘다고 답한 사람 비율은 두 배(8퍼센트에서 16퍼센트로)로 뛰었다. 대졸자들의 경우 건강이 나빠졌다고 답한 사람이 소폭 늘었지만 절망사와 마찬가지로 그들의 변화는 교육 수준이 낮은 사람들의 변화에 비해 매우 작다.

같은 기간 동안 60세 이상의 백인 노인들은 건강이 더 좋아졌다고 보고했고 건강이 괜찮다거나 나쁘다고 말한 사람 분율은 점점 더 작아졌다. 2017년이 되자 고졸 이하 학력의 60세 이상 성인들은 50대 후반 사람들보다 더 건강 상태가 좋다고 답했다. 이런 이해하기 힘든 결과는 같은 그림에서 서로 다른 출생 코호트를 보여주고 있어서 생긴다. 학사학위가 없는 사람들 중 나중에 태어난 코호트는 그들 전에 태어난 코호트보다 각 연령에서 더 나쁜 건강 상태를 보고함으로써 변덕스럽게 보이는 결과를 초래한다.

고졸 이하 학력자들에게서만 조사 연도 사이에 건강 상태가 나빠졌다고 대답한 사람들이 늘어났다는 사실은, 출생 코호트가 자신의 건강을 평가하는 방법이 단순히 바뀐 것만은 아니었음을 말해준다. 나중에 태어난 코호트는 고통이나 만성 질환에 더 민감하게 반응해 건강 상태가 더 나쁘다고 대답하게 됐다. 그것이 사실이라면 우리는 대졸자들에게서도 같은 변화를 기대할 수 있을 것이다. 그런데 공교롭게도 대학 학위가 없는 사람들의 나이-건강 상태의 변화는 노인들 사이에선 사망률이 개선됐으나 중년 사이에선 악화되는 등 2장에서 논의했던 사망률의 변화 양상과 일치한다. 그리고 절망사와 마찬가지로 건강이 악화됐다는 대답은 적어도 1990년대 초반부터 시작했고 2008년 금융 위기가 터지기 훨씬 이전까지 서서히 많아졌다. 사망률에 일어난 일이 유병률에도 일어나고 있다. 즉 숨지는 중년 백인 수가 늘어나고 있고 죽지 않은 사람들은 건강 상태가 나빠졌다고 보고하고 있다.[9]

다른 척도들

|

앞서 〈도표 6.1〉에 나온 교육 수준이 낮은 중년 백인들 중 건강이 나빠진 사람들이 증가한 현상은 다른 건강 척도들을 통해서도 확인할 수 있다. 그래프는 척도마다 달라지겠지만, 중년의 경우 특히 고졸 이하 학력자들에게서 나쁜 일이 일어나고 있다는 사실은 많은 '경우'에 적용된다. 특히 중요한 예가 여기서 '케슬러 정신 스트레스 척도(Kessler Psychological Distress Scale)'를 사용해 측정한 정신 건강이다. 1997년부터 NHIS 응답자들은 지난 한 달 동안 본인이 느꼈던 감정에 대해 6가지 질문을 받았는데, 응답자들이 각각의 감정을 얼마나 자주 경험했는지를 매긴 점수는 합산된다. 점수가 임계점을 넘으면 응답자는 심각한 정신적 고통을 경험하는 것으로 분류된다. NHIS는 응답자들이 얼마나 자주 슬프고, 초조하고, 안절부절못하고, 절망적이고, 쓸모없으며, "모든 노력이 부질없었다"고 느끼는지 등 절망감을 유발할 수 있는 모든 감정들에 대해 질문한다. 〈도표 6.2〉는 1997~2017년까지의 정신적 스트레스와 연령의 관계를 나타낸 것이다. 25~75세 사이 고졸 이하 학력자들은 왼쪽 패널, 대졸 이상 학력자들은 오른쪽 패널이다. 각 패널에서 세로축은 심각한 정신적 고통을 겪는 응답자들의 분율이다.

고졸 이하 학력자들의 경우 심각한 정신적 스트레스를 겪을 위험이 40~60세 사이 중년에 와서 정점을 찍는다. 이때 일, 육아, 그리고 노부모 부양에 따른 스트레스가 모두 극심할 수 있다. 1990년대 후

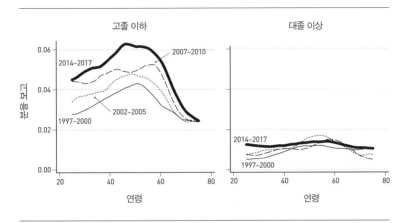

〈도표 6.2〉 교육 수준에 따른 심각한 정신적 스트레스를 겪고 있다고 답한 비히스패닉계 백인들 분율. 저자들이 NHIS 조사 결과를 이용해 계산함.

반 심각한 정신적 스트레스는 젊은 성인과 노인들 사이에서 덜 흔했다. 다만 지난 20년 동안 그러한 고통은 젊은 성인들 사이에서 중년들만큼이나 커졌다. 다시 말하지만, 상승세는 더디고 꾸준했으며 대공황기 경제난에 대응하던 중에도 더 가속도가 붙지는 않았던 것으로 보인다. 50세 전후로 백인 고졸 이하 학력자 중 심각한 정신적 스트레스를 겪는 사람들의 비율은 1997~2000년 사이 4퍼센트에서 2014~2017년 사이 6퍼센트로 상승했다.

절망사의 경우에 그랬던 것처럼 〈도표 6.2〉의 오른쪽 패널에서 제시된 4년제 대학 학위를 가진 사람들의 그림은 사뭇 다르게 보인다. 이 집단도 심한 정신적 스트레스를 겪을 위험이 중년 성인이 돼서 가장 크지만 그 위험은 고졸 이하 학력자들이 겪는 위험의 4분의 1에 불과하다. 대졸 젊은이들 사이에서는 심각한 정신적 스트레스를 겪는 사람이 늘었지만 그 수는 고졸 이하 학력자 중 같은 스트레스를 겪는 사람에 비하면 적은 편이다.

다른 척도들도 교육 수준이 낮은 사람들의 건강이 나빠지고 있다는 것을 보여준다. 다음 장에서 우리는 이 책에서 특히 중요한 역할을 하는 고통도 마찬가지로 그렇다는 걸 보여줄 것이다. 하지만 그것이 전부가 아니다. 중년 백인들은 평소 하던 일을 하는 데 더 어려움을 겪고 있는데, 그렇다는 것은 일상용품 사러 가기, 전화 걸기, 버스·전철 타기, 가벼운 집안일 하기 등 기본적 일상 활동 이상의 도구적 일상생활을 측정하는 일명 '수단적 일상생활수행능력(instrumental activities of daily living)' 조사를 통해서 확인됐다. 1997년 이후 NHIS는 성인들에게 4분의 1마일(도심 3블록 정도) 걷기, 10계단 오르기, 2시간 동안 서 있거나 앉아 있기, 쇼핑이나 영화 관람 등을 위해 외출하기, 집에서 휴식을 취하고 친구들과 어울리는 것이 얼마나 힘든지를 물었다. 그러자 경제활동이 가능한 고졸 이하 학력의 백인 중 이런 각 활동을 하는 것이 "좀 더 힘들어졌다"고 답한 사람 수가 급증했다. 대졸 백인이나 65~74세 사이 노인들에게는 생기지 않은 일이다. 고졸 이하 백인 중 쇼핑이나 영화관에 가는 등의 일을 하거나 집에서 쉬기 힘들다는 사람도 25~54세 사이에서 50퍼센트 증가했고, 친구들과 어울리기가 힘들다고 답한 사람도 이 20년 동안 두 배 가까이 늘어났다. 친구와 교제할 수 없다면 인생에서 가장 즐겁고 중요한 활동 중 하나가 사라질 뿐만 아니라 사람들은 자살 위험에 빠진다.

비만 인구 증가가 이 조사 결과에 영향을 미칠지도 모른다. 체중이 늘어나면 특히 젊지 않았을 때 일상생활을 즐기기가 더욱 힘들어질 수 있다. 비만은 체질량지수(Body Mass Index, BMI)로 측정하는 경우가 많은데, BMI는 체중(kg)을 미터로 환산한 키(m)의 제곱으로 나눈 값이다. BMI가 30 이상이면 공식적으로 '비만'이고, 18.5 미만이면 저체중이다(우리 저자 중 한 명은 고도비만이고, 다른 한 명은 심각한 저체중이라서 우리는 체질량지수에 대해 정통하다). 그러나 미국의 비만 증가가 이러한 건강지표들의 악화를 설명할 수 없다. 우리가 저체중, 정상 체중, 과체중과 비만 등 모든 수준의 BMI에서 유사한 악화를 목격하고 있다는 단순한 이유 때문이다. 중년의 미국인들은 그들이 더 뚱뚱해지고 있어서 더 아픈 것이 아니다.

더 나빠지지 않고 있는 한 가지 척도는 흡연자 분율이다. 25~64세 사이 비히스패닉계 백인의 흡연율은 고졸 이하 학력자들의 흡연율이 훨씬 더 높긴 해도 계속해서 떨어졌다. 1993년부터 2017년까지 흡연율이 꾸준히 상승한 유일한 집단은 45~54세 사이의 고졸 이하 학력의 여성들이다. 단, 여기에서도 상승 폭은 2~3퍼센트포인트 정도로 높지 않다. 전반적으로 약물, 술, 자살로 인한 사망률은 상승하고 있으나 4년 제 학위가 없는 사람들의 흡연율이 하락했다는 사실은 놀라운 일이다. 우리 저자 중 한 명은 과거 담배를 피우다 끊었는데, 흡연은 그것과 술을 합친 것만큼은 아니더라도 술과 상당히 같은 방식으로 마음을 진정시키는 효과를 주곤 했다. 미국의 흡연율이 다른 많은 부유한 나라들의 흡연율에 비해 상당히 낮다는 점도 주목할 필요가 있다.

일할 수 있는 능력

|

본래 아프면 사는 게 더 힘들어지는 것은 물론이고 친구와의 교제처럼 직접적인 가치가 있거나, 일처럼 직접적이고 중요하게 가치가 있는 다른 활동을 하는 데 방해를 받기도 한다. 일할 수 없다는 것은 경제 상황에 따라 증가와 감소를 반복하는 실직 신고와는 다르다는 점에 유의하라. 반면 생산가능인구 중 일할 수 없다는 백인 비율은 적어도 1990년대 초반부터 꾸준히 상승했다. 〈도표 6.1〉과 〈도표 6.2〉에 나온 육체적·정신적 건강에 대한 자기 보고에 나온 것처럼 여기에는 교육 수준에 따라 극적인 차이가 나타난다. 역사적으로 소득이 가장 높을 연령대인 45~54세 사이의 경우 일할 수 없다고 보고한 고졸 이하 학력의 백인 비율은 1993년 4퍼센트에서 2017년 13퍼센트로 높아졌다. 대졸 이상 학력의 백인 비율은 처음에는 낮았지만 1~2퍼센트 사이에서 유지되었다.

일할 수 없는 사람들 중 일부는 국가로부터 사회보장장애보험(Social Security Disability Insurance) 혜택을 받을 수 있다. 대상은 근로자가 사회보장장애보험금을 납부한 햇수, 근로자의 장애 성격, 근로자가 그의 장애가 일하는 데 방해가 되지 않는 업무를 수행할 능력이 있는지 여부에 따라 달라진다. 여기서 걱정되는 점은 이러한 사회보장제도 때문에 사람들이 일하지 않고 다른 모든 사람들의 노고에 의지해 살고자 업무 능력을 상실했다고 보고하고 싶은 유혹에 빠질 수 있다는 문제다.[10] 이번 장에서 소개한 척도 중 몇 가지가 그러한 진실의 은폐로 인해 왜곡됐을 가능성이 분명 존재한다. 당신이 실제로는 장애인이 아니더라도 장애가 있다고 주장할 수 있다면, 통계조사관들이 질문할 때 당신이 일할 수 없어서 장애 수당을 받고 있다는 사실을 기억하고, 그들에게 장애가 있다고 보고하는 것이 현명한 처사일 수 있다.

장애 지원 제도의 존재로 인해 보고가 왜곡되지 않는다고 확신하기는 어렵지만 크게 왜곡되지는 않았으리라고 생각한다.[11] 우리가 이번 장에서도 보았고 고통에 대해 설명한 다음 장에서 다시 보게 되겠지만, 건강지표의 악화 현상이 너무 많은 다양한 척도들에서 전반적으로 상당히 획일적으로 나타난다. 또 사회보장장애보험 혜택을 누릴 자격이 없는 사람들, 즉 적절한 취업 이력이 없는 사람들로부터 취업할 수 없다는 보고가 늘었다. 무엇보다도 중요한 것은 온갖 종류의 질병이 급증하면서 죽음의 유행병이 더 만연하고 있다는 점이다. 사람들이 사회보장장애보험 혜택을 누리기 위해 아픈 것처럼 꾸미더라도 그들이 죽어가고 있다는 사실은 분명 뭔가 중요한 일이 벌어지고 있다는 걸 보여주는 증거일 것이다.

죽음의 배경

우리는 죽음과 질병이 상호 관련되어 있다고 이야기했다. 특히 교육을 덜 받은 백인들의 삶은 더욱 피폐해지고 있다. 일할 수 있는 능력과 타인들과 함께 인생을 즐길 수 있는 능력 등 살 만한 가치가 있게 만드는 중요한 능력들이 훼손되고 있다. 심각한 정신적 스트레스는 증가하고 있다. 물론 죽기보다 이런 식의 삶의 질 악화를 겪고 있는 사람이 훨씬 더 많지만, 그러한 악화는 분명 죽음의 배경이 된다. 다음 장에서 우리는 또 다른 종류의 병인 '고통'으로 눈을 돌려볼 생각인데, 그것은 사회의 해체와 절망사 사이의 연결고리임이 드러난다.

7장

고통의 비참함과 미스터리

고통은 우리 이야기에서 특별한 위치를 차지한다. 사회와 공동체가 받는 스트레스, 노동시장, 정치, 기업의 이해관계는 모두 고통을 중심으로 충돌하며 고통은 각기 절망사에 영향을 미치는 여러 통로 가운데 하나다.

우리가 죽음 뒤에 숨겨진 이야기를 찾는 과정에서 분명 서로 다른 맥락 속에서 계속 고통이 등장했다. 고통은 자살을 일으키는 중요한 위험 요인이다. 희생자는 참을 수 없는 고통이 결단코 해소되지 않을 것이라고 믿는다. 고통의 치료는 오피오이드 유행의 근본 원인이다. 뇌 화학 시스템의 일부인 오피오이드 분비 체계는 행복감과 통증 완화를 모두 조절한다. 사람들은 '고통'과 '아픔'과 관련된 언어를 써서 거부감, 배제감, 상실감으로 인해 생긴 '사회적 고통'을 설명한다. 또 사회적 고통이 발가락이 차이거나, 손가락이 베이거나, 관절염에 걸렸을 때 느끼는 신체적 고통을 알려주는 것과 똑같은 신경계 일부를

자극한다는 것을 보여주는 증거도 있다. 타이레놀은 신체적 고통뿐
아니라 사회적 고통도 줄여줄 수 있다. 미국인들 중에선 특히 교육을
덜 받은 사람들이 더 큰 고통을 느낀다고 보고하고 있다.[1]

교육과 고통 수준 사이의 이러한 연관성은 교육 수준이 낮은 미국
인들 사이의 고통 증가 원인을 서서히 진행되는 사회적·경제적 삶의
'해체(disintegration)'에서 찾을 수 있고, 그 고통은 결국 해체가 자살과
중독에 이르게 하는 연결고리 중 하나라는 우리가 선호하는 설명과
일맥상통한다. 절망사에 대한 이야기를 할 때 종종 고통 이야기를 할
수밖에 없다.

미국의 고통
|

매년 고통받고 있다고 보고하는 미국인들이 증가 추세다. 고졸 이하
중년층에서 고통받는 삶을 산다는 사람들이 가장 많이 늘어나고 있
다. 독일계 프랑스 의사이자 사상가인 알베르트 슈바이처(1875~1965)
는 "고통은 죽음보다 더 끔찍한 인류의 지배자"라고 말했다. 수백만
미국인들의 삶이 고통으로 위태로워진다. 일할 수 없고, 원하는 방식
으로 친구나 사랑하는 사람들과 시간을 보낼 수 없고, 잠을 청하지 못
하고, 일상생활을 가능하게 하고 성취감을 주는 활동을 할 수 없는 사
람들이 생긴다. 고통은 식욕을 억제하고, 피로를 유발하며, 치유를 방
해하며, 극단적인 경우 살려는 의지를 약화시킨다.

노화, 그것도 심지어 건강한 노화조차도 더 많은 아픔과 고통을 안

겨준다. 관절염은 가장 익숙하지만 유일한 고통의 원인은 아니다. 그렇더라도 오늘날 미국에서는 중년의 고통이 너무 급속도로 커져서 우리는 중년이 실제로 노인보다 더 많은 고통을 보고하는 특이한 상황을 경험하고 있다. 사람들은 많은 원인과 매우 불확실한 원인으로 고통을 겪고 있다. 국립과학공학의학아카데미(National Academies of Sciences, Engineering, and Medicine, NASEM)에 따르면, 1억 명이 넘는 미국인들이 '최소 3개월 동안 지속된 고통'을 일컫는 일명 '만성 통증'으로 고생하고 있다.[2] 이러한 만성 통증의 다수는 통증 제거 방법으로 치료가 가능한 부상이나 원인 때문에 생기는 것 같지는 않으며, 현재 많은 건강 전문가들은 만성 통증을 그것을 잘 이해하거나 제대로 치료하지 못하더라도 그것 자체를 질병으로 취급한다. 통증이 부상에 대처하라고 뇌에 보내는 신호라는 오래된 생각은 이제 모든 고통이 마음에서 비롯되며, 사회적·감정적 괴로움이 신체적 부상으로 인한 괴로움과 같은 방식으로 고통을 야기할 수 있다는 인식으로 대체되었다.[3] 고통의 한 가지 유용한 정의는 "그것의 경험자가 뭐라고 말하건 간에 그가 고통스럽다고 말하면 언제나 그가 고통을 느끼는 것"이다.[4] 의사나 과학자가 아닌 환자가 유일한 권위자다.

직업에 따라 고통의 유병률은 다르며, 육체노동에 종사하는 사람은 책상이나 컴퓨터 화면 앞에서 일하는 사람보다 다치거나 고통을 겪을 가능성이 더 크다. 그들은 또한 나이가 들면서 더 고통스러운 증세를 겪을 수 있다. 몸이 더 빨리 마모되기 때문이다.[5] 이런저런 이유로 인해 교육을 덜 받은 사람들이 나이가 들수록 더 자주, 그리고 더 빨리 고통을 느낀다. 실제로 '노동'이라는 단어 자체가 노동의 고통이나 창세기에 나오는 아담에 대한 처벌과 고통스러운 노동에 대한 인류의 비난처럼 '고통'과 동의어로 취급되는 경우가 많다. '고통'과 '처벌'이란 단어는 같은 라틴어에서 기원한다.

고통과 일 사이에는 상호 인과관계가 존재한다. 고통받는 사람은 일할 수 없고 장해보험을 청구할 수 있다. 혹자는 그러한 청구를 의심하고, 그로 인해 진짜 고통을 느끼는지를 둘러싸고 오랫동안 법적·정치적·학술적 싸움을 벌여왔다. 우리는 체온이나 혈압을 잴 수 있는 도구를 가지고 있지만 보통 장애로 여겨지는 '절단'의 고통 정도를 잴 수 있는 장치를 갖고 있지는 않다. 이마에 센서와 다이얼을 이식해서 모든 통증에 대해 정확한 평가를 제공할 수 있는 '압력계'처럼 고통을 잴 수 있는 장치가 등장했을 때 어떤 일이 일어날지 상상해보면 유용하다. 현재 상황에서 고통은 "그것의 경험자가 고통이라고 말하는 모든 것"이라는 정의는 장애 정책에 대한 분명한 한계를 드러내고 있다.

진통제를 제조하는 제약 회사처럼 고통을 치료하는 사업 종사자들은 고통을 겪고 있는 사람들의 최선의 이익에 항상 부합하지 않는 그들만의 목표를 가지고 있다. 처방전 작성 건수와 함께 진통 신고가 늘자 제약 회사들은 의약품 판매와 고통 퇴치 등을 통해 수십억 달러를 벌어들였다. 그들은 그들이 만든 제품을 팔고 가능한 한 쉽게 팔 수 있게 해주도록 정부를 설득하는 데 관심이 있다. 기업의 행동, 그리고 그들이 공익을 위해 행동하도록 어떻게 규제받아야 할지 역시 고통에 대한 이야기의 일부다.

고통에 대한 사실들

|

갤럽은 정기적으로 많은 미국인들을 대상으로 데이터를 수집한다. 갤럽이 던지는 질문 중 하나는 응답자가 조사 전날인 '어제' 하루 중 많은 시간 동안 신체적 고통을 경험했는지 여부다. 우리는 인구가 충분히 많은 카운티처럼 작은 지역이나, 아니면 인접한 카운티들에서 수집된 자료 등을 사용해 미국의 고통 지형을 살펴본다. 미국에는 3,000곳 이상의 카운티가 있으며, 그들 중 일부는 대부분 산과 나무로 이뤄져 있다. 우리는 여기에 각각 적어도 10만 인구를 가진 약 1,000곳의 작은 지역까지 합쳤다. 다음의 〈도표 7.1〉은 2008~2017년 사이 25~64세의 비히스패닉계 백인에 대한 미국의 고통 지도를 보여주고 있다. 어두운색으로 표시된 곳은 평균적으로 고통을 호소하는 사람들이 많은 지역이다.[6]

수천 곳의 지역에 걸쳐 (갤럽 자료에서) '어제'의 고통을 보고한 사람들의 분율은 자살, 더 일반적으로 말해서 절망사와 더 강한 연관성을 보인다. 한 가지 중요한 사실은 서부, 동부 애팔래치아, 남부, 동북부 메인, 미시간 북부 등의 고통 분포 정도가 심각하며, 텍사스 노스센트럴플레인즈와 북동부 주간고속도로 제95호선(I-95. 미국 남동부 플로리다주 마이애미와 북동부 메인주와 캐나다 뉴브런즈윅주의 경계를 잇는 총연장 3,089.52km의 고속도로 - 옮긴이)과 철도 노선 및 캘리포니아의 베이 지역(Bay Area)에서는 고통을 보고하는 사람 수가 훨씬 적었다는 점이다. 다시 말하지만, 거주 인구의 교육 수준이 더 높은 곳에서 고통을 느끼

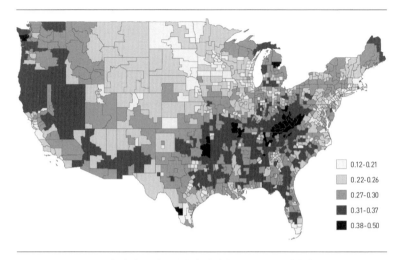

	0.12-0.21
	0.22-0.26
	0.27-0.30
	0.31-0.37
	0.38-0.50

〈도표 7.1〉 2008~2017년 사이 비히스패닉계 백인의 고통 지도. 갤럽이 추적한 데이터를 이용해 저자들이 계산함.

는 사람이 더 적은 경향이 강하다. 실업률이 더 높고, 빈곤한 사람이 더 많은 지역에서 고통을 보고하는 사람들의 분율이 더 높다.[7] 그리고 2016년 대선에서 트럼프 대통령에게 투표한 지역에서도 이 분율이 상당히 높다.

〈도표 7.2〉는 같은 자료를 사용해 2008~2017년 사이 갤럽 조사에 참가한 25~80세 사이 백인 180만 명 사이에서 고통을 보고한 사람들의 분율을 보여주고 있다. 실선은 고통을 느낀 모든 백인 분율을 나타낸다. 분율은 25세 때 17퍼센트에서 60세에 30퍼센트로 정점을 찍은 뒤 80세에 27퍼센트로 떨어져 보합 상태를 유지한다. 그래프가 나이대별로 동일인을 조사 대상으로 삼지는 않는다는 점에 유의하라. 오른쪽 사람들(60~70대)은 왼쪽 사람들(20~30대)과 다르다.

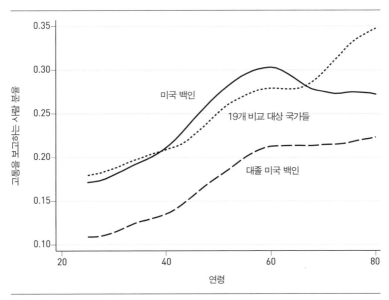

〈도표 7.2〉 미국 백인과 비교국 사람들 중 어제 고통을 경험한 사람들의 분율. 갤럽 조사 자료와 갤럽 세계설문조사(Gallup World Poll) 자료를 갖고 저자들이 계산함.

이 선에는 아주 이상한 점이 있다. 나이를 먹을수록 보통 고통을 더 많이 느끼며, 비록 일부는 영원히 젊음을 유지하지만 평균 나이가 올라갈수록 고통 수준도 같이 올라갈 수밖에 없다. 육체노동 종사자들은 고통을 느끼기 시작하는 나이가 더 어린 경우가 많다. 물건을 계속 운반하다가 허리를 다치게 되는 택배 노동자나 끊임없이 부상 위험에 직면해 있는 광산이나 농업 노동자를 생각해보라. 그들이 은퇴할 때 일시적인 안도감과 고통 감소를 느낄 수 있더라도 다시 매정한 노화의 영향을 겪기 시작한다. 그래서 우리는 나이가 들수록 고통의 선이 올라가다가 60세 전후로 평평해진 후 다시 올라갈 것이라고 예상할 수 있을지 모른다. 그러나 도표의 실선은 그런 모양이 아니다. 그보다는 60대 사람들이 실제로 80대 사람들보다 더 고통을 느끼고 있다. 가장 고통스러운 사람들이 일찍 죽어서 생존자들이 덜 고통스러워해 그럴 수도 있겠지만, 살아 있는 사람들 사이에서 나이를 먹을수록 고통이 커지기 마련이란 생각을 무너뜨릴 만큼 사망률이 결코 충분히 높지는 않다.

갤럽은 전 세계 대부분의 국가에서 고통에 대해 똑같은 질문을 던진다.[8] 표본이 미국 조사 때만큼 크지는 않지만 여러 나라의 조사 결과를 함께 모아보면 우리는 각 연령대에 맞는 믿을 만한 그림을 만들 수 있다. 도표의 점선은 다른 부유하고 산업화된 19개 국가들의 조사 결과를 합쳐놓은 것이다.[9] 종합해보니 우리는 2006~2017년까지 24만 3,000건 이상의 조사 결과를 확보할 수 있었다. 도표의 선은 미국의 선과 마찬가지로 젊은이들 사이에서 시작되지만 40세와 65세 사이에서 갈라진다. 다른 나라들은 나이가 들면서 고통이 증가하고, 통상 정년 때를 전후해 보합세를 보이다가 이후 상승 추세를 재개하면서 우리가 예상할 수 있는 결과와 더 비슷한 연령 프로파일(age profile, 특정 상품을 구매하거나 특정 행동을 하는 서로 다른 연령대 사람들의 숫자 – 옮긴이)을 보여준다. 미국 중년의 사망률 상승 현상이 다른 나라들에서 일어나지 않듯 미국 백인들에게 일어나는 일이 이런 다른 나라들에서는 일어나지 않고 있다.

최종적인 단서는 미국 대졸 백인에 해당하는 대시 기호로 표시된 그림 맨 아래 선에서 나온다. 맨 윗선은 교육 수준과 상관없이 모든 사람들의 조사 결과를 합친 것이다. 교육 수준이 높은 사람들은 평생 고통을 훨씬 덜 경험한다. 그들 중 고통을 보고하는 사람 분율은 일반 사람들보다 3분의 1 정도 적다. 그러나 그들 역시 나이가 들면서 고통이 증가하다가 은퇴 무렵 증가세가 둔화되고, 은퇴 후에 더 느리기는 하지만 다시 고통이 늘어나는 우리가 예상할 수 있는 패턴을 보여준다. 대학을 졸업했다고 해도 관절염을 피해갈 수는 없다.

학사학위가 없는 백인 중년 중 고통을 느끼는 사람이 크게 늘었다는 사실을 깨닫는 순간 연령별로 다른 고통의 패턴을 받아들일 수 있게 된다. 도표에서 노인들은 이런 고통 증가를 경험하지 않았고, 우리가 그들을 평생에 걸쳐 추적했다면 그들의 고통이 중년 때 최고조에 달하지 않았을 것이다. 마찬가지로 미래로부터 데이터를 얻기 전에는 할 수 없겠지만 우리가 오늘날 중년 성인들을 나이가 들 때까지 계속 추적한다면 그들의 고통은 오늘날 노인들이 느끼는 고통보다 훨씬 더 심할 것으로 드러날 것 같은데, 사실 이는 아주 우울한 예측이다. 미국의 중년 성인들은 오늘날 이례적 수준의 고통을 느끼지만 그들이 나이가 들어 느낄 고통에 비할 바는 아니다.

우리가 같은 사람들의 고통 수준을 시간을 두고 추적하거나, 최소한 4장에서 그랬던 것처럼 다시 출생 코호트를 사용해 같은 해에 태어난 사람들을 추적한다면 이 사실을 분명히 알 수 있다. 갤럽 데이터에는 이렇게 할 수 있을 만큼 충분히 많은 과거 데이터가 없기 때문에 우리는 지난 3개월 동안 목이나 허리 통증이 하루 넘게 지속됐거나 만성 관절 통증을 겪었는지를 알아본 NHIS의 조사 결과를 살펴봤

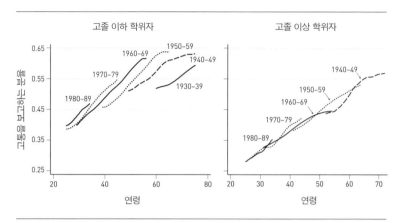

| 고졸 이하 학위자 | 고졸 이상 학위자 |

〈도표 7.3〉 출생 코호트와 교육별 목, 허리, 관절 고통을 겪고 있는 비히스패닉계 백인 분율. NHIS 자료를 갖고 저자들이 계산함.

다. 우리가 이 데이터를 단순히 다시 연령별 고통을 나타내려고 사용한다면 우리는 앞서 갤럽 데이터를 사용한 〈도표 7.2〉의 패턴과 유사한 패턴을 보게 된다. 그러나 이제 우리는 4장에서 절망사를 갖고서도 그랬던 것처럼 시간을 두고 학력에 따라 출생 코호트들을 연이어 추적할 수도 있다. 〈도표 7.3〉은 1930~39년에서부터 1980~89년까지 각각 10년 동안 태어난 출생 코호트의 조사 결과를 보여준다. 두 패널은 우리가 시간을 두고 나이를 먹는 동일 집단의 사람들을 추적하면 우리가 예상할 수 있는 대로 나이가 들수록 고통이 증가한다는 것을 보여준다.

이 도표에선 어떤 출생 코호트 내에서도 60세에 고통이 반전되는 징후를 보여주지는 않는다. 다만, 우리가 어떤 특정한 해에 코호트들을 총망라해 살펴본다면 〈도표 7.2〉에서 목격한 반전이 여기서도 나타날 것이다. 고졸 이하 학력자들의 고통은 나이가 들수록 커지지만, 나중에 태어난 사람들은 평생 더 많은 고통을 겪는다. 왼쪽 패널의 맨 오른쪽에 있는 1930~1939년 사이에 태어난 사람들은 나이가 들면서 60세 이상에서 관찰되듯 더 많은 고통을 경험한다. 1940~49년 사이에 태어난 사람들에 해당하는 다음 선도 매우 같은 방식으로 상승하지만 고통을 보고하는 사람들 분율은 전 연령대에서 더 높다. 고졸 이하 학력자들의 경우 이어지는 각각의 출생 코호트마다 더 많은 고통을 경험한다.

대졸 이상 학력자들을 나타내는 오른쪽 패널에선 한 출생 코호트에서 다음 출생 코호트로 고통을 보고하는 분율이 올라가는 경향이 있지만, 어떤 특정 연령에서나 코호트들 사이에서 고통을 보고하는 분율이 상당히 중복된다. 대졸 이상 학력자들을 나타내는 선들은 나이가 들수록 자연스럽게 고통이 늘어나는 것처럼 보이지만, 고졸 이하 학력자들 사이에서 출생 코호트들 사이의 고통을 끌어올리는 것이 대졸 이상 학력자들에게는 사실상 없다. 이는 다시 말해, 〈도표 7.2〉에 나오듯 중년 때 고통이 절정에 이르다가 줄어드는 일이 대학 학위가 없는 사람들에게 해당한다는 뜻이다.[10]

고통 증가의 이유에 대한 한 가지 설명은 사람들이 예전만큼 '강하지' 않다는 일명 '눈송이 효과(snowflake effect)'다. 예전에 사람들은 국부 마취를 하고 치과 치료를 받는 사람들을 비웃곤 했고 부모들은 아이가 받는 고통에 전혀 신경 쓰지 않았다. 그것이 당연한 것처럼 여겨졌다. 눈송이 이야기를 배제할 수는 없지만 우리는 교육을 덜 받은 사람들만 그런 효과를 겪는다는 사실을 믿기 어려운 것 같다.

앞서 살펴본 〈도표 7.3〉의 코호트 그림은 앞서 살펴본 〈도표 4.3〉의 절망사의 코호트 그림과 매우 흡사하다. 절망사와 고통은 모두 나이를 먹을수록 늘어나지만, 4년제 학위가 없는 사람들의 경우 각각의 출생 코호트는 나이가 들수록 더 많은 고통을 보고하고 그들 앞의 코호트들보다 더 높은 사망 위험을 겪는다.

두 교육 집단에서 지난 25년 동안 허리, 목, 관절 통증을 보고한 중년 흑인들의 분율은 중년 백인들이 보고한 분율보다 20퍼센트 낮았다. 그러나 이어지는 출생 코호트들마다 고졸 이하 학력의 흑인과 백인 중 목, 척추 및 관절 통증을 보고하는 사람 분율이 더 커진다. 최근 흑인과 백인의 사망률 추세가 다르지만 출생 코호트들 사이에 고통의 변화 패턴은 상당히 유사하다. 이는 우리가 살펴볼 주제인 약물, 술, 자살로 인한 사망률의 차이를 설명하기 위해서는 다른 곳을 살펴봐야 한다는 것을 의미한다. 고통이 절망사의 원인이라면 아프리카계 미국인들 사이에서는 다른 무언가가 고통의 영향을 막고 있다.

늘어난 고통의 원인과 결과

고통은 일과 마찬가지로 다른 것들의 원인이기도 하고 결과이기도 한 것들 중 하나이기 때문에 고통이 심해지는 이유를 알아내기는 어렵다. 하지만 우리는 여러 가지 상관관계와 패턴을 살펴보면서 그들을 이용해 가능한 이유를 고민해볼 수 있겠다.

한 가지 이유는 사람들이 점점 더 뚱뚱해지면서 비만이 고통을 가져오기 때문이다. 맞는 생각이긴 하지만 충분한 설명으로는 부족하다. 생산가능인구 중 경제활동이 가장 활발한 시기인 25~64세 사이의 핵심생산인구에 속하는 백인의 몸무게는 1990년대 후반보다 2010년대에 더 무거웠으며, 백인 대졸 이상 학력자의 평균 BMI는 '정상' 체중 범위에서 '과체중' 범위로 이동했다.[11] 백인 고졸 이하 학력자 중에서 '과체중'에 속한 사람들이 늘어났으며, BMI 30 이상의 고도비만인 사람들의 비율은 20퍼센트에서 30퍼센트로 상승했다. 비만은 우리를 더 고통스럽게 만들 수 있다. 분명 몸무게가 늘어나면 허리와 관절은 큰 부담을 받는다. 우리가 1997~2000년 사이와 2014~2017년 사이를 비교해보니 이 두 기간 사이의 BMI 변화가 늘어난 허리, 관절, 목 통증 보고의 4분의 1을 차지한다는 사실을 발견했다. 이는 사소한 원인은 아니지만 늘어난 고통 보고의 나머지 4분의 3을 설명해주지 않는다.

대다수의 사람들이 갖게 되는 또 다른 생각은 좋은 일자리를 잃고 나쁜 일자리를 얻게 되면 일자리와 관련된 고통이 늘어난다는 것이다. 사회적 고통의 경우 전적으로 그럴 수도 있겠지만 신체적 고통은 그렇지 않다. 많은 일자리들에는 적어도 약간의 부상이나 아니면 뚜렷한 부상 없이도 고통의 위험이 수반된다. 확실히 사람들의 고통(NHIS에서는 목, 허리, 관절의 고통을 척도로 활용한다)은 어떤 일을 하느냐에 따라 달라진다. 영업이나 행정직에 종사하는 사람들뿐만 아니라 임원이나 전문직 종사자는 농사, 건설, 기계 작동, 운송과 운전 같은 육체노동이나 블루칼라 직종에 종사하는 사람들보다 고통을 덜 보고한다. 이런 규칙의 예외는 경찰과 소방직이다. 두 직종에선 고통을 느끼지 않아야 일자리를 유지할 수 있다. 우리는 프로 운동선수와 군인들도 마찬가지가 아닐까 의심한다.[12] 그러나 직업 균형의 변화는 최근 고통 보고가 늘어나는 이유를 설명해줄 수 없다. 고통을 수반하는 일자리에서 그와 '동떨어진' 고통을 수반하지 않는 일자리로의 이동이 일어났기 때문이다. 노동자가 제너럴모터스(General Motors, GM)의 조립라인이나 제철소에서 일자리를 잃고 소매업에서 최저 임금만을 주는 일자리를 잡으면 그의 소득은 줄어들 것이고 그 일에 대해 극도로 불만스러울 수도 있지만, 조립라인 일자리는 신체적 고통이 없는 직업이 아니라 맥도날드나 월마트에서 일하는 것보다 더 많은 고통을 수반한다.[13]

우리가 고통이나 절망사가 노동시장의 변화 때문에 생긴다고 말하려 해도 육체적으로 덜 힘든 일을 하다 더 힘든 일을 하게 돼 그런 것이라 말할 수 없다. 물론 다른 메커니즘도 존재한다. 소득이 줄면 고통이 커진다. 또 고통이 일하다가 생긴 일 때문이 아니라 노동자로서 지위와 의미를 잃거나 노조 마을에서 고소득 일자리로 지탱되던 사회구조가 몰락해 생길 가능성도 다분하다. 사회적 배제(social exclusion, 실직·범죄·주택난 등 복합적 문제에 시달리고 개선될 가망도 없는 상황 - 옮긴이)로 인한 고통이 뇌에서 부상으로 인한 고통과 유사하게 작용한다는 것을 보여주는 실험들이 있다. 만약 그렇다면 더딘 속도로 진행되는 노동자 계급의 파괴(이와 관련한 자세한 내용은 이후에 다루겠다)가 만성적 고통 증가의 원인 중 하나가 될 수 있다.

특히 사회보장장애보험 내 장애 수당을 청구하는 사람들이 급증하면서 고통도 증가했다. 어떻게 생각하느냐에 따라 다르지만 장애 수당을 받는 사람의 증가는 사람들 사이의 고통과 유병자가 늘었다는 것을 인정하는 좋은 일로도 인식될 수 있지만, 반대로 일하지 않고 남의 노동으로 먹고살면서 고통과 우울증으로 고생하고 있다고 주장할 수 있는 사람이 주도하는 나쁜 일로 인식될 수 있다. 단, 그 어느 생각도 객관적인 측정이 불가능하다. 사기꾼, 가병자(假病者), 그리고 받는 사람[taker, 자신의 이익에 집착하는 사람으로 사회에 기여하려는 방법을 찾으려는 '만드는 사람(maker)'과 반대되는 개념 – 옮긴이]은 후자의 사람들을 깎아내리려고 사용되는 용어들이다. 우리는 사익을 위해 시스템을 조작하는 사람들이 있다고 확신하지만, 교육 수준이 낮은 사람들이 겪는 고통에 일어나고 있는 일과 그러한 패턴들이 절망사와 얼마나 밀접하게 일치하는지를 봤을 때 우리는 그런 가병자들이 비교적 극소수가 아닐까 의심한다.

1990년대 중반 이후 오피오이드 진통제 사용이 급증했는데도 늘어난 고통은 중독과 사망을 포함한 오피오이드의 잠재적 부작용은 둘째치고 그러한 약물이 진정 효과가 있는지 의심하게 만든다. 다만, 오피오이드가 없다면 지금까지 확인되지 않은 어떤 원인이 오피오이드가 억제할 수 있는 것보다 더 빠르게 고통의 정도를 끌어올리면서 보고된 고통이 훨씬 더 심해졌을 가능성은 항상 있다.

여성이 남성보다 더 많은 고통을 보고한다. 미국뿐 아니라 전 세계

대부분의 다른 나라에서도 마찬가지여서 이 사실이 미국인만의 고통에 대해 많은 걸 말해주지는 못할 것 같다. 미국의 경우 〈도표 7.3〉에 나온 것처럼 고졸 이하 학력자들의 여러 출생 코호트에 걸쳐 나타난 고통 증가 패턴은 남성과 여성이 모두 같은데, 대졸 이상 학력자들의 출생 코호트 전반에 걸쳐 연령-고통 패턴에 변화가 없는 것도 역시 마찬가지다.

우리는 더 많은 고통을 유발하는 것처럼 보이는 다른 개별적인 특징들을 조사할 수 있다. 그중 하나는 실업, 또는 더 일반적으로는 노동력 상실이다. 장애 때문에 종종 일할 수 없게 된다는 점을 고려하면 이것이 별로 놀라운 일은 아니다. 고통을 보고하는 사람들은 쇼핑하거나, 집에서 휴식을 취하거나, 친구들과 어울리거나, 어렵지 않게 세 블록을 걸어갈 수 있는 능력도 줄었다고 보고한다. 고졸 이하 학력자들이 이런 장애의 정도가 더 크다. 보고된 같은 고통이라도 교육 수준이 낮은 사람들의 활동을 더 많이 제한한다. 고통은 또 심각한 정신적 스트레스를 느낄 위험과 상관관계가 높다. 4년제 학위가 없는 사람의 경우 이 상관관계는 두 배나 크다. 행복과 기쁨과 함께 여름이 지날수록 '고통이 약탈하러 몰래 다가온다'.

○ 8장 ○

자살, 약물 그리고 술

2017년 미국인 15만 8,000명이 자살, 약물 과다복용, 알코올성 간질환과 간경변 등 우리가 말하는 '절망사'로 사망했다. 이는 매일 만석으로 비행 중인 보잉(Boeing) 737 맥스 여객기 세 대가 추락해 승객 전원이 사망하는 것과 같다. 8장과 9장에서는 이러한 사망의 배경, 사망 원인과 방법에 대해 알려진 사실, 그리고 이것이 지난 20년 동안 교육 수준이 낮은 미국인들의 사망이 그렇게 빠르게 늘어난 이유를 이해하는 데 도움이 될 수 있는지를 살펴보겠다.

세 종류의 절망사 모두 사람들의 '행동'과 관련된다. 무엇보다 자해로 인한 죽음인 자살이 그렇지만, 약물이나 술을 너무 많이 내지는 오랫동안 복용하거나 마셔도 죽는다. 오래전 에밀 뒤르켐은 다른 절망사도 마찬가지지만 자살을 이해하려면 개인을 벗어나 사회, 특히 사회 구성원들에게 더 이상 의미 있는 삶을 살 수 있는 환경을 제공해주지 못하는 사회의 붕괴와 혼란에 대해 살펴봐야 한다고 주장했다.[1] 뒤르켐은 교육 수준이 높은 사람일수록 자살 확률이 높다고 믿었다. 그러나 현재 미국에서 일어나는 자살과 지금까지 일어난 일을 고통과 질병과 연결해 분석해보면 자살은 주로 교육 수준이 낮은 사람들 사이에서 증가했다. 역사적으로 특이한 일일 수도 있다. 역설적으로 보면 이것은 뒤르켐의 주장과도 일치하는데, 현재 혼란에 빠진 것은 교육 수준이 낮은 백인들이 사는 세상이기 때문이다. 그가 예상했듯 인생을 휩쓸고 지나간 사회적·경제적 격변으로 인해 스스로 목숨을 끊는 사람들이 늘어나고 있다.

사람들은 더 이상 사는 것이 무가치하고, 사는 것보다 죽는 게 더 나을 것 같을 때 스스로 목숨을 끊는다. 불치병을 앓거나 지속적으로 우울증에 시달리는 사람은 오랫동안 자살하고 싶은 절박감을 느껴왔을 수 있다. 아니면 영국에서 검시관으로 일했던 뒤르켐의 말대로 "마음의 균형이 흐트러졌을 때" 생긴 갑작스런 우울감 때문에 그런 감정을 느꼈을 수도 있다. 대부분의 자살은 우울증 등의 정신질환을 동반한다. 2017년 미국에서만 4만 7,000명이 자살로 생을 마감했다.

자살은 절망사다. 그러나 자살로 이어질 수 있는 환경도 사람들이 고통, 외로움, 불안으로부터 도피하기 위해 약물이나 술에 의존하기 시작하면 덜 극단적으로 보인다. 약물과 술은 적어도 일시적으로나마 신체적·정신적 고통을 경감시킬 수 있는 행복감을 유발할 수 있다. 시간이 지나면서 몸은 이러한 중독성 물질들에 내성이 쌓일 수 있으므로 예전과 같은 행복 효과를 끌어내기 위해서는 예전보다 더 많은 양이 필요하다. 그러다가 어떤 사람들은 중독된다. 중독은 기술적인 의학 용어가 아니지만, 약물에 대한 욕구가 절대적으로 커져서 만사 제쳐두고 중독의 노예가 돼 중독 물질을 지키고 복용하기 위해 거짓말이나 도적질마저 서슴지 않는 행동을 가리킨다. 흔히 중독을 '자물쇠가 안에 있는 감옥'이라고 하지만, 그래서 오히려 탈출이 더 어려워진다. '이기적인 두뇌'는 단지 습관을 들이는 것에만 관심을 쏟다 보니[2] 사람들의 행동 방법이나, 그들이 초래하는 대혼란이나, 또는 그들이 파괴하는 삶에 대해 신경 쓰지 못하게 만든다.

회복 중인 헤로인 중독자의 말에 따르면, 중독되면 "(분명) 약물이 만들어내는 감정(따뜻함, 행복감, 소속감) 같은 걸 느끼기 시작하거나 다른 감정(트라우마, 외로움, 불안감)을 느끼지 못하게 되는 경향이 생기는데, 보통 두 가지 경험을 동시에 하게 된다".[3] 따뜻함, 행복감, 소속감은 자살을 생각하는 사람이 느끼는 감정과는 정반대다. 한 권위자는 이렇게 적었다. "인간을 포함한 모든 동물의 뇌에 쾌락과 고통의 중추(中樞)가 있다. 이러한 중추는 행동에 강력한 영향을 미치는 신경전달물질에 의해 지배된다. (중략) 다양한 메커니즘에 의해 남용된 약물은 모두 뇌의 쾌락 중추를 자극하고, 뇌의 통증 중추를 억제한다."[4] 약물 복용자와 알코올 중독자는 다른 사람보다 자살 확률이 훨씬 높다. 행복감이 실현되지 못하거나, 사라지거나, 또는 사람이 술을 끊으려고 애쓰다가 오히려 상태가 나빠져서 수치심, 무가치함, 우울증을 경험할 때 죽음이 또 다른 중독보다 더 나아 보일 수도 있다. 많은 자살은 중독과 우울증을 동반한다. 심리학자이자 작가인 케이 레드필드 재미슨(Kay Redfield Jamison)은 "약물과 기분장애(기분이 심각하게 왜곡되어 나타나는 정신병리적 상태 - 옮긴이)는 서로에게 최악의 결과를 초래하는 경향이 있다. 떨어지면 끔찍하고, 합쳐지면 사람을 죽인다."[5] 알코올 중독은 중독된 사람이나 그들이 사랑하는 사람에게 약물 중독만큼이나 비극적 결과를 낳을 수 있다. 약물이나 알코올 중독은 자살을 더 매력적으로 보이게 만든다. 중독에서 벗어나지 못한 사람은 종종 살 만한 가치가 있게 만드는 삶의 여러 부분을 상실한다. 하지만 이미 중독됐고, 중독에서 벗어나지 못하면 죽을 수 있다는 것을 이해하고 있더라도 다수가 죽기를 원하지는 않는다.

죽음을 자살로 분류하기는 매우 힘들고, 자살 건수는 통계로 잡혀 있는 것보다 훨씬 더 많다는 사실이 오랫동안 받아들여져왔다. 자살엔 오명이 붙고 가족들은 그것을 거부한다. 과거 자살은 재산이 몰수되고 제대로 된 장례를 치르지 못하는 처벌을 받을 수 있는 범죄 행위였다. 사람들은 극단적인 위험을 감수하거나, 난폭 운전을 하거나, 위험한 상황에서 혼자 수영하는 식으로 자살할 수 있다. 당사자가 숨진 상태에서 자살 의도를 판단해봤자 항상 미심쩍다. 그러므로 우리는 '판단(measurement)'의 문제를 겪는데, 이것이 우리가 자살과 술과 약물 관련 사망을 함께 조사해야 하는 한 가지 이유다. 이러한 요소들을 같이 고려한 판단이 한 가지 요인만 갖고 하는 판단보다 더 정확할 때가 종종 있다. 그런데 자살, 술, 약물로 인한 사망들을 묶어서 분석해보면 그들을 별도로 다뤘을 때는 쉽게 포착이 힘든 '절망'이란 공통적인 근본 원인이 존재한다는 것을 알 수 있다.

자살을 시도해 죽을 때까지는 시간이 얼마 걸리지 않곤 한다. 화기를 사용하거나, 아주 높은 곳에서 뛰어내리거나, 목에 밧줄을 매고 낮은 곳에서 뛰어내릴 때는 특히 더 그렇다. 이런 경우 긴급 구조 가능성은 거의 없다. 약물과 술이 관련된 자살 시도의 효과는 불확실하다. 죽음을 더 천천히 맞기 때문에 자살 시도가 실패하거나 구조대가 달려올 가능성이 더 크다.

술과 약물 남용 장애의 경우 그것들을 재미로 즐기다가 장시간에 걸쳐 내성이 생기거나 중독되는 경우가 종종 있다. 간혹 술로 인해 절망사에 이를 수도 있지만 많은 사람들은 성인 생활 내내 즐겁고 안전하게 술을 소비한다. 과음은 자살, 약물 남용(술을 쉽게 접할 수 있는 곳에서), 심혈관 질환으로 인한 사망 등 많은 사망과 관련되지만, 2017년 미국인 4만 1,000명의 목숨을 앗아간 알코올성 간질환과 간경변증과의 관련성은 특히 더 높다. 그러나 중년기에 주로 일어나는 자살이나 약물 남용과 달리 술과 관련된 간질환으로 인한 사망은 건장한 장기가 파괴되는 데 걸리는 시간 때문에 중년기뿐 아니라 그 이후로도 일어나는 경향이 있다. 그렇더라도 젊은이들 사이에서 폭음하는 사람이 급증하면서 술과 관련된 사망도 훨씬 젊은 나이대에서 증가하고 있다.

약물 남용으로 인한 사망은 일부러 죽으려고 약물을 남용하지 않는 한 '사고'로 분류된다. 하지만 "그런 사망이 의도하지는 않은 것일 수 있더라도 중독성 물질을 의도하지 않고 사용하는 것도 아니다. 따라서 결과적으로 치명적인 약물 남용이나 약물의 상호작용은 엄밀히 말해서 '사고'가 아니다".[6] 팔에 바늘이 꽂힌 채 발견된 사람의 사망은 다른 사망 의도가 있었다는 증거가 없는 한 사고로 기록된다. 만약 그 사람이 과거 반복적으로 약물을 남용해서 의료진들의 도움으로 살아나게 됐더라도 마찬가지일 것이다. 약물은 다시 중독되면 곧바로 죽을 수 있다. 중독에서 완전히 벗어나기 전 몸이 저항력을 상실했을 때 안전하게 행복감을 생산하는 데 효과적이었던 약물에 다시 의존하는 것은 치명적일 수 있다. 2017년 미국에서는 약물 남용으로 인한 '사고사(事故死)'가 7만 237건에 달했다.

우리는 자살, 약물 남용, 알코올성 간질환으로 인한 사망의 공통점, 특히 그들로 인한 사회적 혼란의 공통적인 배경에 집중하고 있다. 2017년 미국에서 15만 8,000명이 숨지는 등 이 세 원인으로 인한 사망이 급증하고 있다. 반면 2017년 교통사고 사망자 수는 4만 100명으로 자살한 사람보다 적었다. 같은 해 살인사건은 1만 9,510건이 일어났다.

이번 장에서는 자살과 술에 집중하지만 술에 대한 논의 중 상당 부분은 약물에도 적용된다. 다음 장에서 우리는 현재의 약물 과다복용의 한 특정한 면인 오피오이드 유행병으로 눈을 돌릴 예정인데, 그와 관련해 논의할 내용이 많아서도 그렇기도 하지만 약물 유행병의 병인이 절망사에 대한 전반적인 이야기, 특히 이 책 마지막 부분에서 우리가 다룰 주요 주제인 기업과 연방정부의 행동에 대한 실마리를 제공하기 때문에 그렇다.

무엇이 자살을 유발하는가?

|

다른 절망사들처럼 자살도 1990년대 후반부터 미국의 비히스패닉계 백인들 사이에서 증가하고 있다. 이것은 15~74세 사이의 모든 연령대에서 일관되게 나타나는 현상이며, 그 결과로 다른 부유한 나라들에 비해 자살률이 예사롭지 않게 낮았던 미국의 자살률은 현재 그들 중 가장 높은 편에 속하게 되었다. 여성은 남성보다 자살할 확률이 훨씬 낮은데, 그들은 총기 대신 약물처럼 덜 효과적인 수단을 선택하거나 남성보다 사회적 고립에 덜 취약해서 그럴지 모른다. 그렇다고 하더라도 백인 여성의 자살률은 백인 남성의 자살률과 같이 상승하고 있다. 적어도 믿을 만한 자료가 있는 다른 나라에서는 2000년 이후 자살률이 떨어지고 있다. 아시아, 특히 중국에서 더 많은 자율성을 갖고 더 도시화된 지역에서 거주하는 젊은 여성들, 전 소련의 더 안정적인 삶을 사는 중년 남성들, 그리고 더 재력이 풍부한 노인들 사이에서 거의 보편적으로 자살률이 하락하면서 수백만 명이 목숨을 구했다. 계속해서 상승 추세를 나타내는 미국 백인들의 자살률은 세계적으로 예외적이다.

단순한 자살 이론은 존재하지 않는다. 또 누가 왜 자살할지를 확실하게 알 수 있는 방법도 없다. 개인의 경우 최고의 자살 예측 방법은 이전의 자살 시도 여부를 확인하는 것인데, 이 방법은 간병인들이 알아두면 유용하지만 자살이 증가하고 있는 이유를 설명하는 데는 도움이 되지 않는다. 하지만 고통, 외로움, 우울증, 이혼, 또는 실직처럼 자살에 잠재적으로 기여하는 요인들이 있기 때문에 이러한 요인들이 시간이 지나면서 사회적 변화로 인해 더 만연해진다면, 우리는 특정 국가의 자살률이 상승하고 있는 이유에 대한 개연성 있는 설명을 해 줄 수 있게 될 것이다. 개인의 행동 배후에 숨어 있거나 직접적 영향을 미치는 사회적 원인도 있다. 우리는 이미 뒤르켐의 견해를 인용했다. 자살을 이해하기 위해서는 개인만이 아니라 사회에 대해서도 생각해봐야 한다는 주장이 담긴 그의 글은 사회학의 이정표다. 농담 반 진담 반으로 종종 언급되듯 경제학자들은 사람들이 자살하는 이유를 설명하려고 하지만 사회학자들은 사람들이 자살을 선택하지 않는 이유를 설명하려고 애쓴다. 자살에 대한 설명의 경우 사회학자들이 경제학자들보다 오히려 더 성공적이었다.

경제학자들은 나름대로 '효용성을 극대화'하기 위해 사람들이 자살한다고 주장하는 '합리적' 자살 이론을 제시했다.[7] 우리는 이것을 "오늘은 죽기 좋은 날(Today is a good day to die)" 이론이라고 부를 수도 있겠다. 오늘 죽는 게 나쁘지만 앞으로 고통이나 아픔을 겪게 되는 것보다는 덜 나쁠 수 있을지 모른다. 쉽게 조롱의 대상이 되곤(그리고 종종 그러는 게 맞다) 하지만 그러한 설명이 종종 통찰력을 주기도 하나 우리가 보게 되듯 그것이 우리가 자살에 대해 알고 있는 많은 것을 설명해주지는 못한다. 이와는 대조적으로 뒤르켐의 설명은 오늘날 백인 노동자 계급 미국인들의 경제, 가족, 공동체 생활에서 일어나는 것 같은 사회적 혼란을 지적한다.

쉽게 죽을 수 있는 방법이 있을 때 자살 확률이 더 올라간다. 단언컨대, 목숨을 끊기로 결심한 사람은 그렇게 할 수 있는 방법을 찾아낼 것이다. 뛰어내릴 수 있는 높은 곳이나 목을 매야 할 밧줄은 차고도 넘친다. 그러나 수단이 중요하다는 사실은 자살 충동이 종종 일시적이라는 사실뿐만 아니라, 자살 수단을 통제함으로써 그것을 줄일 수 있는 가능성이 있음을 알려준다.

북해에서 나오는 가스가 널리 보급되기 전 영국에서는 요리와 난방 용도의 가정용 가스가 일산화탄소가 함유되어 자살에 이용될 수도 있는 석탄가스였는데, 이 가스가 19세기 말에 도입됐을 때 그것을 이용한 자살이 대폭 늘어났다. 한 유명한 자살은 1963년 2월 가스 오븐에 머리를 넣고 죽은 시인 겸 소설가 실비아 플라스(Sylvia Plath, 1932~1963)의 자살이었다(플라스는 자살 수단이 중요하다는 것을 보여주는 사례라기보다는 자살을 예측하는 데 이전 자살 시도가 중요하다는 것을 잘 보여주는 사례일 수 있다. 그녀는 실제로 자살하기 전 두 번이나 다른 수단을 써서 자살을 시도했었다). 1959~1971년 사이 석탄가스는 대부분 사실상 일산화탄소가 들어 있지 않은 천연가스로 대체됐다. 그러자 가스와 무관한 자살의 '보상적(compensatory)' 증가가 나타났지만 자살률은 현저하게 떨어졌다.[8] 자동차 배기가스 흡입을 통한 자살은 증가했지만 자동차에 촉매변환기가 설치되자 다시 감소했다. 이것은 일부 자살이 순간적인 우울증에 의해 유발됐을 때 자살 수단이 가까이 있지 않으면 끔찍한 결과가 생기지 않을 수 있음을 짐작할 수 있게 해주는 결과다.[9]

미국에는 사람보다 총기가 더 많다. 그리고 총기 보급이 늘어났는지는 모르겠지만 2000년 이후 매년 총기 사망자 수와 총기 관련 사망률(자살 포함)은 올라갔다.[10] 미국의 자살과 총기의 '입수 용이성(gun availability)' 사이의 상관관계는 정치적 논쟁거리다. 대부분의 연구가 상관관계가 있다는 것을 알아냈지만, 그렇지 않다는 것을 보여주는 신뢰할 수 있는 증거도 역시 존재한다.[11] 우리는 총기 입수 용이성이 높아진 것이 자살 증가의 일부 원인이 될 수 있음을 결단코 무시해서는 안 된다. 전미총기협회(National Rifle Association)는 의회가 이 주제에 관한 연구나 자료 수집에 자금을 지원하지 못하도록 압력을 가하면서 관련 연구를 방해해왔다.

사회적 고립은 자살의 위험 요소다. 6장과 7장에서 우리는 사회적 고립, 건강 악화, 정신적 고통, 그리고 중년, 특히 고졸 중년 백인들 사이의 고통 증가에 대해 논의했다. 이 모든 것들이 자살의 증가 원인을 설명하는 데 유용할 수 있다. 미국인들은 과거에 그랬던 것보다 다른 사람들을 덜 신뢰하는 경향을 보인다. 신뢰 하락은 사회자본(social capital, 사회 공동체 구성원 사이의 협조나 협동을 가능케 해주는 사회 네트워크나 규범, 그리고 신뢰 – 옮긴이)의 하락과 사망 위험의 증가를 알려주는 지표다.[12] 11장과 12장에서 우리는 비경제활동인구에 속하고, 종교 제도와 무관하고, 미혼인 백인 비율의 동시 병행적 상승에 대해 논의할 것이다. 이러한 보호 제도와의 분리 역시 자살 위험을 높여준다. 의미 있는 직업, 배우자 및 자녀와의 좋은 가족 관계, 그리고 정신적 욕구를 해소하는 데 도움을 주는 교회에 대한 소속감 모두 가치 있는 삶을 유지하는 데 유용하다. 대학 학위가 없는 미국 백인들 사이에서 이러한 것들의 부재가 증가하는 것은 일종의 재앙이다.

우리는 또한 미국의 여러 지역을 살펴봄으로써 사회적 고립, 고통,

자살 사이의 연관성을 확인할 수 있다. 미국에선 남부 애리조나에서 북부 알래스카까지 로키산맥을 따라 흐르는 일명 '자살 벨트(suicide belt)'가 존재한다. 자살률이 가장 높은 6개 주는 몬태나, 알래스카, 와이오밍, 뉴멕시코, 아이다호, 유타인데, 모두 평방마일당 인구가 가장 적은 10개 주에 속한다. 자살률이 가장 낮은 6개 주는 뉴욕, 뉴저지, 매사추세츠, 메릴랜드, 캘리포니아, 코네티컷인데, 이 중 캘리포니아(11위)를 제외한 5개 주는 평방마일당 인구가 가장 많은 10개 주에 속한다. 총기는 인구밀도가 가장 낮은 지역에서 흔하다. 유타는 미국에서 가장 건강한 주에 속하며, 그곳의 출생 시 기대수명은 가장 건강하지 않은 주인 이웃 네바다주보다 2년 더 길다. 그러나 두 주 모두 높은 자살률을 보인다. 인구밀도가 평방마일당 1,632명인 뉴저지주 머서 카운티는 프린스턴대학교가 있는 우리가 대부분의 시간을 보내는 곳이다. 이곳의 자살률은 우리가 매년 8월 시간을 보내는, 훨씬 더 아름답지만 산이 많고 고립되어 있는 몬태나주의 매디슨 카운티의 자살률의 4분의 1 수준에 불과하다.[13] 매디슨 카운티의 인구밀도는 평방마일당 2.1명이다. 인구가 적다는 것은 의학적인 도움을 받을 수 있는 곳이 멀리 있거나 도착하는 데 시간이 걸릴 수 있다는 것을 뜻하지만, 그보다 더 중요한 것은 사람들이 다른 사람들이 근처에 있을 때 자살할 확률이 낮다는 사실이다.

미국에서 자살률이 높은 주들은 또한 사람들이 가장 고통을 많이 호소하는 주들이다.[14] 미국 내 수천 개의 카운티에서 같은 패턴이 나타난다. 어제 '하루 중 많은 시간' 동안 육체적 고통을 겪었다고 보고

하는 인구 분율이 높은 곳은 자살률이 더 높은 곳들이다.[15] 공간적 증거에 의존하는 이러한 결과로 일명 '생태학적 오류(ecological fallacy, 특정 집단이 가지는 경향 및 추세를 집단에 속하는 개개인에게 적용하는 일반화의 오류 - 옮긴이)'에 빠질 수 있다. 고통이 자살의 주요 위험 요인이라면(우리는 그렇다고 믿는다) 우리는 많은 고통을 느끼는 장소에서 자살이 많이 일어나리라고 예상할 수 있다. 그러나 그러한 발견은 고통이 자살률 상승의 원인이라는 증거를 제시하지는 못한다. 로키산맥에서 울타리를 고치거나, 동물과 함께 일하거나, 관개(灌漑) 관을 옮기는 사람들은 어깨가 아프거나, 무릎이 좋지 않을 수 있으며 그곳에 사는 사람들은 인구밀도가 낮아 자살 위험이 더 클 수 있다. 이 예에서 우리는 여러 곳에 걸쳐서 통증 수준과 자살률 사이의 정적 관계(positive correlation, 두 변인이 동시에 증가하는 관계 - 옮긴이)를 찾을 수 있겠지만, 이 경우 고통은 사람이 거의 없는 곳에서 농업이 주된 직업이라는 사실에서 오는 것이므로 사회적 고립에서 오는 높은 자살 위험과는 아무런 관련이 없다. 집계된 지리적 데이터에 기반한 분석은 이런 사실을 절대 배제할 수가 없다. 그렇다고 하더라도 지리적 증거는 우리가 다른 출처를 통해 알게 된 것에 대한 유용한 점검 수단이다. 뒤르켐은 지리적 증거에 크게 의존했는데, 분명 심문이 불가능한 사자(死者)에 대한 정보가 거의 없을 때는 어쩔 수 없었을 수 있다.

교육과 자살 사이의 관계는 어떠한가? 뒤르켐은 교육이 자살을 막는 전통적인 신념과 가치를 훼손하는 경향이 있어서 교육받은 사람들이 자살할 확률이 더 높다고 주장했다. 이것이 과거 미국에서 사실이었는지는 알려지지 않은 것 같다. 하지만 거의 모든 주에서 사망진 단서에 학력이 기록되기 시작한 1992년 이후로 교육과 자살 사이의 관계에 주목할 만한 변화가 생겼다. 〈도표 8.1〉은 1945년 백인 출생 자와 25년 뒤인 1970년 백인 출생자의 출생 코호트 및 교육 수준(대 졸 학위 유무)별 자살률을 보여준다. 첫 번째 코호트는 1970년 이전에, 그리고 두 번째 코호트는 1990년대 중반에 노동시장에 진입했다.

1945년도 출생자를 보여주는 왼쪽 패널은 교육 수준별 자살률 격 차가 거의 없는 반면, 1970년도 출생자를 보여주는 오른쪽 패널은 교 육 수준별 자살률 격차가 크다는 것을 보여준다. 이 격차는 1940년 대 후반에 태어난 코호트에서 처음 나타나기 시작한 뒤 나중에 태어 난 코호트에서 점점 더 확대된다. 대졸 이상 학력자들의 자살 연령 프 로파일은 한 출생 코호트에서 다음 출생 코호트와 겹쳐진다. 즉 1950 년에 태어난 코호트는 1945년에 태어난 코호트와 같은 연령 프로파

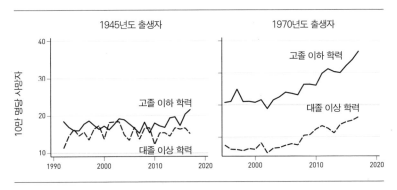

〈도표 8.1〉 출생연도와 교육 수준에 따른 비히스패닉계 백인의 자살률. CDC 자료를 갖고 저자들이 계산함.

일을 따르고, 1955년에 태어난 코호트는 1950년에 태어난 코호트의 연령 프로파일을 따른다. 반면 고졸 이하 학력자들의 연령 프로파일은 상승하면서 연이은 코호트에서 상승 폭이 가팔라진다.[16] 앞서 살펴본 〈도표 8.1〉은 절망사 전체보다는 자살만 나타낸 것이지만 〈도표 4.3〉과 물론 밀접하게 연관되어 있다. 과거 미국에서 교육 수준이 높을수록 실제로 자살 위험이 올라갔던 적이 있긴 하지만 백인의 경우 더 이상은 그렇지 않다. 아니면 우리 생각대로 말하자면 자살은 학사 학위가 없는 백인들 사이에서 점점 더 빈번해지고 있다.

실업자가 될지 모른다는 두려움을 포함한 실업률이 자살을 예측해주는 것으로 밝혀졌다. 경제활동을 중단하는 것도 위험하다. 두 가지 모두 사회적 격변과 자살에 관한 뒤르켐의 생각과 맞아떨어진다. 실제로 뒤르켐은 '경제 위기'가 자살을 유발한다고 생각했다. 단, 그가 말하는 경제 위기에는 경기 둔화뿐 아니라 호황도 포함됐다. 소득 수준 자체가 아니라 소득의 기복에 따른 혼란이 중요했기 때문에 소득이 자살에 미치는 영향은 분명하지 않을 수 있다.

마약과 술

술에 대한 칭찬을 흔히 접할 수 있다. 미국 정치인 벤저민 프랭클린 (1706~1790)은 "와인은 긴장감을 줄여주고 인내심을 높여줌으로써 일상생활을 더 쉽게 덜 서둘러 하게 해준다"라고 말했다. 미국 소설가 어니스트 헤밍웨이(1899~1961)는 와인이 그의 자살을 막지 못했어도 "와인은 다른 어떤 순전히 감각적인 것보다도 더 광범위한 즐거움과 감상을 선사한다"고 적었다. 역시 미국 소설가 마크 트웨인(1835~1910)은 "무엇이든 과하면 좋지 않다. 하지만 좋은 위스키는 과하다 싶을 정도로 많아야 적당하다"라고 말했다. 인터넷에는 적당한 음주가 주는 건강상의 이점을 증명하는 보고서들 천지다. 사회생활의 많은 부분이 술에 좌우되거나 적어도 술로 인해 잘 돌아간다. 최고급 와인은 가장 희귀한 스카치위스키와 마찬가지로 한 병당 수천 달러를 호가한다. 정부들도 주요 세수원으로 술을 좋아한다.

그러나 술의 위험은 역사와 정책에도 내포되어 있다. 이슬람교, 많은 복음주의 개신교, 말일성도 예수 그리스도 교회, 그리고 제7일 재림파(Seventh-day Adventists)는 음주를 금지한다. 침례교도, 감리교도, 그리고 다수의 힌두교도도 술을 권하지 않는다. 대부분의 부유한 국가들은 술의 판매와 소비 시기와 장소를 규제하는 법을 정해놓았다. 미국에는 지금까지도 금주법을 시행하는 카운티와 마을들이 있다. 20세기 초 술을 여성과 가족의 문제로 생각한 많은 여성들의 지지 속에서 일어난 금주 운동은 미국 내 전면 금주를 주장해서 1920년 헌법 개정을 이끌어내면서 성공을 거뒀지만, 1933년 결국 이 법안은 폐기됐다.

종종 사적 잇속을 챙기기 위해 이용되어온 경우도 종종 있었지만, 금주 운동은 많은 사람들이 술 소비를 통제하는 데 어려움을 겪다 보니 차라리 다른 사람이 대신 통제해주는 게 더 낫다는 것을 보여주고 있다. 고대 그리스 신화에 나오는 율리시스는 사이렌의 노랫소리에

홀려 바다로 뛰어드는 것을 막기 위해 자기 몸을 돛대에 묶었다. 과음하는 사람은 운전이나 기계 조작을 하거나 타인에 대한 책임을 소홀히 함으로써 자기 자신뿐 아니라 타인에게도 위험을 끼칠 수 있다. 금주법 시행 전에는 오늘날처럼 많은 여성들이 술 때문에 남성들이 가족을 부양하지 않고 아내에게 신체적 폭력을 가한다고 믿었다.

알코올 중독자가 될 확률은 사람마다 다르며, 이는 유전성분과 관련이 있을 수 있다. 음주가 허용된 쥐들 사이에서도 소수만이 술을 끊지 못한다.[17] 18세기 의사 벤저민 러쉬(Benjamin Rush, 1745~1813)는 알코올 중독은 의지의 실패가 아니라 뇌 질병 때문에 생긴다는 주장을 가장 먼저 한 사람 중 한 명이다. 우리가 알코올 중독을 치료하는 방법뿐 아니라 쉽게 중독되는 사람이 누구인지 예측하지 못하더라도 러쉬의 생각은 오늘날에도 광범위하게 받아들여지고 있다. 미국 16대 대통령인 에이브러햄 링컨(1809~1865)은 '똑똑하고 따뜻한 피가 흐르는 사람들'이 술에 중독될 확률이 높으며, '무절제한 악마는 천재와 아량 있는 자들의 피를 빨아먹는 것을 기뻐한 것 같다'고 생각했다.[18] 링컨은 술을 마시지 않았지만 전형적인 관대함과 통찰력을 통해 '그 악마'가 어떤 영향을 미치는지를 이해했다.

술 때문에 고통받는 많은 사람들은 맨정신을 유지하기 위해 다른 사람들로부터 도움을 받는다. 1930년대에 설립된 알코올중독자갱생회(Alcoholics Anonymous, AA)는 미국 전역 지역사회에서 정기적으로 모임을 갖는 약 6만 개 그룹을 운영 중이다. AA 설립 이전에는 워싱터니언스(Washingtonians)라는 조직이 있었는데, 링컨도 그들을 대상으로 연설한 적이 있다. 그 외에도 알코올 중독자들의 가족과 친구들을 돕기 위한 수천 개의 가족 모임이 있는데, 이는 알코올 중독자들뿐 아니라 알코올 중독자들을 돌보는 사람들도 중독 비용을 치러야 한다는 걸 증명해준다. AA가 익명성을 전제로 한 모임이라 기록을 남기지 않아서 AA 등이 주는 효과를 보여주는 증거를 확인하기는 어렵지만, 백만 명 이상의 사람들이 정기적으로 AA 모임에 참석한다는 사실은 그 사람들이 모임에서 뭔가를 얻고 있다는 것을 암시하며, 그에 대한 과학적인 증거 역시 부정적이기보다는 긍정적이다.[19]

심지어 정부들조차 술에 대해 양면적인 태도를 보이고 있다. 일부 정부는 세수 때문에 술에 대한 의존도가 크고, 심지어 술에 중독되어 있을지도 모른다. 담뱃세처럼 주세가 용인되는 이유 중 하나는 그것이 많은 사람들이 아직 이용하길 선호하지 않을 뿐만 아니라 동시에 이용하지 않으면 힘들어하기 때문에 세금을 인상해도 구매량이 급감하지 않는 물질에 부과되는 '죄악세(sin tax, 사회 공동체나 타인에 부정적인 영향을 미치는 물품·용역에 부과하는 세금 - 옮긴이)'이기 때문이다. 대신 국가는 사람들이 행동을 절제하게 돕고 있다는 도덕적 명분을 내세우면서, 적어도 쉽게 국고를 채울 수 있다. 미국 정부는 창설 초기 오늘날 최고 빈국의 정부들처럼 주세를 포함해 상품에 부과하는 세금에 크게 의존하고 있었다. 1913년 또 다른 헌법 개정에 의한 소득세 도입으로 정부는 주세에 대한 의존도를 낮추고 금주법을 제정하게 해준 수입원이 마련됐다. 실제로 헌법 개정을 통해 20세기 초 일어난 진보 운동의 업적에 속하는 여성 참정권 및 상원의원 직선제가 도입됐으며, 소득세가 허용되고 금주법이 제정됐다.

적당한 음주의 장점을 둘러싼 논쟁은 여전히 진행 중이지만 장기간의 과음이 신체에 미치는 부작용에 대해서 논쟁하는 사람은 없다. 장기간의 음주는 주로 간경변증을 통해 간을 파괴한다. 간에는 궁극적으로 회복할 수 없는 흉터가 남아서 필수 기능을 수행하기가 어렵고 간암의 위험은 커진다. NIH 산하 국립알코올남용및중독연구소(National Institute on Alcohol Abuse and Alcoholism)는 연구 결과 술이 간암 외에도 유방, 식도, 머리와 목, 대장에서 암을 유발한다는 사실을 발견했다고 밝혔다. 연구소는 이외에 심장, 뇌, 췌장, 면역 체계를 포함해 다른 장기들도 위험해질 수 있다고 경고했다.[20] 다양한 연구 결과를 종합한 게 옳은 것이라고 간주(연구 건수가 많으면 옳을 확률이 아주 커진다)했을 때 극소량의 술이라도 사망 위험은 커진다.[21] 물론 그 위험은 적당한 양의 음주의 경우에는 일상적 위험보다도 크지 않을 정도로 매우 작으며, 그 위험은 술이 대부분의 음주자들에게 선사하는 쾌락과 더 편안한 생활과 비교해서 판단해야 한다.

미국에선 교육 수준이 낮은 사람들 사이에서 특히 몸을 해치는 폭음이 더 흔하긴 하지만 교육 수준이 높은 사람들 사이에서도 음주율은 높은 편이다. 갤럽은 2015년 대졸자의 80퍼센트가 가끔 술을 마셨고, 20퍼센트만이 전혀 마시지 않았다는 것을 알아냈다. 고졸 이하학력자들의 경우 48퍼센트가 전혀 술을 마시지 않는다고 답해 술을 마시는 사람과 마시지 않는 사람들 사이의 비율이 더 균형을 이뤘다. 소득에 따라 살펴본 패턴도 결과가 유사했다. 고소득 미국인들은 술을 마시지 않을 확률이 낮았다. 2018년 미국인의 63퍼센트가 맥주나 와인이나 독주를 마셨는데, 이는 지난 75년 동안 큰 변화가 없었다. 또 "집안에서 음주로 인해 소란이 일어난 적이 있었나요?"라는 갤럽의 질문에 "그렇다"고 답한 사람들의 비율은 1948년 15퍼센트, 1970년대 초반에는 12퍼센트 안팎이었으나 이후 눈에 띄게 높아져 2018년에는 역대 가장 높은 33퍼센트 이상을 기록했다.[22] 이는 1970년 일이 잘못되기 시작한 중요한 시기이며, 문제성 음주(problem drinking, 알코올을 섭취했을 때 자신이나 타인에게 해를 입히는 음주 형태)의 증가 추세는 경제적·사회적 결과를 낳는 많은 병리학적 문제의 단지 하나에 불과하다는 우리의 이야기에서 중요한 발견이다.

다음의 〈도표 8.2〉는 4년제 대학 학위 유무에 따라 백인들의 평균 술 마시는 횟수를 보여준다. 각 출생 코호트의 구성원들은 나이가 들면서 술 마시는 횟수가 준다고 보고한다. 그러나 이 수치에서 문제가 되는 사실은 고졸 이하 학력자 중에서 젊은 출생 코호트들이 어떤 특정 연령대서건 앉은 자리에서 더 많이 술을 마신다는 것이다. 음주 빈도가 낮더라도 단기간의 과음이나 폭음은 매일 적당량의 음주보다 간에 더 위험하기 때문에 교육 수준이 낮은 사람들은 알코올성 간질환에 걸릴 위험이 더 크다. 그 결과 20대 후반과 30대 초반의 백인 사이에서 알코올성 간질환 사망자가 늘어나고 있다.

술은 소련 붕괴 전후로 미국이 아닌 러시아에서 일어난 또 다른 최근의 사망 사건에 연루됐다. 러시아에서는 알코올 소비량이 과거나 지금이나 엄청나다. 1980년대 초 순수 알코올의 연간 소비량은 1인

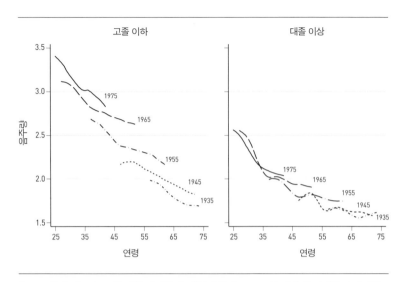

〈도표 8.2〉 출생 코호트별 미국 백인들의 평균 음주량. BRFSS를 이용해 저자들이 계산함.

당 연간 14리터 이상으로 미국보다 거의 두 배 이상 많았다. 미국과 유럽에서, 특히 1970년도 이후 기대수명이 개선되고 있던 시기 러시아에서 기대수명은 여성은 정체 상태를 나타냈고, 남성들은 20년 이상 줄어들고 있었다. 미하일 고르바초프(Mikhail Gorbachev) 대통령은 1984년부터 알코올 생산을 대폭 줄이고, 가격을 인상하며, 소비 기회를 제한하는 과감한 금주 정책을 도입했다. 그러자 이후 3년 동안 알코올과 관련된 원인으로 인한 사망(뇌졸중, 사고, 심장병)이 급격히 줄어들면서 기대수명이 남성의 경우 3.2년, 여성의 경우 1.3년씩 각각 늘어났다. 그러나 이 정책은 엄청나게 인기가 없었고 정부 수입도 줄었으며, 비록 원상태로 되돌리기까지 시간이 좀 걸리긴 했지만 1988년 공식 폐기되었다. 물론 그 후 이 정책은 더 큰 역사적 사건들, 특히

1991년 말 소련 해산에 휘말렸다. 길어지던 기대수명이 급속하게 단축되면서 1987년에서 1994년 사이 기대수명은 남성이 7.3년, 여성이 3.3년씩 각각 줄어들었다(이후 어느 정도 반등했다).[23] 21세기 초까지 남녀 모두의 기대수명은 1960년대와 1970년대 금주 운동이 한 번도 일어나지 않았고, 소련이 붕괴되지 않았던 시기의 (불행한) 트렌드에 근거해 우리가 예상했던 결과에 가까웠다. 그러나 2005년경부터 기대수명에 급속한 진전이 있었는데, 이는 아마도 오랜 시간 지연된 끝에 러시아에서 마침내 40년 전 북미와 유럽을 강타했던 심혈관 질환이 감소하기 시작했기 때문일 것이다. 미국이 심혈관 질환으로 인한 죽음의 고통을 겪고 있는 가운데 러시아는 그것을 스스로 극복한 것으로 보인다.[24]

우리가 이런 러시아 이야기에서 어떤 교훈을 얻을 수 있을까? 많은 논평가들이 러시아의 사망 위기를 구질서 해체로 인해 닥쳐온 사회적 격변과 연결해 설명했다. 뒤르켐의 이야기가 완벽한 사례다. 우리가 그런 주장을 전적으로 신뢰할 수는 없지만 술의 역할, 고르바초프 운동, 그리고 그 이후 소련의 붕괴는 광범위하게 받아들여지고 있어 고려해볼 필요가 있다. 사망률이 급상승한 이유 중 일부는 1980년대 후반 고르바초프의 개혁·개방 운동으로 일시적으로 주춤했던 사망자가 다시 급증했기 때문이다. 그리고 이런 반등이 운동의 효과보다 더 커지는 것을 막을 수 있는 것은 아무것도 없었다. 그러나 소련의 붕괴와 동시에 다른 많은 나쁜 일들이 일어났다. 많은 노인들이 더 이상 연금과 건강 관리 혜택을 누리지 못했다.[25] 그리고 많은 젊은이들이 새로 생긴 해외여행과 교육의 기회를 즐겼지만, 새로운 삶을 시작할 기회가 남아 있지 않은 조부모들에게는 절망 외에는 거의 남은 것이 없었다. 구소련과 그것의 위성국들에 속했던 모든 나라들에서 젊은이들과 노인들 사이에선 각자의 삶을 평가하는 방법에 있어서 큰 차이가 존재한다.[26]

지난 20년 동안 러시아에서 벌어진 극적인 사건들과 미국에서 일어난 사건들 사이의 관련성을 무시해버리기가 쉬울지 모른다. 두 나라는 장소도 아주 다르고, 러시아인들은 공산주의 시대를 포함해서 대대로 헤아릴 수 없을 만큼 많은 불행을 겪어왔다. 그러한 비참함을 알려주는 한 가지 징후는 러시아의 높은 자살률인데, 헝가리, 라트비아, 에스토니아, 폴란드, 슬로베니아와 같은 동유럽 위성국들의 자살률도 역시 높다. 러시아 등의 자살률이 하락하고는 있으나 여전히 세계 최고 수준이다. 놀라우면서도 심히 우려되는 점은, 그런 나라들의 자살률은 하락하고 있지만, 미국인의 자살률은 상승하면서 특히 백인들이 비참한 삶을 사는 징후를 나타내고 있다. 이 나라들 전반적으로 자살률은 미국 전역에서와 마찬가지로 알코올로 인한 사망과 상관관계가 있다. 이런 나라들을 '창피한 집단'이라고 부르는 것이 합리적일 수 있다. 그들은 그저 충분히 많은 그들의 국민들에게 '그런대로 괜찮은' 삶을 살게 해주지 못한 나라들이다. 이러한 동유럽인들이 오랫동안 겪은 불행을 저학력 백인 미국인들을 자살, 알코올, 약물 남용으로 몰고 가는 절망의 파도와 비교해봐도 무리가 아니다.

9장

오피오이드와 죽음

《제국의 쇠퇴기(Imperial Twilight)》[1]에서 역사학자 스티븐 플랫(Stephen Platt)은 1840년 아편 문제를 둘러싸고 청나라와 영국 사이에 일어난 아편전쟁의 발단에 대해 설명한다. 남북전쟁(1861~1865) 이후의 미국 남부와 오늘날 미국의 노동자 계급처럼 중국 제국도 곤경에 처해 있었다. 영국 동인도회사(17세기 초 영국·프랑스·네덜란드 등이 자국에서 동양에 대한 무역권을 부여받아 동인도에 설립한 무역 회사 통칭 – 옮긴이)는 이윤을 내기 위해 고군분투하고 있었고, 1830년대 그곳의 가장 수익성이 높은 사업은 인도에서 생산해 중국에 판 아편이었다. 에든버러에서 태어난 의사 윌리엄 자딘(William Jardine)은 아편 사업에서 가장 중요한 역할을 하는 상인이었다. 그는 동업자이자 동료인 스콧 제임스 매더슨(Scot James Matheson)과 함께 1832년 '자딘, 매더슨앤컴퍼니(Jardine, Matheson & Company)'를 설립했다. 오늘날 자딘매더슨홀딩스(Jardine Maheson Holdings)로 알려져 있는 이 회사는 40만 명이 넘는 직원을 고용한 전 세계 300대 기업에 속한다. 플랫의 지적대로 자딘과 매더슨과 다른 마약상들은 "그들이 하던 사업으로 인해 낙인이 찍히기는커녕, 고향으로 돌아가면 각자 소속된 사회단체에서 가장 존경받는 구성원으로 인정받곤 했다".[2]

중국 당국은 그들에게 호의적 인상을 받지 못했다. 당국은 광둥(오늘날의 광저우)을 제외한 모든 중국 해안에서 영국인을 배제하고 아편 거래를 제한하려 했다. 그러나 법 집행은 불규칙하고 간헐적으로 이뤄졌다. 황제는 해체되고 있는 제국을 하나로 모아 반란을 진압하려 하면서 당면한 많은 골칫거리를 해결해야 했기 때문에 아편 무역이 항상 그의 최우선 순위는 아니었다. 그러나 1839년 청나라 제8대 황제 도광제(道光帝, 1782~1850)는 임칙서(林則徐, 1785~1850)에게 무역을 통제할 수 있는 전권을 준 뒤 그를 광둥으로 급파했다. 그는 영국 상인들이 소유한 아편을 몰수해 상자를 불태우고 아편 상인들을 국외로 추방하는 등 강경 수단을 동원해 아편 밀수의 근절을 꾀했다. 현재 맨해튼 차이나타운에는 '마약 전쟁의 선구자'라는 글귀가 새겨진 그의 동상이 세워져 있으며, 그는 현재 중국에서 국가적 영웅으로 간주된다.

1839년 6월 황제의 직접 지시를 받은 임칙서가 1년 공급 물량인 영국 아편 1,000톤 이상을 파괴하자 무역상들은 보상을 받기 위해 영국 정부에 정치적 로비를 벌였지만 실패했다. 그러나 아편뿐 아니라 영국과의 다른 무역에 중국의 나머지 해안을 개방하게 만들 기회를 잡는 것과 마찬가지로, 중국인들이 보상하도록 포함(砲艦)을 투입하는 것도 별개의 문제였다. 아편 거래는 합법이 아니었다. 이는 마치 멕시코 정부가 멕시코 마약 상인들로부터 미국 마약수사국(Drug Enforcement Agency)과 함께 밀수선을 나포한 데 대해 보상해달라는 요청을 받자 직접적인 지불을 거부하고 대신 미국인들이 지불하도록 만들기 위해 텍사스를 침공하는 것과 같다. 그러나 영국 의회는 심각한 비난을 감수하고 가까스로 전쟁을 승인했다. 오랫동안 폐지되지 않은 노예제도처럼 아편 거래도 영국의 또 다른 큰 범죄라고 믿은 의원들이 다수였다. 그들은 본인들이 하는 일의 윤리를 이해하지 못하지 않았지만, 원칙보다는 이익이 더 중요했다. 결국 윌리엄 램(William Lamb, 1779~1848) 당시 영국 총리는 해군을 중국으로 보냈다.

이 이야기에는 잘 알려지지 않은 또 다른 이야기가 있다. 동인도회사는 양귀비 재배가 활발했던 인도 서부를 통제하지 못했고, 옛 뭄바이인 봄베이 출신 마약상들과 치열한 경쟁을 해야 했다. 이 마약상들 중에 가장 유명한 사람이 잠셋지 지집호이(Jamsetjee Jejeebhoy)라는 파르시(Parsi, 인도에 거주하는 조로아스터교도 – 옮긴이) 상인이었다. 그가 공급한 아편 때문에 중국에서 판매되는 아편 가격이 하락했고, 이제 아편은 부자들만의 사치품에서 벗어나 훨씬 더 광범위한 사람들에게 보급될 수 있게 되었다. 지집호이는 마약을 팔아서 번 돈을 좋은 일을 위해 썼다. 오늘날에도 장사꾼들 사이에서 이런 일을 흔하게 볼 수 있다. 지집호이는 자선사업을 벌인 덕분에 인도인으로서는 처음으로 영국 여왕으로부터 기사 작위를 받았다. 1858년 그는 귀족이 되어 봄베이의 지집호이 남작이 되었다. 이 호칭은 아들에게 세습됐다.

자딘과 매더슨은 어떻게 됐을까? 자딘은 의회의원이 되었고, 1843년 사망 후 매더슨이 그의 자리를 이어받았다. 매더슨은 왕립협회(Royal Society) 회원이자 영국 중앙은행인 영란은행(Bank of England) 총재 자리에 올랐고, 영국에서 가장 부유한 최대 지주 중 한 사람이 되었다. 그는 1844년 스코틀랜드 산악지대인 하일랜드(Highland) 지대에 속한 루이스섬을 매입했고, 1851년 루이스섬의 첫 준남작인 제임스 매더슨 경이 되었다. 그가 루이스섬을 매입한 지 얼마 지나지 않아 하일랜드에서 일어난 감자 역병으로 인한 기근이 루이스섬까지 퍼졌다. 자딘은 후덕한 지주라서 구제와 개선에 많은 돈을 지출했으며, 섬 주민의 약 13퍼센트인 2,337명이 원한다면 퀘벡과 온타리오로 이주할 수 있게 지원해줬다. 또 성직자들이 그들과 함께 갈 수 있게 여비를 내주었다. 그는 자선사업으로도 준남작의 지위를 얻었다.[3]

경제사학자 톰 더바인(Tom Devine)의 말에 따르면 작가들은 18세기 대영제국이 양 목장을 짓기 위해 하일랜드 원주민을 강제로 내쫓으며 단행한 일명 '하일랜드 청소(Highland Clearances)'를 흔히 "인간의 이익을 채우기 위한 인간 욕구의 뻔뻔한 경시"로 간주했다.[4] 당시의 일부 동료 지주들과는 달리 매더슨은 이런 비난을 받아 마땅치 않았던 것 같지만, 그의 초기 활동이나, 우리가 이 장에서 만날 우리 시대에 활동하는 정부 지원 마약 거래상들에 대해서도 똑같이 비난을 받지 않아도 된다고 말할 수 없다.

오피오이드의 문제

|

2017년 자살과 술 관련 사망자를 합친 숫자가 더 많았지만, 우발적인 약물 남용으로 인한 사망이 중년의 절망사를 일으키는 세 가지 원인 중 가장 심각하고 빠르게 늘어나고 있다. 8장에서는 자살과 술과 관련된 죽음과 이것이 노동자 계급에 속하는 미국 백인들의 사회적·경제적 혼란과 어떻게 연관되는지를 알아봤다. 우리는 이제 오피오이드와 그것이 일으킨 죽음을 둘러싼 이야기로 돌아가보겠다.

오피오이드는 수천 년 동안 사용되었고 기술적으로 '아편제'라고 하는, 아편 자체와 모르핀과 같은 양귀비의 천연 파생물이거나 기술적으로 '오피오이드'로 알려진 것과 동일한 성질을 일부 또는 전부를 가진 합성 내지는 부분 합성 화합물이다. '오피오이드'란 용어는 지금은 이 두 가지를 지칭하는 데 모두 일반적으로 사용된다. 오피오이드는 단독이나 아니면 다른 약물과 결합해 약물 사망의 70퍼센트를 일으킨다. 헤로인도 오피오이드로, 1874년에 합성되어 미국에서 합법적 사용이 불가능하다. 다만 헤로인은 다른 몇몇 국가에선 의학용으로 사용이 허가된다.

오피오이드의 강도는 모르핀과의 비교를 통해 측정한다. 헤로인 1밀리그램은 모르핀(또는 아편) 3밀리그램과 맞먹기 때문에 그것의 '모르핀 밀리그램 등가물(morphine milligram equivalent, MME)'은 3이다. 현재 유행병 중 가장 중요한 오피오이드 중 하나는 옥시코돈(MME 1.5)으로, 퍼듀제약(Purdue Pharmaceutical)이 제조해 옥시콘틴이란 서방정

(徐放錠, 서서히 방출되는 정제약 – 옮긴이) 형태로 팔린다. 길거리에서는 속칭 '힐빌리 헤로인(hillbilly heroin)' 등 여러 이름으로 알려진 옥시콘틴은 1995년 FDA 승인을 받았다. 또 하나는 마약성 진통제인 바이코딘(Vicodin)에 들어가는 히드로코돈(MME 1)이다. 그러나 현재 중요한 또 다른 오피오이드는 1968년 FDA의 승인을 받은 펜타닐(MME 100)이다. 헤로인(전적으로 불법)이나 옥시콘틴(제조는 합법이나 종종 불법으로 판매)과는 달리 펜타닐은 합법적으로나 불법적으로 모두 구할 수 있으며, 오늘날에는 불법 펜타닐이 중국에서 멕시코를 거쳐 미국으로 수입되고 있다.

오피오이드는 고통을 덜어준다. 하지만 진통제 효과에 그치지 않고 사람들이 즐거워서 반복적으로 느끼고 싶은 행복감을 만들어낼 수 있다. 우리가 '만들어낼 수 있다'고 한 이유는, 모두가 황홀경을 느끼거나 고통이 완화되는 것은 아니기 때문이다. 인간의 몸은 오피오이드에 대한 내성이 생길 수 있어서 고통을 억제하거나 전과 같은 황홀감을 느끼기 위해선 점점 더 많은 양의 투약이 필요할 수 있다. 사용자는 그것에 신체적으로 의존하게 되고, 그것의 복용을 중단하려고 할 때 격렬한 금단 현상을 느끼기 때문에 사용을 중단하기 어렵다 느낄 수 있다. 구토, 설사, 땀, 불면증, 경련, 기술적으로 망상적 기생충증(delusional parasitosis)이나 피부 안에서 개미나 다른 곤충들이 기어다니는 것처럼 근질근질한 느낌인 의주감(蟻走感)이라고 알려진 경험을 할 수 있다.

오피오이드에 중독될 수도 있는데, 그로 인해 자신과 가족이 파괴되기도 한다. 심지어 그것에 의존하다가 생명이 위태로워질 수도 있다. 사람들은 오피오이드를 꾸준히 복용하는 데 집중하다가 일하거나, 교제하거나, 가족을 돌보기 어려워질 수 있다.

처방에서 내성과 의존을 거쳐 중독으로 진행하는 과정이 결코 자동적이지는 않다. 헤로인은 많은 영화에서 악마처럼 묘사된 적이 워낙 자주 있다 보니 한 번만 몸에 주입해도 삶이 충분히 파괴될 수 있다고 생각하는 사람이 많다. 꼭 그런 것은 아니지만 오피오이드는 위험하며, 통증을 완화하기 위해 오피오이드를 장기간 복용했다가는 끔찍한 위험이 동반되고, 그것의 효과는 의심스러워진다. 그것의 비밀은 만일 하나가 있다면 공포감이 없는 안도감을 얻는 것, 즉 의주감 없이 고통을 없애는 것이다.

1990년대 후반 고통 관리에 대한 생각이 바뀌었다. 우리가 본 것처럼 미국에는 과거나 지금이나 많은 고통이 있다. 고통 완화 옹호자들은 미국이 고통을 제대로 치료하지 않고 있으며 엄청난 양의 매우 강력한 오피오이드가 미국 국민들에게 방출됐다고 주장했다. 2012년까지 미국 성인 한 명당 한 달 분량에 해당하는 충분한 양의 오피오이드 처방전이 작성됐다. 처방전 남용으로 처음에는 사람들이 몇 명씩 사망하기 시작하더니 시간이 지나 2016년이 되자 오피오이드 처방으로 인한 사망자 수가 1만 7,087명으로 증가하다가 2017년에 다시 1만 7,029명으로 소폭 감소했다. 감소세가 시작됐을 수도 있다.[5] 때때로 처방을 받은 사람들이 숨지기도 했지만 종종 암시장 판매나 절도를 통해 오피오이드가 다른 사람들의 손에 들어가기도 한다.

의사가 처방한 오피오이드로 인한 사망자는 2017년 전체 오피오이드 사망자의 3분의 1, 그해 약물 남용 사망자 7만 237명의 4분의 1을 각각 차지했다. 이 전체 사망자 수는 HIV나 총기나 자동차 사고로 인한 연간 최고 사망자 수보다 많다. 또 베트남에서 사망한 미국인의 전체 사망자 수보다 많다. 2000년부터 2017년까지 누적 사망자 수는 두 차례의 세계대전에서 사망한 미국인 전체 수보다 많다. 처방 오피오이드의 남용은 퍼듀제약이 남용 방지(abuse-resistant) 형태의 옥시콘틴을 선보이고, 의사들이 위험에 더 주의하면서 처방전 남용을 자제하거나 적어도 합법적 공급을 줄이자 불법 약물의 2차 유행병을 촉발했다.

오피오이드를 복용하는 사람들 대부분은 죽지 않는다. 그리고 사망자들 중 일부는 자살 시도를 했을지도 모른다. 우발적인 과다복용과 자살을 항상 명확하게 구분하기는 힘들다. 죽은 사람조차도 그렇게 못한다.[6] 사망한 사람 한 명당 그가 숨지기 전 오용이나 남용으로 응급실을 찾는 횟수는 30회 이상이며, 그중 10회는 병원 입원으로 이어진다. 약물 남용자 100여 명당 1명꼴로 숨지는데, 남용자 수는 사망자 수와 동반 증가세를 보이고 있다. 2016년 2,900만 명에 이르는 12세 이상 미국인들이 전달에 불법 약물을 복용(잘못된 처방약 포함)했다고 자진 신고했고, 94만 8,000명은 이전 12개월 동안 헤로인을 투약한 적이 있다고 보고했다.[7] 이것이 국가약물남용조사연구(National Survey on Drug Use and Health, NSDUH)에 참여한 사람들의 자진 보고였음을 감안할 때 실제 숫자는 훨씬 더 많을 가능성이 크다. 2015년 미국 전체 성인의 3분의 1 이상인 9,800만 명이 오피오이드 처방을 받았다. 많은 고용주들이 신규 인력 채용 시 약물검사를 할 것이므로 약물 의존 때문에 경제활동에 참여하지 못하는 사람들도 있지만, 약물 복용으로 사람들이 경제활동을 하지 못하고 있을 가능성도 커 보인다.[8]

다른 절망사와 마찬가지로 오피오이드로 숨질 기회가 모두에게 똑같은 것은 아니다. 합법적·불법적인 오피오이드와 관련된 약물 남용으로 인한 사망은 대부분 고졸 이하 학력의 미국인들 사이에서 눈에 띄게 많이 나타난다. 백인들의 경우 1990년대 초부터 대졸 이상 학력자들 중 우발적 약물 남용으로 사망하는 사람 비율이 9퍼센트로 일정하게 유지되고 있다. 희생자의 3분의 2는 고등학교 이하 학력자들이다. 흑인과 히스패닉계는 2013년 불법 펜타닐이 등장할 때까지 대부분 해당이 안 됐지만 이후 그들 중에서도 약물 사망자가 급증했다. 주로 영어권 국가들인 캐나다, 영국(특히 스코틀랜드), 호주, 아일랜드, 스웨덴 등 몇몇 국가를 제외하고 다른 곳에서는 유사한 유행병이 발생하지 않고 있으며, 스코틀랜드를 제외하고는 사망자 수도 미국보다훨씬 적다. 그러나 오피오이드는 다른 부유한 국가들에서도 보통 암이나 수술 후의 통증을 낮추고자 병원에서 사용된다. 그러나 지역사회에서 일하는 의사나 치과의사들이나 만성적인 고통의 장기 치료 목적으로 쓰는 경우는 훨씬 보기 드물다.

생산자들은 합법적인 오피오이드 판매를 통해 막대한 돈을 벌었다. 〈로스앤젤레스타임스〉의 탐사 보도 등 각종 보도에 따르면, 색클러(Sackler) 일가 개인 소유인 퍼듀제약은 지금까지 300억~500억 달러 규모의 옥시콘틴을 팔았다. 최근 공개된 법원 문서는 색클러 일가가 120억 달러 내지 130억 달러를 받았다는 것을 보여준다.[9] 많은 멕시코 출신 불법 마약 거래상들도 번창했지만,[10] 합법적인 생산자들은 일상적인 사업상 위험인 체포나 폭력을 당하지 않을 수 있다는 이점이 있다.

의사들도 오피오이드 유행병에 연루되어 있으며 적어도 유행병의 초창기에는 부주의하게 과잉처방하는 죄를 저질렀다. 오피오이드 사망의 상당 이유는 미국의 의료보험 시스템 때문이다. 그러한 사망 원인이 의사에게 있다고 해 '의인성'이라고 한다. 환자 입장에선 단연코 세계에서 가장 비싼 미국의 의료보험 시스템이 기대수명 하락을 막지 못했을 뿐만 아니라 실제로는 오히려 하락에 기여하고 있다는 것은 오피오이드 유행병의 아이러니다. 그리고 우리가 13장에서 보게 되겠지만 이것은 오피오이드 취급 부주의 때문에 생기는 결과로 끝나지 않는다.

문제의 자초지종

옛날부터 지금까지 사람들은 고통을 줄이고 황홀경을 느끼기 위해 양귀비 추출물을 사용해왔다. 그러한 추출물의 공급자들은 다른 사람들을 돕고 싶다는 생각도 했지만 부자가 되고 싶기도 했다. 이 두 가지 바람이 반드시 모순되지는 않는다. 자유시장은 사람들이 다른 사람들을 도와줌으로써 번창할 수 있게 해주는 특별한 능력을 가졌기 때문이다. 그러나 자유시장은 전반적으로 헬스케어나 특히 중독성 있는 약물에 대해서는 잘 작동하지 않는다. 그런 약물 복용자는 종종 자신의 이익에 명백히 반하는 일을 한다. 공급자들은 소비자를 중독시키는 데 관심을 쏟고 상호 이익은 갈등으로 바뀔 가능성이 크다. 이번 장의 서두에서 우리는 이런 갈등이 어떻게 중국에서 활동 중인 영국 마약 거래상들에게 유리한 쪽으로 풀렸는지를 확인했다.

마약의 역사에 대해 광범위한 주제로 글을 써온 역사학자인 데이비드 코트라이트(David Courtwright)에 따르면, 남북전쟁 당시 1,000만 개가 넘는 아편 알약과 약 300만 온스 분량의 아편이 팅크제(tincture, 알코올에 혼합해 약제로 쓰는 물질-옮긴이)와 가루로 북부군에 제공됐다.[11] 전쟁 후에는 아편을 이용해 참전군인들의 통증을 완화해준다는 명목으로 당시 최신 개발된 피하주사 바늘(처음에는 소화기를 우회해 작용해서 중독 확률을 낮춰준다고 생각됨)이 널리 사용됐다. 코트라이트는 "의학 역사상 처음으로 광범위한 질병의 증상을 거의 즉각적으로 완화해주는 것이 가능해졌다. 모르핀 주사 한 대는 정말로 마술 지팡이 같았다"라고 말했다.[12] 약 10만 명의 참전군인이 결국에는 그것에 중독됐다. 19세기 후반까지 모르핀과 아편은 미국에서 널리 보급됐고, 어린이들을 포함해 다수에 의해 널리 사용됐다. 특히 전후 세계의 혼란을 틈타 남부 백인들 사이에서 중독이 만연했다. 19세기 말이 되자 제약회사인 바이엘(Bayer)이 헤로인을 합성해서 다시 한 번 모르핀의 비중독성 대체물로 판매했다. 그러자 더 많은 미국인이 중독됐다. 그리고 헤로인은 많은 잠을 안 자는 아이들을 재우는 효과가 있었다.[13]

결국 의료계는 대중과 의사들 모두의 오피오이드 사용을 제한하기 위해 노력하면서 그것과 거리를 두었고, 1914년 미국 의회는 아편과 코카인 유래 제품의 생산, 수입 및 유통 시 세금을 부과하는 '해리슨 마약류 세법(Harrison Narcotics Tax Act)'을 통과시킴으로써 대단했던 첫 미국 오피오이드 유행병을 종식시켰다. 이 법은 오피오이드의 사용과 판매를 엄격히 제한했고, 10년 뒤 헤로인도 완전히 금지했다. 오피오이드의 판매와 소지는 범죄 행위로 간주됐고, 대부분의 사람들이 그것의 사용을 중단했다. 존경받을 만한 사람들은 더 이상 사소한 아픔이나 고통을 줄이기 위해 아편이나 헤로인을 사용하지 않았고, 배앓이가 있는 아기들에게도 먹이지 않았다.

그렇다면 어떻게 새로운 유행병이 1세기가 채 지나지 않아 다시 고개를 들 수 있었을까? 사람들은 과거를 잊고, 심지어 과거를 기억하는 사람들조차 상황이 변해서 이번에는 다르고, 과거의 위험은 과거에 안전하게 갇혀 있다고 생각할지도 모른다. 마약이 엄청난 수익을 안겨줄 수 있다는 점에서 그와 관련된 위험이 과장되었다고 말하는 사람들이 항상 등장할 것이다. 우리가 이미 봤듯이 고통이 확실히 없어진 적은 없었고, 만성 통증은 증가하고 있었으며, 그것의 치료(또는 치료하지 않음)는 의사들에게는 까다로운 도전이었다. 25년 전 전기 자극을 통한 통증 억제 이론인 '관문조절설(gate-control theory)'을 통해 통증의 이해에 일대 혁명을 일으켰던 로널드 멜잭(Ronald Melzack, 1929~2019)은 1990년 발표한 〈불필요한 통증의 비극(The Tragedy of Needless Pain)〉이라는 제목의 논문에서 통증이 주는 공포를 설득력 있게 설명하면서 "환자들이 통증과 맞서기 위해 모르핀을 복용할 때 중독되는 일은 드물다"고 주장했다.[14] 말기 암 환자들의 경우 중독 위험과 무관하다. 그러나 많은 암 환자들이 생존하고, 더 많은 환자들이 수술 후 격심한 통증을 느끼며, 그 외에도 만성적인 통증을 느끼는 환자들이 상당수다. 2017년까지 미국 성인 5,440만 명이 관절염 진단을 받았는데, 관절염은 인구 고령화 속에서 더 광범위하게 유행하는 많은 고통스러운 질환 중 하나에 불과하다.[15]

1990년경부터 통증 전문가들은 통증을 더 잘 이해해야 하고, 의사는 환자들에게 그들이 느끼는 통증에 대해 물어봐야 한다는 요구를 점차 강화했다. 1995년 의사 제임스 캠벨(James Campbell)은 미국통증학회(American Pain Society)에서의 회장단 연설에서 "우리는 통증을 다섯 번째 '활력 징후'로 간주해야 한다"고 주장했다. 이는 의사가 환자들의 호흡, 혈압, 맥박, 체온을 재는 것처럼 정기적으로 환자의 통증을 측정해봐야 한다는 뜻이었다. 캠벨은 또한 암과 비암 통증과 급성과 만성 통증 사이에 구분의 유용성에 대해서도 의문을 제기했다.[16] 미국 통증학회는 2019년 6월 문을 닫았다. 학회가 제약 회사들의 앞잡이 노릇을 했다는 혐의를 부인하는 소송을 하다가 변호비를 감당하지 못하고 파산했다. 21세기 일어난 '오피오이드 전쟁(Opioid Wars)'의 희생자였던 것이다.[17]

멜잭의 주장대로 통증 완화를 위해 오피오이드를 복용하는 사람들은 중독을 두려워할 필요가 없는지를 둘러싼 논쟁이 오늘날까지 계속되고 있다. 종종 신뢰할 수 있는 출처 역할을 하는 메이오 클리닉

(Mayo Clinic)의 웹사이트는 모순된 조언을 제공한다. 아편 성분을 활용해 합성된 마약성 진해제인 하이드로코돈(hydrocodone)에 대한 논의에서는 "하이드로코돈을 장시간 사용할 때 그것이 습관처럼 굳어져 하이드로코돈에 정신적으로나 육체적으로 의존하게 될 수 있다. 그러나 지속적인 통증을 느끼는 사람들이 의존에 대한 두려움 때문에 마약류를 사용해서 통증을 줄이지 못하게 막아서도 안 된다. 그런 목적으로 마약류를 사용할 때는 정신 의존증(중독)이 나타날 것 같지는 않다"고 해놓았다.[18] 그러나 메이오 클리닉 홈페이지의 다른 곳에서는 "오피오이드를 복용하는 사람은 누구나 중독될 위험이 있다. (중략) 단 5일이란 짧은 기간만 그것을 복용했더라도 1년 뒤에 그것을 복용할 확률은 여전히 올라간다"고 되어 있다.[19] 의사들은 환자들을 돕고 싶은 나머지 그들이 쓸 수 있는 마법 지팡이를 포기하기를 주저한다.

이러한 변화된 분위기 속에서 의사와 치과의사들 사이에선 특히 1996년 옥시콘틴 출시 이후 모든 종류의 통증에 오피오이드를 처방하는 경우가 많아졌다. 그것의 효과가 12시간 동안 유지되면서 고통받는 사람들이 밤새 잠을 잘 수 있게 해준다는 주장이 제기됐다. 그런데 불행하게도 다수의 오피오이드 사용자에게서 통증이 재발했고, 12시간이 훨씬 못 미쳐 오피오이드 금단 현상이 나타나기 시작하면서 많은 의사들이 복용 간격을 8시간으로 줄이거나 복용량을 늘리는 식으로 대응했다. 통증이 완화되는 듯하다가 다시 심해지고 이어 금단 현상이 뒤따르는 악순환은 오피오이드 남용과 중독의 위험을 높였다.

옥시콘틴이 출시되자 통증 환자들로부터의 수요는 무한한 것처럼 보였다. 의사들은 대부분 비용과 시간이 많이 소모되는 처방에 비해 알약 처방을 더 매력적으로 만드는 극단적인 시간적·경제적 제약 속에서 진료를 보고 있었다. 이전의 표준이었던 통증 협진 치료는 훨씬 위험성이 낮은 (비처방) 아스피린, 아세트아미노펜(타이레놀), 이부프로펜(애드빌), 나프록센(알리브) 같은 비스테로이드성 항염증제(Non-steroidal anti-inflammatory drugs)나 나프록센(Alve)이나 (처방) 세레콕시브(세레브렉스) 등의 약들을 섞어 처방한 후 상담, 운동, 요가 침술, 명상 등 일반적인 진찰에서는 기대하기 힘든 치료법을 병행했다. 환자를 상대로 한 만족도 조사도 보편화됐는데, 오피오이드는 그런 조사에서 좋은 반응을 얻었다. 1세기 전까지만 해도 배앓이를 하는 아기들과 그들에 헤로인을 투약해주는 부모들 사이에서는 단연코 만족도가 매우 높았다. 관절염 환자들은 1차 진료 의사들로부터 오피오이드를 처방받았고, 사람들은 치과의사들로부터 장기간 복용할 수 있는 오피오이드를 처방받아 귀가했다. 그리고 응급실에서 치료받은 온갖 상해 환자들도 오피오이드를 가지고 집으로 돌아왔다.

의사들은 분명 어떤 환자가 중독 위험이 큰지 가늠할 수 있지만 몇 분 안에 진료를 봐야 하거나, 많은 사람들에게 담당 의사가 없고, 통일된 의료기록이 없는 시스템 내에서는 그것이 불가능하다. 의사들은 심지어 그들이 치료하던 환자들이 그들이 처방한 약 때문에 죽었다는 사실조차 모를 수도 있다. 그들이 그런 사실을 알려주는 편지를 받으면 그때야 다수는 오피오이드 처방을 줄인다.[20]

마지막 유행병이 발생한 지 1세기가 지난 후 오피오이드 남용, 중독, 그리고 죽음의 또 다른 의인성(醫因性, 의사가 한 행위의 결과로 발생하는 일 - 옮긴이) 파동이 일어날 조건이 재차 마련됐다. 데이비드 코트라이트는 기자 겸 작가인 베스 메이시(Beth Macy)에게 "나는 살면서 인터넷이나 또는 점잖은 여성이 문신을 한 걸 보고 놀랐지만, 나를 정말로 놀라게 만든 게 또 있다. 64세인 나는 평생 의인성 아편 중독의 또 다른 거대한 물결을 보게 될 것이라고는 생각하지 못했다는 걸 인정해야겠다"라고 말했다.[21]

종교가 흔들리자 오피오이드는 대중적 아편이 되었다.

1990년대 초반부터 오피오이드 과다복용으로 인한 사망자가 늘어나기 시작하더니 2000년 1만 4,000명 넘게 우발적 오피오이드 과다복용으로 사망하기 시작하면서 사망자 증가 속도가 빨라지기 시작했다. 약물 과다복용에 책임을 전가하는 것은 복잡한 문제다. 과다복용 사망자의 상당수가 두 개 이상의 약을 복용하고 있기 때문이다. 신경안정제인 벤조디아제핀만 복용해선 죽지 않을 수 있으나, 오피오이드나 술이 결합됐을 때는 치명적인 결과를 낳을 수 있다. 또 치료제에 대한 자세한 내용이 사망진단서에 기재되지 않고 대신 '상세불명(unspecified)'으로만 기록되는 경우가 많다. 2000년에 모든 우발적 과다복용 사건 중 3분의 1과 2분의 1 사이는 오피오이드(대부분 처방 오피오이드)와 관련됐는데, 우리가 '상세불명' 마약류로 인한 사망을 어떻게 평가하느냐에 따라 정확한 수치가 달라진다. 오랜 시간 골칫거리인 헤로인 때문에 2000년에 미국에서 1,999명이 목숨을 잃은 것으로 기록됐다. 2011년 이전에는 특히 히드로코돈(비코딘)과 옥시코돈(퍼코셋과 옥시콘틴)을 기반으로 한 처방 오피오이드로 인해 사망자가 늘어났다. 2011년 퍼듀제약은 옥시콘틴이 남용에 내성을 갖도록 재개발했다. 원래 오피오이드에는 알려준 대로만 복용하라는 경고가 붙어 있었지만, 그 경고가 정확히 하지 말아야 할 일을 말해줌으로써 거꾸로 서방정인 오피오이드를 즉각 황홀경을 느끼게 해주는 약으로 바꾸거나 그것을 주입용으로 준비할 수 있게 만드는 방법에 대한 정확한 지침을 알려준 격이 되었다.[22] 2011년 처방 오피오이드로 인한 사망은 거의 분명 재개발 덕에 줄어들었다. 의사들도 그것의 유행에 본인도 중요한 역할을 한다는 사실을 점점 더 의식하게 되면서 부주의한 처방을 자제했다. 사용자들이 상대적으로 안전하지 않은 길거리 약물에 손을 댄다면 오피오이드 재처방이 실제로는 생명을 앗아갈 가능성이 있다. 동시에 퍼듀제약은 재처방을 통해 곧 만료될 특허를 갱신할 수 있었다. 회사 입장에서는 생명을 구하는 것보다 그것이 더 큰 걱정거리였을 것이다.

어쨌든 2011년이 되자 다시 상황을 되돌리기에는 이미 너무 늦었다. 옥시코돈의 거의 완벽한 대체품인 불법 헤로인은 재빨리 그것의 민낯을 드러내기 시작했다. 처방약 사망은 헤로인 사망으로 대체됐고 전체 과다복용 사망자 수는 증가세를 이어갔다. 마약상들은 통증 클리닉 밖에서 의사들이 재처방을 거부했던 환자들을 기다렸다. 일부는 헤로인이 가격은 더 싸고, 효과는 더 강력하다는 사실을 깨닫기 전까지 길거리에서 옥시콘틴을 샀다. 길거리 마약은 결코 품질이 보장되지 않기 때문에 더 위험했다. 동시에 멕시코로부터 새로 공급된 고품질의 덩어리 형태의 블랙타르 헤로인(black-tar heroin)이 폭발적으로 늘어나자 많은 사람들이 쉽게 그것으로 전환했다. 옥시콘틴 처방의 남용은 모르핀 당량(morphine-equivalent)의 헤로인 판매로 이어져 사람들이 복용 습관을 유지하면서 거래에서 이익을 남길 수 있다.[23]

헤로인 사망자는 계속 증가했지만 곧바로 펜타닐 사망자에 의해 추월당했다. 미국 내 펜타닐 사망자는 2017년 2만 8,400명으로 증가했다. 펜타닐은 효능이 뛰어나고 헤로인보다 훨씬 적은 양으로도 효과가 있다는 점에서 수입이 용이하다. 그리고 헤로인, 코카인[스피드볼(speedball, 코카인에 헤로인·모르핀 또는 암페타민을 섞은 마약-옮긴이)], 메스암파페타민[구프볼(goofball, 수면제-옮긴이)]과 혼합해 더 효과적으로 활홍경을 일으킬 수 있어 인기를 끌고 있다.[24] 헤로인과 불법 펜타닐은 처방 오피오이드에 중독됐으나 만족할 만한 양을 얻지 못한 사람들의 수요를 맞춰줄 수 있어 보급이 확산됐다. 그러나 그들의 존재를 알게 된 사용자들이 처음부터 처방 오피오이드가 아닌 그런 불법 대체물을 복용하기 시작하는 유행병이 자연스럽게 생긴 것처럼 보인다. 코카인과 헤로인보다 높아진 펜타닐의 인기는 아프리카계 미국인들 사이의 과다복용 사망률이 증가한 원인 중 하나였다. 2012년 이후 증가한 중년 아프리카계 미국인들의 사망자 4명 중 3명의 사망증명서에는 사인이 펜타닐로 기록됐다.[25]

펜타닐의 인기가 걷잡을 수 없을 정도로 커졌다.

과다복용에 따른 사망을 보고 마약상들에게 등을 돌리는 고객들이 생길 것이라고 생각할 수도 있겠지만, 일화적 증거(anecdotal evidence, 개인 자신의 경험에 대한 직접적인 보고 또는 타인의 경험에 대한 보고 - 옮긴이)는 그 반대의 경우가 사실임을 시사한다. 오피오이드에 중독된 사람들은 무감각해지기를 간절히 원하기 때문에 죽음을 마약상이 '극상품'을 파는 바람직한 사람임을 알려주는 지표로 간주한다. 사실 이 죽음에서 자살의 징후는 이것만이 아니다. 헤로인 해독제인 날록손[naloxone, 일명 나르칸(Narcan)]에는 약물 과다복용으로 곧 죽게 될 사람들을 되살리는 거의 마법에 가까운 성분이 들어 있다. 그러나 경찰과 소방당국이 가끔은 하루 동안 같은 사람에게 여러 차례에 걸쳐 날록손을 투여한 결과를 보고서로 작성해 발표했는데, 보고서에는 사람들은 죽기를 원하거나 심지어 죽더라도 중독 욕구를 채우는 것 외에 다른 어떤 것에도 신경을 쓰지 않거나 둘 중 하나였다는 내용이 담겨 있다. 그런데 이제 중독이 통제되고 있다.

유행병과 절망사

|

우리가 말하는 '유행병'라는 용어는 1918~1919년 미국과 전 세계에서 수백만 명의 목숨을 앗아간 천연두나 인플루엔자 전염병과 비교된다. 오피오이드 유행병의 경우 감염원은 바이러스나 박테리아가 아니라 그 약을 제조하고 판매를 적극적으로 밀어붙이는 제약 회사, 법무부 마약단속국(Drug Enforcement Administration, DEA)이 의식적 과잉 처방을 기소하는 것을 막은 의회의원들, 호주 동남부 태즈메

이니아에 있는 양귀비 재배 농장으로부터 원재료를 수입할 수 있도록 허용하는 법적 허점을 막지 말아 달라는 로비스트들의 요청에 응한 DEA, 광범위한 사회적 파장을 제대로 고려하지 않고 오피오이드를 승인했고 그것의 사용과 이윤을 크게 넓힌 라벨 변경을 승인해 달라는 생산자 요청에 응한 FDA, 그것을 부주의하게 과잉 처방한 의료 전문가, 그리고 의료계가 처방에 미온적으로 나오기 시작한 틈을 노려 판매를 늘린 멕시코와 중국 출신 마약상들이었다. 이것은 사람들을 중독시키고 죽임으로써 엄청난 이익을 얻고, 정치권력이 가해자들을 보호해준 공급에 대한 이야기다. 일단 오피오이드를 복용하기 시작하면 바이러스에 걸린 것 같은 느낌이 든다. 그래도 살아남을 수는 있겠지만 죽을 수도 있다. 그 누구도 유행병에서 공급의 중요성을 의심해서는 안 되지만(그래서 지금 우리가 지금 공급 이야기를 하는 것이다), 그것만으로 완벽한 설명이 되지는 않는다.

왜 오피오이드 유행병이 미국에서 훨씬 더 심각해진 반면에 다른 대부분의 부유한 나라에서는 거의 나타나지 않은 것일까? 미국에서조차 비코딘(Vicodin)과 펜타닐 같은 일부 오피오이드는 오랫동안 구할 수가 있었다. 다른 나라들은 수술 후나 암과 관련된 고통을 낮추는 데 오피오이드를 사용하고 있으며, 영국을 포함한 몇몇 나라들은 미국에서 사용이 금지됐을 때에도 오랫동안 헤로인을 사용해왔다. 이런 약들이 본래 의도된 용도에서 벗어나 일반 대중에게 대규모로 유출되지 못하게 막은 것은 무엇일까?

왜 미국에선 대졸 이상 학력자들이 오피오이드 과잉복용으로 사망하는 일은 드물고 사망자의 90퍼센트가 고졸 이하 학력자들일까? 분명 교육 수준이 낮은 사람들이 직장에서 다치거나, 급성이나 만성 통증을 유발할 위험이 큰 직장에서 일해서 오피오이드를 처방받게 될 가능성이 크지만, 이것만으로는 모든 것이 설명되지 않는다. 오피오이드 처방에 필요한 대표적인 질환 중 하나인 관절염은 대체로 나이가 들수록 흔해진다. 노인들 사이에서 오피오이드 복용이 더 일반적이더라도 그들이 그로 인해 죽지는 않고 있다. 7장에서 봤듯 대졸 이상 학력의 60세 백인 중 약 절반가량이 허리와 목, 관절염 등을 보고했다. 그런데 오피오이드를 복용하는 것은 통증이 있는 사람들이고, 그렇게 처방받은 사람들 중 일정 분율만 중독되고, 그 사람들 중 일정 분율만 죽는다면 노인의 사례를 갖고선 7배 더 높은 과다복용 사망률을 설명하기에 충분하지 않다.

다음은 과거 일어난 일에 대한 우리의 설명과 해석이다.

우리 이야기에 등장하는 모든 사람들이 많은 잘못된 행동을 저지르고 탐욕에 빠져 있지만, 의사를 마약상보다 나을 게 없다고 생각하는 것은 오산이라 믿는다. 분명 '불법 통증클리닉'을 운영하면서 '환자'를 진단하거나 심지어 인터뷰조차 하지 않고 현금(또는 성관계)을 대가로 처방전을 팔 기회를 찾는 의사들도 있었다.[26] 그러한 의사들 중 다수가 현재(또는 과거에도) 수감되어 있다. 그러나 부패한 의사는 극소수에 불과하며, 1990년대 중반의 의학 지식 상태를 감안해봤을 때 그들은 고통을 느끼는 환자에게 오피오이드를 처방할 충분한 이유가 있었다. 오히려 그렇게 하지 않을 이유가 거의 없었다. 급성 통증 완화를 위해서 적절한 양의 오피오이드를 복용해서는 중독될 가능성이 매우 낮을 것으로 추정된다. 불치병에 걸린 사람들도 마찬가지일 것이다. 만성 통증의 장기 치료에 오피오이드가 적절한지는 별개의 문제다. 분명 적절한 단기 처방이 중독으로 이어진 예외도 있다. 하나는 볼티모어 존스홉킨스대학교의 철학자 겸 생명 윤리학자인 트래비스 리더(Travis Rieder)의 경우다. 그는 오토바이 사고로 왼발이 으스러져 여러 차례 수술을 받은 뒤 통증을 완화하기 위해 오피오이드를 계속 늘려 처방을 받았다. 그러다가 정말로 어려움을 이겨낸 끝에 그에게 그 진통제를 처방해준 의사들의 도움을 전혀 받지 않고서도 중독에서 탈출했다.[27] 그의 이야기는 향후 일어날 수 있는 일을 경고해주는 이야기로 기억해둘 만한 가치가 있다. 중독은 아무리 좋은 상황에서도 극복하기 매우 어렵다.

그러나 헤로인을 한 번 주사하면 곧바로 누구라도 모두 중독될 수밖에 없다는 것은 그야말로 엉터리다. 오늘날 미국에서 약 100만 명이 매일 또는 거의 매일 헤로인을 복용하는 것으로 추정되는데, 그들 대부분은 죽지 않을 뿐만 아니라 실제로는 기능적인 삶을 살고 있다. 스스로 정신을 차리고 중독에서 벗어나는 사람도 많지만 치료를 받거나 사회의 지원을 받으며 목숨을 끊는 사람도 많다.

닉슨 행정부 시절인 1971년 베트남을 공식 방문한 하원의원 로버트 스틸(Robert Steele)과 모건 머피(Morgan Murphy)는 군인들이 헤로인을 복용하고 있다고 보고했다. 그러자 닉슨은 즉시 헤로인 중독이 국가가 가장 먼저 해결해야 할 공중보건 문제라고 선언했다. 군인들은 소변 검사를 받아야 했는데, 검사 결과와 군인들의 자진 보고를 종합하자 베트남에 파견된 미군 중 34퍼센트는 헤로인을 복용한 적이 있었고, 최대 20퍼센트는 중독 상태인 것으로 드러났다. 그중 38퍼센트가 아편을 복용하고 있었다(90퍼센트 이상이 술을 마셨고, 4분의 3은 마리화나를 피웠다)는 결과는 조사관들을 놀라게 했다. 소변 검사에서 마약 양성 반응이 나온 군인들은 고국으로 돌아가기 전에 해독 후 소변 검사를 받았는데, 이것이 마약에서 벗어나게 만드는 강력한 유인책 역할을 했다. 이 프로그램은 '골든 플로우 작전(Operation Golden Flow)'으로 알려졌으며, 베트남전 참전 미군들은 귀국 후에도 추적 조사를 받았다. 그러자 미국에서 3년 안에 오피오이드에 다시 중독된 사람은 12퍼센트에 불과했는데, 이런 대부분의 경우에도 재중독은 짧은 시간 안에 끝났다. 해독 노력이 성공한 것 같다. 그렇게 될 것이라고 예상하지 못했기 때문에, 만약 진짜 그렇게 됐다면 그것은 보통의 해독보다 훨씬 더 성공적이었다는 뜻이 된다. 전투 스트레스 속에서 아편과 헤로인이 군인들에게 어느 정도 안도감을 부여해줬기 때문에 한시적 중독에 빠져서 그런 것일 수도 있다. 그러나 오피오이드를 복용한 군인들 대부분이 베트남에 도착한 직후부터 복용을 시작했고 더 많은 전투를 목격한 군인들은 더 이상 오피오이드를 복용할 가능성이 없었다.

중독 이유에 대한 가장 개연성이 큰 이야기는 조사관인 리 로빈스(Lee Robins)가 해준 이야기다. 그의 설명에 따라 이야기를 정리해보면 이랬다. 군인들이 오피오이드를 복용한 이유는 "복용하면 기분이 좋아지고, 군대 생활을 견딜 수 있게 만들어주기 때문"이었다.[28] 군인들은 전투 위험을 견뎌내기 위해서 오피오이드에 의존한 것은 아니었다. 그들은 전투 위험이 크다는 것을 잘 알고 있었다. 그보다는 지루해서 정신이 나갔기 때문에 오피오이드에 의존했다. 그들이 귀국해서 제대하자 다른 즐길거리들이 많았고, 정상적 삶을 할 수 있게 되자 마약 없이도 견딜 수 있었다. 이렇듯 주변 환경이 중요하다. 베트남에서도 마약은 아주 저렴했다. 베트남에서 매일 오피오이드 등에 의지하게 만든 원인이 돌아온 집에는 없었다. 또 군인들이 귀국하기 전 베트남에서 해독을 받았기 때문에 '해독과 재중독'의 순환이 지리에 의해 깨졌다.[29] 로빈스는 헤로인 중독에 대한 인식이 광범위하게 퍼진 것은 베트남에서 복무한 군인들처럼 일반인이 아니라 애초에 중독될 가능성이 더 큰 특별한 사람들을 대상으로 수많은 연구가 진행됐기 때문이라고 주장했다.

사람들이 약물을 통해 행복감이나 무감각함을 추구하게 만드는 것은 약물에 내재된 그것에 손을 대는 누구나 중독되게 만드는 특정 성분이 아니라 사람들의 삶에 있는 '어떤 것'이다. 복용자들의 거주 환경과 그러한 환경들로부터 과거와 현재 받는 영향을 이해하지 못하면 약물 남용에 대해 이해하는 것은 불가능하다. 한 의사가 우리에게 지적했듯 전기(傳記)가 중요하다.[30] 이와 관련해 우리는 11장과 12장에서 노동자 계급 생활의 해체에 대해 설명해보겠다.

과거나 지금이나 마찬가지로 환자들을 직접 중독시키는 의사는 극소수다. 그러나 그들은 아마도 오피오이드가 이전의 협진보다 더 성공적인 장기적 완화 효과를 거뒀다는 주장을 받아들일 준비가 너무 잘 되어 있을지 모른다. 실제로는 그렇다는 것을 보여주는 증거는 거의 없었다. 우리는 처방되는 양이 엄청나다는 사실을 감안했을 때 이런 약들이 보통 효과적이라면 통증이 줄어들 것이라고 예상할 수 있겠지만, 전국적인 통증 수준은 줄어들지 않고 되려 증가하고 있다는 점을 재차 지적하고자 한다. 의사들이 환자의 고통에 적절히 대응하면서 처방의 사회적 비용을 고려하지 않고 있을지 모른다. 그들은 또 제약 업체들의 직접 마케팅과 그들이 충분한 자금을 지원한 '연수 활동'뿐만 아니라, 제약 업체들로부터 거액의 기부금을 후원받는 고통받는 사람들을 대변한다는 옹호 단체들[이러한 가짜 내지 어용 '풀뿌리 협회들'을 때때로 '인조 잔디(Astroturf)' 단체라고도 부른다]로부터 상당한 압력에 노출됐다. 의사들은 때로는 전혀 필요하지 않은 환자에게도 필요 이상으로 강한 오피오이드를 처방한다. 그러다 사용하지 않고 남은 오피오이드는 암시장으로 흘러들어갈 수 있는데, 이런 사례 자체가 필연적인 중독을 피할 수 있다는 것을 보여주는 증거다. 의사들은 심지어 자기가 약을 복용하기보다는 남에게 되팔려 하고, 처방전을 써줄 사람을 찾을 때까지 의사 쇼핑을 하러 다니는 환자들에게도 처방해줬다. 의사들은 그런 사람들에게 처방해주지 않으려고 애쓰지만, 꼼꼼히 진료를 볼 시간이 워낙 부족하다 보니 그런 환자들을 구분해낼 수 있을지는 불분명하다. 심지어 진짜 위험하고 이전에도 남용 전력이 있는 사람들이라도 정말로 통증으로 고통스러워하고 있을 수도 있다. 의사들은 그들이 일하는 환경 속에서 그들 능력을 넘어서는 수준으로 약물 남용을 감시하고 예방하라는 요구를 받고 있었다.

일부 논평가들은 버락 오바마 대통령이 주도한 전 국민의 건강보험 가입을 의무화하는 내용을 골자로 한 미국의 의료보험 시스템 개혁 법안인 오바마케어(Obamacare)로 65세 미만의 저소득층과 장애인을 위한 의료보험제도인 메디케이드(Medicaid)가 확대되면서, 오피오이드 처방 범위가 더 광범위해진 것도 유행병 확산에 기여했다고 주장했다. 하지만 이 경우 시기가 맞지 않는다. 모든 메디케이드 확대 전에 이미 오피오이드 유행병이 한창 진행 중이었기 때문이다. 반대로, 메디케이드는 2014년 이후 그것을 확대한 주에서 훨씬 더 높은 수준의 치료를 통해 오피오이드 남용자들에게 적절한 치료를 제공하는 데 중요한 역할을 했다.[31]

생산자들은 직접 내지는 약제급여관리기관(Prescription Benefit Management)을 통해 분명히 오피오이드가 남용되고 있는데도 불구하고 매출과 이윤을 올리기 위해 가능한 온갖 짓을 다했다. 한번은 2년 동안 인구 406명의 웨스트버지니아주 커밋(Kermit)에 있는 약국으로 900만 알이 출하됐다. 에너지상업위원회(Energy and Commerce Committee)가 발표한 보고서에 따르면, 2007~2012년 사이 약물 유통업체는 웨스트버지니아로 7억 8,000만 정의 하이드로코돈과 옥시코돈을 출하했다.[32] CBS 프로그램 〈60분(60 Minutes)〉과 〈워싱턴포스트〉 조사에 따르면, 그러한 남용 중단에 책임이 있는 DEA가 남용을 막으려고 하자 의회는 오히려 DEA가 효과적으로 남용을 막을 수 없도록 한 '2016 환자접근보장 및 효과적인마약집행법(2016 Ensuring Patient

Access and Effective Drug Enforcement Act)을 통과시켰다.[33] 트럼프 대통령은 이어 법안 추진에 앞장섰던 톰 마리노(Tom Marino) 펜실베이니아주 하원의원을 자신의 '마약 차르(수장)'로 지명했다. 마리노는 〈60분〉과 〈워싱턴포스트〉 폭로 보도로 자신이 마약 업계를 대표해 법안을 통과시키려고 다년간 노력했다는 사실이 알려진 뒤 대중의 분노에 직면하자 '마약 차르' 자리에서 물러났다. 이 탐사 보도들은 또 과거 DEA의 선임 변호사였던 D. 린덴 바버(D. Linden Barber)가 편을 바꿔서 업계에 조언하고 법안 작성을 돕는 등 중대한 '반역자' 역할을 했다고 비난했다.

미국 유명 제약사 존슨앤드존슨은 태즈메이니아 농장에서 양귀비를 재배하는 자회사 태즈메이니안알칼로이드(Tasmanian Alkaloids)로부터 납품받아 미국에서 판매되는 오피오이드 진통제에 들어가는 원료 대부분을 공급했다. 피터 오드리 스미스(Peter Audrey Smith) 기자에 따르면, DEA는 사태 파악을 하고 있었지만 제약 로비스트들의 요청에 따라 법적 허점을 보완하지 않았다.[34] 미군이 아프가니스탄 남서부 헬만드(Helmand)에서 아편 재배지에 폭탄을 쏟아붓고 있을 때 존슨앤드존슨은 태즈베이니아에서 미국에 오피오이드를 공급하기 위해 합법적으로 원료를 재배하고 있었다. 존슨앤드존슨은 2019년 8월 오피오이드 남용 책임에 대해 오클라호마주에 5억 7,200만 달러를 지급하라는 명령을 받았다. 회사 측은 항소할 것으로 예상되지만 다른 소송들은 계류 중이다.[35]

우리가 이 이야기들을 들려주는 이유는 이들이 오피오이드 유행병을 해결하지 못한 민주 정치의 실패를 보여주기 때문이다. 하원에서 법안 가결을 밀어붙인 의원인 마샤 블랙번(Marsha Blackburn, 테네시주)의 지역구와 마찬가지로 마리노 의원의 지역구도 오피오이드의 영향을 많이 받았다. 그러나 그들은 효과적인 규제를 찬성하기보다는 규제를 도입하지 못하게 막았다. 돈과 친기업 이념이 중독됐거나 죽어가는 사람들의 목소리에 귀를 닫았기 때문이다. 이 스캔들이 2018년 마리노 의원의 재선을 막지는 못했지만 그는 건강 악화를 이유로 2019년 1월 의원직에서 물러났다. 블랙번 의원도 재선되어 현재 테네시주 주니어 상원의원이 됐다. 오랜 기간 자신을 지지해준 제약 업계의 평생 친구 역할을 했던 오린 해치(Orrin Hatch) 상원의원은 DEA와 함께 법안을 순조롭게 통과시켰다. 해치 의원은 42년 동안 1999년부터 2016년 법안 서명 때까지 약물로 인한 사망률이 7배나 올라간 유타주를 대표했다.

의사들의 부주의나 FDA의 문제 많은 승인 과정이나 사람의 희생을 감수하고라도 이익을 챙기려는 업계의 탐욕이 없었다면 이 유행병은 일어나지 않았을 것이다. 약 2,000곳에 달하는 자치단체들이 제약 회사 임원들에게 책임과 보상을 묻고 있는 가운데 이런 무절제하고 무분별한 짓을 자행한 제약 업계를 둘러싼 이야기가 오늘날 미국 법정에서 전해지고 있다. 2019년 5월 타결된 한 사건에선 중독성이 강한 펜타닐계 스프레이 제품을 처방하도록 의사들에게 뇌물을 주고 스트립걸들을 이용해 미인계를 쓰는 등 불법 판촉 활동을 해온 미국의 제약 회사 인시스테라퓨틱스(Insys Therapeutics)의 창업주와 전직

직원들이 유죄 판결을 받았다.[36]

잘못된 행동들이 애초 그런 유행병이 일어날 수 있는 조건을 조성했다기보다는 불길에 기름을 붓는 식으로 유행병을 더 확산시켰다는 것이 우리의 주장이다. 오피오이드를 복용한 사람들, 오피오이드를 남용하거나 오피오이드에 중독된 수많은 사람들, 그래서 한때 번창했던 마을의 거리를 어슬렁거리며 돌아다니는 좀비가 된 사람들은 이미 인생이 산산이 무너진 사람들, 즉 경제적·사회적 삶이 더 이상 그들을 지탱해주지 못하는 사람들이었다. 제약 회사들, 의회 내 그들의 지원자들, 경솔하게 처방해준 의사들 등 유행병의 공급적 측면이 중요했지만 백인 노동자 계급, 교육을 덜 받은 사람들, 가뜩이나 힘든 삶이 기업의 탐욕을 채우는 비옥한 토대가 된 사람들, 기능 장애 규제 시스템, 그리고 결함이 있는 의료 시스템 등 수요적 측면도 마찬가지였다. 오피오이드 유행병은 다른 나라에서는 일어나지 않았다. 그 나라들은 그들의 노동계급을 파괴하지 않았고, 그들의 제약 회사들을 더 잘 통제하고 있고, 그들 정부는 이윤을 추구하는 기업들의 영향을 덜 받고 있기 때문이다.

기업의 권력과 개인의 웰빙

이후의 장에서 길게 다루고 있는 이 책의 주제 중 하나는 미국 경제가 어떻게 서민을 섬기는 나라에서 벗어나 기업과 경영자와 소유주를 섬기는 나라로 전락했는가다. 여기엔 정부와 법률이 중요한 역할을 했다. 오피오이드 문제를 다룬 이 장은 이러한 일반적인 과정의 극적인 사례를 제공한다. 우리는 책의 후반부에서 주로 노동자로부터 기업과 그들의 주주들로 부를 상향 재분배하는 메커니즘에 초점을 맞추고 있다. 오피오이드 제조와 유통 업체들뿐만 아니라 미국의 의료 산업도 대표적인 예다. 법정에 불려나가게 된 그들의 행동이 일반적이지는 않지만 돈 없는 다수로부터 돈 많은 소수에게로 부의 상향 재분배를 이뤄내기 위해 시장 지배력을 활용하는 것은 업계의 고질적 증상을 넘어, 단언컨대 미국 자본주의의 보다 일반적인 증상이다. 그로 인한 수혜자는 대주주인 부자들뿐 아니라 퇴직연금을 통해 주식에 간접적으로 투자하면서 임금 인하 등 기업의 이윤을 늘려주는 어떤 조치로부터도 혜택을 받는 다수의 교육받은 엘리트들이다. 우리는 반세기가 넘게 이어진 이러한 과정이 노동자 계급의 생활, 고임금, 좋은 일자리의 근간을 서서히 갉아먹었다고 주장할 것이다. 오피오이드 이야기는 이런 보다 일반적인 주제에 더 적합하지만, 기업들이 죽음으로부터 그토록 직접적인 이익을 누릴 수 있는 경우가 드물다는 점에서 훨씬 더 노골적이다.

우리는 FDA가 제약 산업의 볼모로 잡혔다고 믿지는 않는다. 그렇지만 FDA의 오피오이드, 특히 옥시콘틴 승인에는 문제가 있었다. FDA와 일반 대중은 약물이 효과가 있다는 것을 입증하는 데 필요한 무작위 통제 실험을 크게 존중하지만, 심지어 여기에서도 역시 오피오이드에는 문제가 있었다. 옥시콘틴 대조군(control group)에 있었던 사람들(옥시콘틴을 받지 않은 무작위로 선정된 사람들 집단)은 이전 초기 공개 임상시험 단계에서 옥시콘틴을 복용해본 적이 있는 사람들인데, FDA는 옥시콘틴을 버텨낼 수 없는 사람들을 시험에서 배제하기 위해 이들을 포함시켰다.[37] 이러한 유형의 시험에서는 1단계와 2단계 시험 사이에는 이른바 '세척 기간(washout period)'이란 것이 있다. 세척 기간이란 피험자가 치료를 받지 않고 이전 치료의 효과가 없어지거나 없어진 것으로 간주되는 임상 연구 기간을 말한다. 옥시콘틴 같은 중독성 약물의 경우 위험한 것은, 세척 기간이 충분히 길지 않다면 더 이상 옥시콘틴을 복용하지 않는 대조군에 있는 사람들 중 일부는 금단 현상을 겪을 수 있는데, 이것이 치료 그룹에 들어가서 옥시콘틴을 다시 받는 사람들에 비해 그들의 상태를 나쁘게 보이게 만든다. 더욱이 초기 공개 임상시험 단계에서 옥시콘틴을 감당할 수 없었던 사람들을 배제했다가는 시험이 옥시콘틴의 광범위한 처방 대상들이 겪을 수 있는 문제 비율을 과소평가하게 되는 문제도 생길 수 있다. 제약회사들은 임상시험 전에 FDA와 시험 설계와 관련된 이런저런 면들에 대해 논의가 허용된다.

보다 일반적으로 봤을 때, 그리고 NASEM 패널이 정확하게 주장했듯 이러한 약물이 개인에게 어떤 작용을 하는지만 살펴보는 시험과 승인 과정은 강력하고 중독성이 강한 약물이 사회로 내보내졌을 때 나타날 수 있는 광범위한 영향을 무시해버린다.[38] FDA에 옥시콘틴 승인 이후 일어난 모든 일을 예상하라고 요구하라는 것은 무리겠지만, 의약품 승인이 공중보건에 미칠 영향을 고려하지 못한 시스템의 실패는 분명 변명의 여지가 없다. 결과적으로 FDA는 본질적으로 합법적인 헤로인에 대해 정부의 승인 도장을 찍어주고 있었기 때문이다.

오피오이드 이야기는 사망자가 생기더라도 정치가 일반 시민을 보호하지 못하게 막는 돈의 힘이 얼마나 강력한지를 보여준다. 대중의 분노가 고조되면서 결국 인식이 바뀌게 된, 적어도 2019년도까지만 해도 부자가 된 사람들은 배척이나 비난의 대상이라기보다는 오히려 성공한 사업가이자 자선가로 인식되고 찬사를 받았다. 퍼듀제약이 대표적이다. 색클러란 성은 미국뿐만 아니라 영국과 프랑스의 박물관, 대학, 기관에도 등장한다. 옥시콘틴이 개발되기 전에 사망한 아서 M. 색클러(Arthur M. Sackler)는 뉴욕의 메트로폴리탄미술관 덴두르 신전(Temple of Denture), 프린스턴대학교, 스미소니언박물관(Smithsonian Museum), 국립과학원 등 많은 기관들에 기부했다. 색클러는 오늘날 미국에서 자리 잡은 제약 광고와 판매 시스템 개발을 통해 부를 축적했다. 한 논평가의 말을 빌리자면, "오늘날 제약 산업의 재앙을 초래한 대부분의 의문스러운 관행은 아서 색클러 때문이라 볼 수 있다".[39]

아서 색클러의 형제들인 레이먼드(Raymond)와 모티머(Motimer)는 레이먼드의 아들 리처드와 함께 옥시콘틴의 출시와 마케팅 과정에서 회사를 지배했다. 레이먼드와 모티머 모두 1995년 엘리자베스 여왕으로부터 기사 작위를 받았다. 묘하게도, 1세기 반 전 잠셋지 지집호이의 경우와 닮았다.[40] 18세기 가발처럼 향수는 도덕적 부패의 악취를 가리더라도 없애지는 못한다.[41]

지금이라면 엘리자베스 여왕이 그런 작위를 선사하지는 않을 것이다. 위에서 방금 언급한 대부분의 조직들은 색클러의 이름 사용을 중단했으며, (때로는 몇 년 동안 기부금을 거부한 후) 더 이상 기부금을 받지 않겠다고 밝힌 곳들도 있었다.

위기를 부채질해 거액을 번 제약 회사들은 이제 치료법을 통해 돈을 벌 준비가 되어 있다. 쉽고 확실한 중독 치료법은 없지만, 비교적 약한 증거긴 하더라도 가능한 최선의 치료법은 '약물보조치료(Medication-Assisted Treatment, MAT)'로 알려져 있다. 이것은 중독자들이 오피오이드 복용을 포기하는 동안 그들의 금단증상을 완화해주기 위해 메타돈(methadone)이나 부프레노르핀(buprenorphine) 같은 다른 오피오이드를 쓰는 것이다. 우리는 중독을 인정하고 치료 방법을 찾는 환자들로부터 효과를 봤다는 증언이 나오고 있고(다수는 아니더라도) 상당수가 중간에 중독에서 벗어나기 때문에 MAT가 과도하게 많이 판매되고 있는 것은 아닌지 의심하지만, 그것이 금단만 강조하는 치료법보다는 훨씬 이점이 많다. 금단 치료 도중 재발하면 오히려 약물 과다복용으로 사망에 이르는 경우가 종종 생기기 때문이다. 한동안 복용을 중단한 사람은 약물에 대한 내성이 없어져서 재발 시 처음 끊었을 때와 같은 복용량으로도 사망할 수 있다. 그렇더라도 제약 회사와 그들의 우군들이 유행병을 유발하고 치료함으로써 모두 이익을 얻을 수 있도록 MAT를 밀어붙이는 것을 지켜보려면 강한 비위가 필요하다. 실제로 퍼듀제약은 2018년 여름 MAT 변종 특허를 획득해 옥시콘틴의 초기 성공을 재연할 수 있게 됐다. 마치 수만 명을 죽이고 병들게 한 상수도 독살자가 생존자를 구하는 데 필요한 해독제를 줄 테니 거액의 몸값을 달라고 요구하는 것과 같다.

우리가 이 글을 쓰고 있는 동안 가열차게 제기되고 있는 제약사들을 상대로 한 소송은 어떻게 됐을까? 이런 소송들은 이미 진행되고 있는 것처럼 처방전 오피오이드의 공급을 영구히 감소시킬 것이다. 다만 수요가 합법 마약에서 불법 마약으로 이동하면서 소송들이 불법 마약 사용을 줄이는 데는 그다지 도움이 되지 않을 것이고, 심지어 수요를 부추길 수도 있다. 다른 제약 회사들은 과거 그동안 확보해놓은 풍부한 재원을 동원하거나 약값 가격 인상을 통해 거액의 벌금을 쉽게 냈다. 하지만 판결 결과에 따라 퍼듀를 포함한 몇몇 회사들은 파산할 수도 있다. 퍼듀는 담배 회사들이 그랬던 것처럼 세계 다른 곳에서 사업을 계속하기 위해 유럽 자회사인 먼디파마(Mundipharma)에 대한 지배력을 유지하려고 애쓰고 있다. 배상을 받는 주와 지역이 받은 돈을 잘 쓸지는 확실하지 않다. 안심이 금물임을 보여주는 유사 사례로는 1998년 여러 주와 담배 회사들 사이에 체결한 담배기본정산협약(Tobacco Master Settlement Agreement)이다. 이후로 주들은 가난하고 교육 수준이 낮은 미국 흡연자들이 대부분 낸 셈인 수천억 달러의 돈을 담배 회사들로부터 받았지만, 거의 모든 돈을 일반세입(정부의 세입원 가운데 하나로 공공 경제적 수입을 이르는 말로, 일반 용도에 사용할 목적으로 강제적으로 징수해 일반 회계 계정으로 관리함 – 옮긴이) 용도로 재산세와 소득세를 낮추는 데 사용했다. 오피오이드의 경우 생존 기업들이 가격을 올릴 수 있는 능력을 갖추고 있어서 의료보험에 더 부담을 줄 수 있는 이상, 여기서도 다시 한 번 판결에 승소한 주들로 전달되는 비용을 감당할 사람은 의료보험료나 건강보험료 등을 내는 서민들이다. 배상액이 담배 회사들의 기존 관행을 바꾸고 싶게 유도하는 데도 큰 효과를 내지 못할 것이다. 회사 임원들의 위법행위 인정과 그들에 대한 형사판결만이 그렇게 만들 가능성이 큰데, 그러한 판결은 잘 알려지지는 않았지만 드물다.

자유시장 자본주의에는 사람들이 원하는 것을 주는 능력, 혁신을 장려하는 인센티브, 그리고 경제 성장을 촉진하는 능력 등의 이점이 있다고 하는데, 이것이 가끔은 정확한 지적이다. 우리 역시도 동의한다. 그러나 제약 업계를 포함한 미국의 의료 체계는 자유시장과는 거리가 멀다. 돈벌이에 치중하는 기업이 존재하는 한 경쟁적인 자유시장은 생기지 않는다. 대신 심한 규제를 받는 이들 기업은 자신의 이익을 지키고자 자유시장에서는 불가능한 방식으로 경쟁을 제한하기 위해 정부와 정부 기관들로부터 보호 규정을 모색하는 데에만 주로 관심이 있다. 우리는 분명 미국의 의료보험 시스템에 대한 자유시장적 해결책을 주장하는 것은 아니다. 단지 우리가 지금 가지고 있는 것을 자유시장 시스템으로 방어할 수 없다는 주장을 하는 것이다. 자유시장 경쟁을 부패시킴으로써 그토록 많은 이익을 얻는 업계가 비판자들을 자유시장의 반대론자들이라며 일축할 수 있다니 진정 어처구니가 없을 뿐이다. 절도 행위를 비난하는 게 반시장적인 것은 아니다. 다른 나라들은 다양한 다른 방법들을 통해 의료보험 시스템을 체계적으로 운용하고 있다. 그들이 쓰는 방법들에는 모두 장단점이 있지만 어떤 방법도 사람을 죽이지는 않는다. '인간의 이익을 위해 인간의 욕구를 이용하는 뻔뻔스러운 짓'도 지지하지 않는다.[42]

마약 거래로 챙기는 이윤이 미국을 타락시키게 만들고, 1세기 반 전 중국의 사례처럼 훗날 100년 동안의 굴욕과 쇠퇴의 시작으로 간주된다면 그것은 비극이 될 수밖에 없다.

3부

—

경제는 어떤
영향을 끼쳤는가?

DEATHS
OF DESPAIR
AND THE FUTURE OF CAPITALISM

10장

잘못된 흔적:
빈곤, 소득 그리고 대침체

교육 수준이 낮은 사람들 사이에서 절망사가 집중적으로 일어난다. 이 유행병은 학사학위가 있는 사람들과 없는 사람들 사이의 수명 격차를 수년으로 늘리고 있다. 그러나 우리는 돈이나 그것의 부재, 그리고 소득이나 가난이 이 이야기에 어떻게 부합하는지에 대해서는 거의 언급하지 않았다. 가난하지 않은 사람이라도 고소득자가 더 오래 살고,[1] 소득이 같은 사람들 사이에서도 교육이 중요하다는 것을 보여주는 증거가 존재한다.[2] 미국에서는 돈이 있으면 더 나은 의료 서비스를 이용할 수 있다. 그뿐만 아니라 자동차 수리비나 육아비, 또는 특히 이례적인 겨울 한파가 닥친 달이 지난 후 의외로 많은 난방비를 어떻게 낼지 걱정할 필요가 없을 때 생활하기가 더 쉬워진다. 돈 걱정은 삶에서 기쁨을 빨아들이고 스트레스를 유발하고, 종종 고통을 주고, 건강을 악화시킨다. 부와 건강 사이의 관련성 중 상당 부분은 건강 악화가 소득에 미치는 영향이나 교육이 건강과 부 모두에 미치는 영향이나 어른이 돼서의 건강과 부의 토대가 되는 유년 시절 성장 환경 등 다른 방법들을 통해 설명되더라도, 돈이 건강에 유익한 영향을 미치지 않는다면 놀라운 일일 것이다.

미국은 유럽 등 다른 부유한 나라들에 비해 훨씬 포괄적이지 못한 사회 안전망을 가지고 있다. 복리후생의 부재로 사람들은 일하고 벌려는 뚜렷한 동기를 부여받게 되는데, 이것은 그럴 수 있는 사람들에게는 좋지만, 이런저런 이유로 그렇게 할 수 없는 사람들에게는 재앙이 될 수 있다. 미국에는 또한 아프리카와 아시아의 가난한 사람들처럼 열악한 환경에서 살고 있는 수백만의 극도로 가난한 사람들이 있다는 점에서 다른 부유한 나라들과 다르다.[3] 가난은 미국에서만 볼 수 있는 죽음의 전염병을 설명하려 할 때 확실히 살펴봐야 할 점이다.

절망사와 미국의 나쁜 건강에 대한 일반적인 대중적 논의에서 소득 불평등 문제가 거론되는 경우가 종종 있다. 미국의 소득과 부의 불평등은 다른 부유한 국가들보다 더 크기 때문에 불평등은 미국이 예외적인 다른 결과들을 설명할 때마다 단골로 등장한다. 가난과 불평등은 건강 저하와 악화에 기여할 뿐만 아니라 민주적 통치를 훼손하고 경제 성장을 둔화시키고, 경제 불안을 초래하고, 신뢰와 행복을 저해하고, 심지어 비만의 증가를 촉진하는 등 일반적으로 아주 정확한 비난은 아니더라도 어쨌든 툭하면 모든 종류의 악행을 저질러 비난받는 쌍둥이 저주로 간주된다.[4] 가난은 더 불평등한 사회에선 견디기 더 어려울지도 모른다. 가난한 사람들은 그들 자신의 가난을 겪어야 할 뿐만 아니라 필요 이상으로 훨씬 더 많이 가진 다른 사람들도 있다는 것을 알 수 있다. 우리는 이 책에서 특히 앞으로 나올 장들에서 불평등에 대해 할 말이 많다. 우리는 절망사와 소득 불평등이 실제로 밀접하게 연관되어 있다고 주장하겠지만, 흔히 주장되는 것처럼 불평등에서 죽음으로 이어지는 단순한 '인과의 화살'이 있는 것은 아니다. 그보다는 권력, 정치, 사회 변화가 죽음의 전염병과 극심한 불평등을 동시에 초래하고 있는 더 근본적인 힘이다. 불평등과 죽음은 백인 노동자 계급을 파괴하는 세력의 공동 결과물이다.

우리는 소득 불평등이 대기오염이나 치명적인 방사능과 같기 때문에 더 불평등한 사회에서 사는 것이 부자와 가난한 사람 모두를 병들게 하는 것이라는 생각을 거부한다. 우선 미국의 소득 불평등은 1970년 이후 정확하게 사망률이 급격히 떨어지고 기대수명이 급격히 증가하는 시기 동안에 엄청나게 심화됐다(〈도표 1.1〉 참조). 이후로는 미국의 일부 주들은 다른 주들보다 훨씬 평등하지 않지만 그런 덜 평등한 주에서 절망사의 전염병이 더 심각하지는 않다. 소득 불평등도가 가장 낮은 두 주인 뉴햄프셔와 유타는 가장 높은 두 주인 뉴욕과 캘리포니아보다 훨씬 더 큰 타격을 받았다.

대침체는 2008년 리먼브라더스(Lehman Brothers)의 파산과 함께 시작돼 미국뿐 아니라 다른 부국에서도 순식간에 대규모 실업과 고통으로 이어졌다. 2008년 2월 5퍼센트 미만이던 미국의 실업률은 2009년 말이 되자 10퍼센트에 육박해 2016년 9월까지도 5퍼센트대를 회복하지 못했다. 특히 교육 수준이 낮은 사람 등 일부 측면에선 아직 복구가 완전히 끝나지 않았다. 2010년 1월부터 2019년 1월 사이 25

세 이상 대졸 취업자 수는 총 1,300만 명(약 25퍼센트) 증가했다. 대학을 졸업하지 못한 취업자 수는 270만 명 늘었지만, 이 중 고졸 이하취업자는 5만 5,000명 늘어나는 데 그쳤다. 대졸 이상 학력자들의 일자리는 대침체의 영향을 거의 받지 않고 늘어났다.[5] 숙련도가 가장 떨어지는 사람들의 임금이 다소 상승하긴 했지만 경기 회복이 그들에게 일자리를 제공해주지는 못했다. 절망사가 빠르게 증가하고 줄어들던 심장병 사망이 다시 늘어나기 시작한 2008년부터 2016년까지 교육 수준이 낮은 미국인들의 소득과 일자리는 거품이 꺼지지 않았을(또는 꺼져야만 했던) 경우보다 훨씬 적었다.

미국발 금융 위기에 대한 정책적 대응 강도는 필요했던 수준보다는 약했지만 그래도 유럽보다는 비교적 성공적이었다. 유럽 국가들은 저마다 불황을 겪는 방식이 달랐다. 불황의 영향을 받지 않은 나라도 있었지만, 자신의 선택 때문이거나 또는 높은 부채와 유로존 회원국이라 다른 선택권이 없어서 재정 지출과 복지 혜택 축소 등 다소심각한 긴축정책을 펼쳐나가야 하는 곳들도 있었다. 이처럼 유럽 국가별 차이는 우리가 국민 건강 상태를 각기 다른 정도의 경제적 고통과 비교 실험해보게 해준다.

이번 장 제목을 보면 알 수 있듯 우리는 가난이나 대침체가 절망적사망자 급증에 대한 우리 이야기의 주제라고 생각하지 않는다. 우리는 가난이 심각해지면 그로 인해 사람들이 불행해지고 건강이 나빠진다는 사실을 부정하지 않는다. 우리는 미국 일부 지역에서 목격되는 그로 인한 참혹한 생활 여건을 인정하고 개탄한다. 그런 생활 여건이 유럽보다 더 나쁘다는 것은 미국의 안전망과 의료 시스템이 부적절하다는 것을 보여주는 직접적 증거다. 그러나 미국의 예외적인 가난이나 대침체의 관점에서 절망사를 설명할 수는 없다.

우리는 11장에서 과거에 일어난 일에 대해 이야기했지만, 사람들이 절망사를 일으킬 수 있는 원인에 대해 질문받았을 때 일반적으로 내놓는 대답이 빈곤, 불평등, 금융 위기, 또는 이 세 가지 모두라는 점에서 여기서 다른 각도에서 원인을 찾아보는 것도 중요하다. 사람들이 거론한 모든 이유들이 중요하지만 어떤 것도 절망사를 초래하는 주된 이유는 아니다. 그러나 이와 반대되는 견해 역시 매우 광범위하게 퍼져 있는 이상 우리는 그것이 왜 잘못된 것인지 설명함과 동시에 빈곤, 불평등, 그리고 위기를 우리 이야기에 끼워넣을 필요가 있다.

빈곤

우리는 학력을 포함해 사망진단서에 기재된 정보를 확인하면서 사망한 사람들에 대해 많은 것을 알게 됐다. 그러나 그들의 직업, 소득, 재산, 그리고 그들이 가난했는지 여부를 포함해 우리가 알지는 못하나 알고 싶은 정보가 훨씬 더 많다. 그것 없이는 절망사가 가난과 결부되어 있는지 당장 알 수가 없다. 그래서 우리는 간접적으로 일해야 한다.

죽음의 유행병 발생 시기에 국가 빈곤율이 상승하지는 않았다. 빈곤선 이하 소득을 올리는 가구 구성원 수를 집계하는 공식 빈곤율은 유행병이 진행되던 1990년대에 내내 하락하다가 2000년에는 인구의 11퍼센트까지 떨어졌다. 그 후 대침체 직전에는 13퍼센트로 완만히 상승하다가, 침체를 거치면서 급상승한 뒤 천천히 하락하다가 2017년까지 3년 연속 빈곤율이 하락했다. 이것은 1990년대 초반부터 끊임없이 점점 더 빠르게 증가한 절망사의 패턴과는 전혀 다르게 보인다. 공식적인 빈곤율에는 많은 심각한 결함이 존재한다. 특히 그것은 근로 소득세 공제 같은 세금 혜택이나 현재 영양보충지원프로그램(Supplemental Nutrition Assistance Program)이라 불리는 푸드 스탬프(food stamp, 미국에서 저소득층에 식품 구입용 바우처나 전자카드를 매달 제공하는 식비 지원 제도 – 옮긴이)를 전혀 고려하지 않는다. 이러한 것들을 반영해서 수치를 조정해야 하고, 대침체 기간 복지 제도가 사람들에게 어떻게 도움을 주었는지를 평가할 때는 특히 더 그렇지만, 그 어떤 조정도 빈곤율이 절망사의 꾸준한 증가와 더 높은 상관관계를 갖도록 만들지는 못할 것이다. 급증하는 절망사를 설명해줄 수 있을 정도로 시간이 흘러도 빈곤이 늘어나지 않고 있다.

절망사의 인종적 패턴 또한 빈곤 이야기와 조화되기 어렵다. 고졸 이하 학력 성인의 경우 가난하게 사는 비히스패닉계 백인 분율은 1990년부터 2017년 사이 흑인의 절반에도 미치지 못했다.[6] 그러나 적어도 2013년까지 아프리카계 미국인들은 사실상 절망사의 예외였다. 1980년대 초반부터 대침체가 시작될 때까지 백인 중년의 빈곤율은 대략 7퍼센트(고졸 이하 학력자는 9퍼센트)로 일정했고, 백인들의 절망적 사망은 해마다 증가했다. 보다 일반적으로 봤을 때 광범위한 생활

수준의 척도들은 백인보다 흑인이 더 나쁘지만,[7] 1990년대부터 2013년까지 절망사로 숨진 사람들은 거의 전적으로 백인이었다. 비히스패닉계 백인에게만 특별히 더 큰 영향을 미친 것이 무엇이건 간에 그것이 그들이 다른 집단보다 더 가난하다는 사실은 아니었다.

미국에서는 특히 아프리카계 미국인들 사이에서 오랫동안 뿌리 깊은 심각한 빈곤이 존재한다. 실제로 오랫동안 백인 정부들이 들어섰고, 가난 구제의 실제적 또는 잠재적 수혜자가 흑인이었던 남부 지역에서 그런 구제를 막기 위해 많은 일을 해온 것은 미국의 길고도 수치스러운 인종차별의 역사다. 오랫동안 이어진 심각한 경제적 빈곤은 건강 상태를 악화시키지만, 이것은 인종차별주의와 낮은 수준의 건강 관리, 교육 그리고 때로는 심지어 위생으로 인해 더욱 악화된다.

그러나 빈곤이 절망사의 급증 원인은 아니다. 타이밍이 맞지 않고, 사망자 중 백인이 너무 많다. 사망 지역도 맞지 않다. 〈도표 10.1〉은 2017년 주별 25세에서 64세 사이 백인의 우발적(또는 의도하지 않은) 약물 과다복용으로 인한 연령 조정 사망률을 나타낸다.

분명 애팔래치아와 특히 웨스트버지니아와 켄터키는 약물 과다복용의 중심지이고 빈곤율이 높지만, 빈곤이 미국 전역에서 일어난 죽음을 제대로 설명해주지 못한다. 약물 과다복용 또한 동부 해안선을 따라 플로리다 해안에서 메릴랜드, 델라웨어, 뉴저지, 코네티컷, 로드아일랜드, 매사추세츠, 뉴햄프셔, 메인까지 경제적으로 덜 빈곤한 주에 널리 퍼져 있다. 아칸소나 미시시피처럼 빈곤율이 높은 주들 또한 약물 과다복용 사망 영향을 훨씬 덜 받는다.[8] 동시에 빈곤이 특별히

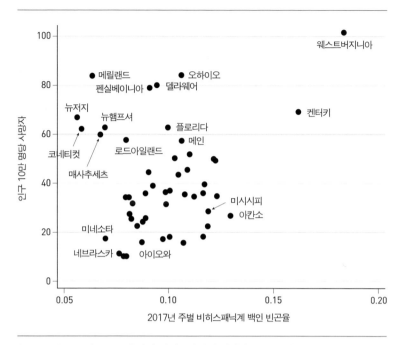

그래프 내 레이블:
- 100
- 80
- 60
- 40
- 20
- 0
- 인구 10만 명당 사망자
- 웨스트버지니아
- 메릴랜드
- 오하이오
- 펜실베이니아
- 델라웨어
- 뉴저지
- 뉴햄프셔
- 켄터키
- 코네티컷
- 플로리다
- 매사추세츠
- 로드아일랜드
- 메인
- 미시시피
- 미네소타
- 아칸소
- 네브래스카
- 아이오와
- 0.05
- 0.10
- 0.15
- 0.20
- 2017년 주별 비히스패닉계 백인 빈곤율

〈도표 10.1〉 2017년 25~64세 사이 비히스패닉계 백인의 약물 과다복용에 따른 사망률과 주별 빈곤율. CDC 자료와 3월 최신인구조사(Current Population Survey) 자료를 갖고 저자들이 계산함.

심하지 않은 로키산맥 인근 주들에서는 자살이 훨씬 더 광범위하게 퍼져 있다. 1999년부터 2017년까지의 자살률 상승 폭도 이미 자살하는 사람들이 가장 많았던 로키산맥 인근 주들에서 더 컸다. 자살자가 생기지 않은 곳은 없다. 모든 주의 3분의 2에서 2000년에서 2017년 사이에 중년 백인의 자살자 수가 적어도 50퍼센트까지 증가했다. 알코올성 간질환 사망률과 주의 빈곤 사이에는 정적 상관관계가 존재한다. 그러나 빈곤율이 가장 높은 주(웨스트버지니아, 켄터키, 아칸소)는 알코올 중독으로 인한 사망률이 가장 높지 않은데, 이는 거주자의 상당 분율이 술을 마시지 않기 때문이다. 알코올 관련 사망률은 네바다, 뉴멕시코, 플로리다에서 가장 높으며 서부 주들(와이오밍, 뉴멕시코, 오리건, 워싱턴)과 남부에서 가장 빠르게 상승하고 있다.

절망사로 몰고 가는 절망의 본질이 무엇이든 간에 그런 죽음은 널리 퍼져 있으며, 주 차원의 소득 빈곤으로는 원인을 설명할 수 없다.

불평등

기대했던 대로 삶이 풀리지 않은 채 방치된 사람들 사이에서 절망사가 성행하고 있다. 우리는 12장에서 소득 감소가 부정적인 사회적·정치적 요소들과 함께 작용한다고 주장할 예정이지만 어쨌든 소득도 일부 영향을 미치는 것은 사실이다. 하지만 특히 경제가 실질적인 성장세를 나타냈을 때 노동계급에 속하는 사람들이 경제적으로 뒤처져 왔다는 사실이 중요하다. 그러한 성장은 다른 사람들을 뒤에 남겨놓고 더 많은 교육을 받은 엘리트들에게 유리하게 작용했다. 절망사와 마찬가지로 소득 격차 확대는 이러한 과정이 빚어낸 결과물이다.

불평등 때문에 사망률 상승 등 사회적 혼란이 생겼다고 생각하는 사람들도 있다. 그들의 설명에 따르면 불평등은 좋은 삶을 사는 데 꼭 필요한 사회적 연대와 관계를 해침으로써 사람들에게 피해를 준다. 영국의 전염병학자인 리처드 윌킨슨(Richard Wilkinson)은 "건강한 사회는 사회적 연대를 촉진하는 낮은 스트레스의 제휴 전략에 의해 구성되는 반면 건강하지 못한 사회는 지배력, 갈등, 복종이라는 훨씬 더 스트레스를 많이 주는 전략을 특징으로 한다. 우리가 어떤 종류의 사회에 살지는 주로 사회가 얼마나 평등하고 불평등한가에 따라서 결정된다"고 주장했다.[9] 이것은 가난이 나쁜 건강의 근원이라는 주장과는 다르다. 이 주장대로라면 가난한 사람들은 가난해서 건강하지 않은 것이다. 반면 불평등이 사회를 건강하지 않게 만든다면 부자건 빈자건 상관없이 모두의 건강이 나빠진다.

윌킨슨의 이론은 추천할 만한 이유가 많은데, 특히 개인적 상황과 반대로 사회적 상황에 초점을 맞췄다는 점에서 그렇다. 그러나 여기서 우리는 그것이 오늘날 미국의 사망률을 설명하는 데 도움을 줄 수 있는지, 그리고 소득 불평등이 절망사라는 유행병과 연관되어 있는지에 관심이 있다. 우리는 1970년 이후 미국 내 불평등의 증가는 "불평등이 우리 모두를 병들게 만든다"는 말처럼 직접적으로가 아니라 미국의 부자들이 나머지 사람들을 희생시키면서 부유해졌기(돈이 부자에게서 가난한 사람이 아닌, 가난한 사람에게서 부자에게로 흘러가면서) 때문에 절망사의 증가와 실제로 관련이 있다는 데 동의한다. 20~30년 동안 소득 불평등이 올라가는 동안 사망률은 하락했지만, 결과적으로 1990년도 이후 우리는 교육을 덜 받은 사람들 사이에서 절망사가 증가하기 시작하는 모습을 목격하기 시작했다. 우리는 이것이 상위 1퍼센트에 속하는 사람들의 재산이 증가해서가 아니라 그보다는 백인 노동자 계급에게 일어났던 일들 때문에 일어난 결과라고 주장할 것이다. 물론 최상위 계층의 재산 증가는 최하위 계층의 고통과 상당 부분 관계가 있을지도 모르며, 그것은 우리가 무엇을 해야 할지를 생각해야 할 때 중심 주제가 될 것이다. 하지만 절망에 빠진 사람들은 지금 그들 삶과 그들이 살고 있는 지역사회에서 일어나는 일 때문에 절망하지, 상위 1퍼센트 사람들이 더 부자가 돼 절망하는 것이 아니다.

소득 불평등은 국가 내에서도 장소마다, 즉 도시와 주마다 온도 차를 보인다. 과거에는 소득 불평등이 더 큰 주에서 사망률이 더 높고 기대수명은 더 낮았다. 하지만 오늘날에는 이런 관계가 훨씬 더 약해졌다. 역사적으로 봤을 때 사망률이 높은 남부의 주들(웨스트버지니아, 앨라배마, 켄터키, 미시시피, 아칸소, 오클라호마, 루이지애나, 테네시)은 대다수의 주들보다 소득 불평등이 심했는데, 대부분의 경우 상대적으로 가난해서 전체 소득 불평등을 높였고, 사망률도 상대적으로 높아 전체 사망률을 끌어올린 가난한 흑인 인구가 많았기 때문이다. 중부에 위치한 주들과 서부에 위치한 대부분의 주들의 인구는 보다 동질적 성격을 나타냈고 사망률도 더 낮았다. 그러나 오늘날 뉴욕과 캘리포니아는 가장 불평등한 주들에 속한다. 두 주에는 히스패닉과 아시아 출신 사람들이 많이 살아 이질성이 상당히 강하지만, 두 주의 사망률은 가장 낮은 수준을 나타낸다.

소득 불평등과 사망률 사이의 단순하면서 직접적인 관계를 찾는다는 것은 또 다른 잘못된 흔적을 좇는 것과 같다.

사람들이 가난했다가 부자가 되기 쉽거나 적어도 아이들이 그들 부모보다 더 잘살기 쉽다면 많은 사람들은 소득 불평등을 대수롭지 않은 문제로 느낄 것이다. 그런지 확인하기 위해서는 부모가 소득분배 하위 5분위에 속하지만 상위 5분위 진입에 성공한 자녀의 비율 같은 세대 간 이동을 보여주는 척도가 필요하다. 우리는 세대 간 이동이 쉬우면 누구나 성공(또는 실패!)할 가능성이 있고, 이동이 어려울 때는 사람들은 타고난 팔자를 벗어나지 못하게 된다고 생각할지도 모른다. 경제학자 라지 체티(Raj Chetty)와 공동저자들은 1980년에서 1991년 사이 미국 전역의 서로 다른 장소에서 태어난 아이들의 세대 간 이동성 척도를 계산했다.[10] 미국 남동부에서 태어난 아이들은 적어도 이 특정 코호트의 경우 상위 계층으로 이동할 가능성이 가장 적었다. 이러한 낮은 이동성과 절망사 사이에는 상당히 겹치는 점이 있지만 둘 사이의 관계가 낮은 이동성과 불평등 사이의 관계만큼 밀접하지는 않다. 실제로 불평등 자체가 낮은 이동성과 밀접한 관련이 있다.

소득과 대침체

1929년 10월 주식시장 폭락 이후 지금까지도 서구 자본주의 역사상 최악의 위기로 남아 있는 10년간의 불행과 경제 실패가 뒤따랐다. 수백만 명의 사람들이 직업, 저축, 집, 농장 등 모든 것을 잃었다. 인구의 20퍼센트 이상이 일자리를 잃으면서 자신들뿐만 아니라 가족들도 경제적으로 부양할 수 없게 됐다. 1929년부터 1933년까지 1인당 개인 소득은 25퍼센트 감소했고 1937년이 되어서야 대공황 이전 수준을 회복했다. 자살률은 이후로도 한 번도 기록하지 못한 최고점에 도달했다. 미국[11]과 영국[12] 모두에서 마찬가지였다. 유럽에서는 대공황과 그에 따른 여파로 파시즘이 대두했다.

이후로 이때만큼 경제 상황이 악화된 적은 없었지만 2008년 이후 일어난 사건들은 그다음으로 최악이다. 이때 미국과 전 세계가 겪은 경제 침체 상황을 대공황에 빗대어 대침체라고 부른다. 실업률은 5퍼센트에서 10퍼센트로 두 배 상승했다. 실업률이 대공황 때의 20퍼센트까지 오르지는 않았지만, 일자리를 잃은 수백만 명의 사정은 그때나 별다른 차이가 없었다. (대졸 이상 학력자의 실업률은 가장 높아 봤자 5.3퍼센트에 그쳤다.) 결코 빌려주지 말았어야 할 주택담보대출로 은행들이 막대한 돈을 번 주택 거품에서 위기가 기원한 이상 수백만 명의 사람들이 살던 집을 잃었다. 중산층의 삶을 유지하기 위해 열심히 노력했던 사람들은 갑자기 일자리를 잃었고 살 곳도 없어졌다. 또 자신이나 자식들의 교육을 계속 지원해줄 방법도 없었다. 은행들은 대출을 중단했고 수백만 곳의 중소기업들이 파산했다.

경기 사이클에 따라 사망률이 어떻게 달라지는지에 대한 많은 연구들이 추진됐다. 경기가 불황일 때 더 많은 사람들이 죽는지(처음에는 이렇게 예상하기 쉽다), 아니면 경기가 호황일 때 그런지에 대한 연구들이었다. 아마도 이 문제를 최초로 다룬 연구는 지난 1922년 사회학자이자 통계학자인 윌리엄 오그번(William Ogburn, 1886~1959)과 사회학자이자 인구 통계학자인 도로시 토머스(Dorothy Thomas, 1899~1977)가 발표한 것 같다.[13] 토머스는 펜실베이니아대학교 와튼스쿨의 첫 여성 교수다. 오그번과 토머스는 놀랍게도 경제가 호황일 때 오히려 자살률이 올라간다는 사실을 발견했다. 그들이 내린 결론은 대공황 이

전 국가 및 주 차원에서뿐만 아니라 이후 경기 주기에도 여러 번 반복됐다.[14] 모든 연구 결과가 같은 패턴을 확인해주는 것은 아니지만, 일반적으로 다른 부유한 나라에서도 경기가 불황일 때가 호황일 때보다 사망률이 더 낮은 미국과 상당히 같은 현상이 일어난다. 대공황 때 그랬던 것처럼 경기가 불황일 때 자살이 늘어나는 것은 사실이지만(1929년 파산한 백만장자들이 초고층 빌딩에서 뛰어내리는 모습이 담긴 유명한 사진들을 기억하라), 거기에는 다른 메커니즘이 작동하고 있다. 경기가 안좋을 때 사람들은 차를 빠르게 몰거나 과음하며 자해하는 데 쓸 돈이 없다. 또 일을 적게 하면 스트레스와 심장마비가 줄어들 수 있고, 임금이 낮고 사람을 쉽게 구할 수 있을 경우 노인을 돌봐줄 좋은 사람을 찾는 데 드는 비용이 더 싸질 수 있다.[15]

하지만 매 호황과 불황마다 각기 상황이 다르다. 경제 재앙과는 완전 딴판으로, 대공황에는 이 책의 주제인 죽음의 전염병이 돌았다. 그렇다면 이번에는 어떻게 됐을까?

본질적인 출발점은 4장과 1990년 이후 절망사의 궤도를 보여주는 〈도표 4.2〉를 다시 살펴보는 것이다. 궤도는 거침없이 상승하고 있으며, 2008년 대침체나 그로 인한 장기 여파의 영향은 전혀 보이지 않는다. 경제 붕괴 이후 분명 자살은 늘어났지만 이미 오래전부터 계속 증가하고 있었다. 경제 붕괴가 어떤 다른 결과를 초래했는지 여부와 상관없이 리먼브라더스 파산 이후나 2008년 가을부터 2009년까지 실업률이 두 배로 상승했을 때 절망사가 급증했다는 것을 보여주는 증거는 없다. 경제 붕괴가 절망사를 초래했다는 생각은 또 다른 잘못된 흔적이다.

그렇다 하더라도 대침체는 다른 종류의 죽음이나 특정 집단의 죽음과 연관되어 있을 수 있다. 예를 들어, 1990년대까지 45세에서 54세 사이의 백인 가구원 1인당 평균 소득이 증가하다가 2000년 이후 감소했다.[16] 절망사뿐 아니라 그것을 포함한 총사망률은 1990년에서 1999년까지 하락하다가 2016년까지 일부가 예상할 수 있는 대로 소득 추세와 반대로 상승했다. 그러나 좀 더 자세히 살펴보면 이건 우연의 일치다. 총사망률이 하락하다 상승한 것은, 절망사가 1990년대 증가했지만 처음에는 그 수가 많지 않았고 심장병으로 인한 사망률이 개선되면서 그것을 상쇄하는 수준 이상의 효과를 냈기 때문이다. 〈도표 10.2〉는 이 기간 동안 45세에서 54세 사이 백인들의 절망사(약물, 술, 자살)와 심장병으로 인한 사망률과 이 두 가지 유형의 사망률의 합계를 나타낸다.

심장병으로 인한 사망자 감소세가 둔화되고 절망사로 인한 사망률이 충분히 높아지자 하락하던 총사망률은 상승 반전했다. 그러나 근본적 요소인 절망사와 심장병 사망률 모두 소득 패턴과 무관하며 그들의 합계가 소득을 잘 보여준다는 것은 단지 우연의 일치일 뿐이다.

고령의 백인들은 중위소득(median income, 전체 가구 중 소득을 기준으로 50퍼센트에 해당하는 가구 소득 - 옮긴이)이 증가하는 내내 사망률이 하락했다. 고령의 미국인들의 소득은 중년 미국인들의 소득보다 더 보호가 잘됐다. 퇴직자들을 위한 사회보장 혜택은 일하는 사람들이 중간 임금을 받는 것보다 더 좋은 효과를 냈다. 그러나 우리는 여기서 알게

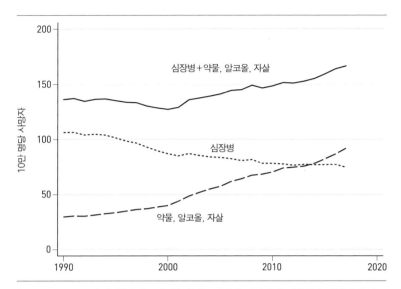

〈도표 10.2〉 45~54세 사이(연령 조정 후) 비히스패닉계 백인들의 심장병과 절망사에 따른 사망률. CDC 자료를 갖고 저자들이 계산함.

된 것이라고는 한 가지 추세(소득)가 올랐을 때 한 가지 추세(사망률)는 하락했다는 사실뿐인데, 노인들의 사망률 하락을 그들의 소득 증가 덕이라고 보는 것은 진정한 비약이 아닐 수 없다.

더 범위를 넓혀보면 1990년부터 2017년까지의 소득 패턴이 사망 패턴과 일치하지 않는다는 것이 더욱 분명해진다. 예를 들어, 45세에서 54세 사이 4년제 대졸 이상 백인들은 칼리지를 졸업한 사람들보다 더 많이 벌지만, 후자는 고등학교 이하 학력자들보다는 더 많이 번다. 이 세 집단의 구성원당 평균 가구소득은 잇달아 2000년까지 증가하다가 그 후에 떨어지는 모습을 보였다. 그러나 이 세 집단의 사망률은 서로 차이를 나타내면서 가장 교육을 적게 받은 집단의 사망률은 상승하고, 중간 수준으로 받은 집단은 거의 보합세를 보이고, 가장 교육을 많이 받은 집단의 사망률은 하락했다. 흑인과 백인을 비교해봐도 역시 다른 패턴이 드러난다. 즉 흑인과 백인 모두 중위소득의 상승과 하락을 경험했지만 사망률은 확연한 차이가 나는데, 흑인과 백인 사이에 희비가 엇갈린다. 가난이 죽음의 공간적 패턴을 설명해주지 못하듯 1990년 이후의 소득 패턴도 같은 기간 동안의 사망의 패턴을 설명해주지 못한다.

우리는 여기서 소득(또는 임금)이 중요하지 않다고 주장하는 것은 아니다. 이 책의 나머지 부분에서 우리는 교육 수준이 낮은 미국인이 장기간 기회를 얻지 못하면서 절망사가 늘어났다는 사실을 강조한다. 여기서 '장기적'이란 말이 가장 중요하다. 우리는 훨씬 더 짧은 기간인 지난 20년 동안 사망률의 움직임과 소득의 움직임 사이의 관계가 없다는 점에서 대침체가 미친 영향에 대해 의심한다.

유럽의 경기 침체, 긴축 그리고 사망률

|

대침체는 미국과 유럽이 달랐고, 많은 유럽 국가들에선 실업률 상승과 소득 감소 측면에서 훨씬 더 심각했다. 자발적으로든 비자발적으로든 긴축정책을 시행한 국가들은 실업률 상승에도 불구하고 실업급여는 물론이거니와 특히 예방접종이나 유방암 검진 같은 예방 서비스와 의약품 등 의료비 지출을 삭감했다. 연금이나 장기요양 등 노인들에 대한 정부 지출은 대체로 유지됐다. 경제적으로 가장 큰 피해를

본 그리스는 보건 분야 공공 지출을 30퍼센트 줄였지만 그곳에서조차 노인 장기요양 관련 지출은 손을 대지 않았다.[17]

국가별로 긴축정책 강도와 상관없이 유럽에서는 절망적 사망이 유행하지 않았다. 미국처럼 사망률이 하락하다 반전한 경우를 유럽에서는 찾기 힘들다. 실제로 2007년과 2013년 사이 그리스와 스페인의 실업률이 인구 4분의 1 이상이 실업자일 정도로 3배 이상 상승했어도 기대수명은 대부분의 다른 유럽 국가들보다 더 빠르게 늘어났다. 이 기간 유럽에서는 기대수명이 어느 정도 '수렴'됐다. 즉 에스토니아, 폴란드, 체코 등 기대수명이 짧았던 국가들의 기대수명은 이미 상대적으로 기대수명이 높았던 노르웨이, 프랑스, 스위스 등보다 빠르게 늘어났다.

그러나 그리스와 스페인에 해당하는 자료는 이런 식으로 설명되지 않는다. 두 나라 모두 처음엔 기대수명이 높았고, 긴축기 동안 사망률이 상당히 개선됐다.[18] 유럽을 보면 실업, 소득 감소, 사망률에 대한 일반적인 이야기를 전개하는 데 전혀 도움이 되지 않는다.

미국처럼 노동자 계급 가정과 절망사 사이의 안타까운 관계가 장기간 이어질 위험에 처한 또 다른 부유하고 산업화된 국가가 있을까? 영국에도 폭풍 구름이 모여들고 있는 것 같다. 영국의 저소득 노동자 가구의 가계소득은 1990년대 중반 이후 거의 증가하지 않았다. 1980년부터 2011년까지 매년 20퍼센트 이상씩 늘어났던 기대수명은 그 이후로 변화가 없었다. 미국처럼 중년의 심장병 사망률 진전은 주춤했고, 잉글랜드와 (특히) 스코틀랜드의 절망적 사망은 증가했다. (여기서 언급한 숫자는 현재 우리가 미국에서 보고 있는 숫자에 비해 작지만, 미국도 1990년대 초반에는 작은 숫자에서 출발했다.) 영국은 현재 장시간의 긴축과 지리적 불평등의 증가를 경험하고 있다. 런던은 번창하고 있지만 영국의 나머지 지역 대부분은 그렇지 않다. 영국 국민 절반은 브렉시트(Brexit)에 찬성했고 절반은 유럽연합 잔류를 택하는 등 나라가 미국처럼 정치적으로 분열돼 있다. 이것이 사망률에 미칠 장기적 영향은 2019년 중반 현재까지 불분명하지만, 1970년부터 미국 백인들 사이에서 장기간 목격된 노동자 계급 삶의 악화가 영국에서도 되풀이되면서 절망사가 늘어나기 시작할지도 모른다.[19] 그러나 아직까지 영국의 최근 사망률 변화가 확실하게 이해되고 받아들여지지는 않고 있다.[20]

죽음과 탈산업화

|

우리는 소득과 실업 문제에서 완전히 벗어나지 못했다. 미국 기자 샘 퀴노네스(Sam Quinones)의 명저 《드림랜드(Dreamland)》처럼 유행병에 대한 몇몇 저서들은 일자리가 사라지고, 자동화로 공장이 없어졌거나 해외로 이전하고, 적어도 남은 사람 중 일부가 오피오이드를 남용하고 있는 한때 번창했던 마을이나 도시에서의 오피오이드 남용과 죽음을 집중 조명하고 있다.

미국 전역의 1,000개 소규모 지역을 이용해 절망사와 취업률의 상관관계를 자세히 분석해본 결과는 퀴노네스의 견해를 재확인시켜준다. 한창 일할 연령대의 사람 중 일하는 사람 분율이 낮은 장소들은 절망적 사망률이 높은 장소들이다. 자살, 약물 과다복용, 알코올성 간질환 사망률이 모두 높다. 몇몇 연구들은 일명 '차이나 쇼크(China shock)'로 불리는, 2000년 중국의 세계무역기구(WTO) 가입과 그로 인해 훨씬 더 저렴한 중국산 상품과의 갑작스런 경쟁으로 인한 급격한 실업자 증가 등 보다 구체적인 에피소드를 살펴봤다. 다시 말하지만, 실업자 증가는 사망자 증가와 관련이 있다.[21]

이 책에서 우리의 주된 주장은 교육을 덜 받은 백인 노동자 계급의 생활수준이 장기간 천천히 악화되면 그들 사이에서 절망사가 늘어난다는 것이다. 실업도 절망사에 일부 영향을 미치지만 단지 일부에 머문다. 구직 활동을 포기한 채 구직 활동을 하지 않는 사람들은 실업자로 집계되지 않지만 여전히 경제활동인구 비율을 아래로 끌어내린다. 한 나라의 실업률은 분명 오르락내리락하지만 한 종류의 직업이 다른 직업으로 대체(종종 더 나쁜 직업이 더 나은 직업으로)되면서 특정 장소에서도 같은 현상이 일어난다. 제조업이 사라지고 사람들이 고임금 일자리를 잃은 일부 지역에서는 사람들은 서비스, 주문 이행, 콜센터, 또는 우버 등에서 다른 일자리를 찾는다. 이러한 일자리는 급여가 더 적고 근로 조건이 더 스트레스를 줄 수 있지만 사람들이 계속 경제활동을 할 수 있게 해준다. 에이미 골드스타인(Amy Goldstein) 기자는 시간당 임금이 높아 '관대한' 회사로 알려진 자동차 회사 GM이 2008년 85년간 만들던 쉐보레 생산을 중단한 후 공장을 폐쇄한 폴 라이언(Paul Ryan)의 고향인 위스콘신주 제인스빌에 대해 그런 주제로 기사를 연재했다. 연재가 끝날 무렵에도 실업률은 4퍼센트에 불과했

지만 그렇다고 해서 모든 일이 잘 돌아가고 있다는 뜻은 아니다.[22]

실업률이 낮으면 절망적 사망률이 낮다. 그러나 일자리를 잃고, 경제활동을 포기하고, 실업률 통계에 잡히지 않는 사람들이 더 있을 것이다. 그들 역시 고통과 절망을 느끼기 때문에 실업률은 낮더라도 아무 일도 하지 않고 할 일도 없는 사람이 많을 때도 사망률은 높다.

요약하자면, 실업만으로 사회·경제적 구조가 파괴된 장소를 잘 파악할 수 있는 것은 아니다. 나쁜 일자리도 여전히 일자리로 쳐주고, 사람들이 아예 포기하고 구직 활동을 중단하면 그들은 더 이상 실업자로 집계되지 않는다. 그러나 충분히 오랫동안 지속된 이러한 변화들은 사회생활과 사회구조를 해치고, 절망사를 일으키는 것은 바로 그러한 삶의 파괴. 사망률과 실업률 사이의 연결고리는 '차이나 쇼크'처럼 이런 과정의 일부에 해당한다. 이 결과들이 같은 방향을 가리키고 있다는 것이 우리 이야기에 중요하지만, 그들은 단순히 시리즈물 영화의 최신작에 불과하다.

대침체의 재연

우리는 대침체가 과거 대공황이 미국과 영국에서 자살 유행병을 일으켰던 식으로 절망사를 일으키지는 않았다고 강조했지만, 그렇다고 대침체가 중요하지 않다는 뜻은 아니다. 우리는 한편에서 부상한 포퓰리즘과 다른 한편에서 심각해진 불평등에 대한 분노가 금융 위기와 밀접한 관련이 있다고 의심한다. 금융 위기 전까지만 해도 엘리트들은 자신들이 무슨 일을 하는지 알고 있고, CEO와 은행원들은 공익적 일을 하면서 임금을 벌고 있으며, 경제 성장과 번영이 제도의 추악함을 메워줄 것이라고 믿는 것이 가능했다. 금융 위기 이후 그토록 많은 서민들이 일자리와 집을 포함해 엄청난 손실을 봤을 때 은행원들은 계속해서 보상을 받고 처벌받지 않았으며, 정치인들은 계속해서 그들을 보호했다. 자본주의는 일반적인 번영을 이끄는 엔진이라기보다는 상향식 재분배를 위한 부정한 돈벌이 수단처럼 보이기 시작했다.

일자리 양극화의 심화

교육, 특히 학사학위 유무에 따른 차이는 사람들을 잘하는 사람과 못하는 사람 사이의 격차를 점점 더 크게 벌려놓았다. 우리가 살펴봤듯 약물, 자살, 그리고 술로 인해 전례 없는 사망의 증가 현상은 대부분 교육을 덜 받은 사람들 사이에서 나타나고 있다. 우리가 6장과 7장에 살펴본 신체적·정신적 건강과 고통을 포함한 질병의 증가도 역시 마찬가지다.

이러한 건강 결과는 교육을 덜 받은 사람들을 불행하게 만드는 주요 원인이다. 경제적 성과, 임금, 경제활동 참여도, 구할 수 있는 일자리의 종류, 그리고 성공 기회 등에서 점점 더 격차가 커지고 있다. 교육에 의한 지리적 패턴화 현상이 점차 고착화하면서, 교육을 잘 받은 사람들은 좋은 직업, 좋은 학교, 좋은 오락거리가 있는 성공적이고 혁신적인 도시로 이주하는 반면, 교육을 덜 받은 사람들은 시골, 작은 마을, 또는 재능이 많은 아이들이 다른 곳으로 이주해 정체됐거나 쇠퇴하는 지역사회에 남겨진다. 60년 전 마이클 영은 능력주의로 인해 이런 격차가 생길 것이라 예측했고, 5장에서 우리는 1970년대와 1980년대 흑인 사회에서 어떻게 실제로 그런 격차가 벌어졌는지를 살펴봤다.

근로소득은 소득으로 사는 재화와 서비스를 통해 좋은 삶을 살기 위한 물질적인 지원을 제공하지만, 삶의 다른 측면에서도 일은 그만큼 내지는 또는 그 이상으로 중요하다. 일은 삶에 체계와 의미를 부여한다. 그것은 소득과는 같지 않은 지위를 준다. 또 결혼과 양육을 지원해준다. 여기에서도 교육 수준이 낮은 사람들의 결혼 확률은 점점 더 낮아지는 반면 이혼 확률은 높아지고, 혼외 자식을 가질 확률은 커지며, 자녀와 분가해 살 확률도 높아지는 등 격차가 벌어진다. 우리는 12장에서 삶의 이러한 측면에 대해 더 자세히 다뤄볼 계획이다.

웰빙을 돈이나 돈으로 살 수 있는 것으로 생각한다면 오산이다. 사람들이 관심을 가져야 할 이유가 있는 많은 것들은 돈으로 환산할 수 없거나 금전적인 단위로 측정할 수 없다. 돈이 부족할 때 그런 다른 것들을 구하기 더 어려운 것은 사실이기 때문에 물질적인 웰빙의 감소가 삶의 다른 측면에서 고통을 일으키는 원인이 된다. 경제적 뒤처짐이 중요한 문제이긴 하나 그것은 시작에 불과하다. 우리가 말하는 '절망사'에서 '절망'은 물질적 박탈감보다 훨씬 더 광범위하고, 훨씬 더 나쁘다.

이번 장에서는 물질적 웰빙, 임금과 일자리, 교육에 따른 격차의 확대를 중심으로 이야기를 해보겠다. 다음 장에서는 다른 결과 사이의 격차를 그려보겠다.

에스컬레이터가 하나에서 두 개가 됐는데 그중 하나가 멈추다
|

미국에서는 사람들 사이가 아니라 시대들 사이에도 격차가 존재한다. 사건에 따라 기준으로 삼는 날짜가 다르겠지만 우리는 1970년도 전후의 격차를 말하려 한다. 제2차 세계대전 말부터 1970년까지 경제는 비교적 빠르게 성장했고 그에 따른 성과는 비교적 균등하게 분배됐다. 성장은 교육과 소득 수준과 무관하게 모두의 생활수준을 끌어올리는 에스컬레이터였다. 1970년 이후 에스컬레이터 수는 한 개에서 두 개로 늘어났다. 하나는 교육을 잘 받고 이미 잘살고 있는 사람들이 타는 속도가 더 빨라진 에스컬레이터였고, 다른 하나는 대학 학위가 없고 이미 덜 부유한 사람들이 타는 에스컬레이터였다. 후자는 멈추거나 거의 움직이지 않았다. 1970년 이전에는 경제가 성장해도 불평등이 확대되지는 않았다. 그런데 이후 저성장 속에서 불평등이 커졌다. 그렇게 된 일부 원인에 대해서는 차차 얘기하겠지만, 어쨌든 그로 인해 노동자 계급은 서서히 재앙에 휘말리기 시작했다.

10장에서는 2008년 시작된 대침체가 비록 참담하기는 했지만, 그보다 훨씬 일찍 시작해서 침체기를 거치면서도 약해지지 않고 지속된 절망사란 유행병을 일으킨 원인은 아니었다는 것을 보여줬다. 반면 1970년부터 시작된 생활수준의 장기적 진화는 유행병과 많은 관련이 있었다. 백인 노동자 계급의 사회적 붕괴와 함께 생활수준의 악화는 정치학자인 로버트 퍼트넘(Robert Putnam)이 적절히 빗댔듯 기후변화처럼 변덕스럽지만 느리고 대체로 눈에 잘 보이지 않는 곳에서 작동하는 더딘 과정이다. 기후변화나 그것의 결과는 매년 나타나는 기온 변화에서 드러나지 않지만, 그것의 장기적(그리고 때로는 논쟁의 여지가 있는) 여파는 문명을 위협할 정도다. 경제 성장이 둔화되자 노동자 계급 사람들은 교육 수준이 높은 사람들에 대해 더 많은 보상을 해주는 경제에 의해 점점 더 뒤처지게 됐다.

성장, 소득 불평등 그리고 임금

경제 상황은 대체로 개인과 가족들에게 가능한 일의 한도를 설정해준다. 1인당 국내총생산(GDP) 증가분은 정부 지출, 민간 소비 또는 기업 투자 지원 등 여러 용도로 사용될 수 있으며 부자들이나 빈자들, 아니면 모든 사람이 그로 인한 수혜를 누릴 수 있다. 경제의 전반적인 성장은 누가 무엇을 얻는지 보기 위해 따로 떼어놓고 봐야 하는 출발점이다. 1950년대 1인당 경제성장률은 연평균 2.5퍼센트를 기록했고, 10년 뒤인 1960년대에는 제2차 세계대전 이후 10년 평균치 중 가장 높은 3.1퍼센트를 나타냈다. 1960년까지 1인당 GDP는 1950년보다 28퍼센트 높았고, 1970년에는 1960년보다 36퍼센트, 1950년보다 75퍼센트 각각 증가했다. 1970년대와 1980년대에는 성장률이 연 2.2퍼센트로 떨어졌고, 오늘날 '양호한' 10년으로 간주되는 1990년대에는 연평균 성장률이 2.0퍼센트를 밑돌았다.

21세기 첫 10년 동안 대침체가 일어나면서 전체 성장률은 1.0퍼센트에도 못 미쳤지만, 경기가 회복되던 2010년대에도 적어도 2018년까지의 성장률은 연평균 1.5퍼센트를 밑돌았다. 중요한 사실은 미국만이 성장률이 떨어진 부국이 아니라는 점이다. 경제협력개발기구(OECD)는 오늘날 34개 부국들이 주로 참여하고 있는 선진국의 단체인데, 회원국들은 대체로 제2차 세계대전 이후 같은 수준의 성장 둔화를 보여줬다.

성장이 둔화될 때 누가 무엇을 얻게 할지의 자원 분배는 더욱 어려워진다.[1] 작은 차이처럼 보일 수 있는 성장률이 장기간에 걸쳐 큰 영향을 미친다. 2.5퍼센트 성장한 경제에서 생활수준은 한 세대를 넘지 않는 28년 만에 두 배로 향상된다. 성장률이 1.5퍼센트일 경우 이 기간은 47년이 걸린다. 강력한 성장 시 한 집단이 공정한 몫 이상으로 많이 얻어도 여전히 다른 집단에게 돌아갈 무언가가 남아 있기 때문에 분배 압박은 덜하다. 저성장 시에는 덜 성공한 집단을 완전히 차단해야 한다는 압박감이 더 커진다. 저성장은 자원을 둘러싼 싸움을 격화시키고, 각 그룹에게 자기 몫 이상의 것을 얻기 위한 로비를 하고 싶게 만들고, 자원의 분배 걱정에 상당 시간을 할애하는 정치를 오염시킨다. 1970년 이후 성장의 혜택은 이미 더 나은 삶을 살고 있고 자기 몫을 지킬 준비가 훨씬 더 잘 된 사람들에게 주로 돌아갔다. 사람들은 더 힘들어진 세상에서 자신의 경제적 지위를 지켜야 한다고 느낄 때 시간과 자원을 혁신과 성장의 긍정적인 게임과 상관없는 분배의 제로섬 게임으로 돌린다. 지대추구를 하다 창조를 등한시하고 모든 사람을 궁핍하게 만드는 악순환에 빠질 수 있다.

오늘날 소득 불평등에 대한 사실들이 널리 알려져 있듯 분배의 중간과 아래에 있는 사람들은 거의 얻는 것이 없는 반면 위쪽에 있는 사람들, 특히 최상위인 상위 1퍼센트에 속한 사람들은 실제로 매우 많은 것을 얻었다. 저성장과 불균등한 분배의 조합은 최상위권이 아닌 사람들의 생활수준에 이중적인 재앙이다.

엘리트들과 나머지 사람들 사이의 차이는 미국뿐 아니라 다른 많은 선진국에서도 벌어졌다. 그러나 미국과 다른 부유한 나라들의 성장이 비슷하게 둔화됐지만 불평등은 비슷하게 심화되지 않았다. 예를 들어, 독일, 프랑스, 일본 등 몇몇 선진국들은 상당히 최근까지도 소득 불평등이 거의 심해지지 않았다. 그뿐만 아니라 단연 미국의 소득 불평등 수준이 훨씬 더 높았다. 미국은 오랫동안 부유한 국가들 사이에서 가장 불평등한 국가 중 하나였으며, 실제로 많은 부유한 나라들에서도 공통적으로 나타나는 최근의 불평등 확대 현상은 미국에서 더 일찍 시작됐고, 다른 나라들보다 더 심각했다.

성장과 분배에 대해 생각해볼 수 있는 또 다른 방법은 국민소득에서 차지하는 노동(임금)과 자본(이익) 비율을 살펴보는 것이다. 경제학자들은 오랫동안 임금 대 이익의 비율이 2대 1 정도로 불변의 상수처럼 생각했다. 그러나 이 역시 1970년 이후 바뀌었고 임금 비율은 67퍼센트에서 60퍼센트 정도로 떨어졌다. 인도와 중국을 포함한 몇몇 개발도상국뿐만 아니라 다른 부유한 나라에서도 비슷한 현상이 일어났다.[2] 연금 수령자들이 은퇴 자금을 마련하기 위해 주식을 보유하고 있는 것을 생각해보면 모든 이익이 부자들에게 돌아가는 것은 아니지만 대체로 그렇고, 국민소득에서 이익 비중의 확대는 가계 전체의 소득 불평등이 확대되는 한 가지 이유였다. 노동 비율의 하락은 경제 내 생산성이 더 이상 임금과 같은 수준으로 성장하지 않는다는 것을 의미한다. 1970년대 초반부터 생산성이 더 느리게 성장했을 뿐만 아니라 임금도 더딘 성장세를 따라잡지 못하고 있다. 1979년까지는 생산성 증가와 노동자 보상이 함께 성장했지만 1979년부터 2018년까지 생산성은 70퍼센트, 시급은 12퍼센트 증가하는 데 그쳤다.[3]

소득과 임금

국민소득은 경제 상태를 보여주는 중요한 일반적인 지표지만 누가 무엇을 얻는지를 알려주지는 않는다. 그것을 알려면 개인이나 가족을 살펴볼 필요가 있다. 우리 이야기의 핵심은 교육 양, 특히 4년제 대학 학위 유무에 따라 생기는 사람들 사이의 소득 격차다. 교육 수준에 따라 생기는 건강과 다른 결과의 차이를 고려했을 때 우리는 일반적인 소득 불평등보다 교육에 따라 생기는 소득 차이에 더 관심이 있다.

우리는 재차 일, 지위, 결혼, 사회생활의 성격 변화 등과 같은 사회적 변화보다 소득이 덜 중요할 가능성이 높다는 점을 강조한다. 이러한 모든 사회적·경제적 변화가 한꺼번에 일어나고 있으며 모두 사람들의 삶에 영향을 준다. 그러나 그것들은 또한 우리가 자세히 분석해볼 만한 가치가 있을 만큼 서로 영향을 준다. 노동시장에서 얻는 소득은 이러한 다른 결과의 주요 원인 중 하나가 될 만한 충분한 자격이 있기 때문에 우선 그것부터 살펴볼 필요가 있다.

대학 학위가 있는 사람들은 없는 사람들보다 소득이 높다. 4장에서 봤듯 고졸 이하 학력자보다 높은 대졸 이상 학력자들의 추가 소득은 1980년과 2000년 사이 '두 배'로 뛰었는데, 이로 인해 두 집단 간 40퍼센트였던 임금 차이가 80퍼센트로 크게 늘어났다.[4] 대학에서 더 많은 것을 배웠거나 교육받은 사람들은 무엇보다 더 추진력이 강하고, 인지력이 뛰어나거나, 가족 관계가 우수하거나, 또는 이것들을 포함한 복합적 이유를 지녔고, 그래서 교육은 시장에서 보상받는다. 대학 프리미엄이 두 배로 늘어난 이유에 대한 가장 확실한 설명은, 힘을 쓰는 농업보다는 인지력을 발휘하는 컴퓨터처럼 복잡한 기술에 대한 의존도가 높아지면서 노동시장에서 교육과 인지 능력이 더 중시됐기 때문이라는 것이다. 이런 과정을 일컬어 '숙련 편향적 기술 변화(skill-biased technological change)'라고 한다.

하지만 대학 프리미엄의 확대가 전반적인 불평등의 경우처럼 미국에서만 일어나지는 않지만 다른 선진국에 비해 미국에서 대학 프리미엄과 그것의 증가율이 더 크다. 모든 선진국에서 숙련 편향적 기술 변화의 힘이 작용하고 있지만, 미국이 가장 극단적인 경우다. 다른 영어권 국가들은 어느 정도 거리를 두고 미국의 뒤를 따르고 있다. 우리가 이 책에서 여러 번 봤듯 미국은 특이한 것이 아니라 단지 다르고, 더 과장됐을 뿐이다.

학사학위에 붙는 소득 프리미엄은 교육을 받은 데 대한 보상이자 대학에 진학하게 만드는 인센티브로, 물질적 보상에 관심이 많은 젊은이들에게 대학 진학이 좋은 생각이라는 신호를 보내준다. 시간이 갈수록 점점 더 그렇게 되고 있다. 이렇게 해석해보니 대학 진학은 단순히 자본주의가 작동하면서 가장 필요한 곳으로 자원을 끌어들이고, 경제가 필요로 하는 인적 자본을 창출하고 있다는 걸 보여주는 그저 무해한 지표에 불과한 것 같다. 그러나 그러한 인센티브가 별로 잘 작동하지 않는 것 같다. 1996년에서 2007년 사이 대학을 졸업한 젊은이들의 비율은 변하지 않았고, 2008년 25세 중 대졸자 비율은 27퍼센트에서 2017년 33퍼센트로 상승하는 식으로 이후로도 천천히 올라가는 데 그쳤다.[5]

설상가상으로, 대졸자들의 소득 증가뿐 아니라 고졸 이하 학력자들의 소득 감소로 인해서도 양 집단 간 소득 격차가 확대됐다. 대졸자들은 고소득이란 보상을 받을 뿐만 아니라 인센티브에 신경 쓰지 않은 사람들은 저소득으로 처벌받는다. 승자는 상을 받고, 패자는 상을 못 받는 정도 이상으로 상황이 나빠진다.

〈도표 11.1〉은 출생 코호트별로 시간당 소득(간단히 '임금'이라고 하겠다)을 추적해 백인 남성에게 이러한 일이 어떻게 일어났는지를 보여주고 있다. 각 선은 근로 생활을 하는 동안 특정 출생 코호트별로 인플레이션 조정 후의 중위소득을 보여준다. 수평축은 연령을 보여줌으로써 나이가 들면서 각 출생 코호트에 일어나는 변화를 추적할 수 있게 해준다. 수치를 계속 잘 이해할 수 있도록 1940~1944년,

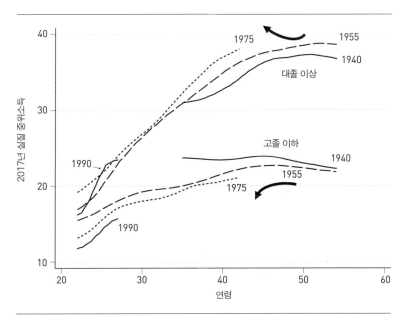

〈도표 11.1〉 대학 학위 유무와 상관없이 출생 코호트별 비히스패닉계 백인들의 중위소득. 최신인구조사를 갖고 저자들이 계산함.

1955~1959년, 1975~1979년, 1990~1994년에 태어난 4개 코호트의 결과를 보여주고, 각 코호트를 4년제 학위가 있는 코호트와 그렇지 않은 코호트로 나눠봤다. 그림을 읽기 쉽도록 선을 부드럽게 가다듬었다.

그 수치에서 눈에 띄는 것은 학사학위 유무에 따른 임금 격차다. 교육 수준이 높은 사람들(위)을 가리키는 모든 선은 항상 교육 수준이 낮은 사람들(아래)을 가리키는 선보다 위에 있다. 학사 그룹 내에서는 1940년대 태어난 코호트에서 1950년대 태어난 코호트로, 그리고 다시 1970년대 태어난 코호트로 이동하면서 선이 올라가고 있다. 단,

아직 어린 1990년대 태어난 코호트가 포함될 경우 그림이 어떻게 바뀔지는 불확실하다. 고졸 이하 학력자 집단에선 이전부터 후기 코호트로 이동하는 동안 선들이 내려가고 있다. 화살표들은 두 세트의 평생 소득 분포의 정반대 추세를 가리키고 있다.

나이가 들수록 두 세트의 선들 사이의 격차가 벌어진다. 졸업 직후 대학 교육을 받은 남성들은 대학을 다니지 않은 남성들보다 다소 많은 돈을 버는 데 그치지만, 나이가 들수록 이 격차는 더 커진다. 1955년에 태어난 남성의 경우, 22세(학사학위 소지자가 정규직으로 막 노동시장에 진출할 때)에 학사학위가 없는 남성보다 7퍼센트 더 높은 소득을 올렸다. 그 격차는 54세에 77퍼센트로 늘어났다. 각 출생 코호트의 연령별 임금 상승 폭은 학사학위가 있는 사람들이 없는 사람들보다 훨씬 더 가팔라진다. 후자는 나이가 들어도 실질임금 상승을 거의 기대하기 힘들다. 1955년에 출생한 코호트에서 학사학위가 없는 사람들의 최고 중위임금(45세 때)은 22세 때보다 50퍼센트 더 높았다. 학사학위 소지자의 경우 최고 중위임금(50세 때)은 두 배 반이나 더 높았다. 전문직 종사자들의 소득은 대부분의 근로 생활 내내 계속 증가하는 반면, 육체노동에 종사하는 사람들의 소득은 중년에 정점을 찍은 다음부터 줄어든다.

대학 학위를 가진 여성들은 앞서 〈도표 11.1〉에 나온 남성들에서 관찰된 것처럼 똑같이 모든 코호트에서 시간당 소득이 증가했다. 학위가 없는 여성들의 경우 1940년과 1950년 코호트 사이에서는 임금이 올랐지만, 1950년 이후 태어난 코호트들은 추가적인 진전을 보지 못했다. 1965년 이후 태어난 코호트에서는 학위가 없는 여성들의 중위임금도 역시 떨어졌다.

25세에서 64세 사이의 모든 백인 노동자들을 합쳐보니 1979년부터 2017년까지 인플레 조정 후 시간당 평균 소득은 11퍼센트 증가했다. 이는 연평균 2.5퍼센트 성장한 경제에서 연평균 0.4퍼센트 상승한 셈이다. 미국 남성들의 중위임금은 50년째 보합세를 보이고 있고, 학사학위가 없는 백인 남성의 경우 1979년부터 2017년까지 연평균 중위임금 상승률이 마이너스 0.2퍼센트를 기록했다.

중위임금의 장기 정체는 적어도 선진국들 사이에서는 미국에서만 일어난 현상처럼 보인다. 유럽에서도 대침체와 그 여파로 임금이 타격을 받았다. 많은 나라들이 미국보다 더 심한 고통을 겪었고, 몇몇 유럽 국가들은 경기 침체 후 회복기에 접어들다가 다시 침체에 빠지는 이중 침체 현상인 더블딥(double-dip)을 겪었다. 그리스, 스페인, 포르투갈, 아일랜드, 영국의 중위임금은 2007년 이후 10년 동안 하락했다. 그러나 그 어느 나라 노동자들도 미국 노동자들처럼 장기적인 임금 정체 현상을 겪지는 않았다. 영국은 교훈적인 비교 대상이다. 임금이 떨어지기 시작하기 진 20년 동안 영국의 실질 중위임금은 미국이 정체된 사이 50퍼센트 가까이 증가했기 때문에 임금이 떨어지기 시작해도 전형적인 영국 노동자는 20여 년 전에 받았던 것보다 여전히 더 높은 수준의 임금을 받았던 반면, 학사학위가 없는 전형적인 미국 노동자는 더 적은 임금을 받고 있었다.[6]

우리는 하락과 정체를 과장하고 있는가?

아마도 정부 데이터가 잘못됐거나 잘못 해석되고 있을 수도 있다. 임금은 〈도표 11.1〉에 나온 수준보다 더 올라가고 있다.[7] 만약 노동 임금이 정체되어 있지 않고 올라가고 있다면 미국의 자본주의는 통계가 포착하지 못하는 방식으로 노동자들에게 진정 보상하고 있는 것이 된다. 이 책의 주장은 노동자 계급에 속한 미국인들이 잘 해내지 못했으며, 임금이 우리 이야기의 일부일 뿐이지만 중요한 일부라는 사실이다.

첫째, 임금이 웰빙보다 훨씬 좁은 개념인 물질적 웰빙과 같은 것은 아니라는 익숙한 사실에 주목해야 한다. 임금률(wage rate, 일정 시간 동안 제공된 노동에 대해 노동자에게 지급하는 임금 단가-옮긴이)이 안 좋다고 해도 사람들의 지출액은 여전히 증가하고 있을지 모른다. 여성들은 이제 1970년에 그랬던 것보다 일할 확률이 더 높다(이번 장 뒷부분에 나오는 〈도표 11.2〉 참조). 따라서 개인소득은 오르지 않더라도 가구소득은 오를 수 있고, 실제로 중위 가구소득은 중위소득보다 더 많이 올랐다. 여성들이 점점 더 형편이 어려워지자 먹고살기 위해서만 일하지 않고 좋아서 일하고 있다면, 그들의 경제활동 참여 확대는 그들이 버는 돈 이상으로 좋은 일이다. 그러나 부부 중 한 명이 아이를 키우기 위해 일하는 것이 아니라 가족의 생계를 위해 일하는 한 모든 가족의 복지는 고통받을 수 있다. 한 조사에 따르면 최근 20년(1978~1999) 동안 미국 여성의 정규직 고용이 증가한 이유는 개인의 성취감 달성 목적이 아닌 재정적 압박 때문이다.[8] 양부모 가정의 절반에서 양부모 모두 정규직으로 일하지만, 미국인의 59퍼센트(그리고 모든 워킹맘의 절반)는 부모 중 한 사람이 아이들과 함께 집에 같이 있다면 더 좋을 것이라고 생각한다.[9] 자녀와 통근비가 맞벌이 임금에서 차지하는 비중이 상당히 큰데도 우리는 가구소득을 살펴볼 때 이 점을 고려하지 않는다.

임금은 세금이나 혜택을 고려하지 않는데 근로소득세액공제 등 일부 혜택은 저소득 노동자들의 세후 소득을 높여준다. 노동자들은 또한 고용주를 통해 받는 건강보험료와 함께 정부로부터, 특히 메디케이드(메디케어는 일반적으로 여기서 우리의 주된 관심사가 아닌 65세 이상 노인들을 위한 것이다)와 푸드 스탬프와 장애수당을 포함한 사회 안전망을 통해서 혜택을 받는다. 이러한 항목들, 특히 의료처럼 현금이 아닌 항목까지 감안하기는 힘들다. 그런 혜택들을 제공하기 위해 고용주나 국가가 감당해야 할 비용은 그것을 받는 사람들이 느끼는 가치와 똑같지 않다. 그래서 우리는 엄청난 비용이 드는 미국의 의료 서비스를 노동자들에게 주는 현금성 혜택인 것처럼 간주하지 않도록 주의해야 한다. 의료 산업이 로비나 합병이나 경쟁 부재로 가격을 올림으로써 일부 사람들에게서 건강보험을 박탈하고, 고용주가 건강보험료를 내주는 사람들의 임금이 못 오르게 막는다면, 이것은 노동자의 소득을 의료 산업으로 이전하는 것이고, 이로 인해 사람들이 더 잘살게 됐다고 여긴다면 터무니없는 일이다. 정확히 정반대가 맞다. 의료보험 혜택 비용의 증가 원인 대부분은 물가 상승 때문이란 점에서 가구소득에 건강보험료를 추가하면 소득 증가를 과소평가하기보다는 거의 분명 과대평가하게 된다. '고용주 지원(employer-provided)' 건강보험료 인상도 소득과 생산성 증가 사이의 격차 확대에 기여한다.

비록 혜택이 사람들이 그것을 누리기 위해 지불할 금액으로 평가되더라도 그것이 현금 혜택은 아니다. 또한 그것이 다른 방법으로 혜택을 사는 데 소득을 쓰지 않아도 되도록 해주지 않는다면, 사람들에게 현금으로부터 얻는 것과 똑같은 자유를 주지 않는다. 메디케이드는 음식값이나 임대료로 쓸 수 없으며, 현금은 현물 혜택으로는 하지 못하는 일을 할 수 있게 해준다. 세후 현금 소득과 그것의 기본을 이루는 세후 임금은 사람들이 원하는 대로 삶을 살아갈 수 있는 능력을 보여주는 중요한 척도로 남아 있다.

임금과 소득은 무엇보다 음식, 주거, 오락, 의료 등을 위해 쓰이고 물가가 오르면 임금의 가치는 떨어진다. 널리 사용되는 미국 노동통계국에서 발표하는 소비자물가지수(CPI)를 이용해 사람들이 많이 사는 것의 물가 상승 효과를 제거한 실질임금을 갖고 이 문제를 다뤄보기로 한다. CPI가 매년 물가 상승을 과대평가한다면, 시간이 흐를수록 소득은 우리가 생각하는 것보다 더 높을 뿐만 아니라 두 교육 집단 모두에게서 〈도표 11.1〉에 나온 것보다 더 높을 수 있다.

CPI가 물가를 과대평가할 수 있는 한 가지 방법은 많은 재화와 서비스가 예전보다 더 나아지는, 즉 품질이 좋아지고 있다는 사실을 충분히 감안하지 못하는 경우다. 아마도 의료 서비스에는 과거보다 더 많은 돈이 들겠지만 의료 또한 정기적인 고관절 교체, 백내장 수술,

고혈압 치료약, 그리고 반세기 전에는 이룰 수 없었던 무수한 다른 기적들과 함께 예전보다 더 많은 일을 하고 있다. 소득이나 저물가로 드러나지 않고도 우리의 삶을 더 나아지게 만들어주는 기술적 개선이 분명히 존재하는 것이 사실이다. 그러나 수정은 아무것도 하지 않는 것보다 훨씬 더 논란의 소지가 있다.

여기서 중요한 문제는 품질 개선 덕에 사람들이 돈을 덜 쓰면서 잘할 수 있는지 여부인데, 이 경우 품질의 변화가 그들을 더 잘살게 해준다. 경우에 따라서는 다음과 같은 일도 벌어진다. 보통 휘발유보다 주행거리를 두 배 늘릴 수 있는 고품질 휘발유를 생각해보라. 고품질 휘발유를 살 수 있다는 것은 절반 가격에 휘발유를 살 수 있다는 것과 똑같다. 그러나 대부분의 품질 변화가 이렇지는 않다. 더 오래되고 품질이 낮은 상품은 흔히 구할 수 없기 때문에 개선된 제품에 대한 비용을 지불할 수밖에 없다. 당신의 차는 에어백이 달린 고품질 차겠지만, 당신은 에어백이 없는 차를 살 수는 없다. 당신은 휴대전화처럼 신제품을 좋아할지 모르지만, 그런 것을 사려면 돈을 안 쓰고 살기 힘들어진다. 극단적인 예는 예전에 미국이 누렸던 기대수명의 증가다. 65세가 넘어 살 수 있는 시간이 늘어나고 있다면 분명 노인의 행복도가 올라가야 맞다. 하지만 우리는 진정 노인들이 실제로 그렇게 더 잘살게 돼 생활비가 줄었고, 연금도 이제 아주 넉넉해졌다고 주장하기를 원하는가? 그렇게 되거나, 아니면 일반 노동자가 그의 소득 수준 이상으로 잘산다고 말하려면 의료 분야나 인터넷을 통해 얻을 수 있는 오락거리나 현금자동인출기를 이용했을 때의 편리함 등의 차원에서 나타난 개선이, 그로 인해 영향받은 물건이나 다른 물건을 덜 사게 돼 현금으로 전환될 수 있어야 한다. 이것이 정말 바람직하긴 하지만 보통 그렇게 되기가 힘들다. 사람들은 혁신의 결과로 더 행복해질 수 있다. 그러나 돈으로 행복을 살 수 있느냐란 논쟁이 종종 벌어지는 가운데 우리는 아직 행복을 이용해서 돈을 버는 방법을 찾아내지 못했다.

노동력 안팎

|

교육 수준이 낮은 사람들의 임금이 최근 몇 십 년 동안 정체됐을 뿐만 아니라, 취업 신고 인구의 분율로 측정했을 때 일하는 사람 수도 전적으로 줄어들고 있다. 25세에서 54세까지 가장 좋은 경제활동 가능 나이에 속하는 남성의 경우, '고용률(employment-to-population ratio)'이 장기간 하락해왔다. 1960년대 후반에는 이 중 5퍼센트를 제외한 모두가 일하고 있었다. 대침체 말기인 2010년이 되자 실업률은 20퍼센트에 달했다. 회복세에 접어든 지 한참 지난 2018년에도 여전히 실업률이 14퍼센트에 달했다. 실업자 5명 중 1명만이 실직하고 일자리를 찾고 있다고 말했다. 나머지는 경제활동을 포기한 상태였다.

이런 경향은 또한 교육 수준에 따라 뚜렷한 차이를 드러낸다. 〈도표 11.2〉는 1980년부터 2018년까지 25세에서 54세 사이 백인 남녀의 고용률을 나타낸다. 대학 학위 유무에 따라 회색과 검은색으로 나눠 표시했다. 수직선은 경기 침체를 겪은 해를 나타내는데, 그때는 당연히 일자리가 없어지면서 고용이 감소할 것으로 예상할 수 있다. 좋

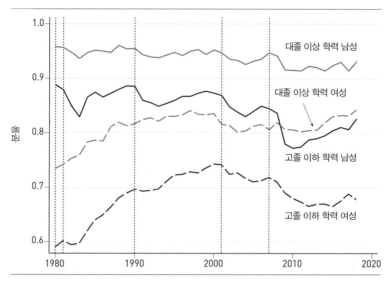

〈도표 11.2〉 25세부터 54세 사이 비히스패닉계 백인 남녀의 고용률. 수직선으로 표시한 부분이 경기 침체가 시작한 해. 저자들이 최신인구조사를 갖고 계산함.

은 시절이 돌아오면 많은 실직자들이 일터로 되돌아간다. 하지만 연이은 경기 침체 이후 모든 프라임 연령대의 남성들이 직장에 복귀한 것은 아니므로, 각 경기하강기 직후 고용률이 상승했지만, 경기 침체 이전 수준으로 되돌아간 적은 없었다. 시간이 지나면서 고용률은 급격히 하락했다.

2000년 이후 고용률 하락 현상은 교육을 덜 받은 남성들 사이에서 더 심해졌다. 그들이 할 수 있는 좋은 일자리가 사라지자 일부는 경제활동을 아예 포기함으로써 대학 학위를 가진 사람들과 갖지 못한 사람들 사이의 고용 격차는 더 벌어졌다. 20세기 하반기(경구 피임약의 등장과 성차별 완화에 일부 힘입어) 전례 없이 많은 수의 여성들이 경제활동에 나섰다. 그들의 고용은 남성보다 경기의 영향을 덜 받은 것으로 입증됐다. 그러나 2000년 이후 여성의 고용률 역시 하락했다. 대졸 이상 학력자의 고용률은 소폭 하락하는 데 그쳤지만, 고졸 이하 학력자의 고용률은 급락했다. 이러한 상반된 패턴들로 인해 학사학위를 가진 여성 고용률이 학사학위가 없는 남성 고용률을 상회하게 됐다.

아마도 고용률 하락의 주된 원인은 임금 하락 때문이라고 말할 수 있다. 이것이 고용률 하락 이유의 절반을 차지할지도 모른다.[10] 사람들은 임금이 낮을 때 구직 활동을 기피하는 경향이 있다. 오피오이드에 대한 의존을 포함해 우리가 이미 얘기했던 장애가 증가했거나 구할 수 있는 일자리의 매력이 떨어졌을 때도 마찬가지다.

1970년 이후 미국 경제에서는 GM이나 베들레헴 스틸(Bethlehem Steel) 공장 업무처럼 좋은 일자리들 다수를 포함해서 많은 일자리가 사라졌다. 남자들은 아버지나 때로는 할아버지를 따라 제조업 분야에서 보수가 좋은 노조가 있는 직장에 들어가 자가를 사고, 아이들을 좋은 학교에 보내고, 정기적으로 휴가를 즐기는 중산층 생활을 할 수 있을 만큼 벌었다. 이 남자들은 기억하기 쉽게 '블루칼라 귀족'이라고 불려왔다. 그런데 그런 직업 중 다수가 사라졌다. 미국 제조공장 생산은 계속 증가하고 있지만 제조업 일자리는 급속히 감소하고 있다. 일자리가 사상 최대인 1,950만 개를 기록했던 1979년과 1,380만 개로 줄었던 2007년 대침체 전날 사이에 500만 개가 넘는 제조업 일자리가 사라졌다. 제조업 일자리는 금융 위기 때 큰 피해를 입어서 200만 개의 일자리가 추가로 사라졌고, 제조업 고용이 다소 반등했으나 대침체 때 잃어버린 일자리를 모두 되찾지는 못할 것으로 보인다. 이러한 일자리는 해외로부터 수입하거나 공장의 자동화, 세계화 또는 로봇으로 대체됐다.

이 중 어느 것도 일자리를 잃은 노동자들에게는 이롭지 않다. 일부는 일자리를 찾는 것을 포기했다. 대부분이 다른 일자리를 찾지만, 그 일자리들은 일반적으로 임금이 낮거나 다른 면에서 덜 매력적일 것이다. 그것들은 자율성, 주도적 업무 추진 내지 타인들과의 상호작용 기회, 복지 혜택, 직업 안전성 등이 모두 떨어질지 모른다. 예를 들어, 임시직 노동자들은 산업재해 보험 가입 대상이 아니다. 그들은 노동자들을 대체 가능하고, 이직률은 높으며, 고용주의 개선 의지가 거의 없는 직장에서 일할 수 있다. 특정 직업에 종사하다 임금이 감소하는 경우는 드물다는 점에서 교육을 덜 받은 미국인들의 임금이 감소하는 이유는 좋은 일자리에서 그다지 좋지 않은 일자리로 이동했기 때문이다. 우리가 이 글을 쓰고 있는 2019년 현재 25세부터 54세 사이 남성의 실업률은 3퍼센트 내외로 일자리를 찾는 이들이 구할 수 있는 일자리가 많이 생겼지만, 저학력 남성들이 구할 수 있었던 고임금 제조업 일자리 등 과거에 있었던 일자리들은 사라졌다. 그렇게 많은 사람들이 일자리를 찾지 않는 이유도 여기에 있다.

사람들이 일하지 않는다면 그들이 선택권이 주어졌을 때 일하지 않기로 선택하기 때문이다. 물론 선택이, 사람들이 자신의 선택에 만족한다는 것을 의미하지는 않는다. 잔 다르크는 기둥에 묶인 채 화형을 당하는 것을 선택했지만 적어도 그녀에게는 다른 선택이 훨씬 더 나빴기 때문이었다. 오늘날 구직 포기를 선택한 노동자들은 과거 구할 수 있었던 대안을 갖지 못하고 있다. 다만, 그들이 단순히 더 게을러졌거나, 일하려 하지 않게 됐거나, 다른 누군가나 국가 덕에 먹고 살 수 있는 능력이 생겨서 게을러지게 됐을 가능성을 배제하지는 못한다.

한편으로 근면성의 상실과 다른 한편으로 주변 상황의 악화 사이의 논쟁은 우리가 1970년대와 1980년대 아프리카계 미국인들이 겪은 경험에 관한 5장에서 보았던 것처럼 해묵은 논쟁이다. 그러나 이번 장에 나온 데이터는 상황을 명확하게 보여주고 있다. 앞서 〈도표 11.2〉는 노동자들이 경기 침체 도중 경제활동을 포기함으로써 그림 속에서 확실한 증가를 초래한다. 갑작스런 게으름의 폭발이 어느 정도 경기 침체와 동시에 일어난다면 매우 이상할 것이다. 그보다 우리는 게으름이 부드럽게 증가할 것이라 예상한다.[11] 그보다 사람들은 일자리가 사라졌기 때문에 경제활동을 포기하고 있고, 이후 대부분의 사람들은 늦지 않게 다른 일자리를 찾으려 애쓰고 있다. 상황을 보여주는 또 다른 증거는 〈도표 11.1〉과 〈도표 11.2〉의 조합이다. 교육을 덜 받은 미국인들의 경우 임금은 감소하는 동시에 경제활동 참여도 떨어지고 있다. 사람들이 게을러져서 즐기며 살기 위해 경제활동을 포기한다면 임금은 내려가지 않고 올라갈 것이다. 일자리 수는 똑같아도 일하려 하는 사람은 줄어들 것이기 때문이다. 임금과 노동자의 동반 감소는 고용주가 필요로 하는 직원 수가 줄어들었다는 것을 보여주는 명백한 증거다.

혹자는 사회 안전망 덕분에 일하지 않고도 먹고살 수 있어 일하지 않을 수도 있다. 특히 일하지 않는 사람들에 대한 경제적 지원을 확대해주는 장애복지제도(disability system)를 통해 그런 혜택을 누릴 수 있다(물론 이것만이 전부는 아니다). 그러나 우리가 6장과 7장에서 살펴봤던 고통의 대폭적 증가와 신체적·정신적 건강의 악화를 상기해보자. 장애의 증가는 시스템을 이용하는 사람들보다는 높은 유병률 탓일 수 있다.[12] 유럽은 일하지 않는 사람들을 위한 장기 지원과 특히 노년층 노동자들에게 후한 장애복지 제도 등 미국보다 훨씬 더 광범위한 안전망을 가지고 있다. 그럼에도 불구하고 후한 복지 제도를 갖춘 덴마크, 노르웨이, 스웨덴을 포함한 대부분의 다른 부유한 나라들의 경제활동 참가율은 상당히 높다. 이 나라들이 보육과 같은 서비스에 제공하는 다양한 보조금이 사람들을 일하기 더 쉽게 만들어준다는 의견도 있다.[13] 또 다른 한편에서는 미국인들은 유럽인들과 달라서 아무리 작은 혜택에도 특히 민감하게 반응한다는 의견도 있지만, 증거는 그렇지 않다는 것을 보여준다.[14]

사람들이 일하지 않기로 했을 때 노동자의 공급은 감소한다. 그런데 모든 사람들이 다른 일을 찾아야 한다면 임금은 응당 떨어질 거라 기대하는 만큼 떨어지지 않는다. 사회 안전망에 반대하는 주장이나 그것을 이용하기 위한 근무 요건에 찬성하는 주장은 사실상 임금 인하를 옹호하는 주장이다. 일해야 하는 사람들이 늘어났다면 〈도표 11.1〉에 나오는 교육을 덜 받은 미국인들의 임금 감소 폭은 더 컸을 것이다. 건강이나 다른 혜택을 받는 조건으로 일하게 만들자는 제안이나 일하는 사람만 받을 수 있는 근로소득세액공제 같은 제도도 마찬가지다. 그들 모두 사람들을 노동시장에 밀어넣고 노동 공급을 늘림으로써 임금인 노동의 가격을 낮춘다.

일 자체가 좋다는 것이 진정 사실이라면 저임금은 일함으로써 얻는 혜택으로 상쇄된다. 사람들은 일자리를 원하고, 일자리는 사람들의 삶에 의미와 사회적 지위를 주고, 사람들은 일하면서 배우고, 다른 사람들을 만나고, 더 나은 삶을 영위한다. 이와 반대되는 주장은 많은 일들이 순전히 힘들고 단조로울 뿐이며, 여가는 그 자체가 즐겁고 자유를 증진해주기 때문에 그런 여가생활을 누리는 데 드는 비용을 다른 사람들이 내더라도 그것이 좋은 일이 될 수 있다는 것이다. 우리는 종종 자력으로 음식이나 쉼터를 마련할 수 없는 사람들을 위해 그들을 지원하면서 행복해하곤 한다는 주장도 있지만, 여가는 왜 그렇지 아니한가? 영국의 철학자 버트런드 러셀(Bertrand Russell, 1872~1970)이 과거 지적한 바와 같이, 가난한 사람들이 더 많이 일해야 한다고 가장 강력히 주장하는 사람들 중에는 한 번도 일해보지 않은 유한계급 사람들이 포함되어 있다.[15] 그러한 주장은 우리가 16장에서 무엇을 해야 할지, 그리고 특히 많이 논의되고 있는 보편적 기본소득(universal basic income, 국가가 모든 국민에게 조건 없이 정기적으로 지급하는 현금 – 옮긴이)에 대해 생각해볼 때 중요하다.

교육 수준이 낮은 사람들이 하는 일의 성격 변화

|

미국에서 노동 계급이 항상 존재했던 것은 아니다. 이 계급을 지원하고 규정했던 제조업 일자리는 19세기부터 노동자들을 농업에서 공장으로 이동하게 만들기 시작했다. 남북전쟁 이후 이동 속도는 더욱 빨라지다가 1950년경에 절정에 달했다. 전업주부의 등장은 1950년에도 비교적 새로운 현상이었다. 그 이전에는 남편과 아내는 생계를 위해 협력했었다. 이제 남자는 농업에 종사했을 때보다 고등교육이 필요하지 않은 공장으로 가서 월급 액수보다는 자신이 하는 어렵고도 생산적인 노동이 선사하는 존엄성에서 일의 의미를 찾았다.[16] 그는 가정과 아이들을 배우자에게 맡겼고, 가족 안이 아닌 가족을 위해 일했다. 이러한 삶은 결혼하기 전에 어떻게 살지를 정하고, 혼외 자식을 갖는 것은 물론이거니와 외도를 금지하는 엄격하게 시행된 사회적 규범과 함께 시작했다. 제조업과 그와 함께 시작된 노동 계급의 삶은 남녀의 역할과 가족생활의 이상적 모습을 같이 규정했다.[17]

제조업이 부상하자 새로운 생활 방식과 함께 일과 삶에서 의미를 찾는 새로운 방법이 등장했다. 거의 같은 시기에 노조 가입은 정점을 찍었다. 모든 노조 활동이 다 좋은 것은 아니었고, 그들이 오랫동안 얻어야 한다고 주장해온 혜택의 일부는 현재 고용주들이 제공하도록 법률로 정해진 가운데 직장 내 다른 누구도 한때 노조가 그랬던 것처럼 노동자들의 이익을 주장하지 않는다. 노조는 회사와의 성과 분배 자리에 참석했고, 조합원들의 임금을 인상했고(그리고 적게라도 비노조원들의 임금도 올렸다), 직장 내 건강과 안전을 감시했다. 노조원들은 회사를 그만둘 확률이 낮았고, 종종 더 생산적으로 일했다.[18] 노조는 직장은 물론이고 더 광범위한 차원에서 노동자들에게 어느 정도 민주적인 통제력을 선사했고, 그리고 종종 지역사회생활에서 중요한 역할을 차지했다. 1950년대 초 미국의 노조 활동이 정점에 달했을 때 경제활동인구의 약 33퍼센트가 노조에 가입했다.[19] 2018년 가입자 비율은 10.5퍼센트로 떨어졌고, 특히 민간 부문 노동자들 중 노조 가입자 비율은 6.4퍼센트에 불과했다.[20]

제조업 일자리가 증발하면서 노동자들은 덜 바람직하고, 더 일상적인 일을 해야 했다. 즉 그들은 의료, 음식 서비스, 청소, 보안 등 서비스 분야에서 더 많이 일하고, 제조업에서 더 적게 일해야 했다. 고용주의 관심이 줄면 종업원들의 관심도 줄어들기 마련이다. 그래서 노조와 고용주 사이의 전쟁은 상호 탈관여(disengagement)로 대체됐다.[21] 바람직하지 못한 서비스직 대부분은 개인이나 생산성의 성장 가능성이 거의 없거나 또는 사람들이 시키는 일을 지시받았을 때 정확히 해야 해서 자주성을 발휘할 여지를 주지 않는 일들이다. 이런 직업에 종사하는 노동자들은 프로그래머들이 로봇에게 그들을 대체하는 방법을 가르칠 수 있을 때까지만 자리를 지킬 수 있는 사실상 임시 대역들이다.[22]

영국 기자 제임스 블러드워스(James Bloodworth)는 버밍엄 북쪽의 옛 광산 지역에 위치한 영국의 아마존 창고에서 알렉스라는 남자를 만났는데, 그가 "사람들이 실제로 '나는 아마존에서 일할 뿐이다'라고 말하는데, 과거 그들은 '나는 광산에서 일할 뿐이다'라고 말하기보다는 '나는 광부'라고 말하곤 했다. 실제로 직업이 광부였고, 광부라는 직업에 자긍심을 느꼈기 때문이다"라고 말해줬다고 한다.[23]

미국과 다른 부유한 나라들에는 청소부, 경비원, 급식원, 운전기사 등의 노동자를 공급해주는 대기업들이 있다. 이런 외주 노동자들은 한때 파견되어 일하는 회사에서 직접 일하면서 비교적 높은 임금을 받았겠지만 지금은 일하는 회사의 고용자들이 아니다. 즉 그들은 비교적 낮은 임금을 받으며 종종 복리후생 혜택을 누리거나 노동권의 보호를 받지 못하기도 한다. 이를 통해 구글 같은 첨단 기술 기업들은 대졸 이상 고학력자들만 채용할 수 있고, 그들을 보조해줄 인력은 다른 기업에 아웃소싱할 수 있다. 영국에서 블러드워스 기자의 설명뿐 아니라 미국에서 나온 거의 비슷한 설명에 따르면,[24] 아마존 창고(주문처리센터) 직원 중 몇 명만이 실제로 아마존 소속으로 일하고 있다.

미국의 경우, 아마존의 몇몇 직원들과 직원 파견 회사인 인테그러티 스태핑 솔루션(Integrity Staffing Solutions)에서 일하는 많은 다수의 '임시직들' 사이에서 유일하게 눈에 띄는 차이점은 배지 색깔이다. 전자는 파란색 배지를, 후자는 흰색 배지를 달고 일한다. 그 외에 모든 것이 똑같아 보이고, 비슷한 사람들이 비슷한 일을 하고 있지만 외주 노동자들(그중에는 전 아마존 직원들도 있다)의 근무 조건은 종종 더 나쁘다. 임금은 낮고, 복리후생은 거의 누리지 못하고, 승진 가능성이 제한되거나 아예 없다.

이런저런 이유로 재능이 있더라도 자신의 능력에 맞게 교육받지 못한 아이는 더 이상 관리인으로 일하다가 나중에 CEO 자리에 오를 수 없다. 관리인과 CEO는 서로 다른 회사에서 일하고 다른 세계에 살고 있기 때문이다.[25] 교육을 더 많이 받은 사람과 덜 받은 사람들이 사는 세계가 별도로 존재하며, 후자에 속한 사람 누구도 전자에 들어갈 수 있다고 기대하지 못한다. 아마도 가장 결정적으로, 외주 노동자들은 더 이상 본사 직원이 아니며, 본사에 소속감을 느끼지 못하며, 경제학자 니콜라스 블룸의 말대로[26] 그들은 더 이상 '휴일 파티'에 초대되지 않는다. 그들은 어쨌든 위대한 기업의 일원으로서 자부심, 의미, 희망을 찾을 수 없다.

미국 백인 노동자 계급 붕괴의 이면을 살펴볼 필요가 있다. 많은 곳과 많은 회사에서 붕괴된 것은 백인 노동자 계급이었다. 아프리카계 미국인은 제외됐다. 백인은 흑인과 달리 오랫동안 지속된 특별한 특권을 가지고 있었다. 그 특권은 줄어들거나 사라졌다. 사회학자인 앤드류 체린(Andrew Cherlin)의 말에 따르면 "블루칼라 노동에 대한 전반적인 기회가 위축되고 있는 환경에서 백인 노동자들은 흑인의 진보를 그들이 가진 특권적인 인종적 지위의 약화라기보다는 불공정한 기회의 침해로 간주한다."[27] 퓨리서치센터 조사를 보면, 미국 백인 노동자 계급의 절반 이상이 백인들에 대한 차별이 흑인과 다른 소수민족에 대한 차별만큼 심각한 문제가 됐다고 믿고 있다. 다만, 대학 교육을 받은 미국 백인 중 70퍼센트는 의견이 다르다.[28]

노동의 세계와 그것이 만들고 지탱해준 가정생활의 동시적 상실뿐 아니라 적어도 인종적 특권의 상실 내지는 심지어 역차별에 대한 인식은, 실감하더라도 감당할 수 있는 소득 감소보다 더 강력하면서 유독한 조합이다.

12장

가구 양극화의 심화

시장이 교육 수준이 낮은 노동자들에게 공급해주는 좋은 일자리가 점점 더 줄어들고, 사람들이 더 나쁜 일자리로 이동하거나 아예 일자리를 얻지 못하게 되자 직장에서의 삶뿐만 아니라 가정에서의 삶도 그로 인한 영향을 받았다. 노동시장에서뿐만 아니라 결혼, 자녀 양육, 종교, 사회 활동, 지역사회 참여 등에서 교육 수준이 낮은 계층과 높은 계층 간 격차가 더욱 벌어졌다. 경제학자들은 종종 사람들이 얼마나 잘 살고 있는지를 판단하는 중요한 척도로 실질 소득을 중시하고, 실제로 소득이 중요하지만 그것만이 유일하게 중요한 것은 아니다. 우리가 사람들의 삶에서 생긴 혼란이 그들을 어떻게 자살 등의 절망사로 몰고 갈 수 있는지 이해하고 싶다면 우리는 삶의 다른 측면들을 살펴봐야 한다. 놀랄 것도 없이, 우리가 이 장에서 요약해놓은 이 문제에 관한 많은 연구들을 사회학자들이 해왔는데, 그들은 종종 경제학자들보다 삶에 더 광범위한 접근 방식을 취한다.

결혼

서양 역사를 통틀어 여자와 동거하면서 아이를 갖길 원하는 남자는 '결혼할 능력이 있는 사람'이 되어야 했다. 다시 말해, 무엇보다 그는 신부를 부양할 수 있고 미래의 '전망'이 좋아야 했다. 옛날에 신랑들은 청혼하기 전 예비 신부의 아버지로부터 결혼 허락을 구했고, 아버지는 신랑이 딸을 부양할 능력이 있을 것 같은지를 확인해야 했다. 그러한 풍습은 오늘날에도 이어지고 있지만 지금은 보통 부부 스스로가 그들의 재정 상황을 점검해야 한다. 교육을 덜 받은 남성들을 위한 좋은 일자리가 부족해지고 임금이 떨어지면서 결혼할 능력이 있는 남성들의 공급도 함께 감소했고, 결혼도 같이 줄어들었다.[1] 1950년대 전성기를 구가했던 노동자 계급 가족의 경우 아버지가 외벌이를 해도 가족을 부양할 만큼 충분한 임금을 받았으나 이제 이런 교육을 덜 받은 남성들은 이런 이상적 상황을 이루기 어려워졌다. 노동시장의 변화가 노동계급의 결혼을 위축시키고 있다.

1980년에서 2018년 사이 30세에서 70세 사이의 성인이 현재 결혼했다고 신고한 성인들의 비율을 보여주는 다음의 〈도표 12.1〉에서 교육 수준이 낮은 비히스패닉계 백인들의 혼인율[단위기간(1년) 총인구에 대한 혼인 건수의 비율 - 옮긴이]이 급격히 변한 것을 확인할 수 있다.[2] 왼쪽 패널은 4년제 학위가 없는 사람들의 상황을 보여주고, 오른쪽 패널은 4년제 학위가 있는 사람들의 상황을 보여준다. 1980년(각 패널 맨 위긴 줄)에는 연령과 상관없이 결혼한 백인 비율이 학사학위 소지 여부

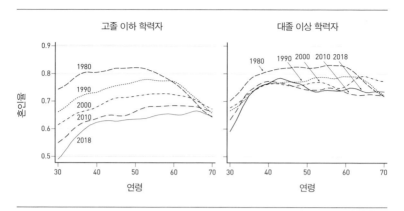

〈도표 12.1〉 현재 결혼한 비히스패닉계 백인들의 연령, 연도, 교육 수준별 비율. 최신인구
조사를 갖고 저자들이 계산함.

와 상관없이 사실상 똑같았다. 1990년까지 두 교육 집단 모두에서 어
떤 특정 연령 때건 결혼하는 성인 수가 줄어들었는데, 학사학위가 없
는 사람들의 감소폭이 일반적으로 더 컸다. 1990년부터 2018년까지
학사학위를 가진 사람들과는 대조적으로 4년제 학위가 없는 사람들
의 혼인율이 10년 단위로 계속 떨어졌다. 1980년 학사학위 소지자와
미소지자 백인 82퍼센트가 45세 때 결혼한 상태였다. 1990년까지 이
비율은 두 교육 집단에서 75퍼센트로 떨어졌다. 1990년 이후 학사학
위 소지자들은 이 비율을 유지했지만 학사학위가 없는 45세들의 혼
인율은 계속해서 감소해 2018년에는 62퍼센트로 낮아졌다.

결혼에는 많은 이점이 있다. 모두가 결혼하길 원하지는 않더라도
결혼하길 원하는 사람들에게 결혼은 친밀감, 동지애, 성취감, 그리고
다수에겐 자녀와 손주를 갖는 기쁨을 가져다준다. 기혼자들이 더 장

수하고, 더 건강하며, 자신의 삶에 더 만족하고(특히 유부녀보다 유부남의 만족도가 더 높다), 더 건강한 사람들이 애초 더 결혼할 가능성이 큰 것이 사실이지만, 그것이 차이를 설명하지는 못할 것이다. 덜 교육받은 남성들이 결혼할 능력이 떨어져 연인이 결혼하지 못하는 한 노동시장의 문제들은 그들을 물질적으로 더 빈궁하게 만들 뿐만 아니라 결혼이 그들 자신뿐 아니라 보다 광범위하게 사회에 선사하는 모든 혜택을 앗아간다.

지금은 결혼하길 원하지 않지만 과거에는 결혼해야 한다고 느꼈을지도 모르는 사람들에게 결혼의 감소는 긍정적이다. 다른 사람들은 경력을 개발하거나 단순히 돈이나 벌다가 이상적인 파트너를 찾아서 구하려고 더 나이가 들 때까지 한 차례 이상 결혼을 미룰 수도 있다. 이런 식의 결혼 연기로 인해서 학사학위가 있는 30대의 혼인율이 급격히 상승했다. 1960년대 후반 이후 피임약이 널리 보급됐고, 1965년부터 1975년까지 성 혁명과 성에 대한 태도가 급진적으로 변하자 연인들이 결혼하지 않고도 성관계를 갖는 것이 사회적으로 용인됐고, 그들은 의도하지 않은 임신을 두려워하지 않고도 그렇게 할 수 있었다. 1973년 로 대 웨이드 재판(Roe v. Wade, 임신 중절 권리를 인정한 미국 최고 재판소 판례) 이후 합법적인 낙태가 가능해지자 사람들이 성의 결과에 대해 덜 걱정하게 됐는지도 모른다. 특히 많은 여성들에게 이러한 변하는 더 나은 교육을 받거나 노동시장에서 다양한 경력을 추구할 수 있는 더 많은 자유를 선사했다(경제학자들 말대로 '치러야 할 대가'가 줄었다). 피임약으로 무장한 여성들의 전문대학원 입학도 점점 더 늘어났다.[3] 1960년대와 1970년대에 급속히 확산된 페미니즘은 여성들에게 이렇게 새롭게 발견한 자유를 이용하도록 동기를 부여했다. 만혼 또는 비혼의 길을 택하는 사람들은 이전에는 존재하지 않았던 기회를 이용하고 있으며, 그들은 더 잘살고 있다. 다만, 대졸자들은 단순히 결혼을 몇 년 연기한 것에 불과한 것처럼 보인다. 35세가 넘어 중년이 되면 그들 중 75퍼센트가 결혼한다.

따라서 한편으로 선택권이 더 제한됐기 때문에 하고 싶었던 결혼을 하지 못하는 사람들과 다른 한편으로 다른 선택이 더 많아졌기 때문에 영구적으로나 한시적으로 결혼을 하지 않는 사람들로 갈리게 된다. 기술적으로나 사회적으로 새로운 가능성이 생길 경우에서 흔히 그렇듯 누구는 이득을 보고 누구는 손해를 보며, 더 유복하거나 더 나은 교육을 받은 사람들이 대개 더 많은 정보를 얻고 새로운 기회를 잘 이용할 수 있는 위치에 있어서 승자로 끝날 가능성이 크다. 이 책에서 자주 볼 수 있듯 그러한 차이는 상당 부분 교육 격차 때문에 생긴다.

교육을 덜 받은 백인들에게 나타난 이러한 결혼 패턴의 변화는 30년 전 흑인 사회 속에서 나타나기 시작했던 것과 유사한 변화이며,[4] 변화의 이유도 대체로 비슷하다.[5] 가족을 부양할 수 있는 일자리가 없는 남성은 결혼 능력이 떨어지고 안정된 삶을 지탱해주는 한 축이 손에 닿지 않는 곳으로 사라져버린다.

출산

|

옛날에 결혼과 출산이 밀접하게 연관되어 있던 시절, 결혼의 감소는 출산의 감소를 의미했을 것이다. 실제로 서구 역사에서 상당 기간 남성의 임금률은 출산율을 규제하는 메커니즘의 일부였다.[6] 지난 반세기 동안 결혼과 출산의 연결고리는 깨졌거나 적어도 마음대로 깰 수 있게 됐다. 사회적으로 허용되는 많은 경로를 통해 성관계를 맺을 수 있게 됐고, 안전하고 편리하며 신뢰할 수 있는 피임으로 임신 걱정을 할 필요가 없어졌다. 결혼은 친밀한 관계를 포기하지 않고도 연기할 수 있고, 출산도 확실한 사회에서 자리를 잡거나 육아에 시간을 낼 수 있는 (상대적인) 여유가 생길 때까지 연기할 수 있다. 동시에 피임과 주문형 낙태가 가능해지면서 남성들은 과거처럼 임신한 파트너 가족이 전통 산탄총을 갖고 있건 없건 상관없이 그녀와 결혼해야 하는 책임에서 벗어났다. 혼외 성관계와 혼외 자식은 더 이상 사회적으로 낙인이 찍힐 일이 아니다.[7]

그러나 적어도 어떤 사람들에게는 이러한 해방의 모든 면에 어두운 면이 존재한다. 임신했지만 아이를 가졌을 때 결혼하지 않는 여성들의 경우 다수가 아이의 아버지와 같이 살거나 심지어 연락하지도 않고 다른 남성에게로 가서 그 남성의 아이를 다시 가질 수도 있다. 다른 부유한 나라에서는 동거가 증가했는데, 미국에서도 교육을 많이 받은 연인들 사이에서 마찬가지로 동거가 늘어났다. 그러나 자녀와의 불안정하고 연약한 연이은 동거는 다른 곳에서는 드물며, 미국에서는 보통 교육 과정을 마치고 결혼할 때까지 출산을 미루는 잘 교육을 받은 여성들 사이에서 드물다.[8] 사회학자 앤드류 체린의 말을 인용하자면[9], 이제 성인이 되는 과도기를 두 가지 다른 방식으로 거친다. 교육을 많이 받은 사람들은 결혼해서 아이를 갖기 전 대학을 졸업하고, 직장을 구하고, 경력을 발전시킨다. 교육을 덜 받은 사람들은 연이어 동거하고 혼외자녀를 갖는다. 미국에선 고졸 이하 학력자들이 여러 파트너와 아이를 가질 확률이 높다.

사회학 문헌은 부모가 모두 있는 온전한 가정에서보다 분열되고 연약한 관계에서 훨씬 더 나쁜 짓을 하는 경향이 강한 아이들에게 이러한 패턴이 미치는 영향에 초점을 맞추고 있다. 그러나 연이은 동거와 혼외자녀는 성인들의 삶에도 영향을 미친다. 다시 말해, 그러한 제대로 기능을 하지 못하는 가족 관계가 절망을 퍼뜨리는 주요 용의자다.

혹자는 여성들이 출산하기로 마음먹은 이유를 궁금해할지도 모른다. 남성들이 더 이상 낡은 규칙에 얽매이지 않는 상황에서 만약 여성이 아이를 가졌다면 그녀는 경제적 어려움, 정서적 불안정, 그리고 일부는 탈출하기 힘들다는 걸 깨달을, 지원 부족의 악순환에 직면할 가능성이 있다는 것이 공공연한 사실이기 때문이다. 하지만 여성들에게는 선택의 폭이 제한적일 수도 있다. 그렇게 많은 여성들이 결혼하지 않고도 성관계를 할 준비가 되어 있다면 성관계를 미루길 원하는 여성들의 협상력은 약화되기 마련이다. 일단 임신하게 되면 많은 여성들이 낙태를 하긴 하지만 그것을 원해서 하지는 않는다. 낙태 건수가 급격히 감소하고 있지만 낙태가 드물지는 않다. 2014년 비율을 보면 미국 여성 4명 중 1명은 45세까지 낙태 경험이 있으며, 같은 해 15세부터 44세 여성 1,000명당 낙태 건수는 14.6건(정상 출산 건수는 62.9건)이었다.[10] 많은 여성들에게 아이를 갖는 것은 축복이자 삶의 가치에 대한 긍정이자 구원과 미래에 대한 희망으로 간주된다. 그것은 대학에 진학하는 것을 상상할 수조차 없는 여성들이 이룰 수 있는 성공이다. 임신 소식을 알리는 기쁨은 명문 대학 입학이나 직장에서 중요한 승진을 알리는 기쁨만큼 현실적이고 희망적이다. 잠시 동안만이라도 미래는 밝고, 축복으로 가득 차 있다.[11]

미혼모의 경우 일단 자녀가 한 명이건 여러 명이건 있게 되면 부양아동가족부조 프로그램(Aid to Families with Dependent Children Program, 부모의 적절한 보호를 받을 수 없는 아동을 위한 미국 연방, 주, 지방 정부의 프로그램 - 옮긴이)이 제공하는 복지 지원을 받는데, 이것이 결혼을 불리하게 만들었다. 이것은 산모들이 출산 후 결혼하지 못하게 막는 데 어느 정도 영향을 미쳤을 수 있으며, 이는 1996년 부양아동가족부조 프로그램이 60년 만에 대체된 이유 중 하나였다.

아버지들이 피해자일 것 같지도 않다. 그들은 가족을 책임지지 않고도 쾌락을 얻으며 경제적·감정적 책임의 일부에서도 해방된다. 그러나 그들은 처음에는 화려하고 장래가 촉망되나 결국에는 높은 대가를 치러야 하는 파우스트 같은 거래를 성사시켰다. 중년이 될 때쯤 되면 그들 중 다수의 경력이나 수입이 그들 부모의 경력이나 수입이나 기대했던 수준에 미치지 못할 뿐만 아니라, 삶과 추억을 함께 나눴던 안정된 가정도 잃게 된다. 그들은 일련의 관계를 통해 아이들을 가질 수 있지만 그들 중 일부만 알거나 누구도 모르며, 그들 중 일부는 다른 남자들과 함께 살고 있다. 이렇게 갈라지고 깨지기 쉬운 관계는 중년 남성들에게 그들이 좋은 삶을 살고 있다는 것을 확신시켜주는 일상의 즐거움이나 위안을 거의 주지 못한다.

남녀 모두에게 구속적이고 용서하기 힘들 것 같았던 구태의연한 사회 규칙들은 사람들이 후회하며 살게 만들 일생일대의 결정을 내리지 못하게 막아주는 역할을 하는, 장시간 축적된 사회적 지혜의 압축본이었다.

우리는 지금 교육을 덜 받은 백인들에 대해 이야기하고 있지만, 아프리카계 미국인들 사이의 가족 구성을 묘사하는 데도 오랫동안 같은 설명 방식이 동원되어왔다. 다시 한 번 우리는 여러 인종 사이에 나타나는 '수렴 현상'을 목격하고 있다.

대학 학위가 없는 흑인 미혼 출산 여성 비율은 1990년 이후 높지만 안정적인 상태를 유지하다가 2010년 이후 하락하고 있다. 반면에 대학 학위가 없는 백인 미혼 출산 여성 비율은 1990년과 2017년 사이에 20퍼센트에서 40퍼센트 이상으로 상승했다. 미혼 출산이 흑인들 사이에서 줄고, 교육을 덜 받은 백인들 사이에서 증가함에 따라 인종보다 계급이 더 격차를 키우는 중요한 요소가 되고 있다. 체린은 "아이들을 키우면서 여러 명의 파트너와 사귀는 전형적인 여성의 정신적 이미지를 원한다면 고등학교 교육을 받은 백인 여성을 그려보라"고 말했다.[12]

커뮤니티

|

정치학자 로버트 퍼트넘은 유명한 저서 《나 홀로 볼링》에서 20세기 마지막 3분의 1의 시간 동안 사회자본의 현저한 감소를 설명했다.[13] 그는 당시 다른 사람들과 함께하는 가족 저녁 식사, 친구와 함께하는 저녁, 교회, 노조, 클럽과 같은 단체 활동처럼 광범위한 사회 활동에 참여하는 미국인들이 점점 더 줄어들고 있다고 지적했다. 퍼트넘이 2000년 이 책을 쓴 이후 이러한 감소 추세는 대체로 유지됐고, 경우에 따라서는 가속화되기도 했다. 가족 구성과 마찬가지로 교육 수준에 따른 격차가 생기는데, 그중 일부는 확대되고 있다.

물질적인 생활수준, 건강, 가족, 아이들은 웰빙의 기초가 된다. 커뮤니티도 마찬가지고, 대부분의 미국인들에게는 종교적인 믿음도 그렇다. 2008~2012년 갤럽 조사 자료를 보면 미국인의 3분의 2가 종교는 그들의 일상생활에서 매우 중요하다고 답했다.[14] 재차 강조하지만, 우리는 이러한 삶의 다른 측면들의 가치를 매기거나 그것들을 돈과 등가물로 간주하려는 경제학자들의 관행을 따를 필요는 없다. 건강, 가족, 커뮤니티, 종교의 재산 가치를 평가하려고 할 필요는 없다. 그것들의 의미는 그것들의 가격이 얼마고, 그것들을 영위하기 위해 사람들이 얼마의 액수를 지불할 것인지에 따라 평가할 수 없다.

사람들이 그들의 지역과 국가 커뮤니티에 관여하는 한 가지 방법은 정치에 참여하는 것인데, 대표적 참여 방법은 선호하는 후보나 정책에 투표하는 것이다. 커뮤니티 활동에 참여하면 항상 원하는 것을 얻지는 못하더라도 그로 인한 직접적인 보상을 받게 된다. 하지만 참여자들은 실제로 그들이 원하는 것을 얻을 가능성이 더 크다. 65세 이상 고령자들은 18세에서 29세보다 투표할 가능성이 50퍼센트 더 높다. 1996년부터 2016년 사이 노인의 78퍼센트가 선거에서 투표한 반면, 청년의 투표 참여 비율은 53퍼센트에 그쳤다. 이것은 노인을 위한 공공정책이 상대적으로 관대한 것과 많은 관련이 있다. 소득은 교육처럼 투표와 상관관계가 있으며, 국회의원들은 부유하고 교육 수준이 높은 유권자들을 선호하는 경향이 강하다.[15]

〈도표 12.2〉는 가장 최근(1996~2016년) 치러진 6차례의 미국 대통령 선거에서 인종과 교육 수준별 투표율을 보여주고 있다. 각각의 점들은 선거 당해 투표를 했다고 밝힌 25세에서 64세 사이의 유권자 비율을 나타낸다. 1996년부터 2008년 오바마의 초선 때까지 참여가 증가하다 이후 떨어졌다. 이 수치에서 분명한 가장 큰 차이는 교육이다. 4년제 학위 소지자는 학위가 없는 사람에 비해 꾸준히 투표율이 20퍼센트포인트 더 높다. 아프리카계 미국인 유권자들의 투표율이 더 높았던 오바마 때 선거를 제외할 경우 어떤 교육 집단 내에서건 백인과 흑인 사이 참여율의 차이는 거의 없었다. 인종이 아닌 계급적 격차만 있을 뿐이다.

노조 가입은 21세기 중반 이후 급격히 감소해왔다. 노조는 명백히 노동자 계급에 속한 사람들에게 가장 중요한 사회자본의 한 형태다. 1950년대 중반에는 비농업 부문 종사자들 중 3분의 1 이상이 노조에 가입했고, 이후 2017년에는 노조 가입률이 10퍼센트 미만으로 떨

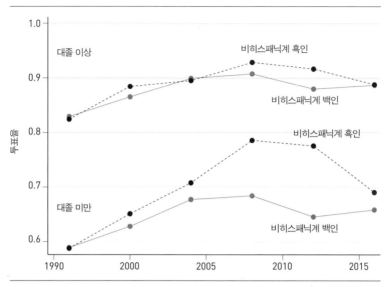

〈도표 12.2〉 25~64세 사이 인종과 교육 수준별 대통령 선거 투표율 결과. 최신인구조사를 갖고 저자들이 계산함.

어졌으며, 공공과 민간 부문의 조합원 수는 거의 같았다. 그러나 민간 부문은 공공 부문보다 훨씬 더 많은 노동자를 고용하고 있고, 민간 부문 종사자들은 공공 부문 종사자들보다 노조에 가입할 확률이 5배 이상 높다. 민간 부문 노조원의 급격한 감소는 노동에 대한 자본의 힘을 높이는 주요 요인이 되어왔다(그리고 이것이 일부 자본의 상대적 힘의 변화에 의해 야기됐을 수도 있다). 우리는 이 문제를 15장에서 다시 다루겠다. 그러나 정치적 참여와 마찬가지로 노조 가입은 노동자의 경제적 이익을 대변해주는 것 이상의 효과를 낸다. 노조 회의와 모임은 지금이나 과거나 모두 많은 곳에서 사회생활의 일부분이다.

내가 조합에 가입하면 나뿐만 아니라 다른 사람들에게도 좋다. 나의 가입으로 노조의 힘이 더 강해지기 때문에 다른 조합원들에게 이익이 된다. 내가 클럽이나 교회를 다닐 때도 마찬가지인데 이런 현상은 사회자본에서 일반적으로 일어난다. 나의 가입은 이른바 '네트워크 외부성(network externality)' 현상을 일으킨다. 즉 한 사람의 행동이 다른 사람들의 비용과 이익에 영향을 미친다. 회원 수가 늘어남에 따라 가입 혜택이 확대되는 페이스북 같은 소셜 미디어와 교회 등에서도 이런 일이 일어난다. 페이스북처럼 네트워크 외부성은 매우 빠른 회원 수 증가 효과를 낼 수 있다. 회원 수와 함께 회원 증가율도 올라가기 때문이다. 회원 수가 늘어날수록 증가 속도가 더 빨라진다. 적어도 더 이상 가입에 관심이 없는 사람들이 없을 때까지 그렇다. 그 과정이 거꾸로도 작용한다. 탈퇴자가 늘어나면 노조나 교회는 남은 회원들에게 매력이 줄고, 네트워크 외부성을 가진 조직들은 확장했을 때만큼 빠르게 붕괴될 수 있다. 민간 부문 노조의 경우 분명 이럴 가능성을 배제하지 못한다. 노조원들의 탈퇴가 시작하면 노조 회관이나 노조 스포츠팀이 운영을 중단할 뿐 아니라 노조는 조합원들에게 혜택을 전해줄 수 있는 권한을 일부 상실해 가입 이유가 점점 더 줄어든다.

종교는 대다수 미국인들에게 중요한 삶의 일부이며, 적어도 이탈리아와 이보다는 좀 덜한 아일랜드를 제외하고는 다른 부유한 나라들보다 훨씬 더 그렇다. 종교인들은 많은 면에서 더 잘 산다. 그들은 더 행복해하고 더 관대하며, 흡연, 음주, 또는 약물에 덜 의존한다. 친구들은 더 좋은 삶을 사는데, 특히 교회 친구들은 다른 친구들보다 더

많이 그렇게 산다.[16]

미국에서 교회 신도 수는 특히 교육을 덜 받은 사람들 중심으로 최근 수십 년 동안 감소해왔다. 무엇보다 그들이 교회를 다닐 가능성이 낮았기 때문이다. 종교가 중요하다고 말하는 모든 사람이 교회에 속해 있거나 정기적으로 교회에 다니는 것은 아니다. 오늘날 교회에 다니는 미국인은 약 3명 중 1명 정도다.[17] 1950년대 후반에만 해도 미국인의 절반 가까이가 교회에 다녔지만 그 숫자가 1980년대까지 완만히 감소하다가, 이후로 2000년까지 교회를 다닌다는 사람이 40퍼센트 내외를 꾸준히 유지하다가 이후 다시 급감했다.

우리는 종종 종교를 부모로부터 물려받고 적어도 신앙을 버리지 않는다면 평생 유지할 중요한 뭔가로 생각한다. 그리고 실제로 남부와 서부 지역에 가톨릭 신자가 급증하는 현상이 히스패닉계 이민자들 후손 때문인 것처럼 오늘날 미국 북동부 지역의 가톨릭 신자 중 다수는 아일랜드와 이탈리아로부터 넘어온 이민자들 후손이다. 그러나 사람들이 화석화된 이민의 역사 때문에 종교를 갖는 것은 아니다. 사람들은 그들이 성장한 교회를 그만 다니고, 때로는 기존에 다니던 교회 가르침이 더 이상 자신과 관련이 없어 보이거나 더 이상 자신의 정치적·사회적 신념과 일치하지 않을 때 다른 교회로 옮겨가기도 한다. 성규범과 시민권의 사회적 격변기이자 정부에 대한 불신이 고조됐던 1960~1970년대에는 많은 사람들이 아예 교회를 다니지 않았다. 또 어떤 사람들은 변화에 동요하고 주요 교회들의 적극적 대처가 부족한 데 실망한 나머지 복음주의적이고, 사회적으로 보수적인 교회로 옮겨갔다.[18] 2000년 이후에는 주류 교회 신도나 복음주의적 교회 신도가 모두 줄었다. 특히 그러한 교회들이 옹호하는 사회적으로 보수적인 정치적 신념에 의해 부모들만큼 매력을 느끼지 못했던 젊은이들 사이에서 더욱 그런 현상이 두드러졌다. 다수의 미국인들이 그들의 정치적 신념에 맞는 종교를 선택하는 것처럼 보인다.

자신이 무교라고 주장하는 사람들이 급증하고 있다. 1970년대 중반부터 1990년까지 무교 비율은 7~8퍼센트에 불과했다. 그런데 2016년이 되자 인구의 거의 25퍼센트가 무교였는데, 젊은 노동자 계급 백인(18세에서 29세 사이) 사이에서는 이 비율이 거의 50퍼센트에 육박했다.[19] 부언하자면, 이것은 미국 종교, 더 일반적으로 봤을 때는 미국에서 폭넓게 일어나는 변화의 일부분이다. 미국인 중 불과 43퍼센트만이 백인 기독교도인데, 이 비율은 1996년 65퍼센트, 2006년 54퍼센트로 더 높았다. 미국의 백인 기독교인 대다수는 더 이상 존재하지 않으며, 백인 노동자 계급 사이에서 일부의 눈에는 또다른 달갑지 않은 변화로 보일 수도 있다.

복음주의 교회와 주요 교회는 정치적 신념 외에도 차이가 있다. 많은 주요 교회들은 사회학자 로버트 우트나우(Robert Wuthnow)가 말하는 '주거의 영성(spirituality of dwelling)'을 제공한다.[20] 이 교회들은 수세기 동안 이탈리아나 아일랜드나 멕시코 출신의 가톨릭교도와 스칸디나비아 또는 독일 출신의 루터교도들처럼 종종 원 이민자들의 나라에서까지도 정신적 가정이자 예배 장소 역할을 해왔다. 이 교회들은 경제나 가정생활이 어려울 때 영적인 안식처를 제공해주지만, 사람을 멍청하게 만들고 억압하는 것처럼 보일 수 있다. 우트나우의 주거와 대비되는 개념은 사람들이 자신의 사회적 보수성에 맞는 복음주의적 교회로 눈을 돌리거나, 아니면 기성 교회 밖에서 각자 독창적으로 조합한 믿음을 만들어내는 식으로 자기 방식대로 영성을 만족시키려고 노력하는 '탐구(seeking)'다. 이는 개인주의가 확대되고 있음을 보여주는 한 측면으로, 사회학자 체린은 이에 대해 "지난 몇 세기 동안의 서구 사회 발전의 주요 동향 중 하나"라고 말했다.[21] 이러한 대안들은 일부 사람들이 폭압적인 교회 단체로 간주하는 곳에서 벗어나 훨씬 자유롭게 영성을 탐구할 수 있는 자유를 줄 수 있지만, 그들이 어렸을 때부터 의식과 전통이 친숙하고, 힘들 때 도움을 주고, 이전 세대 때도 똑같은 일을 해왔던 주요 교회들에서 느끼는 안심이나 무조건적으로 수용하겠다는 생각을 느끼게 해주지는 못할 수 있다. 많은 미국인들은 현재 어떤 기성 종교도 믿지 않고 있지만 때때로 고립된 자기가 만든 믿음들을 통해 영성을 탐구하고 있다. 사회민족학자 캐스린 에딘(Kathryn Edin)과 그녀의 동료들은 영성이 고대 우주비행사 이론(ancient-astronaut theories, 수천 년 전 다른 별나라에서 문명 세계가 지구를 방문해 발전을 돕기 위해 초기 인류에게 지식을 주었다는 이론 – 옮긴이)에 집중되어 있고, 그것에 대해 이야기할 사람들을 찾는 것이 어렵다고 불평하는 한 사람에 대해 말한다.[22] 이러한 고립은 에딘과 그녀의 공동저자들이 말하는 노동자 계급 남성들의 끈질긴 애착의 한 예다.

다음의 〈도표 12.3〉은 교회를 다니는 횟수를 묻는 종합사회조사

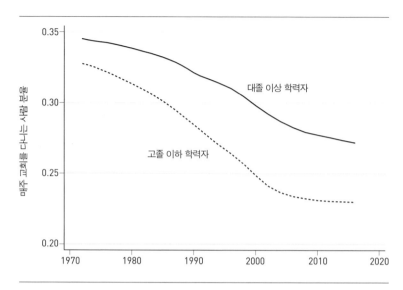

그래프의 세로축: 매주 교회를 다니는 사람 분율

0.35

0.30

0.25

0.20

대졸 이상 학력자

고졸 이하 학력자

1970   1980   1990   2000   2010   2020

〈도표 12.3〉 40~59세 사이 백인들의 매주 예배 참가 현황. 종합사회조사기관 조사를 갖고 저자들이 계산함.

기관(Ge-neral Social Survey)의 조사 결과를 갖고 만든 그래프다. 〈도표 12.3〉은 매주 교회를 다닌다는 중년의 백인(40세에서 59세)의 분율을 보여준다. 조사 표본이 적기 때문에 우리는 20년 동안의 조사 결과를 갖고서 매년 조사 결과를 정리해봤다.

　대졸자들이 매주 교회에 가서 예배를 볼 가능성이 커졌고, 교육 집단 간 격차는 시간이 갈수록 벌어지고 있다. 심지어 젊은이들보다 다니던 교회를 그만 다닐 준비가 덜 된 노인들 사이에서조차 예배 참가가 줄어들고 있는데, 특히 교육을 덜 받은 사람들 사이에서 더 그런 현상이 심하게 나타나고 있다. 백인 노동자 계급은 노조와 교회 양쪽에서 얻을 수 있는 커뮤니티 도움을 상실하고 있다.

우리가 작은 표본 크기에 대해 적절히 주의하면서 아프리카계 미국인들에게 같은 그래프를 그려본다면, 학사학위가 없는 사람들의 주간 예배 참여가 감소했다는 증거는 없다. 학사학위가 없는 중년 흑인들은 1970년대 초 저학력 중년 백인들과 거의 같은 비율인 약 3분의 1이 매주 교회 예배에 참석하는데, 백인과 달리 참석률이 꾸준하게 유지되어왔다.

그렇다면 왜 종교 활동과 예배 참여의 감소가 문제가 되는 걸까? 절망사로 인한 피해가 가장 큰 주인 웨스트버지니아는 미국에서 가장 종교적인 주 중 하나다. 백인 경제활동인구의 70퍼센트가 종교가 그들의 삶에서 매우 중요하다고 말한다. 절망사로 인한 피해가 훨씬 덜한 뉴욕과 캘리포니아에서는 51퍼센트만이 종교가 그들에게 매우 중요하다고 말한다. 웨스트버지니아 사람들이 덜 종교적이 돼도 나쁘지 않은 것 아닐까?

이 질문에 대한 한 가지 답은 충분히 긴 기간 동안 종교성은 사회적·경제적 환경에 반응한다는 데서 찾을 수 있다. 특히 아시아와 아프리카에 많은 전 세계 가난한 나라들에서는 거의 모든 사람들이 매우 종교적인 것으로 파악되지만 산업화된 더 부유한 나라들, 특히 서유럽에서는 종교성이 상대적으로 더 낮다. 세속화 가설(secularization hypothesis)에 따르면, 교육을 받는 사람이 늘고, 소득이 증가하고, 국가가 교회의 많은 기능을 떠맡을수록 사람들은 종교를 외면한다는 것이다. 설상가상으로 사람들은 더 적대적인 환경에서 종교를 더 필요로 한다. 이것은 소득이 낮고 주 정부의 지원이 적지만 종교인 분율이 더 높은 미국 주들에 들어맞는 가설일 것이다. 이러한 사실은 또 더 종교적인 사람들이 그렇지 않은 사람들보다 많은 면에서 더 나은 행동(그들은 더 행복하고, 범죄를 덜 저지르고, 마약과 술에 덜 중독되고, 흡연할 확률이 낮다)을 하지만, 미국의 여러 주를 포함해 더 종교적인 장소들은 왜 똑같은 결과를 보여주지 않는지를 설명해줄 것이다.[23] 종교는 사람들이 더 잘 행동하게 도와주며, 지역 환경이 어렵다는 이유도 사람들이 종교를 지지하는 일부 이유다. 시간이 지나면서 종교성이 떨어질 때 사람들은 종교가 가져다주는 이익을 잃는다.

사람들은 자신의 삶을 어떻게 평가할까?

|

누구나 물질적 행복, 건강, 가족, 커뮤니티, 종교 등 사람들에게 중요한 모든 것들을 어떻게든 묶어서 사람들의 삶을 전반적으로 평가해보고 싶은 유혹을 느낄 수 있다. 우리는 이것이 가능하거나 바람직하다고 생각하지 않는다. 인생의 여러 다른 면들을 단 하나만의 기준에 억지로 끼워넣다가는 너무나 많은 것을 잃을 수 있고, 우리가 한 번에 하나의 면에 대해 생각해봤을 때 얻는 것 이상으로 얻을 수 있는 것이 거의 없다. 최근 몇 년 동안 몇몇 저자들은 이와 다른 관점을 취하면서 우리가 사람들에게 얼마나 행복한지나 사는 게 어떤지 물어보면 다른 모든 것을 대신할 수 있는 '마법의 숫자'를 얻게 될 것이라 주장해왔다.[24] 이 주장을 거부할 만한 좋은 철학적·경험적 논거가 존재한다. 그렇다 하더라도 우리가 너무 많은 것을 기대하지 않는다면 자

신의 삶에 대한 사람들의 평가는 가치가 있다. 그런 평가는 소득, 기대수명, 교회 예배처럼 '전문가들'에게 중요할지 몰라도 기껏해야 각기 간접적이면서 당사자들에겐 관심이 없어 보일 수도 있는 척도가 아니라 사람들이 진짜 중요하게 생각하는 것을 잡아낸다. 그뿐만 아니라 소득, 건강, 종교, 교육 등의 생활환경을 통해 우리가 예상할 수 있듯 사람들이 직접 말해주는 인생에 대한 평가 기준은 다양하다는 것을 보여주는 증거도 있다. 사람들이 자신이 잘 살고 있다고 생각하면 그들이 신경을 쓰는 모든 것을 알 수는 없더라도 그냥 그 자체로 좋은 일이다. 마찬가지로 우리가 사람들의 삶의 질이 어떤지 알려고 할 때, 우리는 다른 척도들에 대한 보완책 차원에서 사는 게 어떤지에 대한 '자기 보고'를 이용할 수 있다.

종교 문제를 살펴보기 위해 앞에서 활용한 종합사회조사기관의 조사에서는 응답자들에게 요즘 얼마나 행복하게 사는지를 질문한다. 대답은 "아주 행복하다"와 "꽤 행복하다"와 "그다지 행복하지 않다" 세 가지 중에 고를 수 있다. 다음의 〈도표 12.4〉는 1972년부터 2016년까지의 조사 기간 동안 40세에서 59세 사이의 다양한 집단이 내놓은 답변의 분율을 보여준다. 모든 중년 백인들(점선으로 표시)의 경우 1990년대 후반까지 선이 거의 변화를 보이지 않다가 이후 "그다지 행복하지 않다"고 답한 중년 백인 분율이 올라가기 시작했다. 이러한 변화가 학사학위 없는 사람들의 경우 더 심하다는 사실은 교육 수준별 반응을 비교해보면 알 수 있다. 이 기간 동안 학사학위가 없는 백인 중 더 많은 수가 생활이 불만족스럽다고 밝혔지만, 이러한 불만 정

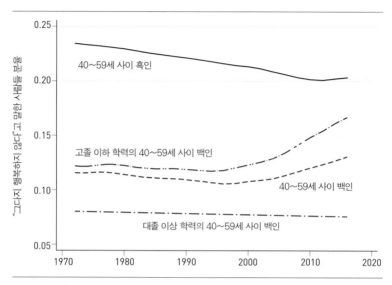

〈도표 12.4〉 "그다지 행복하지 않다"고 답한 40~59세 사이 성인 분율. 종합사회조사기관 조사 결과를 갖고 저자들이 계산함.

도는 1990년대 중반까지 안정세를 유지한 것처럼 보인다. 그때 이후 로는 고졸 이하 학력자들 사이에서 불만이 커지기 시작했고, 학사학 위가 있는 백인과 없는 백인 사이의 격차는 꾸준히 늘어났다.

중년 아프리카계 미국인들은 중년 백인들보다 더 많이 불행하지 만, "그다지 행복하지 않다"고 답한 사람들의 분율은 2010년까지 꾸 준히 하락했고, 이후 20퍼센트 정도에서 보합세를 나타냈다(조사 표본 이 너무 작아서 흑인들을 대학 학위 유무별로 나눠 분석하지 못했다). 이것이 사실 이고, 우리가 사람들이 직접 알려주는 행복의 척도에 대해 또다시 주 의한다면, 행복에 대한 대답은 물질적 행복 자료에는 나타나지 않는 뭔가 중요한 것을 보여주고 있다. 그것은 아프리카계 미국인의 삶은 비록 백인의 삶보다는 더 불행하지만, 백인, 특히 교육을 덜 받은 백인들과는 다른 방식으로 개선되고 있다는 것이다.

생활의 만족도에 대한 보다 정확한 평가는 다른 질문을 통해 할 수 있다. 갤럽은 '캔트릴 사다리(Cantril ladder)'라는 조사에서 사람들에게 자신의 삶이 사다리의 어느 위치에 속할지 생각해보도록 한다. 사다리의 꼭대기는 당신에게 있을 수 있는 최고 인생(10점)이며, 바닥은 있을 수 있는 최악의 인생(0점)이다. 캔트릴 사다리는 가끔 '인생의 사다리'라고 불리기도 한다. 이 질문은 행복을 언급하진 않는다는 점에 주목하라. 이것은 단순히 사람들에게 자신의 삶을 평가해 달라고 요청하는 한 가지 방법일 뿐이다. 갤럽은 2008년부터 수백만의 미국인에게 이 질문을 했기 때문에 우리가 그때까지 거슬러 올라갈 수 없더라도 특히 인종, 연령, 교육 수준별로 자세히 살펴볼 수 있는 자료가 충분하다.

다음의 〈도표 12.5〉에서 가장 주목할 만한 특징은 흑인(실선)과 백인(점선) 사이가 아니라 학사학위 유무에 따라 큰 차이가 있다는 것이다. 실제로 40세 이후 고졸 이하 흑인들은 백인들보다 '자기 보고' 결과가 더 낫다. 젊은 대졸 흑인들의 경우에는 그와 반대다. 흑인들은 학사학위가 있건 없건 간에 백인들처럼 중년에 행복감이 약해지는 경험을 하지 않는다. 우리가 오해를 받지 않도록 재차 말해둔다. 자기 평가는 사람들에게 중요한 모든 것을 알게 해주는 척도는 아니다. 따라서 교육 집단 내에서 흑인과 백인의 삶에 대한 평가가 엇비슷하다고 해서 흑인들의 더 열악한 상황을 무시한다거나, 대학을 나온 흑인

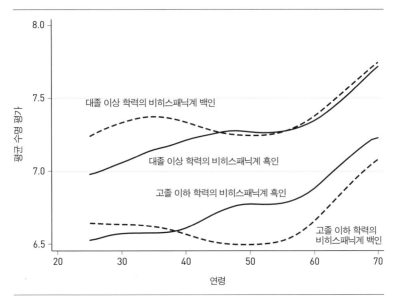

〈도표 12.5〉 연령, 종교, 교육 수준별로 평균 수명 평가 자기 보고. 2010~2017년 사이 갤럽 조사 자료를 갖고 저자들이 계산함.

이 훨씬 더 적다는 사실을 무시해서는 절대로 안 된다.

갤럽은 또 사람들이 스트레스나 육체적 고통을 겪고 있는지, 행복하거나 슬픈지를 묻는다. 인생 사다리의 경우 이러한 척도들 대부분에서 가장 큰 차이가 인종이 아닌 교육에 따라 생긴다. 이것은 사람들이 얼마나 자주 웃고, 즐기고, 행복한지의 평균에 해당하는 일상의 긍정적인 분위기와 고통을 요약해 보여주는 지표를 보면 그렇다는 것을 알 수 있다.[25] 경험의 차이는 전적으로 교육 수준에 따라 생기지 인종에 의해 생기는 것은 아니다. 반면 스트레스는 교육 수준에 따라 별 차이가 없으나 인종에 따라 큰 차이를 보인다. 놀랍게도, 이 차이는 흑인들에게 유리하다. 조사 전날에 많은 스트레스를 경험했다고 밝힌 흑인 수가 훨씬 더 적다. 전체적으로 봤을 때 이러한 경험의 척도에선 흑인이 백인보다 더 낮게 받는 스트레스를 제외하고는 인종이 아닌 교육이 중요하다.

가족, 커뮤니티, 종교의 쇠퇴

인생에선 돈보다 훨씬 더 중요한 것이 많다. 이번 장에서는 가족, 자녀 양육, 종교, 정치 참여 등 몇 가지 비금전적 요인들과 함께 삶에 대한 사람들의 평가 결과도 살펴봤다. 반세기 동안 임금률이 하락해온 저학력 백인들은 고학력 백인들보다 더 못살고 있으며, 특히 결혼과 출산 등 여러 면에서 두 집단 간 격차가 놀랄 정도로 벌어지고 있다. 노조의 감소는 교육을 덜 받은 백인들의 근로와 사회생활을 모두 악화시켰고, 그들은 또 종교적 지원과 커뮤니티로부터 점점 더 멀어져 갔다. 우리는 인터넷과 소셜 미디어의 확산이 이러한 것들을 보완해 줬다고 믿기 어렵다.

물론 궁극적으로 우리는 우리 이야기의 화두인 '절망사'란 끔찍한 사망률 추세에 대해 설명하려 노력하고 있다. 임금 하락도 일부 원인이지만, 물질적 우위가 줄어들면 절망감을 더 느끼게 됐다고 말하기는 불가능하다고 본다. 우리는 절망감을 느끼게 만드는 데 훨씬 더 중요한 역할을 하는 것은 가족, 커뮤니티, 종교의 쇠퇴라고 믿는다. 이러한 쇠퇴는 전통적인 노동자 계급의 생활을 가능하게 해준 임금의 하락과 일자리 질의 악화가 없었다면 일어나지 않았을 수 있다. 그러나 우리가 중요한 원인으로 보는 것은 물질적 행복의 감소가 아니라 삶의 방식 파괴다. 임금은 직접적이 아닌, 이러한 요인들을 통해 영향을 미친다.

아프리카계 미국인들에게 나타난 대조적 결과는 유용한 정보를 제공한다. 최근 몇 년 동안 흑인들의 임금이 기껏해야 약간 오르는 데 그쳤고, 1970년대 이후에는 거의 또는 전혀 오르지 않았다. 또 흑인들이 백인들보다 대부분의 지표가 나쁘고, 심지어 교육을 덜 받은 백인들보다도 나쁘지만, 많은 면에서 흑인들의 삶은 개선되고 있는 반면 교육을 덜 받은 백인들의 삶은 악화되고 있다. 우리가 좀 더 폭넓게 살펴보면 흑인과 백인 사이의 사망률 추세가 훨씬 더 일리가 있다.

4부

—

다시 쓰는
자본주의의 미래

DEATHS
OF DESPAIR
AND THE FUTURE OF CAPITALISM

우리는 절망과 스트레스, 자살에 의한 죽음, 약물 과다복용, 알코올 중독과 고통, 일에 대한 애착 감소, 임금 하락, 가정생활 실패 등을 이야기했다. 지난 30년 동안 교육을 덜 받은 백인들을 덮친 유행병은 50년 전 아프리카계 미국인들을 덮친 병이다. 많은 면에서 인종 간 격차가 줄어들고 있지만 적어도 교육 계급만을 생각한다면 계급의 분화가 확대되고 있다.

4부에서 우리는 이런 일이 일어난 이유와 대책에 대해 설명하겠다. 무엇이 노동 계급의 삶의 근간을 뒤흔들어놓았는가?

4부에는 1~3부와 달리 서문을 붙여놓았다. 앞의 3부는 주로 일어난 일에 관해 서술한 반면 4부에선 그런 일이 일어난 이유를 다루고 있다. 항상 '이유'가 '결과'보다 더 복잡하다. 4부의 첫 3장에선 노동 시장에서 저학력 미국인들에게 무슨 일이 일어나고 있고, 그들이 올리는 소득의 실질 가치가 임금 하락이나 물가 상승 내지는 두 가지 이유 모두로 인해 떨어진 이유와 근로 조건이 악화된 이유를 알려준다. 교육을 덜 받은 사람들의 근로 생활을 해치는 다른 많은 힘들이 존재하지만, 그들 모두는 우리가 설명한 결혼과 커뮤니티에 영향을 미치고, 궁극적으로는 절망사가 증가할 수 있는 여건을 조성한다.

우리의 첫 번째 이야기는 미국에 특히 더 해당하는 이야기다. 다른 많은 나라에서는 찾아보기 힘든 '미국'의 자본주의에만 있는 일부 특징이다. 다른 몇몇 부국에서도 절망사가 증가하고 있지만, 그런 죽음이 존재하는 곳에서도 그 수는 미국에 비하기 힘들 정도로 적다. 그래서 이 책의 제목을 '절망의 죽음과 미국 자본주의의 미래'라 하는 것이 더 적합한지도 모른다.

두 번째 이야기는 현대 자본주의의 결함이 광범위하게 퍼져 있고, 미국은 이미 다른 곳에서 뿌리를 내리고 있으며 앞으로 더욱 확산할 더 일반적인 재앙의 선두 주자일 뿐이라는 이야기다.

두 이야기가 모두 사실인지, 미국인의 특정한 생활 형태가 재앙을 과장하고 촉진해서 미국이 실제로 가장 앞서 나가고 다른 나라들이 뒤따르는 동안 다른 나라들이 미국만큼 심각한 재앙의 피해를 볼 가능성이 낮은 것은 아닌지 의심한다.

미국에는 유의미하면서 다른 나라들과는 다른 많은 특징이 존재한다. 인종차별 역사는 미국에만 있다. 노예제도와 인종차별주의의 그림자가 오늘날에도 여전히 미국인들의 삶에서 계속 문제가 되고 있다. 11장에서 살펴봤듯 많은 백인들은 아프리카계 미국인들의 개선된 삶을 보고 순수하게 축복해주지 않았다. 사회 보호의 차이에 대한 설명도 중요하다. 다른 부국들은 미국보다 더 광범위한 사회 안전망을 갖추고 있고, 정부에 더 많이 의존하고 민간 부문에 덜 의존하는 식으로 다르게 조직되어 있다. 미국 정치도 거액의 선거 자금과 로비에 의존한다는 면에서 차이가 있다.

하지만 우리의 일류 악당 후보는 이런 것들이 아니라 미국의 의료보험 시스템이다. 이것이 13장의 주제다.

역설적인 사실이다. 미국은 다른 어떤 나라보다 의료비 지출이 많고, 일부 병원과 의사들은 세계에서 가장 훌륭하다는 평가를 받는다. 그래서 미국 병원에서 치료를 받으려고 전 세계에서 환자들이 찾아온다. 그렇다면 출생 시 기대수명이 3년 연속 감소하는 것이 어떻게 가능할까? 다른 나라에서는 일어난 적이 없고 1918년에 처음 발생해 2년 동안 전 세계에서 2,500만~5,000만 명의 목숨을 앗아간 일명 '스페인 독감' 사태 이후 미국에서도 일어나지 않았던 일이? 이러한 공포가 미국의 의료보험 시스템에도 불구하고 일어나는 것이 아니라 그 시스템 때문에 일어나고 있는 것이 사실이다. 다음 장에서는 그렇다는 주장을 펼치겠다. 부실한 의료 서비스와 보장 범위 부족에 대해서 할 수 있는 말이 많긴 하지만 이 두 문제에 대해 말하지는 않겠다. 처방 오피오이드로 인한 사망 원인을 의료보험 시스템에서 찾을 수 있고, 심지어 오바마케어 이후로도 미국인 2,700만 명이 건강보험 혜택을 누리지 못하고 있다.[1] 그러나 훨씬 더 심각한 문제는 막대한 비용이다. 막대한 의료비 지출은 경제에 지속 불가능한 장애물이 되면서 임금을 끌어내리고, 좋은 일자리의 수를 줄이고, 교육과 인프라뿐 아니라 연방과 주 정부들이 제공하거나 할 수 있을지 모를 공공재와 서비스의 제공에 필요한 재원을 약화시킨다. 노동자 계급의 삶은 분명 자동화와 세계화로부터 위협을 받고 있지만, 의료비는 삶의 악화를 촉진하고 가속화되고 있다.

의료비는 미국인들이 외세에 바쳐야 하는 공물과 같다.[2] 독일이 제1차 세계대전 이후 내야 했던 배상금에 비유할 수 있다. 영국의 경제학자 존 메이너드 케인스(John Maynard Keynes, 1883~1946)는 배상금이 독일에 재앙이 될 것이라고 예측하는 유명한 책을 썼다.[3] 오늘날 역사가들은 독일이 실제로 지급한 배상금 액수와 그것이 바이마르 공화국 몰락과 히틀러 부상에 미친 영향에 대해 논쟁하고 있지만 배상금이 다년간 유럽의 국제 관계를 지배했던 것은 분명하다.[4] 그러나 1920년대 독일이 지불한 국민소득의 분율은 오늘날 의료 분야에서 불필요하게 지출되고 있는 미국 국민소득 분율보다 훨씬 작았다.[5] 의료보험 시스템이 국민 건강을 위해 작동한다고 해도(실제로는 아니지만), 그로 인한 비용은 여전히 경제, 특히 교육을 덜 받은 미국인을 위한 경제 부분을 약화시킬 것이다. 워런 버핏은 의료비가 미국 기업들에 미치는 영향을 촌충(tapeworm)에 비유했다. 우리는 그것을 미국인들이 필요로 하는 것을 제공해줄 수 있는 능력을 옥죄면서 경제 전반으로 전이된 암으로 간주한다.

우리는 의료 산업 붕괴가 쇠퇴와 절망의 원인이라고 믿지만, 그것만이 유일한 이유는 아니다. 현대 자본주의가 교육 수준이 낮은 노동자에는 점점 더 불리하지만 교육 수준이 높은 소수 노동자에게는 점점 더 유리하게 변해왔다는 지적도 있다. 한 가지 핵심적인 주장은 기업들이 노동자와 소비자 모두에게 점점 더 불리하게 작용하는 시장 지배력을 축적해왔다는 것이다. 이러한 관행 중 다수가 독점 금지법에 의해 금지되고 있지만, 많은 사람들이 이러한 법이 필요한 만큼 강력하게 시행되고 있지 않다고 믿는다. 또 노조는 한때 자본의 힘에 저항하고 노동자의 임금과 근로 조건을 보호할 수 있는 '대항적 권력(countervailing power)'이었지만, 최근에는 특히 민간 부문을 중심으로 중요성이 크게 줄었다. 또 기업들의 합병이 많이 일어난 이상, 미국 업계가 예전보다 경쟁력을 잃으면 기업들은 노동자들의 임금을 인위적으로 낮추고 상품 가격을 인위적으로 올릴 수 있는 힘을 가지고 있다. 이러한 행동은 실질 소득을 노동자와 소비자로부터 경영자와 자본의 소유주에게로 재분배한다. 이러한 상향식 재분배는 독점금지법이 잘 시행되는 자유시장 자본주의에서는 정부가 특별한 이해관계자와 정실 관계에 있는 사람들에게 특혜를 주지 않는 한 일어나지 않을 것이다.

전문 경제학자와 정치인과 정책 입안자들 사이에서 이처럼 해악에 대한 논쟁이 뜨겁다. 한쪽에서는 현대 대기업은 소비자와 노동자를 궁핍하게 만드는 새로운 '도금 시대(Gilded Age, 1865년 남북전쟁이 끝나고 1873년에 시작되어, 불황이 오는 1893년까지 미국 자본주의가 급속하게 발전한 28년간의 시대 – 옮긴이)'를 연 독점 기업이라는 주장이 나오고 있다. 다른 쪽에서는 대기업들이 가격을 낮추고 놀라운 혁신들을 주도하기 때문에 우리 모두에게 엄청난 혜택을 준다고 주장한다. 미국의 자본주의 규제 정책이 유럽의 정책과는 다르지만, 미국에서만 자본주의를 비판하는 것은 아니다. 또 다른 곳보다 미국에서 자본주의의 장단점이 모두 더 발달되어 있을 가능성도 있는데, 이것은 우리가 미국에 대해 말한 일이 다른 곳에서 일어날 일의 예고일 뿐이라는 주장에 힘을 실어

줄 것이다.

연구가 완전히 끝나지 않은 이상 여기서 이 문제들을 해결할 수 없다. 대신 우리는 분명 교육을 덜 받은 미국인들의 삶의 질을 떨어뜨리는 현대 자본주의의 여러 측면을 규명할 수만 있다면 15장에서 균형 잡힌 설명을 하려고 한다.

다음 세 장에 나오는 주장은 비히스패닉계 백인뿐 아니라 모든 미국인에게 적용된다. 그러나 5장에서 봤듯이 절망사는 적어도 2012년 이후 펜타닐이 흑인 사회를 강타할 때까지 백인들 사이에서 주로 유행했다.

우리는 백인 노동자 계급의 파괴가 없었다면 백인들 사이에서 절망사가 일어나지 않았거나, 일어나더라도 그렇게 심각하지 않았을 것이라 생각한다. 그런데 의료보험 시스템이 붕괴되고, 오늘날 우리가 가지고 있는, 특히 시장 조작을 통한 지속적인 부의 상향 재분배 같은 오늘날 우리가 겪고 있는 자본주의의 다른 문제들이 없었더라면, 백인 노동자 계급의 파괴는 일어나지 않았을 것이다. 우리는 5장에서 아프리카계 미국인들이 위기를 모면한 것이 아니라 30년 전에 이미 그들 나름대로 위기를 먼저 경험했다고 주장했다. 흑인들이 절망하고 실직하고 가정과 커뮤니티 파괴를 겪었던 초기에는 이러한 기능장애의 많은 부분이 흑인 문화의 특수성에 기인한다고 여겨졌다. 그런데 당시 사건이 이제 뭔가 달라 보인다. 즉 어떤 집단이 충분히 오랫동안 나쁜 대우를 받는다면 그것은 어떤 식으로건 사회적 붕괴를 겪기 쉬워질 것이다. 오랫동안 가장 많은 미움을 받았던 아프리카계 미국인들이 제일 먼저 고통을 겪었지만 교육 수준이 낮은 백인들이 그다음 후보였다. 이 고통이 이어 고학력 집단으로 옮겨갈 것이란 상상이 그저 터무니없는 일이 아니다.

인종차별이 줄어들고 누릴 수 있는 기회가 점점 더 늘어나자 흑인들은 모든 노동자가 직면하는 부정적 압력에 대항하는 상쇄력을 갖게 됐다. 우리는 지난 20년 동안 아프리카계 미국인들의 삶이 백인들에 비해서뿐만 아니라 절대적으로도 나아지는 것을 목격해왔다. 적어도 2014년까지는 흑인의 사망률이 급격히 떨어졌다. 대졸 이상 흑인의 비율은 1945년 출생 코호트에선 16퍼센트였지만 1985년 출생코호트에선 25퍼센트로 상승했다.[6] 일단 교육을 고려하면 흑인은 다양한 삶의 만족도와 영향력 차원에서 백인만큼 좋거나 더 뛰어나다. 그러나 최근 몇십 년 동안의 경제 기록에는 백인에 비해 흑인들의 물질적 결과가 체계적으로 개선됐음을 시사하는 것은 아무것도 없다. 아프리카계 미국인들의 상대적 개선은 분명 다른 곳에서 온 것이 틀림없다. 아마도 가장 분명히 개선된 점은 흑인들의 삶이 비물질적인 면에서 더 나아졌다는 것이다. 인종차별이 사라지지는 않았지만, 예전보다 덜 심각하고 덜 만연해 있어서 더 이상 사회적 제재를 받지 않는다. 그들이 존중받고 있다는 것을 보여주는 한 가지 훌륭한 지표는 한때는 금기시됐지만 지금은 통상적인 일로 간주되는 '인종 간 결혼(intermarriage)'의 수락이다. 갤럽 조사에 따르면, 2013년 조사에 참가한 미국인 87퍼센트가 흑인과 백인의 결혼을 찬성했다. 그런데 1958년에는 찬성률이 4퍼센트에 불과했다. 1973년에도 29퍼센트에 그쳤고, 2000년에도 역시 찬성하는 사람이 3분의 2에 못 미쳤다. 갤럽의 여론 조사관 프랭크 뉴포트(Frank Newport)는 이런 변화를 "갤럽 역사상 가장 큰 여론의 변화 중 하나"라고 말했다.[7] 성공한 흑인 정치인들이 많아졌지만, 무엇보다 중요한 사실은 미국에서 흑인 대통령이 등장했다는 점이다. 주로 피부색과 인종차별과 관련된 문제가 대부분이었던 흑인과 백인의 차이는 이제 교육과 기술과 더 관련이 있다.

백인들에게는 짐 크로의 특권이 철회된 만큼 역차별을 받게 됐다는 주장이 나올 수도 있다. 사회학자 체린은 "백인들은 20세기 마지막 몇십 년 동안 법적으로 백인 프리미엄이 줄어들 때까지 그들의 지위를 걱정하지 않았다. 그 늦은 시기까지도 낡은 백인 위주의 제도가 그들이 의식하지 못할 만큼 오래전부터 시행되어왔었고, 새로운 기회 균등법은 백인 노동자들의 눈에는 인종적 특권이 철폐됐다기보다는 역차별이 시작된 것처럼 보였다"고 지적했다.[8] 경제학자 일리아나 쿠지엠코(Ilyana Kuziemko)와 그녀의 공동저자들은 실험실 연구를 통해서 사람들은 물질적 여건과 상관없이 밑바닥 삶을 매우 싫어하고, 결과적으로 그들을 따라잡을 수 있을 정도로 밑바닥 사람들의 운명을 개선하는 변화를 거부한다는 것을 보여주는 증거를 찾아냈다.[9]

마지막으로 우리 저자들이 '이유'를 찾는 방법을 정리해보겠다. 우리는 주로 역사학자나 사회학자의 관점에서 원인을 생각해보는데,

이것은 오늘날 많은 경제학자들이 인과관계에 대해 생각하는 방식과는 매우 다르다. 일부 경제학자들은 이제 인과관계를 증명하기 위해서는 통제된 실험이나, 그렇지 않으면 적어도 사람들을 특정 사건에 차등적으로 노출되는 여러 다른 집단으로 분리하는 역사적 상황이 필요하다는 생각을 지지한다. 그런 기법들이 그들에게는 쓸모가 있지만, 다수가 상호작용하는 역사적으로 우발적인 힘들의 집합이 관련된, 서서히 진화하는 대규모 해체 과정을 묘사하려는 우리에게는 별로 쓸모가 없다. 일부 냉철한 사회과학자들은 그러한 환경에서 배운 것은 모두 환상에 불과하다고 주장한다.[10] 우리는 근본적으로 그런 주장에 동의하지 않는다. 독자들은 우리가 통제된 시험 같은 것들을 하지 않아도 우리의 설명이 설득력이 있는지 없는지를 판단해야할 것이다.

13장

삶을 무너뜨리는 미국의 의료 서비스

미국인들은 의료비로 막대한 돈을 쓰고, 그것은 경제의 거의 모든 부문에 영향을 미친다. 장소 불문하고 의료비는 비싸므로 부유한 나라들이 시민의 생명을 연장하고 고통과 아픔을 줄여주기 위해 재정의 상당액을 투입하는 것은 합리적이다. 그러나 미국은 상상할 수 있을 만큼 이런 일에 서투르다.

　우리의 주장은 의료 실수나 부실한 치료나 오피오이드 과다처방이나 제때 치료하지 못하는 실수 등 의료계가 간혹 저지를 수 있는 '직접적인' 피해와는 무관하다. 그보다는 터무니없이 비싸고 부적절한 의료비가 사람들의 삶과 일에 미치는 '간접적인' 피해에 관한 것이다. 2017년 국방비의 약 네 배와 교육비의 약 세 배에 이르는 미국 GDP의 18퍼센트(1인당 1만 739달러)[1]를 소진하는 미국의 의료 시스템은 노동자들의 임금을 불필요하게 갉아먹고 있다. 의료비 때문에 집에 가져갈 실소득뿐만 아니라 구매 가능액도 모두 감소한다. 반면 의료 산업에 종사하는 사람들의 소득은 올라가고 이 산업 규모는 필요 이상으로 커진다. 종업원들의 눈에 잘 안 띄는 고용주가 지원해주는 건강보험은 임금 상승을 막고, 특히 숙련도가 떨어지는 노동자들의 일자리를 파괴하며, 좋은 일자리를 나쁜 일자리로 대체한다. 사람들이 더 나쁜 직업을 가지면 그들의 임금은 하락한다. 의료비는 또한 보험에 가입하지 않았거나 보험을 부족하게 든 개인들에게 직접 영향을 미칠 뿐만 아니라 고용주 부담금(copayment), 공제, 그리고 직원 본인 부담금을 통해서도 영향을 미친다. 이 밖에도 메디케어와 메디케이드 비용을 부담하는 주정부와 연방정부 모두에게도 영향을 미친다. 정부는 더 많은 세금을 거둬야 하고, 인프라와 빈곤한 미국인들의 의존도가 특히 높은 공교육 등 다른 서비스의 제공을 줄여야 하고, 미래의 경제 성장을 위협할 적자재정을 운용하면서 그로 인한 부담을 우리 아이들과 미래의 납세자들에게 전가한다.

독점에 대한 애덤 스미스의 말을 빌리자면, 미국의 의료 시스템은 "어처구니없고 억압적이다(absurd and oppressive)".[2]

의료비는 어쩔 수 없이 비싸며, 우리는 분명 그것에 거액을 지출해야 한다. 더 오랫동안 더 나은 삶을 살기 위해선 우리 재산의 일부를 포기하고, 더 부유해질수록 더 그렇게 하는 것이 합리적이다.[3] 생명을 연장하거나 더 건강하게 살 수 있게 해주는 새로운 치료법이 계속해서 등장하고 있다. 그것은 발명이나 적용에 많은 돈이 들 수 있는데, 종종 그러한 비용을 내는 것이 좋은 생각일 수 있다. 그렇긴 하지만 우리는 불필요할 정도로 너무 많은 돈을 쓴다. 우리는 우리 건강을 해치지 않고도 적어도 3분의 1의 비용을 줄일 수 있다고 주장할 것이다.

오피오이드에 관한 9장에서 봤듯이, 의료 산업의 한 부분인 제약 제조업자와 유통업자들은 수만 명의 사람을 죽인 유행병을 일으켜서 엄청난 부를 축적했다. 이것은 건강에 직접적인 위해를 가하고, 다수가 중독과 죽음의 위험에 빠지게 되는, 다른 사람들의 희생을 통해 최고위층 사람들이 부자가 되는 상향식 재분배 과정의 극단적 사례다. 건강에 미치는 이러한 직접적인 피해와 의료 산업이 경제 전반으로부터 강제로 빼가는 경제적 공물로 인한 간접적 피해에 대해 의료 산업에 보상을 청구해야 한다. 우발적 과잉복용에 의한 죽음은 세 종류의 절망사 중 가장 널리 퍼져 있다. 일부 사람을 중독에 빠트리게 하는 삶의 질 악화 문제에 대해서도 살펴봐야겠지만, 절망사의 대표적 원인을 의료 산업이 일으킨 오피오이드 유행병에서 찾을 수 있다. 일과 가정생활이 점점 더 힘들어지는 사람들 사이에서 자살과 술로 인한 사망이 증가하고 있다. 이러한 사망은 의료비 문제로 더 빠르게 늘어나고 있다.

다음 장에서는 다른 산업들이 절망사에 어떻게 영향을 미쳤는지에 대해 설명하겠다. 그러나 의료 산업은 사람의 생명을 직접 앗아갈 수 있을 뿐만 아니라 다른 산업과는 경제 환경에서 근본적 차이가 있다는 점이 다르다. 우리가 좋은 결과를 내기 위해 시장에 의존할 수 있는 대부분의 경제에선 자유시장 경쟁이 좋은 기준이지만, 의료 분야에서는 반드시 그런 것만은 아니다. 자유시장 경쟁으론 사회적으로 용인되는 의료 서비스를 제공하지 못하고 제공할 수도 없다.[4]

의료비 지출과 기대수명

|

미국의 의료비는 세계 최고가지만, 미국인의 건강은 부유한 국가 중에서 가장 나쁜 축에 속한다. 최근 죽음이란 유행병이 일어나고 기대수명이 감소하기 훨씬 오래전부터 그래왔다. 의료 서비스 제공 비용은 경제에 큰 부담을 주고 장기적 임금 정체를 초래한다. 그것은 또 로빈 후드 이야기에 나오는 노팅엄의 보안관식 '역 재분배(reverse redistribution)'의 좋은 사례다. 의료 산업은 건강 개선에 아주 뛰어나지는 않지만, 병원을 흑자 경영하는 일부 성공한 개업의를 포함한 의료 서비스 제공자들의 부를 늘려주는 데는 탁월한 능력을 발휘한다. 또 제약 회사, 의료 기기 제조 업체, '비영리' 보험사를 포함한 보험사 및 더 큰 규모의 독점적 병원의 소유주와 임원들에게도 막대한 부를 안겨준다.

〈도표 13.1〉은 다른 나라들이 미국과 어떻게 다르며, 시간이 지날수록 그 차이가 어떻게 확대되고 있는지를 보여준다. 영국, 호주, 프랑스, 캐나다, 스위스가 비교 국가인데, 이들은 나머지 부유한 세계에서 발견되는 현상을 대표적으로 잘 보여준다.[5] 수직축과 수평축은 각각 기대수명과 1인당 의료비 지출액을 보여주며, 각 선은 1970년부터 2017년까지 한 번에 1년씩 이 두 개 규모의 궤적을 보여준다(도표에서 지출을 실질 국제 달러로 표기해놓아 2017년 미국의 수치는 앞서 인용한 1만 739달러와는 차이가 있다).

도표에서 미국은 예외적이다. 다른 나라들에 비해 기대수명은 낮

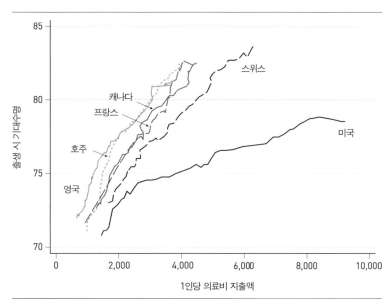

〈**도표 13.1**〉 미국과 스위스, 그리고 다른 선별 국가들의 출생 시 기대수명과 1인당 의료비 지출액. 다년간의 기대수명 및 2010년 국제 달러 환산 지출. 저자들이 2017년 옥스퍼드대학교 맥스 로저(Max Roser) 교수의 연구 결과를 업데이트함.

지만 1인당 의료비 지출은 훨씬 더 크다. 도표의 첫해에 해당하는 1970년에는 미국인들의 기대수명이 크게 나쁘지 않고 지출도 크게 높지 않는 등 다른 국가들과 큰 차이가 나지 않았지만, 이후로 건강이 빠르게 개선되고 지출 증가 속도는 더뎌지면서 다른 나라들이 미국보다 훨씬 더 선전했다. 스위스를 나타내는 선이 미국을 나타내는 선과 가장 가깝고, 다른 나라들의 선들은 서로 가까이 몰려 있다. 다른 부유한 나라들까지 추가된다면 그것들은 스위스나 미국보다 더 의료비 지출이 적은 나라들의 선과 더 유사해 보일 것이다.

2017년 스위스인들은 미국인들보다 5.1년 더 장수했지만 1인당

30퍼센트를 덜 썼다. 다른 나라들은 여전히 의료비를 더 적게 지출하면서 비슷한 수명을 누리고 있다. 2017년 의료비 지출이 미국 GDP에서 차지하는 비율은 17.9퍼센트로 가장 높았다. 두 번째로 높은 나라는 12.3퍼센트인 스위스였다. 누군가의 도움으로 미국 GDP에서 의료비에 드는 부담을, 부유한 나라 평균이 아니라 그보다는 욕심을 좀 덜 부려 부담이 두 번째로 큰 스위스 수준으로라도 낮출 수 있다면, GDP의 5.6퍼센트를 다른 용도로 활용할 수 있을 것이다. 금액으로 환산하면 1조 달러 이상이 되는데,[6] 이는 미국의 남녀와 아이 한 명당 연간 3,000달러 이상, 가구당 약 8,300달러가 넘는 액수다. 2017년 미국의 중위 가구소득은 6만 1,000달러였고, 성인 2명과 자녀 2명으로 구성된 가구의 빈곤선은 2만 5,000달러였다. 각 가구가 2017년 8,300달러를 추가로 받았다면 지난 30년 동안 중위소득 증가 속도는 실제보다 두 배가 빨랐을 것이다. 그리고 목표를 스위스가 아니라 캐나다로 잡아보면 어떨까? 그렇게 되면 1조 4,000억 달러, 즉 1인당 4,250달러나 가구당 1만 1,000달러의 비용이 절감될 것이다.

낭비를 계산하는 또 다른 방법은 미국인들의 건강에 기여하지 않는 여러 다른 분야의 지출을 직접 확인해보는 것이다. 가장 최근의 계산[7]에 따르면 총지출의 약 4분의 1이 낭비되고 있다. 이 지출만 아끼더라도 스위스와 비슷한 수준이 될 것이다.

이 큰 비용이 낭비지 총비용이 낭비는 아니다. 이 낭비가 거의 반세기 동안 점차 쌓이면서 생활수준을 깎아내리고 있다. 미국 노동자들이 이렇게 엄청난 공물을 바치지 않았다면 그들은 오늘날 지금보다 훨씬 더 나은 삶을 살 수 있었을 것이다.

미국인들은 지출로 무엇을 얻을까?

엄청난 지출을 감안했을 때 미국인의 건강이 더 나아졌을 것이라고 기대할 수 있겠지만, 현실은 그렇지 못하다. 앞서 살펴봤듯 건강의 중요한 척도인 기대수명이 크게 늘어나지 않았다. 의료 외에도 다른 많은 요인들이 기대수명에 영향을 미치지만 의료가 중요하고 최근 몇 년 동안 그 중요성이 점점 더 커지고 있다. 2017년 미국인의 기대수명은 78.6세였는데, 히스패닉계가 전국 평균인 81.8세보다 눈에 띄게 높은 반면 비히스패닉계 흑인은 74.9세로 현저하게 더 낮았다.[8] 이 수치들은 OECD의 다른 25개 회원국의 기대수명보다 낮다. 다른 OECD 회원국들 가운데 기대수명이 가장 낮은 나라는 81.1세인 독일로 미국보다 2년 반 더 길고, 가장 높은 나라는 84.2세인 일본이었다.[9] 미국인들이 그들의 의료 시스템을 통해 얻는 것이 무엇이건 간에 그들의 수명이 늘어나지는 않았다.

미국인들이 혹시 다른 걸 얻고 있는 것은 아닐까? 미국은 매우 부유한 나라이므로 미국인들이 더 많고 더 나은 의료 서비스를 요구하고 그에 대해 돈을 쓴다는 것은 타당하다. 그러나 2007~2017년 사이 의료 분야에서 대체로 비영리 단체들이 올린 '수익' 덕에 미국에서 새로 생긴 전체 일자리의 3분의 1인 280만 개나 되는 많은 일자리가 이 분야에서 생겨났지만, 미국인들은 다른 나라들보다 대부분의 의료 서비스를 더 많이 사용하고 있지는 않다.[10] 실제로 미국의 1인당 의사 수는 상대적으로 적지만[미국의학협회(American Medical Association) 는 사실상 의과대학 수를 억제함으로써 의사들의 임금을 올렸다], 1인당 간호사 수는 엇비슷하다. 의과대학을 다니려면 돈이 많이 들기 때문에 의사들의 임금이 당연히 높을 수밖에 없다는 주장이 종종 제기되지만, 의대들이 설립 장소 제한을 받지 않고 경쟁할 수 있도록 개방된다면 의대 등록금은 더 낮아질 것이다. 적격 외국 의사들이 지금처럼 조직적으로 배제되지 않는다면 의사 급여와 의대 공납금은 모두 떨어질 것이다. 일부 수술의 경우 미국과 나머지 부유한 나라들에서는 시행된 수술 횟수가 비슷하지만 미국에서 '돈이 되는' 수술이 더 많이 시행되고 있다.[11] 미국인들은 더 호화로운 의료 시스템(사실 일반석보다는 비즈니스석에 더 가까운)을 가진 것처럼 보이지만, 비즈니스나 일반석 중 어디에 앉았건 승객들은 동시에 목적지에 도착하는 법이다(이 경우 목적지가 사후라면 아마도 더 일찍). 다른 몇몇 나라의 환자들과 비교했을 때 미국인들의 고관절이나 슬관절 치환술 같은 수술이나 유방조영술과 같은 검사 대기 시간이 더 짧다. 아주 집중적으로 사용하지 않는 값비싼 기계가 많아서 대기 시간을 줄이는 것이 가능하기 때문이다. 병실은 다른 나라에서 흔히 볼 수 있는 다인실과 달리 1인실이나 2인실이다.

유병률은 사망률이나 수술 횟수보다 측정하기가 훨씬 더 어렵지만, 한 연구는 영국과 미국에서 똑같이 실시된 건강 설문조사 결과 분석을 통해서 자기 보고와 혈액 검사 결과 같은 '명백한' 생물학적 척도 등의 광범위한 건강 결과 차원에서 장년 영국인들이 장년 미국인들보다 더 건강하다는 것을 알아냈다.[12] 영국인들은 GDP의 10퍼센트 미만을 의료비에 쓴다. 미국인들에 비해 1인당 지출은 약 3분의 1 수준이다.

미국인들은 그들의 의료 시스템에 만족하지 않는다. 2005년부터 2010년 사이 갤럽이 실시한 세계 여론조사에서도 미국인의 19퍼센트만이 "미국의 의료나 의학 시스템을 신뢰하는가?"라는 질문에 긍정적으로 답했다. 조사 대상 130개국 중 89번째로 높은 비율에 그친다.[13] 갤럽은 또한 사람들이 자신이 살고 있는 도시나 지역에서 누릴 수 있는 의료 서비스 수준에 만족하고 있는지를 물었다. 이처럼 보다 구체적이면서 지엽적인 질문에 대한 결과는 그나마 좀 더 나았다. 조사 참가자 중 77퍼센트는 "만족하고 있다"고 답했는데, 이는 캐나다나 일본과 거의 같지만 다른 부유한 나라들과 캄보디아, 대만, 필리핀, 말레이시아, 태국과 같은 훨씬 더 가난한 아시아 국가들에 비해서는 좋지 않은 결과다. 스위스의 경우 94퍼센트가 제공되는 양질의 의료 서비스에 만족한다고 보고하고 있으며, 인구의 58퍼센트는 국가 의료나 의학 시스템이 잘 작동한다고 생각했다. 미국인들의 불만 대부분은 불평등한 시스템으로 인한 의료 서비스의 접근성에 관한 것이다. 2007년 연방재단(Commonwealth Fund) 보고서에 따르면 미국은 의료 서비스 접근성, 환자 안전, 조정력, 효율성, 형평성 면에서 7개 부유한 국가 중 꼴찌를 차지했다.[14]

돈은 어디로 갈까?

어떻게 미국인들이 그렇게 많은 돈을 내고도 그렇게 적은 혜택을 누리는 것이 가능할까? 돈이 분명 다른 어디론가 새고 있기 때문이다. 환자에게 있어서 낭비는 제공자에게는 소득이다. 여기서도 마찬가지로 미국과 다른 부유한 나라들을 비교해볼 필요가 있다. 비용 차이의 많은 부분은 의료 서비스의 높은 가격과 서비스 제공자들의 높은 급여에서 비롯된다. 미국 의사들은 다른 OECD 회원국 의사들이 받는 돈보다 평균 두 배 많은 돈을 받는다.[15] 다만 인구 대비 적은 의사 수로 인해 그들에 대한 국민들의 비용 부담은 제한적이다.[16] 의사 단체와 의회의 요청에 따라 의대 설립 장소 수를 제한하고, 외국 의사들이 미국에서 개업하기 어렵게 만듦으로써 의사 수를 억제한다.[17] 2005년 기준 미국 소득 상위 1퍼센트 중 16퍼센트, 상위 0.1퍼센트 중 6퍼센트가 의사였다.[18] 미국에서 간호사들도 많은 돈을 받지만, 다른 국가들에서 일하는 간호사들과의 차이는 크지 않다. 의약품 가격은 미국이 약 세 배 정도 더 비싸다.[19] 미국에선 항콜레스테롤 약인 크레스토(Crestor)를 복용하려면 월 86달러(할인 후)가 들지만 독일에선 41달러, 호주에선 9달러밖에 들지 안는다. 류마티스성 관절염 환자가 휴미라(Humira)를 복용하는 데 드는 비용은 미국에서는 월 2,505달러, 독일에서는 1,749달러, 호주에서는 1,243달러 순이다. 수술비도 미국이 더 비싸다. 고관절 치환술 수술 비용은 미국에서는 평균 4만 달러가 넘지만 프랑스에서는 1만 1,000달러다. 고관절과 무릎 치환 장치는 같은 제조사에서 만든 같은 기기를 쓰더라도 미국이 다른 곳보다 세 배 이상 비싸다. MRI 검사비는 미국에서 1,100달러지만 영국에서는 300달러 정도다. 미국의 내과 의사들은 의료과실 보험료를 더 많이 내지만 이것이 전체 의료비 지출에서 차지하는 비중은 약 2.4퍼센트에 불과하다. 이는 병원비(33퍼센트), 의사 임금(20퍼센트), 처방약(10퍼센트)에 들어가는 지출에 비하면 적은 편이다.[20] 미국의 병원과 의사들은 다른 부유한 나라들의 병원과 의사들보다 영상, 관절 대체, 관상동맥 우회술, 혈관 성형술, 제왕절개술처럼 '다량의 고마진' 수술을 더 많이 한다.[21] 우리 저자 중 한 명이 2006년 고관절 대체 수술을 받았을 때, 유명 뉴욕 병원은 다인실 비용을 하루에 1만 달러씩 청구했다. 방은 이스트 강(East River)을 지나가는 배들이 보여 전망이 좋았지만 텔레비전 시청료나 약과 치료비는 별도였다.

미국 제약 회사 옹호자들은 약 개발의 상당 부분이 미국에서 이뤄지고 있기 때문에(미국 제약 회사들이 항상 독자적으로 개발하는 것은 아니지만) 다른 나라들은 미국의 혁신과 발견에 무임승차하고 있다고 주장한다. 반면 비판자들은 제약 회사들이 연구보다는 마케팅에 더 많은 돈을 쓰며, 기초 연구의 많은 부분이 정부[예를 들어 미국 국립보건원(National Institutes of Health, NIH)]나 정부의 재정 지원을 통해 이뤄지고 있어, 특허 보호 축소나 심지어 폐기가 우리가 믿는 것만큼 비참한 결과로 이어지지 않을 수도 있다고 주장한다.[22] 현재의 시스템은 종종 용납할 여지가 없다. 예를 들어, 1921년에 당뇨병 환자들이 투여하지 않으면 죽게 되는 인슐린을 발견한 세 사람은 토론토대학교에 인슐린 특허를 단돈 1달러에 팔았다. 인슐린을 누구나 자유롭게 투여할 수 있게 해주기 위해서였다. 그런데 현재 일부 당뇨 환자들은 한 달에 1,000달러나 내고 인슐린을 투여하고 있으며, 비용 부담 때문에 때때로 투여를 중단하기도 한다. 하지만 생산자들은 인슐린제를 변경하는 식으로 특허를 유지한다.[23] 한편 영국의 주간지 〈이코노미스트〉 보도에 따르면, 제약 회사들은 환자 부담금을 대납해줌으로써 그들이 더 손쉽게 약가격을 유지할 수 있게 해주는 대형 자선재단을 분사했다. 게다가 제약 회사들은 환자 부담금을 1달러씩 대납해줄 때마다 2달러의 세액공제를 받을 수 있다.[24] 약에 드는 비용을 낮추면 NIH는 연구를 대폭확대할 수 있다. 또 많은 돈을 아끼고 우리가 필요로 하는 다른 모든것에 대한 부담도 일부 줄여줄 것이다.

가격 이외에 다른 요소들도 있다. 신약, 새로운 스캐너, 새로운 수술 방법이 끊임없이 등장하고 있다. 이들 중 일부는 생명을 구하고 고통을 줄여주지만, 다수는 그렇지 못한데도 여전히 어떤 식으로든 이용되고 돈을 받고 있다. 이것을 '곡선을 평탄하게 만드는 약(flat of the curve medicine)'이라고 하는데, 약 투입량과 약값을 늘려도 건강이 거의 좋아지지 않는다는 뜻이다. 영국은 미국과 달리 신약과 수술 방법을 평가하고, 추가로 든 비용당 얼마나 건강 상태가 개선됐는지를 추정하며, 최소한의 탈락 기준에 부합하지 못할 시 사용 중단을 권유(영국의 시스템에 비춰볼 때 사실상의 배제)하는 규제 기관인 국가보건서비스(National Institute for Health and Care Excellence, NICE)를 두고 있다. 미국에서 영국의 NICE에 해당하는 기관은 제약사들의 이윤에 직접적인 위협을 가할 것이기에 업계는 죽을 때까지 그곳에 맞서 싸울 것이다. 그러다 결국 제약 업계가 아니라 규제 기관이 죽게 된다.

NICE의 초대 회장인 마이클 롤린스 경(Sir Michael Rawlins)에 따르면, NICE가 맨 처음 테스트해본 약은 글락소웰컴(Glaxo Wellcome)이 만든, 입안에 뿌려 들이마시는 세계 최초의 흡입식 독감 전문 치료제 리렌자(Relenza)다. NICE는 그것이 효과가 없어서가 아니라 그것의 '외부 효과', 즉 독감 환자들이 의사 진료실에 앉아 리렌자의 처방전을 기다리다가 독감을 퍼뜨릴 가능성이 있어 사용 금지를 권했다. 그러자 글락소웰컴 회장이 총리실로 가서 회사가 한 연구를 타국으로 유출하겠다고 협박했다. 그러나 토니 블레어(Tony Blair) 당시 영국 총리와 프랭크 돕슨(Frank Dobson) 보건부 장관은 NICE를 지지하며, 그것을 사산(死産)으로부터 구했다.[25] 우리는 워싱턴에서라면 다른 결정이 내려지지 않았을까 의심한다. 의약품 승인 과정에서 FDA는 오피오이드의 남용 가능성처럼 광범위한 사회적 영향을 고려하는 것이 허용되지 않는다는 점에 유의하라.

건강보험 회사들은 특히 치료비 지급을 거부하거나 100퍼센트 보험 대상이라 믿었던 환자들에게 이해할 수 없는 청구서를 보내 언론의 비난 대상이 되는 경우가 흔하다. 여기서 중요한 문제는 민간 시스템에서는 보험사, 의사 진료실, 병원이 행정, 요율 협상, 경비 제한 노력 등에 막대한 돈을 지출한다는 점이다. 설계에 따라 다른 장단점이 있는, 정부가 전적으로 건강보험료를 지원하는 '단일 보험자 건강보험(single-payer healthcare)'에서는 이러한 비용의 절반 이상이 사라질 것이다. 보험사들이 올리는 이익만 문제가 아니다. 제도가 바뀐다면 보험사들이 하는 일의 많은 일이 아예 불필요해질 것이다.[26]

　마지막으로 짚고 넘어가야 할 점은, 병원들이 부담해야 할 비용 때문이 아니라 경쟁을 줄이거나 없애기 위해 합병하고 그들의 시장 지배력을 사용해 가격을 올리기 때문에 그들이 보험사들(그리고 대중들)과의 전쟁에서 줄곧 승리하고 있다는 사실이다. 미국 내 독점 병원들은 경쟁에 직면한 병원들보다 12퍼센트 더 높은 비용을 부과한다. 더구나 5마일 이내에 있던 두 병원이 합병하면 병원 간 경쟁은 사라지고 병원비는 평균적으로 6퍼센트 상승한다.[27]

　환자들은 응급의료 상황이 터졌을 때 가장 취약한 상태에 놓인다. 이런 상황이 점점 더 이익을 올릴 기회로 보이고 이용된다. 구급차 서비스와 응급실은 의사와 구급차 서비스 업체에 외주를 줬고, 그곳 의사와 구급차는 '깜짝 놀랄 수준의 높은' 의료비를 청구한다. 이들 서비스 중 상당수는 보험 가입 대상이 아니라서 환자들이 예전에 다닌 병원으로 옮겨지고, 보험에 가입되어 있더라도 그들에게 보험금이 청구된다. 2016년에는 응급실 방문의 상당수가 '깜짝 놀랄 만한 수준의' 구급차 요금을 발생시켰다. 시골 병원들이 문을 닫으면서 응급 의료헬기 이용이 일반화되자 이용 비용만 무려 수만 달러에 이를 수 있다. 누군가가 곤경에 처하거나 심지어 무의식 상태일 때는 요금 흥정은 되지 않고 요금을 억제하기 위한 경쟁도 벌어지지 않는다. 그러한 조건에서는 환자가 의식이 있다 치더라도 요구받은 대로 돈을 낼 수밖에 없다. 사모펀드 소유가 많은 회사들은 이러한 상황이 이용료를 올릴 수 있는 이상적인 상황이라는 것을 잘 알고 있다.[28] 교통사고 현장과 병원 응급실 등 사건·사고 현장을 맴돌며 피해자들을 자극해 소송을 권유함으로써 소송을 부추기는 변호사들이 구급차 주인이 됐고, 교통사고 피해자들은 의식 회복 후 병원 침대에 2,000달러의 청구서가 붙어 있는 것을 발견한다.

이런 종류의 포식은 고통받는 사람들로부터 사모펀드와 그들의 투자자들로 돈을 이체하는 제도의 대표적인 예다. 이것은 많은 맥락에서 많은 덕목을 지닌 자본주의가 사회적으로 용인 가능한 방식으로 의료 서비스를 제공할 수 없는 이유를 보여준다. 응급 의료 상황 도중에는 사람들이 오피오이드에 의존할 때 정보에 입각한 선택을 할 수 없듯, 어떤 경쟁에 의존하는지에 대한 정보에 입각한 선택을 할 수 있는 좋은 위치에 서 있지 않다.

과거 의사들이 운영하던 병원은 이제 CEO급 급여를 받으며 제국을 건설하고 가격을 인상하는 기업 경영진이 운영한다. 이들 중 일부는 의사 가운을 반납하고 기업인으로 변신한 사람들이다. 이런 병원의 좋은 사례는 한때 여러 독립 병원을 운영했던 뉴욕장로교병원(New York Presbyterian Hospital)이다. 이 병원은 CEO인 스티븐 코윈(Steven Corwin) 박사가 2014년 450만 달러[29][노르쇼어대학병원(North Shore University Hospital) CEO는 그보다 두 배 이상 높은 급여를 받았다[30]]의 급여를 받은 비영리단체다. 뉴욕장로교병원은 아름다운 비디오 시리즈를 제작했는데, 이 시리즈는 엄청난 인기를 끈 드라마 시리즈 〈다운튼 애비(Downton Abbey)〉 방영 직전에 영국 공영 텔레비전을 통해 방영됐다.

각 비디오에는 뉴욕장로교병원에서만 일어날 수 있었던 놀라운 회복 사례가 담겨 있었다.[31] 이 광고들은 직원들에게 병원이 의료보험 적용 병원에 포함되도록 요구하게 만들려고 기획됐다. 그렇게 되면 뉴욕장로교병원은 보험사들과 협상력을 높여 병원비를 올리고 코윈은 급여를 벌 수 있었다. 다른 병원들도 자체적으로 이와 비슷한 광고를 잇달아 제작했다. 2017년 병원들은 미국에서 광고비로만 4억 5,000만 달러를 지출했다.[32] 이러한 전술들이 환자 건강의 질을 높이는 데 어떤 역할을 하는지는 알 수 없다.

의사, 병원, 제약사, 의료 기기 제조 업체들은 의료비를 올리기 위해 협력한다. 최첨단 스캐너 제조 업체들은 의사, 치과의사, 병원 등에 검사 결과가 개선됐는지 입증하지 않아도 수익을 창출할 수 있는 매력적인 임대료와 가격을 제시한다. 때때로 스캐너와 스캐머(scammer, 사기꾼 - 옮긴이)의 구분이 어렵다. 제약 회사는 신제품을 개발하고 그에 대한 수요를 창출하기 위해 병원 및 의사들과 협력한다. 2018년 저명한 유방암 연구원 호세 바셀가(Jose Baselga)는 자칭 '세계에서 가장 오래되고 가장 큰 민간 암센터'인 뉴욕의 메모리얼슬로안케터링(Memorial Sloan Kettering)의 의료 총책임자 자리에서 물러날 수밖에 없었다.[33] 그는 발표한 논문에서 생명공학 스타트업 및 제약 회사와의 금전적 관계로 생길 수 있는 갈등 같은 이해충돌 가능성을 밝히지 않아 쫓겨났다. 그가 나오자 그와 금전적 관계가 있던 제약 회사 중 한 곳인 아스트라제네카(AstraZeneca)가 즉시 그를 연구개발 총책임자로 임명했다. 병원 경영진이 (제대로) 주장했듯[34] 병원이 환자를 상대로 신약 실험을 하고, 의사가 효과적인 신약에 대한 소문을 퍼뜨리도록 애쓰고 도울 때 '유익한 공생관계'가 생길 가능성이 있다. 실제로 새로운 암 치료제는 최근 암 사망률을 낮추는 데 좋은 효과를 냈다. 그러나 환자들의 가장 큰 관심사가 항상 제약 회사의 관심사와 일치하지는 않기 때문에, 그들이 자신을 치료하는 의사가 누구를 위해 일하고 있는지 알고, 병원이 제약 회사의 하수인에 불과하지 않다는 사실을 알고 안심하고 싶어 하는 것은 당연할 수밖에 없다.

제약 회사 CEO의 보수는 높다. 2018년 〈월스트리트저널〉 보도에 따르면 2017년 연봉 상위 10위 CEO 명단에는 3,800만 달러를 받은, 제약 회사와 보험사와 정부를 대신해 환자 정보를 분석해주는 데이터 회사 아이큐비아(Iqvia)의 아리 보우스빕(Ari Bousbib) CEO에서부터 1,800만 달러를 받은, 제약 회사 머크(Merck)의 케네스 프레이저(Kenneth Frazier) CEO가 이름을 올렸다.[35] 2014년 미국에서 대기업 CEO들을 능가하는 최고 소득을 올린 사람 중에는 소규모 개인 사업자들도 있었는데, 그중에는 개인 병원 의사들의 이름도 눈에 띈다.[36]

미국의 과도한 의료비는 병원, 의사, 의료 기기 제조사, 그리고 제약 회사들의 호주머니로 들어간다. 건강 관점에서 봤을 때 낭비되고 남용되는 수조 달러는 제공자의 관점에서는 잘 번 소득이다. 그래도 여전히 두 가지 질문이 남았다. 하나는 "그러한 비용이 미국인들의 삶에 어떤 영향을 미칠까?"란 질문이고, 다른 하나는 "의료 산업은 어떻게 책임을 피해나갈 수 있을까?"란 질문이다.

누가 돈을 내는가?: 거액의 의료비 지출이 초래한 결과

|

돈을 내는 주체가 누군지 이해하기는 아주 간단하지만, 그것이 사람들의 삶에 미치는 영향을 알아내기는 어렵다. 결국에 누가 청구서를 받든 간에 모든 돈을 개인이 부담한다는 점에서 1인당 총비용이 1만 739달러라는 것을 알아놓고 있으면 좋다. 많은 미국인들은 그들이 그렇게 큰 금액을 부담하고 있고, 심지어는 사람들이 평균적으로 그렇게 내고 있다는 것을 믿을 수 없다고 생각한다. 청구서는 일반적으로 보험사나 고용주나 정부가 대신 내주기 때문에 우리 대부분은 운 좋게도 그 엄청난 의료비 청구서를 결코 받지 못하거나 심지어 볼 수조차 없다. 그러나 투명성의 결여와 다른 누군가가 돈을 대납해주고 있다는 느낌은, 미치는 영향이 더 잘 알려져 있다면 더 강력한 도전을 받게 될 시스템을 지탱하는 데 도움을 준다.[37]

〈도표 13.2〉는 국민소득 중 의료비 지출 비율이 1960년 5퍼센트에서 2017년 18퍼센트로 지난 반세기 동안 어떻게 올라갔는지를 보여준다. 이 숫자와 반대로, 의료비 외의 다른 일에 쓸 수 있는 소득 비율이 1960년의 95퍼센트에서 오늘날 82퍼센트로 떨어졌다는 사실도 못지않게 유용할 수 있다. 이 그래프는 특히 1980년대 초반부터 1990년대 초반과 2000년부터 2008년까지 의료비 부담이 가장 빠르게 증가했던 시기임을 보여준다. 에스켈 엠마누엘(Ezekiel Emanuel)과 빅터 훅스(Victor Fuchs) 교수가 지적한 바와 같이[38] 이 기간들은 또 시간당 평균 임금이 낮았던 시기였다. 특히 임금은 높았던 반면 임금 내 의료

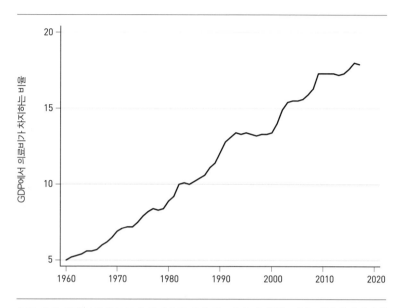

〈도표 13.2〉 1960년부터 2017년 사이 GDP에서 의료비가 차지하는 비율. 메디케어·메디케이드서비스센터(Centers for Medicare and Medicaid Services) 자료.

비 지출 비율이 하락했던 1990년대 중반에 비해 더욱 그랬다. 2017년 이들의 중위임금이 1979년에 비해 15퍼센트가 하락한 대학 학위가 없는 45~54세 사이의 백인 남성들을 살펴보면, 그들의 중위임금이 1980년대 급격히 감소하다가 1990년대 중반과 최근 몇 년 사이 일부 회복하는 식의 유사한 패턴을 볼 수 있다. 물론 임금은 다른 많은 것, 특히 더 일반적으로 노동시장 상황에 의해 영향을 받고, 의료비 부담은 계속해서 느리게 영향을 미치는 이상 우리는 지난 수십 년 동안 나타난 이러한 광범위한 패턴밖에 예상하지 못할 수 있다.

우리가 의료비 청구서의 지불 주체부터 따져보기 시작한다면 개인과 연방정부가 각각 28퍼센트씩을 내고, 기업이 직원들을 대신해서 20퍼센트를 낸다. 그리고 17퍼센트는 주와 지방정부가 낸다. 기타 민간업자들이 나머지 7퍼센트를 낸다.³⁹ 보험에 가입하지 않은 개인 (2017년에는 국민의 9퍼센트, 즉 2,970만 명이 보험에 가입하지 않았다)은 직접 내야 하는데, 내야 할 금액은 종종 정부나 보험사에 청구되는 것보다 훨씬 더 높다. 의료비를 낼 능력이 안 되는 사람들은 저소득층을 상대로 제공되는 무료 내지 저렴한 의료 서비스를 받거나 제3자로부터 돈을 빌려 내다가 수년간 빚쟁이들에게 쫓길 수도 있다. 건강보험은 당신의 건강이 아니라 의료 시스템으로부터 당신의 지갑을 지켜준다는 지적이 자주 제기돼왔다. 보험 가입을 하지 않은 사람들은 종종 긴급하지 않은 치료를 포기한다. 의사 진료를 받지 않는다면 그들은 항고혈압제나 스타틴처럼 생명을 구할 수 있는 예방책을 쓸 수 있는 가능성이 낮아진다. 개인은 의료비를 내느라 다른 물건을 사거나 미래를 위해 저축할 수가 없게 됨으로써 미국의 가계 저축률을 떨어뜨린다.⁴⁰

미국 경제활동인구의 절반 정도인 약 1억 5,800만 명이 고용주를 통해 건강보험을 적용받고 있으며,⁴¹ 65세 이상 고령자는 연방정부가 지급하는 권리인 메디케어 보장을 받고 있다. 메디케이드는 저소득층을 위한 국민 건강 프로그램이며 연방과 주정부가 일부씩을 부담한다. 직원들이 보험료를 한 푼도 부담하지 않는 것은 아니지만 그래도 그들은 일반적으로 고용주가 지원해주는 건강보험을 선호한다. 2017년 직원들은 평균적으로 본인 보험료로 약 1,200달러(임금의 18퍼센트) 또는 가족 보험료로 약 5,700달러(29퍼센트)를 냈다.[42] 그들은 또 건강 관련 세금을 내고, 치료 시 본인부담금과 보상받기 전 공제금도 내야 한다. 환자 입장에서는 치료비가 얼마인지 미리 알거나 이후 청구될 비용을 이해하기가 매우 어려운 경우가 많다. 예를 들어, 보험사는 수술비의 90퍼센트를 부담할 수도 있지만, 보험금이 보험사가 정해놓은 한도의 90퍼센트라서 그것이 본래 청구된 금액보다 훨씬 낮을 수도 있다. 예상치 못한 의료비 청구는 보험 가입자들 사이에서뿐만 아니라 심지어 비응급 진료에도 흔한 일이다. 동시에 의료비가 상승하는 상황에서 고용주가 지원해주는 건강보험이 질과 보상 범위 모든 면에서 떨어지고 있다.[43]

고용주가 건강보험을 들어준 4인 가족의 중위소득이 7만 6,000달러에서 9만 9,000달러로 증가한 2009년까지 10년 동안을 조사한 한 연구에 따르면, 이 늘어난 소득 중 95달러를 제외한 전부가 직원 보험료 인상, 사후 정산 의료비 지출, 의료비에 붙는 세금, 그리고 기타 상품 가격 등으로 인해 사라졌다.[44]

고용주가 들어주는 보험은 그 혜택을 받는 사람들 눈에 잘 보이지 않는 심각한 문제를 가지고 있다. 많은 직원들은 고용주 부담금(평균 2만 달러인 가계 보험료의 나머지 71퍼센트)이 공짜라고 생각한다. 그러나 그것은 회사에 공짜가 아니며, 기업들이 얼마나 많은 임금을 줄 준비가 되어 있는지와 얼마나 많은 노동자를 고용할지에 영향을 미친다. 채용 결정을 해야 하는 고용주 입장에서는 중요한 것이 임금이 아니라 회사가 고용하기 위해 내야 하는 건강보험 및 기타 복지 혜택에 드는 돈이다. 고용주의 기여금은 임금 자체가 그렇듯 '임금 비용(wage cost)'이기 때문에 평균 1인당 보험료가 1999년 2,000달러에서 2017년 6,896달러로 오르는 것처럼 보험료 상승은 임금 인상 억제에 큰 영향을 미쳤다. 직원들은 그들이 선물을 받고 있다고 생각할지도 모르지만, 사실은 고용주가 누구에게 돈을 주느냐가 아니라 직원들을 위해 내주는 돈의 총액이 얼마냐에 관심이 많다는 사실을 거의 깨닫지 못하고 있다. 직원은 그 '선물'이 임금에서 일부나 전체가 공제되고 있다는 사실을 모를 수 있다.[45] 앞의 예에서, 고용주가 내주는 보험료가 오르지 않았다면 2009년 4인 가족은 9만 9,000달러 이상을 벌었을 것이다.

이것이 끝이 아니다. 큰 폭의 건강보험료 인상에 직면한 고용주들은 몇몇 자리에는 더 이상 건강보험을 적용해주지 못하겠다거나, 아니면 더 극단적으로 감원을 하거나 적어도 해야 할 일 일부를 아웃소싱하기로 결정할지 모른다. 우리가 만난 한 임원은 그의 회사가 어떤 한 해에 건강보험료를 대폭 인상하게 됐을 때 경영 컨설턴트들의 자문을 구했더니 컨설턴트들이 아예 불필요한 노동자들이나 식품 서비스, 경비, 관리, 운송 활동처럼 외주를 줄 수 있는 자리를 찾아내 '감원'을 도와줬다고 설명했다. 이때 아웃소싱 회사들이 임금과 건강보험료를 제시했다면 그들에 대한 책임을 져야 하지만 책임을 지지 않을 수도 있다. 아웃소싱 회사에서 일하는 것이 대기업에서 일하는 것보다 덜 매력적이고 덜 의미 있는 선택인 경우가 많다. 의료비는 급여가 낮은 노동자를 고용할 때 드는 총임금에서 더 큰 몫을 차지한다.

15만 달러의 급여를 받는 고소득 직원의 경우, 회사가 내줘야 할 평균 가족 보험료는 노동자를 고용하는 데 드는 비용의 10퍼센트 미만이지만, 중위소득의 절반인 저임금 근로자의 경우 이 비용이 60퍼센트에 달한다. 이것은 의료비 상승이 좋은 일자리를 더 나쁜 일자리로 바꾸고 일자리를 아예 없애게 되는 사례다.

고용주가 내주는 건강보험료는 의료 산업의 규모뿐만 아니라 의료비 상승에도 기여한다. 고도로 숙련되고 급여가 높은 노동자들은 보험에 가입할 확률이 높기 때문에, 보험은 그들의 필요와 기호에 맞게 설계되어 있다. 고용주가 내준 보험료는 과세 대상 소득으로 간주되지 않기 때문에 고용주는 직원들이 세후 소득에서 보험료를 내게 하기보다는 자신이 비과세 대상인 복지 혜택을 통해 더 고급 의료 서비스를 제공하려고 하게 된다. 이로 인해 연방정부는 약 1,500억 달러의 세금을 덜 걷게 되지만[46] 고용주와 직원들이 더 높은 의료 혜택을 전제로 급여 협상을 하도록 장려하게 된다. 빅터 훅스 교수의 지적대로 아마도 대부분의 사람들이 가진 예산을 고려해볼 때, '월마트'식 건강보험을 선호할지라도, 정부는 '홀푸드(Whole Foods)'식 건강보험을 권장하고 '월마트'식 건강보험을 단념시키고 있는 것 같다. 고용주 중심의 의료 시스템은 접근성과 제공되는 의료 서비스 측면에서 모두 고소득 노동자에게 유리하게 되어 있다.[47]

연방정부와 주정부도 의료비 지급에 책임이 있다. 연방정부의 경우, 의료비 예산 부담 때문에 정부가 하고 있거나 할 수 있는 다른 모든 일에 드는 예산이 줄어들 수도 있다. 인프라를 유지하고 교체하지 못하는 것이 그런 문제의 대표적인 예에 해당한다. 미국의 도로 상태가 좋지 않다 보니 물류회사인 페덱스(FedEx)의 트럭들은 20년 전보다 두 배나 자주 타이어를 교체해야 한다.[48] 눈에 잘 띄지 않는 것이 메디케이드로 인한 예산 부담이다. 메디케이드는 복지권이기 때문에 주들은 무조건 그것을 내줘야 한다. 메디케이드 자격 요건을 책정할 때 융통성을 발휘할 수 있는 것을 제외하고, 주들은 의료 서비스 양이나 비용에 대해 제한적인 통제만 가능하다. 주 차원에서도 의료비 지출 증가로 다른 중요한 일들, 특히 교육과 교통에 쓸 돈이 줄어들고 있다. 2008년 주 지출의 20.5퍼센트를 차지했던 메디케이드 관련 지출은 2018년 29.7퍼센트로 증가한 것으로 추정되는 반면 초·중등교육 지출 비율은 같은 기간 22.0퍼센트에서 19.6퍼센트로 줄었다. 주 정부들은 이제 다시 K-12 교육(유치원에서 고등학교를 졸업할 때까지의 교육 기간─옮긴이)에 지출하는 예산의 절반만 메디케이드에 지출하고 있다.[49] 그러한 지출은 공적 지출에 의존하지 않아도 될 만한 사람들에게는 덜 중요하다.

이상적으로 보면 누가 의료비를 부담하는지 정확히 계산하는 것이 가능하겠지만, 그 총액이 너무 거대해서 경제 전반에 분산되어 있고, 너무 불투명한 나머지 그런 계산은 불가능하다고 할 수 있다. 그러나 우리는 모두 매일 어떻게든 의료비를 내고 있다. 그렇지만 우리는 비용을 충분히 인지한 상태에서 우리가 원하고 기꺼이 돈을 내고 싶은 것을 의식적으로 선택해서 의료비를 내는 경우는 거의 없다. 그보다 현재의 의료 시스템은 오래전 미국인들이 실수로 삼켰다가 거대하게 성장해 인체에 필요한 영양소를 빨아들이고 있는 워런 버핏이 말한 '촌충' 같은 경제의 기생충에 불과하다. 아니라면 우리가 보기엔 그것은 국지적 의료 시스템에 국한됐다가 경제 전반에 전이된 암이다.

의료 서비스 관리가 그토록 어려운 이유는 무엇인가?

|

의료 서비스에 필요한 자금 조달과 운영은 미국뿐 아니라 다른 모든 곳에서도 어렵다. 대부분의 상품과 서비스에 대한 해결책은 시장에 맡기는 것이지만 의료의 경우는 그렇지 않다. 20세기 가장 위대한 경제학자 중 한 사람인 케네스 애로(Kenneth Arrow, 1921~2017)는 어떤 상황에서 시장이 할 수 있는 일과 할 수 없는 일을 말해주는 경제의 일명 '마스터 정리(master theorem)'를 증명했다. 애로의 정리는 애덤 스미스가 오래전에 했던 주장에 대해 더 정확히 설명해준다. 애로가 보건경제학의 핵심 논문을 쓴 것도 우연이 아니다.[50] 그는 논문에서 의료 서비스의 시장적 해결책을 사회적으로 용인할 수 없는 이유를 설명했다. 분명 시장 원리주의자들의 주장대로 경쟁적인 자유시장들(반독점법 시행과 더불어)은 오늘날 우리가 보는 것보다 더 낮은 가격을 제공할 것이 거의 확실하다. 그러나 의료는 다른 서비스들과는 다르다. 환자들은 의료 서비스 제공자들이 가지고 있는 정보가 부족해서 대체로 그들 손에 맡겨진다. 환자들은 제공자들이 주도하는 과잉 공급에 저항할 처지가 못 된다. 물론 차량 정비소도 그렇게 할 수 있지만 의료만큼 피해가 심하지는 않다.

참치, 자동차, 주택, 비행기 여행 시장에서 소비자들은 어느 제품이 자신에게 맞고 맞지 않는지를 금세 알 수 있으며, 제공자들 간의 경쟁은 결함이 있거나 누구에게도 맞지 않는 제품을 제거해준다. 하지만 누가 최고의 정형외과 의사인지 찾아보라. 앞서 언급한 고관절 치환술 전문 외과의사를 구할 때, 우리는 가능한 모든 사람들에게 물어보고 모든 자료를 다 읽었지만 확실한 대답을 얻지 못했다. 우리가 가장 좋아했던 대답은 "그는 교황을 치료한 사람이지만, 지금은 더 안 한다"였다. 수술 직후 야간 근무 간호사[모르핀 펌프 삽입술 때문에 당시 사건을 잊지 못할 수도 있지만, 아무튼 간호사를 카산드라(Cassandra, 사람들의 믿음을 얻지 못하면서 불길한 일을 예언하는 사람 – 옮긴이)라고 부르는 게 적절할 것 같다]가 자기 생각을 대충 말해줬지만, 환자와 간호사의 생각이 같지 않을 수도 있다. 즉 카산드라는 시술 속도에 감명을 받은 것이 분명했다. 그러나 훨씬 뒤에 우리는 정형외과 의사 친구가 실수한 무릎 치환술을 통해 아무리 유능한 정형외과 의사도 잘못 선택할 수 있다는 것을 알아냈다.

건강보험은 무규제 시장에서는 엉성하게 작동하거나 아예 작동하지 않는다. 의사와 환자 모두의 지출 욕구는 환자뿐만 아니라 특히 그들보다 더 건강한 사람들이 보험 가입을 위해 낼 준비가 된 비용 이상으로 의료 서비스 제공 비용을 끌어올린다. 그 결과 건강한 환자들은 필요 없는 비싼 보험을 해지하고, 더 아프고 더 보험료가 많이 드는 사람들만 보험을 유지하도록 만들어 보험사들의 존립을 위협하는 악명 높은 '죽음의 소용돌이(death spiral)' 현상이 초래된다.

보험은 아프고 건강한 사람들이 모두 가입할 때 효과적이다. 미국에서는 취업하면 보험 가입이 되고, 다른 부유한 나라에서는 정부가 전 국민을 대상으로 보험을 가입해준다. 저소득층에 대한 보조금을 지급하거나 보험 가입을 강제하지 않으면 보험은 효과를 볼 수 없거나, 건강해서 보험 가입이 필요 없는 사람들만 보험에 가입할 것이다. 의료 서비스 문제를 사회적 지원과 통제 없는 시장에만 맡겼다가는 많은 사람들이 아플 때 보험과 의료 서비스를 받지 못할 것이다. 시장에서 규제가 사라지면 건강 이상으로 가장 취약한 상태에 있는 병자들에게서 돈을 뜯어내려는 사모펀드가 등장한다.

미국인은 유럽인보다 정부가 의료 서비스에 가하는 때론 강압적인 통제를 받아들이려는 경향이 덜하다. 그들은 정부가 비용의 절반을 부담하고 있고, 제약 회사들이 요구하는 가격을 협상 없이 내고 있고 [흔히 '시장 기반 가격 정책(market-based pricing)'이란 어처구니없는 말로 불린다], 의료 기기와 의약품에 대한 특허권을 부여하고, 전문 협회들이 공급을 억제하게 해주고, 세금 제도를 통해 고용주 지원 건강보험료에 보조금을 지급하는데도 불구하고 '자유시장 시스템'이라고 믿고 싶어 한다. 또 국민은 자신이 얼마를 내고 있는지 모르는 중요한 '정치적' 사실이 존재한다. 연말 정산 시 미국인들이 1만 739달러를 내라는 청구서를 받거나, 고용주들이 직원들이 공제받을 수 있게 직원 대신 내준 건강보험료를 보여준다면, 의료 서비스를 개혁하라는 정치적 압력은 분명 지금보다 훨씬 더 강해질 것이다. 비용이 감춰져 있어 '과도한 청구'를 부추긴다. 비용이 숨겨져 있어 미국 국민의 10퍼센트 가까이가 보험에 가입하지 못하고 있는 것에 비해 그러한 비용이 가져오는 문제들에는 충분한 관심을 기울이지 못하고 있다. 후자는 정말로 스캔들이자 다른 부유한 나라에서는 볼 수 없는 일이지만, 폭발적 비용 증가는 미숙련 노동자들을 마땅히 도와야 하는 경제적 능력을 파괴하고 있다.

갈취 행위 논란

|

의료 서비스 제공자들은 또 다른 중요한 방어선을 확보해놨는데, 그것이 공격하는 역할을 하기도 한다. 다름 아닌 워싱턴에서 벌어지는 의료 관련 로비를 말한다. 로비는 의료 분야에서만 펼쳐지는 것은 아니지만, 우리 이야기에 더 일반적으로 중요하기 때문에 15장에서 다시 다루겠지만, 여기서 잠시 언급하고 넘어가기로 하겠다. 보다 일반적 차원에서 의료 분야에서 40년 동안 기업 로비가 아주 활발해졌다. 로비는 노동에서 자본으로, 그리고 노동자와 소비자로부터 기업과 부유한 전문가로 권력을 재분배하는 세력 중 하나다. 기업만 로비하고, 지대추구를 하는 것은 아니다. 회원 수가 각각 25만 명과 4만 명인 미국의학협회와 미국검안학회(American Optomety Society) 등 소규모 기업 동업자 단체들도 그렇게 한다. 이곳저곳 광범위하게 퍼져 있는 이들 단체는 여러 의회 의원들과 함께 자신들의 목소리를 내고 있으며, 지역으로부터 두둑한 재정적 후원을 받아 효과적으로 활용하고 있다. 정치력과 자금력은 서로를 강화하는 효과를 내면서 환자들의 희생을 감수하고 협회 회원들의 이익을 늘리는 작용을 한다.[51]

2018년 의료 산업은 의원 1명당 5명이 넘는 2,829명의 로비스트를 고용했다. 이 로비스트들의 절반 이상이 전직 의원이나 전직 의회 직원이었다. 일부는 의회를 로비를 위한 '농촌 연맹(farm league)'이라고 부를 정도다.[52] 의료 산업은 2018년 로비로만 5억 6,700만 달러를 넘게 썼는데, 이 중 절반 이상이 제약 회사들의 주머니에서 나왔다.[53] 의료는 금융 산업을 능가할 정도로 가장 지출이 많은 산업이며, 노조 지출 총액의 10배 이상을 쓴다. 이 산업은 현직 또는 미래 의회 의원들을 지원하기 위해 민주당 의원들에게 7,600만 달러, 공화당 의원들에게 5,700만 달러씩 추가로 총 1억 3,300만 달러를 지출했다. 로비스트들이 의료 안건이 상정됐을 때 유리한 법안을 작성하고 통과시킬 수 있는 기회를 잡았지만, 많은 로비는 현상 유지를 목적으로 한다. 로비스트들은 의원들과 그들의 직원들이 정보를 얻어 분석하기 위해 의지하는 전문가 역할을 잘 소화한다. 한때 영국 NICE와 유사한 독립적인 '기술 평가 사무소(Office of Technology Assessment)'가 있었지만, 1990년대 뉴트 깅리치(Newt Gingrich) 주도로 폐지됐다.

우리는 분명 의료 산업이 그들만의 규칙을 만들게 된다고 주장하는 것은 아니다. 또 로비스트들이 항상 승리하는 것도 아니다. 로비스트들끼리도 서로 반대하기도 한다. 다만 의료 산업이 번창하도록 돈을 내주거나 그 산업에 맞선 상계 세력으로의 역할을 해줄 수 있는 사람들의 입장을 대변하는 데 뛰어난 로비스트나 의료 산업 출신 로비스트들에 필적할 만한 권력과 규모를 가진 로비스트들은 없다.

입법 활동 기간 내내 의료 전문 로비스트들은 때때로 특별하게 영향력을 발휘해왔다. 오바마케어는 단일 보험자 건강보험이나 대중의 선택을 고려하지 않은 채 통과됐고, 미국은 영국식 평가 제도 같은 것이 아예 없다. 병원, 의사, 제약 회사들은 오바마케어 통과를 지원하기 위해 효과적으로 보상을 받았다.[54] 더 많은 보험 미가입자들이 보험을 들게 하려면 그렇게 해야 했지만, 당시 로비의 힘을 고려했을 때 거의 분명히 필요했던 비용 절감을 할 수 없었다. 의료 산업을 보호하기 위한 입법 활동의 또 다른 좋은 예들은 메디케어가 FDA 승인을 받은 모든 의약품값을 내줘야 하며, 가격에 대해 협상하지 않는다는 두 가지 요건이다. (업계는 메디케어가 약값을 끌어내릴 것이라는 이유로 오랫동안 메디케어 의약품 혜택에 반대했지만, 로비스트들의 수와 힘이 늘어나자 입장을 바꾼 뒤 오늘날처럼 제약사들에게 유리한 조약을 얻어냈다.)[55]

대부분의 미국인들이 고용주를 통해 보상을 받아온 '사고 이력'은 의료 산업 개혁을 어렵게 하는 중대한 장벽이다. 촌충을 삼켰거나 최초의 세포가 암으로 변이되는 사고가 났을 때 말이다. 그러나 워싱턴이 의료 산업을 보호해줌으로써 이 산업은 막대한 수입과 이익을 얻으며, 그 로비스트들은 어떤 위협도 차단할 수 있는 유리한 위치에 서 있다. 보호비를 내라고 해 경찰에 신고하겠다 했더니 그 돈을 내라는 사람이 자신이 경찰이라는 말을 듣게 되는 가게주인의 모습이 떠오른다. 미국 정부는 의료 산업이 주도하는 강탈, 오늘날 미국 노동업의 보안관식 재분배에서 중요한 요소인 의료 산업이 저지르는 강탈의 공범이다. 우리 건강을 개선해줘야 할 산업이 오히려 그것을 악화시키고, 우리 이익을 대변해줘야 할 의회는 강탈범을 지지해주고 있다.[56]

14장

자본주의, 이민자, 로봇 그리고 중국

미국의 자본주의는 교육 수준이 낮은 미국인들에게는 잘 작동하지 않는다. 지난 반세기 동안 좋은 일자리를 잃고 실질임금 감소를 경험하는 동안 그들의 생활은 어려워졌다. 노동계급 사람들의 생활수준이 낮아졌을 뿐만 아니라 삶이 피폐해졌다. 다수의 사람들에게 결혼, 교회, 공동체 등을 지원해줬던 제도들은 더 이상 그렇게 해주지 않으면서 사람들은 정체성과 지위를 도전받았고, 삶의 의미도 상실했다. 에밀 뒤르켐의 예상대로 고의적 자해를 통해서뿐만 아니라 우울증과 중독이 만연하고 절망사를 가져오는 환경을 조성함으로써 이런 일이 일어났다.

정확히 무엇이 잘못됐고, 그 잘못된 것을 어떻게 고칠 수 있을까?

우리는 자본주의에 반대하는 것이 아니다. 우리는 경쟁과 자유시장의 힘을 믿는다. 자본주의는 지난 250년 동안 현재의 부유한 국가들에서 수백만 명의 고통과 죽음을 종식시켰고, 지난 50년 동안 중국이나 인도와 같은 나라들에서 훨씬 더 빠르게 그렇게 했다. 경쟁력 있는 자유 기업은 과거에나 지금이나 모두 전 세계 사람들을 번창하게 만들기 위해 애써왔다. 무역, 혁신, 그리고 사람들의 움직임은 이런 노력에 긍정적으로 이바지한 중요한 요소였다. 그러나 시장, 무역, 혁신, 이민이 일부에게는 유리하지만 다수에게는 불리하게 작동하지 않고, 사람들에게 유리하게 작동하도록 하는 것이 관건이다. 오늘날 미국에서 일하는 사람들은 시장이 주는 혜택을 누리지 못하는 경우가 너무 많다. 우리는 오피오이드와 의료 산업에서 일어난 일을 통해 이렇게 말해도 될지 모르지만 '자본주의의 최악의 민낯'을 목격했다.

대부분의 경제에서 해결책은 시장을 대체하는 것이 아니라 시장이 본래의 조성 목적에 맞게 진정으로 자유롭고 경쟁적인 것이 되도록 만드는 것이지만 점점 더 그렇게 하지 못하고 있다. 다른 경우에는 국민을 대신해 정부의 개입이 요구된다. 정치권력은 점점 더 노동자로부터 멀어지고 있다. 이 문제를 해결하려면 정치 개혁뿐만 아니라 경제 개혁도 필요할 것이다.

오늘날 미국 자본주의의 핵심 문제가 종종 불평등처럼 보인다. 버락 오바마 전 대통령은 불평등을 '우리 시대의 결정적 도전(the defining challenge of our time)'이라고 불렀다. 다수의 좌파들은 가난한 사람들에게 돌아가야 하고, 우리 모두에게 이익이 되는 공공재에 쓸 돈을 마련하기 위해 부자들에게 더 많은 세금을 부과하는 재분배 프로그램이 필요하다고 주장한다. 불평등은 진정 심각한 문제지만, 우리가 봤을 때 그것은 정말로 더 심각한 문제가 있음을 보여주는 증세다. 우리는 우리가 로빈 후드 이야기에 나오는 사회와 똑같은 사회 속에 살고 있다고 주장할 것이다. 로빈 후드가 한 일로 유명했던 것처럼 부가 부유층에서 빈곤층으로 '아래로' 재분배되는 것이 아니라, 실제로는 빈곤층에서 부유층으로 '위로' 재분배되고 있는 사회 말이다. 우리는 앞 장에서 노팅엄의 보안관식 재분배를 논하면서, 의료 업계가 종종 그런 방식으로 작동한다고 주장했다. 언뜻 가난한 사람들을 강탈해봤자 별로 이득이 되지 않을 것이라는 생각이 들 수도 있다. 그들은 가진 것이 거의 없기 때문이다. 그러나 그들이 부족한 돈을 수적으로 보충하는 반면, 부자 수는 적기 때문에 노팅엄의 보안관과 그의 동료들은 가난한 사람들을 갈취하며 잘살 수 있다.

부자들에게로의 부 이전은 노동자 계급이 못살게 된 이유를 설명해준다. 상향식 재분배는 자본주의의 본질적 특성은 아니다. 즉 위험이 항상 존재하지만 자본주의가 그렇게 작동할 필요는 없다. 그러나 미국 경제의 많은 부분이 정부의 동의와 묵인 하에 부자들을 돕는 데 몰두해왔다. 불평등의 문제는 상류층의 부와 소득 상당 부분이 불법 취득한 것이라는 점이다. 다시 말해, 우리가 불평등한 사회에 살고 있어서가 아니라 불공정한 사회에 살고 있어서 문제다. 우리는 모든 사람에게 이익을 주는 방식으로 부자가 된 사람들과는 아무런 다툼도 없다.

그동안 저임금 노동자에 가해지는 세 가지 협박이 많은 관심을 받았다. 숙련도가 떨어지는 노동자들은 저임금 국가에서 온 이민자들과의 경쟁에 직면해 있다. 그들은 또한 과거에 미국 노동자들이 만든 상품을 수입함으로써 일자리를 위협하는 해외의 저임금 노동자들과 경쟁해야 한다. 노동자들은 인간과의 경쟁뿐만 아니라 조용히 많은 일을 떠맡은 로봇과도 경쟁해야 한다. 로봇은 의료 등의 복지 혜택이나 인적 관리가 필요 없고, 생활비도 오르지 않는다. 조세 제도는 새로운 로봇 구입 보조금을 지급하지만, 인건비를 지급하지는 않는다. 우리는 이민이 큰 관심을 끌긴 했지만, 그것이 장기간의 노동자 계급 임금 침체나 중산층으로 올라가는 사다리를 제거한 주요 원인이 될 수는 없었다고 주장한다. 여기선 세계화와 자동화가 더 중요한 역할을 한다. 그들이 미치는 영향이 다른 곳보다 미국에서 더 나쁜 이유는 미국에만 있는 독특한 인종 역사, 제한적 수준의 복지 제공 그리고 터무니없이 비싼 의료 시스템 때문이다.

저학력 노동자들에 대한 세 가지 위협은 경제 성장이 둔화된 시기에 가해졌기 때문에, 비록 성장 속도가 똑같다고 할지라도 사람들은 그들 부모나 그들 자신이 기대했던 것처럼 빨리 돈을 벌며 성공하지는 못할 것이다. 지금 일어난 것 같은 불평등한 분배로 인해 교육 수준이 낮은 사람들은 성장 둔화로 인해 더 큰 고통을 겪었다. 예를 들어, 의료 산업이 자행하는 지대추구는 모든 사람이 번창할 때라면 견딜 수 있을지 모르지만, 성장이 크게 둔화된 경제에서는 훨씬 견디기가 힘들다. 성장이 둔화되고 있을 뿐만 아니라 제조업에서 자격 요건이 같아도 임금이 낮고, 노조의 힘이 훨씬 약하고, 노동자들이 고용주보다 힘이 적은 서비스 쪽으로 경제 구조가 재편됐다.

이민자와 이민

|

이민자가 미국인의 일자리를 훔쳤다는 비난은 대체로 호응을 얻는
다. 포퓰리스트 정치인들은 미국뿐만 아니라 유럽의 많은 지역에서
이민에 대한 사람들의 두려움을 자극한다.

우리는 먼저 이런 생각을 부인하면서 우리 주장을 펼쳐보겠다. 우
리 저자 중 한 명은 이민 1세대다. 다른 한 사람은 미국에서 태어났지
만, 조상들은 19세기 중반 아일랜드에서 펜실베이니아 북동부로 건
너왔고, 가족은 여전히 그들의 국가적·종교적 유산의 영향을 받고 있
다. 보다 유의미한 사실은 우리 둘 다 대학원을 나왔고, 오랫동안 이
민자들이 많이 일해왔던 제3차 교육(teritary education, 중등학교에 이어
지는 대학 및 직업 교육 과정의 총칭 - 옮긴이) 산업 분야에서 종사하고 있다
는 점이다. 미국의 새로운 경제학 박사학위의 3분의 2 이상을 이곳에
서 태어나지 않은 사람들이 취득하고 있으며, 충분히 오랫동안 이런
현상이 유지되면서 이민자 출신 교수들도 늘어났다. 프린스턴대학교
경제학과 교수진의 3분의 2가 해외에서 태어났다. 우리 교수들은 이
러한 다양성을 큰 강점으로 보고 있다. 다른 나라에서 유입되는 다른
관점, 경험, 가치들은 창조적 상호작용의 토대가 된다. 그렇지만 우리
중 다수는 지리적으로 미국에 위치하고는 있으면서, 미국 내 다른 어
떤 곳보다 유엔(UN) 전초기지에 더 가까운 공동체 속에서 살며 일하
는 것에 대해 걱정하고 있다. 우리는 또 개인적 경험을 토대로 노동시
장이 위협을 받을 때 교육을 덜 받은 미국인들이 이민에 대해 어떻게

느낄지를 상상할 수 있는 입장에 있지도 않다.

미국 이민자들은 매우 다양하다. 그들은 미국 토박이들과 평균 교육 수준이 비슷하지만, 이것이 교육을 많이 받은 사람도 많지만 못 받은 사람도 많다는 사실을 감춘다.[1] 우리의 프린스턴 동료 교수들처럼 고학력 이민자들은 동료들이 더 생산적이 되게 도와주면서 실제로 그들의 소득을 증가시켜줄지도 모른다. 이민자들은 오랜 혁신의 역사를 이뤄냈다. 미국의 과학자이자 발명가인 알렉산더 그레이엄 벨(Alexander Graham Bell, 1847~1922)은 영국 에든버러에서 태어나고 자랐다. 치즈 저온 살균법을 개발한 제임스 L. 크라프트(James L. Kraft, 1874~1953)는 캐나다에서 미국으로 이민을 왔다. 이민자들이 발명한 제품으로는 PET 스캐너(촬영 시점의 뇌 활동을 실제로 볼 수 있는 양전자 방사 단층 촬영 화상 장치 - 옮긴이), 패들로 조정하는 비디오 게임, 리튬 이온 배터리 등이 있다. 페이팔(PayPal), 테슬라(Tesla), 스페이스X(SpaceX)를 거느린 일론 머스크(Elon Musk)도 이민자며, 구글의 공동창업자인 세르게이 브린(Sergey Brin)도 역시 그렇다.[2] 2016년 미국의 노벨상 수상자 6명은 모두 1세대 이민자인데, 우리 저자 중 한 명이 운이 좋아서 노벨상을 수상할 수 있었던 2015년에는 수상자 4명 중 3명이 이민자였고, 나머지 1명은 이민자의 아들이었다. 미국이 그러한 이민을 제한하는 것이 좋은 생각이라고 믿기 어렵다(다만 미국으로 사람들을 보내게 되는 나라들은 이와 생각이 다를 수 있다). 가장 관심을 쏟아야 할 문제는 교육을 거의 받지 못한 이민자들이다. 그들은 교육을 덜 받은 미국인들(이들이 느끼는 절망이 이 책의 주제다)과 경쟁한다.

이 책을 집필할 무렵인 2019년 미국 내 외국인 출생 인구 비율은 13퍼센트 안팎으로 1세기 전 기록했던 최고치에 근접했다. 1980년대에는 매년 60만 명 정도가 합법적으로 미국으로 이주했는데, 1990년대에는 그 수가 80만 명, 2001년 이후로는 연간 100만 명 이상으로 늘어났다. 불법 이민자도 많았지만, 최근 몇 년간 이민 온 사람들은 이민을 간 사람들과 비슷해 1,100만 명(합법 이민자의 4분의 1) 정도로 추산되는 불법 이민자 수는 일정하게 유지되고 있다.[3] 미국의 남쪽 국경 지역이 개방되면 1970년대와 1980년대 초의 경우처럼 이주민들이 많이 생겨날 것이다. 장벽은 이런 왕래를 방해하면서 어떤 사람들을 미국에서 다른 곳으로 가지 못하게 막고, 또 어떤 사람들을 다른 곳에서 미국으로 들어오지 못하게 막는다.[4] 오늘날 이민자 수가 가장 빠르게 증가하는 곳은 캘리포니아, 뉴욕, 플로리다, 뉴저지 같은 전통적으로 이민자들을 잘 받아주던 주들이 아니라, 그동안 이민자들을 잘 받아주지 않던 주로 남부 주들이다. 그 수가 많지 않더라도 이민자에 대한 반응은, 사람들이 이민에 익숙하지 않고 이전 이민 물결 때 이민 온 친구나 이웃이 없는 곳에서 더욱 부정적일 수 있다.

부유한 미국인, 농부, 그리고 고용주들은 기술이 부족한 이민자를 좋아한다. 그들은 값싼 정원사, 농장 노동자, 가사도우미, 보모를 좋아한다. 그들은 이민자들 때문에 임금이 내려갈 것이라는 노동자들의 믿음을 공유할 수도 있지만, 노동자들은 손해를 보더라도 자신들의 이익은 늘어나기 때문에 이민을 반긴다. 고용주는 종종 일손이 부족해 이민자가 없다면 노동자에게 더 많은 돈을 지불하거나 복지 혜택을 늘려줘야 할지 모른다고 불평한다. 이민 비판자들도 그렇게 될 수 있음을 인정한다.[5] 해외에서 값싼 노동자를 더 많이 고용하거나, 로봇을 더 많이 쓰는 것처럼 국내에서 국내 노동자와 경쟁할 노동자를 더 많이 고용할 수 있으면 적어도 이론적으로는 임금을 확실히 낮출 수 있다. 다만 그들이 그렇게 했는지가 중요한 문제다.

우리는 노동계급 노동시장의 붕괴를 설명하기 위해 반세기 동안 저학력 미국인의 실질임금 하락을 유발한 원인이 될 수 있는 요인들을 찾고 있다. 이런 점에서 이민과 일자리를 생각해봤을 때 우리는 장단기적 영향을 따로 구분해 따져볼 필요가 있다. 수개월 또는 심지어 수년에 걸쳐 일자리 수가 변동이 없다고 가정해보자. 이는 이곳 미국에 있는 사람들의 임금에 일어날 수 있는 최악의 경우다. 이민자가 현지인을 대체하거나 그들의 임금을 끌어내리지만 반대로 기업의 이윤과 자본 이익률을 끌어올린다. 실업자, 저임금, 고이윤은 기업가나 다른 고용주들에게 새로운 회사를 세우거나 노동자가 사용할 공장과 장비를 마련하는 데 시간이 걸리더라도, 어쨌든 사업 확장 기회를 제공한다. 하지만 시간이 오래 걸리더라도 그렇게 하면 머지않아 자본이 늘어나고 경제는 성장할 것이다. 역사적으로 장기 실업 증가와 실질임금 상승 없이도 인구가 대폭 증가해왔다. 대처할 시간이 충분했다는 점에서 고정된 총급여를 받는 일자리 수가 고정되어 있어 이민자로 인해 노동자 수가 늘어나면 일할 수 있는 일자리 줄어들고 모두의 급여도 낮아질 수밖에 없다는 것은 사실이 아니다. 그렇게 긴 기간은 늘어난 노동자 수에 자본이 충분한 정도 이상으로 적응할 수 있는 시간인 이상, 장기적인 일자리나 임금 감소를 이민 탓으로만 돌리기는 어렵다. 그러나 이민이 잇따라 이어지는 물결처럼 계속된다면 경제는 완전히 적응할 기회를 얻지 못할 수도 있고, 적어도 이민이 멈출 때까지 교육을 덜 받은 사람들의 임금은 영구적으로 낮아질 수도 있다.

NASEM은 2017년 발표한 이민을 주제로 한 보고서에서 "특히 10년 이상의 기간에 걸쳐 평가했을 때 이민이 전체 현지인의 임금에 미치는 영향은 적거나 0에 가까울 수 있다"라는 문구로 임금에 대한 증거 검토를 마무리했다.[6] 더 짧은 기간 동안 평가했을 때 다양한 결과가 나왔는데, 특히 이 중 일부는 이전 이민자들이 현지인의 임금에 부정적인 영향을 미쳤음을 보여준다. 이민자 중 다수가 숙련도가 떨어지지 않고 대졸 이상 학력자라는 사실도 상기해볼 필요가 있다. 1980년대와 2000년대 수십 년 동안 미국에서 이민자들로 인해 고졸 이하 학력자 인구보다 대졸 이상 인구가 더 늘어났을 때조차 대졸자 임금 프리미엄이 오른 적이 있었다. 더 짧은 기간에 걸쳐 어떤 결과가 나오든, 그리고 예상과 일치하게, 우리는 이민이 덜 교육받은 미국인들의 임금이 장기간 하락하는 데 중요한 역할을 하지는 않았다고 판단한다. 그러나 우리는 또한 학계 경제학자들 사이에서도 이 문제에 대한 결론이 전혀 나지 않았다는 것을 인정한다.

이민자 때문에만 인구, 즉 노동력이 증가하는 것은 아니다. 인구가 증가하면 일자리를 필요로 하는 사람이 더 많이 늘어난다. 2000년 이전에는 여성, 특히 대학 학위가 없는 여성의 경제활동 참여가 대폭 늘어났다(〈도표 11.2〉 참조). 현지인과 비교되는 이민자와 마찬가지로 여성은 일반적으로 남성보다 적게 번다. 일하는 여성의 증가가 남성 임금에 부정적인 영향을 미쳤는지에 대한 연구(뚜렷한 결론을 내리지 못했다)도 있지만, 이 주제는 결코 이민 논쟁처럼 '소란과 분노'를 유발하지는 않는다. 그래서 우리는 이민자 논쟁이 주로 이민자 수에 관한 것이 아니라 새로운 노동자들이 기존 노동자들로부터 일자리를 빼앗거나, 노동자들이 늘어나면서 임금이 하락하거나, 국가가 수용할 수 있는 능력을 벗어날 정도로 노동자 수가 늘어나는 문제에 관한 것이라고 생각한다. 단, 이 마지막 문제는 진지한 논쟁이 필요한 주제이기는 하다. 논쟁은 이민자들이 어쨌든 '우리'와 달라서 '우리 문화'를 위협하는 것처럼 비친다는 다른 중요한 뭔가와 관련이 있는 것이 틀림없다. 특히 이민자들이 낯설지만, 이민과 별개의 이유로 일자리가 사라지거나 감소하고 있는 곳에서는 이민자들에 비난의 화산을 쏘는 것은 이해할 만하다.

우리 저자 중 한 명은 아흐메다바드에서 뭄바이까지 붐비는 열차를 타고 인도 서부를 여행했던 적이 있는데, 기차에 함께 탄 수십 명과 같이 객실이 아닌 위쪽과 아래쪽에 반반씩 잔뜩 쌓아놓은 것 같은 좌석들에 자리를 잡았다. 우리는 몇 시간 전까지만 해도 서로 낯선 사람이었지만 음식과 물과 다른 기차 여행담을 나누다가 좋은 친구가 됐다. 역마다 새로운 승객들이 합류했고, 어떤 승객들은 우리 모임에 끼려고 하기도 했는데, 그럴 때마다 그들은 묵시적 반감에 직면했다. 그러다 결국 우리는 조금 더 끼어 앉기로 한 채 낯선 사람을 받아들일 수밖에 없었다. 그런데 다음 역에 도착하자 그 낯선 사람들도 우리처럼 새로 끼려는 이민자들이 끼지 못하게 하려 했다. 물론 우리는 모든 역에서 조금씩 더 불편해졌다.

세계화, 무역, 혁신, 로봇

|

많은 사람들 눈에 분명 무역과 자동화는 미국 노동자들의 적처럼 보이는 것 같다. 중국과 다른 저임금 국가들로부터 밀려드는 제품의 홍수는 미국에서 그러한 제품을 만들던 많은 사람들의 일자리를 앗아갔다. 노동자들은 중국 선전이나 멕시코 티후아나에서 일하는 노동자들뿐만 아니라 기계와 컴퓨터 보조 공정에 의해서도 대체되고 있다. 중국과 멕시코의 노동자들은 햄버거 서빙을 하거나, 공항 입국 수속을 하거나, 식료품점에서 계산을 할 수 없지만 자동 키오스크는 이런 모든 일을 해줄 수 있다. 신기술을 이용해 일할 수 있는 기술과 교육을 받은 노동자들은 더 나은 일자리를 얻고 더 높은 임금을 받지만, 그 반대의 경우는 덜 숙련되거나 덜 교육을 받은 사람들에게 일어난다.

오늘날 교육을 덜 받은 미국인과 200년 전 영국에서 직조기를 다루던 방직공을 비교해보자. 방직공이 기계로 대체되면서 임금이 떨어졌고, 직조기로 짜는 것이 없어졌을 때만 임금 하락이 멈췄다. 이와 똑같거나 비슷한 일이 일어난다고 한다면 로봇이나 다른 곳에서 일하는 보수가 적은 노동자들이 할 수 있는 모든 일자리에 대한 임금이 떨어지고, 그 일자리가 없어지거나 중국인 임금이 미국인 임금만큼 높아져야 임금 하락은 중단될 것이다. 그리고 그 무렵에 임금 정책이 바뀌지 않는 한, 아웃소싱할 수 없는 서비스 직종에서 일하는 미국인들의 훨씬 더 많은 수가 입에 풀칠할 수 있을 정도밖에 안 되는 저임금이라도 받기 위해 일하게 될 것이다. 일부 서비스직의 보수는 좋은 편이다. 〈US뉴스앤드월드리포트〉에 따르면, 뉴욕주에서 일하는 배관공들의 평균 임금은 2017년에 7만 8,000달러였다.[7] 그러나 2018년 시간당 7.25달러인 최저임금을 받으며 풀타임으로 일하는 사람의 연소득은 인구조사국이 정한 빈곤선인 1,400달러보다 살짝 높은 수준 (남자 1만 4,500달러/여자 1만 3,064달러)에 불과하다.[8] 이런 저임금은 경제, 사회, 지역사회를 장시간 동안 암울한 파괴의 길로 이끌 것이다.

제조업 강국으로서의 중국의 부상과 그것이 미국 노동자들과 지역사회에 미치는 영향은 경제학자 데이비드 오토어(David Autor)와 그의 공동저자들이 쓴 일련의 논문에 잘 정리되어 있다.[9] 그들이 정확하거나 논쟁의 여지가 없는 숫자를 제시한 것은 아니지만, 그들은 중국 때문에 미국인들이 200만에서 300만 개의 일자리를 잃었다고 추산한다. 1970년에서 1990년 사이 미국의 제조업 노동자 수는 약 1,800만 명에 달했지만, 2019년 현재는 그 수가 1,200만 명 정도로 줄었다. 현재 수입되고 있는 제품을 만들던 지역에서 일자리가 집중적으로 사라졌고, 그 여파는 장기간 이어지면서 10년 이상 실업률을 상승시켰다.

이 책의 연구 결과대로 중국 쇼크에 영향을 받은 지역사회에서는 혼인율이 하락했고 사망률은 상승하면서 연구 결과를 뒷받침해줬다.[10] 우리는 길고 느린 일자리 침식과 커뮤니티 파괴를 강조한 반면 오토어와 그의 공동저자들의 연구는 중국산 수입품이 급속도로 늘어나는 특정 장소와 시기에 더욱 초점을 맞추고 있다.

일자리 상실 외에도 세계화는 미국 노동시장에 엄청난 격변을 일으킨 원인 중 하나다. 니컬러스 블룸(Nicholas Bloom) 스탠퍼드대학교 경제학과 교수와 그의 공저자들의 연구는,[11] 대학 교육을 받은 노동자들이 더 많이 몰려 있는 지역(주로 해안 지역)에서 해외로 아웃소싱을 주는 제조업 일자리 감소는 연구개발, 마케팅, 그리고 경영 분야에서 새로 생긴 일자리 증가로 인해 상쇄됐으며, 그중 다수는 제조업 노동자들을 내보낸 기업들이 만든 일자리임을 보여준다. 세계 무역이 확대됨에 따라 미국은 중국과 마찬가지로 수출을 늘리면서 자동차와 반도체 수출용 제조업 분야 등에서 새로운 일자리를 창출하고 있다. 경제학자 로버트 핀스트라(Robert Feenstra)와 그의 동료들은 수출이 사라진 일자리 수와 비슷한 200만에서 300만 개의 일자리를 새로 창출한 것으로 추산했다. 그러나 저숙련 노동자들이 몰려 있는 일부 지역에서는 제조업 일자리 감소를 상쇄할 정도로 새로운 일자리가 만들어지지는 않았다.[12]

그동안 일자리를 잃은 노동자들은 전통적으로 일자리가 없는 도시에서 일자리가 있는 도시로 이동하면서 탈출구를 찾았지만, 성공한 도시의 높은 생활비 때문에 최근 몇 년 동안 이러한 탈출에는 한계가 있었다. 이러한 높은 생활비는 그곳 거주자들이 자신을 지키고 새로

들어오는 사람들을 막기 위해 강요하는 토지 이용 등과 관련한 여러 정책으로 인해 더 부풀려질 수 있다. 성공한 도시는 교육을 덜 받은 사람들이 아닌 고학력 노동자들에게 일자리를 제공하고 그들의 임금을 올려주는 데 성공했을 뿐이다.[13] 많은 이직자들은 그곳으로 이주한다고 해도 갈 곳이 없고, 심지어 예전보다 더 가난해질 것이다.

무역과 혁신이 경제를 망친다는 주장은 설득력이 있긴 하나 상당히 불완전하다. 그런 주장은 또 무역과 기술 진보에 대한 경제학자들의 통상적 사고방식과도 대조를 이룬다. 일반적으로 무역과 혁신은 무엇보다 가격을 낮춰주는 혜택을 선사한다고 여겨진다. 중국 제조업체들은 타깃(Target)과 월마트(Walmart)의 진열대를 예전보다 더 싼 가격의 제품들로 채우고 있다. 우리는 최근 손자에게 주려고 10피트짜리 악어 인형을 구입했다. 50년 전 뉴욕의 에프에이오 슈워츠(FAO Schwarz) 같은 5번가에 있는 유명 장난감 가게에 그러한 악어 인형이 전시됐다면 많은 사람들의 관심을 끌어모았을 것이다. 사실 미국 제조 업체들을 곤혹스럽게 만드는 것은 바로 낮아진 제품 가격과 그것이 소비자들에게 가져다주는 혜택이다.

무역이 주는 통상적 혜택을 설명하다가 저지르기 쉬운 실수는 예전 일자리에서 새로운 일자리로의 전환이 빠르게 이뤄지고 고통스럽지 않을 것이라 상상하면서, 그렇게 되게 만들 정책을 제시하지는 않은 채, 소비자들에게 주는 이득이 (이전) 생산자들이 받는 손해를 보상해 줄 것이라 추측하는 것이었다.

더 넓은 시각에서 봤을 때 세계화와 기술적 진보는 유익하다. 모두 경제의 생산성을 강화해주기 때문에 우리 모두 더 높은 소득을 올릴 수 있게 해준다. 그러나 아무리 낙관적인 평가조차도 무역과 혁신은 승자뿐만 아니라 패자를 만든다는 사실을 인정하고 있다. 예전에 지금보다 더 규모가 크고 힘이 셌던 시절, 노조는 오늘날 자본이나 그것을 관리하는 사람들이나 신기술을 운영하는 사람들이 누리는 기술 혁신을 통해 얻는 이익을 공유하도록 고용주들을 압박할 수 있었다. 1950년 미국 GM 노사가 체결한 '디트로이트 협약(The Treaty of Detroit)'은 자동차 산업에서 노조와 경영진 사이의 공유 협약이 됐다. 당시 전미자동차노동조합(United Auto Workers)의 월터 루터(Walter Reuther) 위원장은 UAW가 파업하지 않겠다고 약속하는 대가로 GM으로부터 건강보험료와 연금 등의 혜택을 받기로 하는 장기 계약에 합의했다. 하지만 세계화와 그로 인한 해외 수입 제품들과 벌여야 할 치열한 경쟁은 그러한 협약을 깨뜨렸다. 국산 자동차가 값싼 수입 자동차 때문에 어려움을 겪자 미국 자동차 제조 업체들은 경쟁하기 위해 비용을 절감할 새로운 방법을 개발할 필요가 있었다. 그들은 그래서 임금을 낮추기 위해 생산 시설을 해외로 옮기기고, 이 책 뒤에서 보게 되듯 회사가 제공하는 안전망을 약화시켰다. 이런 식으로 세계화는 노조 쇠퇴에 영향을 미쳤다. 소비자들은 더 성능이 뛰어나면서 가격은 저렴한 자동차로부터 혜택을 누리지만 노동자들은 손해를 본다. 우리가 다른 모든 것들보다 '효율성'을 중시한다면 이보다 더 좋은 일이 있을 순 없겠지만 우리 대부분은 적어도 어느 정도의 비효율성은 더 큰 공정성을 누리기 위해 수용할 수 있는 대가라고 주장할 것이다. 그뿐만 아니라 임금 하락과 좋은 일자리 상실로 인한 손해는 그로 인해 직접적인 피해를 보는 사람들을 넘어 지역사회 전체에도 영향을 미친다. 생활 터전을 잃은 것에 대한 보상으로 거대한 악어 인형들은 불충분하다.

정책과 세계화
|

중국이 미국 내 산업을 약화시키고 다른 곳이나 가까운 미래에 과거 가졌던 일자리와는 다르더라도 어쨌든 일자리가 있다면, 그것은 (아마도 여러 해 동안) 사람들이 힘들어도 버텨낼 수 있는 혜택을 제공하거나 재교육에 필요한 비용을 내줄 수 있다. 미국에는 제조업·서비스업을 영위하는 중소기업이 자유무역협정(FTA)으로 매출액과 생산량 감소 등 일정 기준 이상 피해를 본 경우 융자와 상담 지원 등을 통해 경영 회복을 돕는 무역조정지원제도(Trade Adjustment Assistance)가 마련되어 있지만, 보수적 정치인들뿐 아니라 심지어 무역을 강력히 선호하는 사람들조차 그것을 싫어해 지원 규모가 제한돼왔다. 필 그램(Phil Gramm) 상원의원은 2002년 자신이 강력히 선호했던 한 무역 법안에 의해 피해를 본 사람들을 지원하기 위한 방안을 논의하면서, "전 세계 사회주의 정부들이 이런 종류의 법안을 중단하려 애쓰고 있는데, 지금 우리가 그렇게 하고 있다"며 경멸적 어투로 비난했다.[14] 피의자조차 피해자를 돕는 것을 받아들일 수 없는 것처럼 보인다. 무역조정지원제도와 일시적 실업보험은 실직자 지원에 있어서 다른 목적으로

고안된 장애, 의료, 퇴직연금에 못 미치는 미미한 역할만을 했을 뿐이다. 그런데 이 모든 것을 합쳐도 보상이 거의 되지 않았다.[15]

그러나 혁신과 무역이 가져다줄 수 있는 생산성 확대가 없다면 우리 모두 지금보다 부유해질 가능성을 희생하게 된다. 우리는 분명히 성장을 포기할 수 없으며, 그래서 모두가 성장을 통해 이익을 얻을 수 있도록 더 잘해야 한다. 문제는 세계화나 혁신이 아니라 그들을 다루는 정책이다. 경제학자인 대니 로드릭(Dani Rodrik) 하버드대 교수는 1997년 부자 나라들에서 세계화의 영향에 관한 탁월한 선견지명을 보인 저서 《더 나은 세계화를 말하다》에서 "정책 입안자들이 현명하고 상상력이 풍부하게 행동하지 않으면 어떻게 될까?"라며 자문자답했다.[16] 기술 변화와 세계화가 노동자 계급을 해쳤다면, 그것은 기술적 변화와 세계화가 해야 할 일이라서 그런 것이 아니라 정책이 현명하거나 상상력이 풍부하지 않았기 때문이란 것이다. 노조가 없는 상황에서 노동자를 보호하는 데 사실상 관심이 없었던 것은 고용주와 기업뿐만이 아니다. 많은 사람들의 주장대로 그들의 주된 관심이 주주들을 위한 이윤 창출이라면 이해가 될 수도 있다. 그런데 정부 역시도 특히 사회적 보호 측면에서 해줄 수 있는 역할을 제대로 수행하지 않았다. 단, 민주 국가에서는 이 점에 대해서는 더 많은 설명이 필요하다.

말 그대로 세계화는 자동화와 마찬가지로 '세계적 현상'이다. 미국에서만 컴퓨터를 쓰는 것도 아니고, 모든 부유한 국가들은 저비용 제조의 확산 현상에 대처해야 한다. 그러나 다른 많은 부유한 나라들은 미국처럼 임금과 일자리에 부정적인 영향을 받지 않았고, 사회적 분열과 정치적 격변을 목격했더라도 절망사를 보지는 못했다. 영국의 실질 중위임금은 대침체 이후 하락했지만, 침체 전 20년 동안 꾸준히 상승했다. 같은 기간 동안 미국의 임금은 계속 정체된 상태를 유지했다. 프랑스와 독일도 중국에서 수입하지만 프랑스나 독일에서는 절망사가 거의 없다. 미국인이 미국이 겪은 경험을 설명해야 한다. 세계화와 자동화의 어려움은 충분히 현실적이다. 그리고 그들이 없었다면 미국 노동자 계급이 쇠퇴하지 않았을 것이다. 그러나 문제를 일으킨 것은 이런 도전들이 아니라 의료 제도 같은 미국의 제도와 그것이 여러 도전에 대한 미국의 대응 방식에 미친 영향이다.

미국의 안전망: 세계화와 인종

미국과 다른 부유한 나라들 사이의 중대한 정책 차이는 후자의 국가 정부들이 사회 안전망을 통해 미국보다 훨씬 더 많은 보험 혜택을 자국 노동자들에게 제공한다는 점이다. 불황, 무역, 기술 변화를 통해 일자리가 사라질 때 실업급여 등 여러 혜택을 통해 노동자의 어려움을 예방해주고 종종 장기간 새로운 일자리를 구할 수 있게 도와준다. 이점에서도 영국과 미국을 비교해보면 유익하다.

1994~1995년부터 2015~2016년 사이 양국 모두에서 고임금 노동자에 비해 저임금 노동자의 임금 상승 속도가 훨씬 더뎠으며, 양국 모두에서 저숙련 노동자에 비해 고숙련 노동자에 대한 선호도가 점

점 높아졌다. 가계소득도 비슷한 추세를 보이면서, 하위 계층 가계소득은 상위 계층 가계소득보다 증가 속도가 훨씬 더뎠다. 영국에선 상위 10퍼센트의 세전 가계소득은 20년 동안 증가하지 않았지만, 하위 10퍼센트의 세전 가계소득은 연간 1.4퍼센트씩 증가했다. 이는 전체 기간을 기준으로 소득이 약 3분의 1 늘어났다는 뜻이다. 그러나 세금과 정부 혜택을 제한다면 영국의 가계소득은 그러한 양상을 보이지 않는다. 즉 소득 상위 10퍼센트와 하위 10퍼센트의 연간 소득 증가율이 1.2퍼센트로 동일하다.[17] 미국에서는 세금과 정부 혜택의 영향이 차이를 만들 수 없을 정도로 적다. 그리고 세금과 혜택을 제하고 그린 가계소득 변화 그래프와 세금과 혜택을 제하기 전 그린 그래프 모양이 같아 보인다. 즉 상위 소득자는 더 벌고, 하위 소득자는 더 못 번다. 미국과 영국 모두에서 시장은 숙련도가 떨어지는 사람에게 가혹했지만, 영국에서는 세금과 혜택 제도가 고숙련자와 저숙련자 사이의 소득 차이를 메웠다.

더 일반적으로 봤을 때 무역에 더 개방적인 국가들은 그램 상원의원과 달리 노동자들이 그들의 추락을 막을 수단이 없다면 무역이 주는 혜택을 완전히 누릴 수 없다는 사실을 인정하기 때문에 더 큰 정부를 가지고 있다. 미국 노동자들은 다른 부유한 나라의 노동자들과는 대조적으로 혼자서 알아서 버텨야 한다.

우리는 영국의 사회 안전망이 만병통치약이라고 주장하는 것은 아니다. 브렉시트 재앙은 미국과 크게 다르지 않은 극명한 사회 분열을 드러냈고, 우리가 본 바와 같이 영국, 특히 스코틀랜드에서 절망사가 증가하고 있다. 그러나 미국에 비하면 절망사 숫자는 적은 편이며, 사회 안전망이 확실히 도움이 됐다. 10장에 나온 결과들은 미국이나 유럽 국가 중 어느 나라에서도 지난 20년간 소득과 사망 사이에 단순한 연관성이 없다는 것을 보여준다. 절망은 오랫동안 천천히 누적되면서 커지는 법이다. 미국의 제조업 고용은 1970년대 후반 정점을 찍은 뒤 이후로 감소 추세를 보이고 있다. 사회 안전망은 사회 전체로 골고루 위험을 분산하고, 교육을 가장 못 받은 사람들이 알아서 위험을 감당하도록 내버려두지 않으면서 그들에게 보험을 제공해야 한다. 미국에서는 이러한 위험 분담이 제대로 되고 있지 않으며, 이것이 분명 교육 수준이 낮은 미국인들의 죽음을 초래하는 요인 중 하나일 것이다. 그것이 단 하나의 요인일 수도 있다.

미국의 사회 안전망은 왜 그렇게 부실할까? 많은 미국인들은 심지어 곤경에 처했을 때조차 사람은 누구나 다른 사람에게 의지해선 안 된다는 개인주의 교리를 신봉한다. 미국의 인종과 이민 역사도 중요하다. 사람들은 자신과 같다고 인정하지 않는 사람들과는 상호보험 (mutual insurance, 두 명 이상의 사람들이 상호 간 가입하는 보험 – 옮긴이)에 가입하려 하지 않는다. 오늘날에도 주 차원의 혜택은 아프리카계 미국인 인구가 더 많은 주에서는 덜 보편적이고 덜 관대하다.[18] 영국은 제2차 세계대전 이후 최초의 현대적인 복지국가를 건설하고 있었을 때 미국에서는 1945~1953년 사이의 트루먼 행정부 시절 국민건강보험 도입 시도가 남부 지역 출신 상원의원들의 반대로 무산됐다.[19]

제2차 세계대전이란 불길한 역사적 사건 속에서 미국 기업들은 임금 통제를 회피하려는 방법으로 직원 건강보험의 책임을 졌다. 기업은 결국 고용주가 재정을 부담하는 확정급여형퇴직연금(defined-benefit pension plan) 형태로 노동자들에게 연금도 지급했다. 따라서 미국 정부가 아닌 기업이 사회 안전망의 많은 부분을 제공했다. 디트로이트 협약과 마찬가지로 이런 협약은 1970년 이전까지 건강보험료 지출이 적고 해외 기업과의 경쟁이 거의 없을 때는 충분히 잘 작동했다. 그러나 1970년대 일본과 독일 자동차가 수입되고, 이어 훨씬 더 광범위하게 세계화가 진행되는 가운데 건강보험료가 오르자 이러한 협약을 지속할 수 없게 됐다. 기업들은 더 이상 연금을 보장할 수 없었고, 401k 제도를 통해 직원들에게 책임을 전가했다. 401k는 고용주가 직원을 위해 급여 일부분을 차감해 투자나 저축 계좌를 만들어 적립해주는 세금 혜택이 있는 연금계정을 말한다. 게다가 우리가 확인한 바와 같이 의료비가 상승하자 가입 가능한 보험 상품의 양과 질은 모두 떨어졌다.[20] 그러나 오늘날에도 미국의 사회 안전망은 다른 부유한 나라보다 훨씬 더 심하게 개인 자금에 의존하고 있다. OECD의 2013~2015년 자료에 따르면, GDP에서 사회적 보호 용도의 민간 지출이 차지하는 비율은 미국이 9퍼센트로 4.6퍼센트인 영국과 3.3퍼센트인 프랑스보다 높았다. 반면 공공 지출이 차지하는 비율은 프랑스가 28퍼센트고 영국이 20.5퍼센트였던 반면 미국은 19.8퍼센트에 그쳤다.[21]

세계화와 해외로부터의 경쟁은 미국 기업들이 노동자들을 위해 건강보험과 연금과 그 밖의 다른 혜택을 제공하기 더 어렵게 만들었다.

그런데 로봇들은 아무런 혜택도 필요로 하지 않다. 이 광범위한 세계의 힘이 임금 정체, 복리후생 축소, 고용권 축소에 대한 우리 이야기의 기저를 이룬다. 그러나 이러한 힘들은 단독으로 작용하지 않았고, 미국의 사회 안전망이 다른 어떤 부유한 나라들의 안전망보다 그렇게 약하지 않았다면 그 힘들이 미치는 영향은 달라졌을 것이다. 미국의 사회적 보호 체계는 다른 많은 것과 마찬가지로 아프리카계 미국인을 포함한 보편적인 보호를 채택하기를 기피하는 분위기로부터 많은 영향을 받으며 설계됐다. 이런 설명들은 이미 나온 지 오래된 것들이다. 그러나 보다 최근 들어 또 다른 설명이 등장했는데, 그것은 직장이나 시장뿐 아니라 의회에서도 기업에 비해 노동자들이 가진 힘이 감소했다는 설명이다. 이제부터는 정말 그런지를 살펴볼 차례다.

○ 15장 ○

기업과 소비자와 노동자

애덤 스미스는 《국부론》의 유명한 구절에서 "동일 업종 종사자들은 유쾌하게 떠들고 기분전환을 하기 위해 함께 모이는 경우가 드물지만, 일단 모이면 대화는 항상 국민을 우롱하기 위한 음모나 가격을 올리려는 술수를 논하며 끝난다"라고 적어놓았다.[1] 우리가 이미 의료 분야에서 봤듯이 시장 지배력에 기댄 가격 인상은 오늘날에도 여전히 걱정거리다. 가격만이 '음모'가 주는 위험은 아니다. 임금도 그렇다. 경제학자 앨런 크루거(Alan Kruegar)는 마지막에 쓴 한 논문에서 미시간주 워렌에 있는 세인트존프로비던스병원(St. John Providence Hospital) 중환자실에서 간호사로 일했던 제프리 수흐레(Jeffrey Suhre)와 나눈 대화를 기록해놓았다. "이 지역 병원들은 간호사들이 이리저리 옮겨다니며 월급을 올리지 못하게 막으려 했고, 병원 경영진은 종종 회의를 열어 이 문제를 논의하고 (간호사들) 급여 수준을 교환하면서 분명 유쾌하게 떠들며 기분전환을 했다"는 것이다. 수흐레가 결국에는 승소한 집단소송에서 대표원고가 됐을 때 고용주는 그가 사임할 만큼 그의 인생을 불쾌하게 만들었고, 다른 병원들은 그를 고용하는 것을 꺼렸다. 수흐레는 비록 확실한 것은 아니지만 지금도 공모가 계속되고 있다고 믿는다.[2]

크루거는 노동경제학자나 노조원들이 아니라 잭슨 홀에서 열리는 세계 중앙은행총재 연례 회의에 모인 사람들에게 이 이야기를 했다. 이것은 기업들의 영향력이 점차 커지고 있는 세계 속에서 정책 입안자들 사이에 기업들의 시장 지배력 남용 가능성에 대한 불안감이 확산됐다는 것을 보여주는 증거다. 일반적으로 기업과 관련해 그들이 많은 산업에서 독점력을 확대하고, 불평등을 주도하고, 특히 교육을 덜 받은 노동자를 포함한 다수의 노동자에게 임금이 높은 좋은 일자리를 제공하지 않는다는 점에 대한 우려가 제기된다. 그러나 이러한 우려는 보편적으로 공유되지는 않는다. 우리가 미국 의료 시스템이 다른 부유한 나라들과 비교해 제 역할을 하지 못하고 있다는 것을 알지만, 그렇다 해도 나머지 경제를 직설적으로 옹호하는 주장도 없다. 기업은 소비자와 종업원에게 크고 광범위한 혜택을 제공하며, 이러한 혜택은 새로 생긴 해악과 기존에 존재하는 모든 남용과 비교해 저울질해볼 필요가 있다. 우리 견해로는 혜택이 존재하지만, 기업의 합법적 차별과 반경쟁적 행동에서 비롯된 일부 해악 역시 특히 덜 교육받은 노동자들에게 있어선 현실이다.

미국 자본주의, 그때나 지금이나…

19세기 말과 20세기 초, 남북전쟁 이후 미국 자본주의가 급속도로 발전하던 일명 '도금 시대(Gilded Age)'로 불리던 호황기 때도 오늘날처럼 소득과 부의 불평등이 심각했다. 미국은 세계 최고의 산업경제가 됐고, 지금처럼 경제는 빠르게 변화하고 있었다. 위대한 혁신은 혁신하는 일부 기업인들에게 엄청난 부와 광범위한 혜택을 안겨줬다. 이것이 자본주의가 발전을 도모하는 방식이며, 혜택을 누리지 못하는 사람들도 공정하게 대우받는 한 그렇게 많은 사람들에게 혜택을 주는 활동을 통해 나오는 부에 대해 불평할 이유는 없다. 경제학에서 자주 쓰는 표현을 빌리자면, 사적 인센티브와 사회적 인센티브가 일치할 때 어떤 사람들은 그들 자신뿐 아니라 많은 다른 사람들에게도 혜택을 주면서 부자가 된다.

하지만 이런 드라마에는 2막이 있다. 승자들은 곧 모방자와 새로운 세대의 혁신가들과 경쟁해야 한다. 1막의 승자 중 일부는 신인들이 따라올 수 없는 새로운 혁신을 창조하려 하지만, 다른 승자들은 물불 안 가리고 경쟁을 막기 위해 그들 뒤에 놓인 사다리를 거둬드리기 위해 애쓴다. 이때 쓰는 한 가지 방법은 정치인들의 도움을 받는 것이다. 1막에선 아이디어와 경쟁만 있어도 충분했지만, 2막에서는 정치적 보호가 유용해지고 심지어 필요해지기도 한다.[3] 최초의 호황 시대에 미국 석유 회사인 스탠더드오일(Standard Oil)은 경쟁사들을 매수해 다른 기업들이 폐업할 수밖에 없게 만드는 철도 요금을 책정했다.

육류 포장 산업을 최초로 일군 사람은 구스타브스 스위프트(Gustavus Swift, 1839~1903)였는데, 그는 냉장 철도차와 얼음 공급업자의 시스템을 이용해 동부 도시에 값싼 신선육을 들여오는 방법을 알아냈다. 이후 이 업계는 카르텔과 가격 담합 계약을 통해 경쟁사들에 맞섰다.[4] 사적 인센티브와 사회적 인센티브는 더 이상 일치하지 않았고 기업은 소비자들 덕분에 부유해졌다.

사회의 은인들은 '악덕 자본가(robber barons)'로 변했다. 앤드류 카네기(Andrew Carnegie, 1836~1919), 앤드류 멜런(Andrew Mellon, 1855~1937), 헨리 클레이 프릭(Henry Clay Frick, 1849~1919), 존 D. 록펠러(John D. Rockefeller, 1839~1937), 제이 굴드(Jay Gould, 1836~1892), 그리고 존 피어폰트 모건(John Pierpont Morgan, 1837~1913)이 그들이다. 26대 미국 대통령인 시어도어 루스벨트(1858~1919)는 그들을 '막대한 부를 축적한 악인들(malefactors of great wealth)'이라고 불렀다. 주와 연방 정치인들은 그들을 돕고 보호했다. 그러나 악인과 선인의 구분이 항상 명확한 것은 아니었다. 경제사학자 나오미 라모로(Naomi Lamoreaux)의 주장대로[5] 당시에는 지금처럼 어떤 행동이 좋은 건지 나쁜 건지를 구분하기가 종종 힘들었다. 기업은 혁신과 가격 조작을 통해서 모두 성장할 수 있었는데, 전자는 좋은 일이었던 반면 후자는 나쁜 일이었다. 하지만 납품 업체나 유통 업체를 인수하는 동시에 비용을 절감하고 경쟁을 제한하는 것은 어떨까? 그리고 신탁회사에 대한 불만이, 이전에 고가 정책을 펴면서 차라리 없어지는 게 다른 모든 소비자들에게 이로웠던 경쟁사들이 제기한 것이라면? 정치적 논쟁을 벌여봐도 마찬가지지만, 공익의 균형을 결정하기란 분석적으로 굴어도 결코 쉽지는 않다.

오늘날 과거의 은인이자 악인에 해당하는 사람들은, 엄청나게 부유해졌고 매년 수백만 달러를 받는 CEO나 사업주나 금융업자들처럼 소득분배의 최상위 계층에 속해 있는 기술혁신가들이다. 그들은 정치권에도 막대한 영향력을 행사한다. 구글처럼 처음에는 로비와는 전혀 관련이 없었을 것 같던 몇몇 기업들은 현재 워싱턴 내에서 가장 많은 돈을 쓰는 로비스트들이다. 알파벳(Alphabet)을 모회사로 둔 구글은 2006년까지 로비 자금을 전혀 안 썼지만, 2018년에는 다른 어떤 기업보다 많은 2,100만 달러를 썼다. 불평등에 대해서뿐만 아니라 1세기 전에 그랬듯 불평등이 생겨나는 방식에 대해서도 대중의 우려가 커지고 있다. 기업은 정치인들의 보호 아래서 삶이 피폐해져 가고 있는 노동자를 희생시켜 소수를 위해 막대한 부를 창출하고 있다. 현재 급진좌파만이 미국에서 행해지는 자본주의와 민주주의의 미래를 걱정하는 것은 아니다. 오래된 비평가들뿐만 아니라 예전에는 옹호했던 사람들, 성공한 기업가들, 강력한 전직 정책 입안자들이 쓴 관련서들이 최근 넘쳐나고 있다.[6]

1차 '도금 시대'는 '혁신주의 시대(Progressive Era)'로 넘어갔고, 이때 신탁과 독점을 제한하는 법들이 통과됐으며, 이 법들 대부분은 오늘날까지 시행되고 있다. 그러나 독점금지법이 시행되지 않으면서 현대판 신탁이 되살아날 수 있다는 의구심이 제기되면서 이와 관련해 언론과 전문가들 사이에서 광범위한 논란이 벌어지고 있다. 독점

금지 정책과 그것의 시행은 기업들의 시장 지배력 남용에 맞서 미국의 노동자와 소비자들을 보호해줄 수 있다. 또 반드시 그래야 한다. 그러나 우리는 독점금지 정책에 지나치게 많은 기대를 걸어서는 안 된다. 그것은 경쟁이나 워싱턴의 부패한 돈의 힘으로 생긴 불평등을 줄이기 위해서가 아니라 경쟁 환경을 촉진하기 위해 마련된 것이기 때문이다.

오늘날의 엄청난 부의 상당 부분은 반세기 전에는 존재하지 않았던 산업계의 새로운 첨단 기술 회사들이 창출했다. 구글, 애플, 마이크로소프트, 페이스북, 아마존은 철도와 철강 기업들을 대체했다. 은행가와 금융업자들은 두 시대 모두에서 부를 축적했다. 신기술은 우리의 삶을 더 좋게, 때로는 아주 멋지게 만들어줬다. 최초의 호황을 누렸던 도금 시대 때도 마찬가지였다. 한 세기 전만 해도 친구나 가족과 끊임없이 연락하면서 지낼 수는 없었다. 통신 속도는 느리고 통신 비용은 비쌌다. 사람들은 드물게 열리는 교향곡 공연을 보거나 절판된 책을 찾기 위해 수백 마일을 여행했다. 오늘날 우리는 전 세계의 음악, 영화, 문학에 순식간에 접근할 수 있다. 우리는 우리의 부모님이나 조부모님들(또는 실제로는 젊었을 때 우리들)이 꿈꿀 수 없었던 방식으로 오락과 정보를 가까이 두고 있다. 기업은 많은 미국인들에게 보수가 좋고 인간적 존엄성과 의미를 부여해주는 훌륭한 일자리를 제공한다.

그러나 대학 학위가 없는 미국인들은 이러한 진보를 공유하지 못하고 있다. 기업들이 로봇의 가격 하락과 성능 개선뿐만 아니라 글로 벌 경쟁에 대응하면서 노동시장에서, 특히 비숙련 노동자들에게 돌아갈 기회가 드물어졌다. 세계화와 자동화는 궁극적으로는 유익하지만, 특히 단기적으로는 혼란을 일으키고, 많은 비숙련 노동자들은 낙오자로 전락한다. 그러나 14장에서 봤듯이, 교육을 덜 받은 노동자들에게 불리하게 작용하는 것은 세계화와 기술이 유입된 노동시장뿐만이 아니다.

터무니없을 정도로 높은 건강보험은 기업들이 노동자를 해고하게 만들었다. 이것은 자연재해가 아니라 지대추구, 정치적으로 보호되는 폭리, 그리고 의료 분야에서 허술하게 시행되는 독점금지법 때문에 생겨난 재난이다. 반경쟁적인 지대추구 행동은 의료 분야에서만 목격되는 것은 아니다. 고용주들은 기업 합병을 통해 국내 시장에서 임금과 근로 조건을 결정할 힘을 가질 수 있다. 대기업은 시장 지배력을 활용해 가격을 올릴 수 있다. 이런 반경쟁적 행동은 물가 상승에 직면하게 될 소비자뿐 아니라 저임금과 그 저임금을 써야 할 때 올라간 물가로 이중고를 겪게 되는 노동자들에게 모두 피해를 준다. 미국 자본주의의 대표적 특징 중 하나인 경쟁은 다른 곳에서는 (거의 분명히) 번창하는 동안 미국에서는 퇴색했다.[7] 의료 산업뿐 아니라 보다 일반적인 사업에서도 반경쟁적 행동은 어디에 존재하건 상향식 재분배를 일으키는 요인이다.

독점 및 과점이 초래한 과도한 비용

|

기업이 다른 모든 사람을 희생시키면서 많은 돈을 벌 수 있는 한 가지 방법은 '과다청구(overcharging)'하는 것이다. 이상적인(그리고 약간 단순해진) 세계에선 사람들이 어떤 것에 대해 그것을 만드는 데 든 인건비와 재료비에 통상적인 마진을 추가한 수준 이상으로 많은 돈을 내지 않아도 될 것이다. 소비자들은 구매 여력이 되면서 생산비 이상의 가치를 주는 물건을 사는 것을 주저하지 않게 된다. 생산자들 사이의 경쟁은 그렇게 되도록 만들어줘야 한다. 다시 말해, 누군가가 비용 이상으로 청구한다면 경쟁자는 가격을 낮춰서 얻을 수 있는 잠재적 이익에 유혹될 것이다. 기존 기업이 국가로부터 독점 판매권을 따내거나, 생산 공정상 필요한 핵심 재료나 부품을 통제하면서 시장을 독점한다면 경쟁은 차단되고, 독점 기업은 마음대로 가격을 매길 수 있다. 이때 소비자는 더 적은 것을 얻느라 더 많은 돈을 내야 하고, 독점 기업의 행동은 경쟁의 제약을 받지 않는다.

1984년 해체되기 전까지 현 AT&T인 벨전화회사(Bell Telephone System)는 독점이었다. 다만 벨에 대한 비난은 주로 폭리보다는 혁신 실패에 집중됐다. 오늘날 많은 미국인들은 오로지 한 곳의 케이블 회사나 광대역 통신사만 이용할 수 있다. 이들은 심지어 범국가 차원의 경쟁을 할 때조차 지역에서 사업을 독점한다. 이러한 지역 독점 기업들은 이제 인터넷 스트리밍의 도전을 받고 있다. 장기간 시장을 독점해오던 기업은 종종 신기술의 도전을 받는다. 독점보다 더 흔한 것이 '과점(oligopoly)'인데, 과점 상태에서는 판매자가 몇 곳밖에 없고, 각 판매자는 어느 정도 가격을 통제한다. 인근에 도요타 딜러가 한 곳밖에 없을 수 있지만, 다른 브랜드 딜러들은 불완전 경쟁(imperfect competition, 완전경쟁도 완전독점도 아닌 중간적 단계에 있는 시장 형태)을 할 뿐이다. 애플이 유일한 휴대전화 생산 업체는 아니지만, 삼성 제품으로 옮겨갈 가능성이 낮은 충성 고객을 다수 보유하고 있어 원가보다 훨씬 더 높게 아이폰 가격을 책정할 수 있다. 항공사들은 가격을 인상해도 고객들이 항공사를 바꾸지 못하게 만들기 위해 고안된 마일리지 프로그램을 운영 중이다. 과점기업들은 암묵적이든 명시적이든 가격을 올리기 위해 공모하기도 한다.

시장 지배력 확대의 증거

|

뭔가 잘못됐다는 것을 보여주는 징후가 많다. 산업의 집중화가 점점 더 심해지면서, 몇몇 대기업의 매출이 차지하는 비중이 늘어나고 있고, 그들의 수익률은 오르고 있으며, 노동이 GDP에서 차지하는 비중은 떨어지고 있고, 불평등은 증가하고 있다. 기업 합병이 늘어나고 있고, 스타트업 수는 감소하고 있다. 특히 가장 집중도가 심한 업종에서 투자율은 하향 추세에 있다. 그런데 투자는 성장의 전제조건이며, 최신 지식과 기법을 구현하며, 역사적 기준에서 성장률이 낮은 생산성을 높여준다. 이러한 광범위한 경향에 대해선 (대체로) 공감대가 형성되어 있지만 그들의 해석 방법과 우리가 해야 할 걱정 정도를 두고

는 의견이 분분하다.

　대부분의 산업에서 가장 큰 기업이 차지하는 매출 비중이 증가했다. 예를 들어, 소매 산업 전체에서 매출액 기준 4대 기업이 차지하는 매출 비중은 1980년 15퍼센트에서 2015년 30퍼센트로 올라갔다.[8] 운송업과 함께 소매업에서도 대기업 지배력이 가장 크게 증가했다. 아마존은 소매업에서 큰 비중을 차지하고, 항공사들이 아메리칸(American), 델타(Delta), 유나이티드(United), 사우스웨스트(Southwest) 4대 항공사로 통합되면서 운송 업계에서 이들이 차지하는 비중이 커졌다. 경쟁을 싫어한다는 사실이 이미 잘 입증됐고, "경쟁은 인간의 부를 해칠 수도 있다"고 한 투자자 피터 린치(Peter Lynch)의 격언을 인용하기를 좋아하는 유명한 투자가 워런 버핏은 오랫동안 항공 산업에 대한 투자를 거부해왔고[그는 "1900년대 초 키티호크(Kitty Hawk, 라이트 형제가 인류 최초의 동력 비행에 성공했던 미국 노스캐롤라이나주 데어카운티에 있는 마을 - 옮긴이)에 자본가가 있었다면 (라이트 형제의 동생인) 오빌 라이트(Orville Wright)를 총으로 쐈어야 했다. 그래야 후손들이 돈 낭비를 하지 않았을 것"이라고 말했다], 항공사에 투자하는 것을 '죽음의 덫'에 빠지는 것이라고 주장했다.[9] 그러나 그는 최근 항공 산업이 자신의 취향에 잘 들어맞는다는 사실을 깨닫게 되면서 그가 회장으로 있는 버크셔해서웨이(Berkshire Hathaway)는 현재 델타의 최대주주이자 사우스웨스트와 유나이티드와 아메리칸의 2대 주주가 됐다.[10] 기관투자자들이 같은 산업에서 경쟁하는 회사들의 지분을 취득하는 이런 식의, 이른바 '수평적 주식 보유(horizontal shareholding)'는 특히 다른 대주주들이 미국 자산운용사인 뱅가드(Vanguard)처럼 '패시브 투자자(passive investor, 일상 경영에 참여하지는 않는 투자자 – 옮긴이)'라는 점에서 경쟁에 위협을 가한다.[11] 승객들은 버핏이 열렬히 원하는 대로 경쟁이 줄어드는 것을 반기지 않을 가능성이 크다. 항공사가 챙기는 이윤의 대가로 승객들은 비행기에 몰려 앉거나 심지어 끼어 앉아야 하고, 문이 먼 구석에 박혀 있는 고가의 물건을 파는 쇼핑몰로 변신한 터미널에 포로로 잡혀 있는 것 같은 불편함을 감수해야 한다. 일부 노선의 항공료는 하락했지만 반대로 일부 노선의 항공료는 상승했다. 2019년 가을 미국 동부 뉴어크에서 서부 로스앤젤레스(2,800마일), 파리(3,600마일), 홍콩(8,045마일)을 오가는 비즈니스 클래스 왕복 항공료는 각각 1,140달러, 1만 달러, 7,800달러였다. 무엇이 가격을 정하건 그것은 완벽한 경쟁에서 그런 것처럼 서비스의 한계비용(marginal cost, 재화나 서비스 한 단위를 추가로 생산할 때 필요한 총비용의 증가분 – 옮긴이)은 아니다.

1980년에는 창업 5년 미만 기업이 전체 기업의 절반을 차지했지만 2015년에는 그 비율이 3분의 1로 줄었다. 1980년에는 이들이 전체 고용의 5분의 1을 담당했지만, 2015년에는 10분의 1을 담당하는 데 그쳤다.[12] 생산의 한계비용 대비 가격 비율을 뜻하는 '마크업(markup)'은 1970년 이후 상승했다. 단, (쉽게 해결되기 힘든) 평가 문제에 따라 정확한 추정치가 달라질 수는 있다.[13] 1960년대에 4퍼센트에 머물렀던 매출에서 이윤이 차지하는 평균 비중은 1980년대 2퍼센트로 내려갔다가 다시 2015년 8퍼센트로 높아졌다. 매출의 15퍼센트가 넘는 이윤을 내는 기업이 점점 더 늘어나고 있다. 오랫동안 3분의 2 정

도에서 변하지 않고 유지될 것으로 여겨졌던 GDP에서 임금이 차지하는 비중은 60퍼센트로 떨어졌다.[14]

이러한 데이터는 미국 산업의 경쟁력이 점점 더 떨어지고 있음을 보여주는 증거로 해석될 수 있다. 현재 더 인기 있는(대중적인?) 용어를 빌려 말하자면, 미국의 산업 시스템은 더욱더 기업에 유리하게 조작되고 있는 것 같다. 영국의 위대한 경제학자 존 힉스 경(Sir John Hicks)은 독점이 주는 모든 이익 중 가장 좋은 것은 '조용한 삶'이라고 주장했다.[15] 가격이 지나치게 높을 뿐만 아니라, 짜증나게 만드는 경쟁도 사라지면 제품 성능을 개선하거나, 더 나은 서비스를 제공하거나, 새로운 아이디어를 찾고 실행하는 데 투자할 필요가 없어진다. 대신 사업 자체가 아니라 경쟁사들을 궁지에 몰아넣기 위한 해자(垓子, 적의 침입을 막기 위해 성 밖을 둘러 파서 못으로 만든 곳 - 옮긴이)를 파는 데 투자함으로써 최고의 이익을 올릴 수 있다. 독점 기업은 잠재적 경쟁사들을 인수해 제거할 수도 있고, 자신의 시장 지배력을 보호하고 세금을 낮게 유지하기 위해 사회적으로 비생산적이지만 사적으로는 생산적인 로비 비용을 지불할 수도 있다. 당초 원가절감과 가격 인하를 도모하겠다는 약속으로 진행된 많은 합병들이 실제로는 전혀 생산성 증가 효과를 내지 못하고 가격 인상만 초래했다는 것을 보여주는 증거가 있는데, 이는 반독점 규제 당국들이 지난 25년 동안의 전환기 때 뒷짐 지고 있었다는 것을 시사한다.[16]

이러한 주장들도 충분히 일리가 있지만, 그들이 모든 걸 알려주는 것은 아니다.[17] 마크업과 이익 성장의 상당 부분은 대개 정보통신 기술에 집중적으로 투자했던 각 산업 내 몇몇 기업으로부터 나왔다.[18] 아마존과 그것의 플랫폼 구축, 웹사이트와 가격 책정 알고리즘을 개발하는 항공사들, 혁신적인 물류·공급·재고 관리 시스템을 구축한 월마트를 생각해보자. 일단 시스템이 갖춰지면 생산과 배송 비용은 줄어들고 이윤은 증가한다. 다만 시스템 구축 비용을 모두 지불할 때까지는 이윤이 늘어나지 않을 수 있다. 시간이 지나면 이런 기업들은 업계 내 다른 기업들과 비교해서 덩치를 키우면서 이들이 업계에서 차지하는 매출 비중이 커진다. 일부 다른 기업들은 이들과의 경쟁을 포기하기 때문에 업계 내 기업 수는 줄어들고 집중은 심화된다. 성공적인 혁신 기업들은 특히 경쟁자가 거의 남아 있지 않을 경우 일정 수준의 시장 지배력을 획득할 수 있다. 이상적으로 봤을 때 신생 기업들은 선두 기업의 시스템을 모방하거나 심지어 개선하는 데 성공하는데, 그러면 가격은 하락한다. 이 과정이 효과를 내면 기술 변화는 비록 시간이 걸리고, 도중에 많은 사상자가 발생할 가능성이 있더라도 가격 인하와 생산 방법의 효율화를 통해 소비자들에게 사회적으로 유익하게 작용한다.[19]

이런 형태의 사건에서 산업의 집중화는 시장 지배력을 가진 기업들의 불법행위가 아니라 덜 효율적인 기업에서 더 효율적인 기업으로의 변화로부터 생긴다. 그리고 실제로 데이터를 봐도 각 산업 내 전형적인 기업들이 아니라 높은 수익을 올리는 특히 정보통신(IT) 분야 투자가 많은 비주류 기업들의 이윤이 증가하고 있다는 것을 알 수 있다. 이 설명에 따르면, 이런 기업들은 범죄자도 악덕 자본가도 아닌 슈퍼스타들이다.

집중화 현상이 심화되는 일부 원인이 비생산적 시장 장벽을 세우는 기업들 때문만이 아니라, 특출나게 혁신적인 비주류 기업들이 생겨난 결과 때문임을 보여주는 증거는 유럽에서도 유사한 변화가 일어나고 있다는 사실로부터 얻을 수 있다. 영국은 예외로 치더라도 대부분의 유럽 국가들에서[20] GDP 내 노동 비중은 감소하고 있고, 자본 비중은 증가하고 있다. 이윤은 증가하고 있고 산업도 유럽에 더욱 집중되고 있다. 이 모든 사실들은 이윤을 늘리는 슈퍼스타 이야기에는 유리하고, 로비나 정치 시스템이나 미국에서 두드러진 독점금지법 적용에 대한 거부감 같은 미국의 제도들에 전적으로 의존한다는 설명을 하는 데는 불리하다.[21] 유럽 국가들에서도 미국보다는 덜하지만 최근 소득 불평등이 어느 정도 증가했다. 이들 국가에서도 미국처럼 무역과 IT가 계속해서 불평등을 조장한다는 사실은 일치하지만, 미국에서는 이곳에서만 특별히 더 있는 힘이 불평등을 더욱 심화시킨다.

혁신은 종종 창조적 파괴(creative destruction)의 과정 내지는 오스트리아 경제학자인 조지프 슘페터(Joseph Schumpeter, 1883~1950)의 이름을 따서 만든 '슘페터 경쟁(Schumpeter Competition)'의 과정을 통해 일어난다. [슘페터는 세계에서 가장 위대한 경제학자이자 오스트리아에서 가장 위대한 기수(騎手)이자 오스트리아 수도 빈에서 최고의 연인이 되고 싶다는 소망을 선언한 것으로 유명하다. 그는 나중에 모든 경제학자들이 동의하지는 않겠지만, 기병대가 쇠퇴해서 그의 세 가지 야망을 모두 이루지는 못했다고 주장했다. 세 번째 야망과 관련해서도 아직 그가 그것을 이뤘는지를 알려주는 잔존 증거는 없다.] 슘페터에 따르면, 기술적 진보는 본래 혁신적 성격을 띤다. 신기술을 가진 신생 기업은 기존 기업에 위협을 가한다. 신생 기업의 새로운 아이디어를 시장에 내놓기 위해선 선행 투자가 필요하며 관련해서 실패 위험도 크지만, 그들이 기존 기업을 대체할 수 있다면 엄청난 독점 이익을 올릴 수도 있다. 이는 시장 '내의' 경쟁이 아니라 시장을 '위한' 경쟁이라 말할 수 있다. 혁신은 일련의 토너먼트, 즉 지배하기 위한 도전이며 승자들에게는 많은 상이 돌아간다. 안토닌 스칼리아(Antonin Scalia) 판사는 판결에서 "독점 권력의 단순한 소유와 그에 따른 독점 가격의 부과는 불법이 아닐 뿐만 아니라 자유시장 체제의 중요한 요소다. 적어도 단기간이라도 독점 가격을 부과할 기회가 생긴다면 우선 '상당한 사업 수완(business acumen)'이 필요하다. 혁신과 경제 성장을 창출하는 위험을 감수해야 하기 때문이다"라고 적었다.[22]

시장 지배력은 현재 해결해야 할 문제인가?

'슘페터 경쟁'의 세계에서 반독점 규제는 성공한 도전자들이 그들 뒤에 놓인 사다리를 걷어올리지 못하게 막아야 한다. 일시적인 경쟁 우위는 괜찮지만, 영구적인 우위는 괜찮지 않다. 규제 당국은 잠재적 경쟁자들을 제거하는 식의 경쟁을 감시해야 한다. 예를 들어, 자체 운영 체제에 자체 개발한 브라우저를 통합시켜 넷스케이프(Netscape)를 무너뜨린 마이크로소프트, 인스타그램과 왓츠앱을 인수한 페이스북, 복제약 시장 출시를 막으려고 잠재적 복제약들을 매수하는 제약 회사들에 대한 감시가 필요하다. 산업의 집중 자체가 감시 목표가 될 수는 없다. 집중이 비효율성이 아닌 효율성의 지표가 될 수 있기 때문이다. 그리고 산업은 시장과 다를 때가 종종 있다. 소비자들은 종종 근처에 있는 단일 공급 업체(케이블 공급 업체나 단일 항공사가 지배하는 공항)와 마주하게 되고, 따라서 산업이 경쟁적이더라도 독점에 직면하게 될 수 있다. 반대로, 아마존의 성장은 미국 내 많은 지역, 특히 지방 소매점에 대한 선택의 폭이 거의 없는 시골과 인구가 적은 지역에서의 경쟁을 가열시켰다.[23]

시장 지배력의 정도는 우리가 얼마나 걱정해야 하는가에 대한 문제처럼 오늘날 경제에서 가장 논란이 많은 분야 중 하나다. 그러나 우리의 주요 관심사, 즉 독점과 다른 형태의 시장 지배력이 가격 상승과 실질임금 하락을 초래하며 절망사의 토대를 마련하느냐를 알아보기 위해 몇 가지 별도로 다뤄야 할 중요한 사항들이 있다. 우리는 의료 분야에서도 이런 일이 일어난다고 생각한다. 또 항공사와 항공사 소유권의 집중도 확대나 은행들의 빈번한 착취적 행동처럼 진정 관심을 쏟아야 할 다른 산업도 존재한다고 생각한다. 우리는 또한 지배기업들이 잠재적 경쟁사들을 질식시킬까 걱정한다. 그러나 우리는 미국 산업이 경쟁력을 잃어서 소비자 복지에 피해를 줄 정도로 가격을 인상하고 있다는 것을 보여주는 '일반적인' 사례가 아직 확립되지는 않았다고 믿는다.[24] 실제로 많은 상품과 서비스에 대한 잇따른 혁신은 공짜로 얻게 되는 많은 것들을 포함해서 어느 때보다 낮은 가격을 선사해줬다. 모든 혁신의 문제는 그것이 가격을 지나치게 올린다는 것이 아니다. 슘페터가 기술의 발달에 경제가 얼마나 잘 적응해가는 지를 설명하기 위해 제시했던 개념인 '창조적 파괴'가 말 그대로 창조적일 뿐만 아니라 파괴적이라는 것이 문제다. 창조적 파괴는 과거에 존재했던 일자리를 없애고 있다. 특히 의료보험료의 급등으로 일자리가 사라지는 속도는 빨라지면서 더 적대적이 되고 사회 안전망은 불충분한 노동시장으로 노동자들을 내던지고 있다. 그러한 일자리들이 지탱해줬던 삶과 공동체는 위기에 빠졌고, 최악의 경우 절망과 죽음을 초래한다.

노동시장과 수요 독점: 저임금을 가능하게 하는 힘

|

판매자가 한 명일 때 독점이 생기듯이 구매자가 한 명일 때는 '수요독점(monopsony)'이 생긴다. 수요 독점이란 판매자는 다수가 존재하지만 구매자는 단 한 사람뿐인 경우를 말한다. 예를 들면 조직되지 않은 개개의 노동자가 단일 기업에 고용되어 있는 경우 노동자 편에서는 기업가가 제시하는 임금을 감수할 수밖에 없으므로, 고용주는 노동시장에 있어서 수요 독점의 지위를 갖는 결과가 되는데, 우리가 특히 걱정하는 것이 이점이다. '수요 독점'이란 용어는 가장 유명한 여성 경제학자 중 한 명인 조앤 로빈슨(Joan Robinson, 1903~1983)이 만들었다.[25] 로빈슨은 케임브리지대학교에서 존 메이너드 케인스의 제자이자 공동 연구자로 활동했으며, 경쟁의 작동 메커니즘에 대해 연구한 주요 사상가였다. 산업입지와 경제활동을 위해 민간 기업이 주

도적으로 개발한 특정 산업 중심의 자급자족형 복합 기능도시인 '기업 도시(company town)'는 완전한 수요 독점을 보여주는 사례다. 판매자의 사례와 마찬가지로 임금을 낮출 힘을 가진 소수의 고용주만이 있을 수 있다. 이것은 소수의 구매자가 시장을 지배하는 '구매 과점(oligopsony)'에 해당한다. 수요 독점이건 구매 과점이건 모두 기업이 임금을 책정할 힘을 가지고 있다는 것을 의미한다. 이는 노동자는 시장 임금(market wage)을 받고, 임금을 적게 주려는 고용주는 어떤 직원도 고용할 수 없는 완벽한 경쟁 상황과 대조된다. 고용주가 시장 임금보다 적게 줘도 될 수 있는 가장 분명한 장소는 아마도 패스트푸드점, 닭 가공 공장, 주립 교도소 정도에서만 할 일이 있을 뿐이고 다른 어떤 종류의 일도 거의 없을 수 있는 시골 지역이다. 시골 지역이나 작은 마을에서 일하는 교사나 간호사도 비슷한 처지에 놓일 수 있다. 노동자들은 다른 곳으로 이주할 수 있지만 그렇게 하려면 항상 비용과 위험이 수반되기 마련이고, 새 일자리를 찾는 데 비용이 많이 들 수도 있으며, 기존에 살던 곳에서 사람들이나 공동체가 연결되어 있을 수 있는데, 이 모든 것들이 고용주들에게 노동자들의 임금을 낮출 수 있는 힘을 준다. 미국에서는 이동이 줄어들었는데, 많은 도시의 땅값이 아주 비싸졌거나 교육 수준이 낮은 사람들이 도시 지역에서 출세할 기회가 줄어들었기 때문에 그런 것일 수 있다. 따라서 수요 독점이 더욱 심해져서 경쟁적 수준 이하로 임금을 낮추고 임금을 희생해 기업은 이윤을 올릴 가능성이 커졌다.[26]

노동시장이 경쟁 상태를 유지할 때 정부가 시장 임금보다 최저임금을 높게 정하면 고용주는 노동자들을 해고할 것이다. 경제학 교과서에 흔히 나오는 말이다. 실제로 그러한 결과를 찾아낸 연구들이 많았다. 그런데 2009년 이후 연방 최저임금이 인상되지는 않았지만, 이후 최저임금을 인상한 주들이 많아 인상 결과를 연구할 기회가 많아졌다. 현재까지 가장 포괄적이고 설득력 있는 연구로 평가되는 경제학자 도루크 첸기즈(Doruk Cengiz)와 아린드라지트 두브(Arindrajit Dube)와 그들의 협력자들이 한 연구에 따르면, 최저임금 인상은 고용에 아무런 영향을 주지 않는 것으로 나타났다. 고용주는 노동자를 해고하거나 신규 고용을 억제하기보다는 새로운 최저임금에 약간 못 미치게 받던 노동자들이 약간 더 높게 받게 해줬다.[27] 다른 나라들, 특히 영국에서도 이와 유사한 증거가 있다. 최저임금이 없었던 영국은 1999년에 비교적 높게 최저임금을 설정했다. 그 영향을 다룬 수십여 차례의 연구들은 그것이 고용 수준에 어떠한 영향을 미쳤는지 찾아내지 못했다.[28] 고용주가 임금을 정할 힘이 없다면 이러한 결과는 불가능할 것이다. 노동시장은 교과서가 우리가 믿게 만들 만큼 경쟁이 심하지 않으며, 고용주가 노동자에게 그들의 가치 이하로 임금을 주고 있다면 노동자에게 더 많은 돈을 주도록 요구받더라도 그들을 계속 고용하게 된다는 것이 놀랄 일이 아니다. 적어도 어느 시점까지는 노동자의 가치가 고용주가 주는 임금보다 높기 때문이다.

도시의 직원들은 시골 지역에서 비슷한 일을 하는 직원들보다 더 많은 보수를 받는 경우가 흔하다. 또 고용주 수가 적은 곳은 많은 곳보다 임금이 낮다. 그러나 그러한 차이가 생기는 많은 이유가 있을 수 있고, 판매자와 시장 지배력에 관한 주장과 마찬가지로, 집중도가 높거나 낮은 '이유'를 이해하지 않고는 '고용주의 집중 현상(employer concentration)'과 임금 사이의 상관관계를 이해하는 방법을 알 수가 없다. 국가적 차원에선 고용주 집중 현상이 강해졌으나 지방 차원에서는 집중 현상이 약해지면서 소득 불평등이 축소됐다.[29] 그렇다 하더라도 구체적인 불법행위 사례가 존재한다. 우리가 시작한 간호사들의 임금에 대한 설명은, 병원들이 그들의 임금을 낮추기 위해 담합하고 있다는 것을 보여준다. 즉 병원 수가 몇 곳에 불과할 때 병원들끼리 공모하기가 더 쉬워진다. 병원은 환자와 직원 모두를 쥐어짜는 데 능숙한 것 같다.[30] 간호사의 임금을 낮추면 간호사 부족 현상이 발생하고, 병원은 인력파견 업체들을 통해 간호사를 고용함으로써 그 차이를 메꾼다. 그들의 임금은 정규직 간호사들보다 높지만, 그들을 고용하면 훨씬 더 많은 수의 정규직 간호사들의 임금을 올려주지 않아도 된다. 재차 말하지만, 이는 일부 기업이 노동자에게 불리하게 임금에 영향을 미칠 수 있다는 것을 보여주는 증거다.

더 적대적으로 변한 직장과 노조의 쇠퇴

|

고용주가 직원에게 퇴사 후 경쟁 업체에 취업하지 못하게 막는 '경쟁금지협정(noncompete agreements)'을 체결하도록 하는 것은 흔한 일이다. 캘리포니아 같은 주에서조차 협정 체결을 강요하지는 않지만, 이 것을 효과적인 위협 수단으로 사용할 정도다. 이러한 계약은 대체 고

용 기회를 제한하고, 고용주가 임금을 더 쉽게 유지할 수 있게 해준다. 미국 노동자 4명 중 1명은 어떤 식으로건 경쟁금지협정의 적용을 받는다.[31] 노동자가 경쟁사에게 유용한 영업 비밀이나 기타 청사진 설계나 암호 작성 등에 대한 지식을 갖고 있다면 이런 협정이 이해할 만하지만, 저임금 일자리에서는 그런 협정을 체결할 명분이 없다. 하지만 중위소득 미만을 받는 노동자 5명 중 1명은 경쟁금지협정을 체결하고 일하고 있다. 이에 대한 아주 낙천적인 해석은 노동자들은 서명할 때 협정 조항들을 이해하고, 서명 대가로 보상을 받을 수 있다는 것이다. 그러나 그들이 조항을 이해하지 못하고, 부지불식간에 고용주에게 임금 상승을 억제할 수 있는 권한을 줄 가능성이 더 크다.

11장에서 살펴본 것처럼 기업이 청소, 보안, 급식, 운송과 같은 광범위한 지원 서비스에 대해 하청을 주는 일이 흔해졌다. 이를 통해 기업은 분명 능숙한 핵심 분야 사업에 집중할 수 있게 되겠지만, 하청기업들은 종종 복지 혜택도 적고, 임금도 낮고, 고용권이 적고, 승진 기회가 거의 내지 전혀 없는 덜 매력적인 곳이다.[32] 스위스 경제학자 데이비드 돈(David Dorn), 요하네스 슈미더(Johannes Schmieder), 제임스 스플렛저(James Spletzer)는 "국내 아웃소싱은 청소나 보안 같은 비교적 낮은 숙련도가 요구되는 일에서 인사 관리와 회계 같은 높은 숙련도가 요구되는 일까지 광범위한 일자리와 관련된 고용 관계의 성격을 철저히 변화시켰다"라고 주장했다.[33] 그들은 2015년 기준 청소 및 보안직 노동자 약 4명 중 1명이 비즈니스 서비스 회사에 근무한 것으로 추정한다. 1950년 비즈니스 서비스 회사에 고용된 노동자보다 네

배 이상 많은 숫자다. 2019년 3월 기준 구글에는 정규직 직원보다 임시직과 계약직 직원 수가 더 많다. 그들은 정규직 직원과 함께 일하고 때로는 비슷한 일을 한다.[34] 아웃소싱 분야의 성장과 그것의 낮은 노동 질은 노동자 계급의 삶을 악화시키고 있다.

이러한 관행이 확산되면 분명 노조원들을 대신해 단체 교섭에 나서는 노조원 개개인보다 더 강력한 힘을 가진 노조들이 반발했을 것이다. 과거나 지금이나 노조는 그것이 존재하는 곳에서 임금 인상, 근로 조건 개선, 복지 혜택 강화, 경영진의 권력 견제 등을 추진하면서 기업의 부가가치를 임금과 이익으로 배분하며 경영진의 '대항적 권력(countervailing power)' 역할을 했다. 2019년 초 미국 노동자들의 노조 가입률은 10.5퍼센트로 관련 통계 집계가 시작된 1983년의 20.1퍼센트보다 절반 정도 낮아졌다. 민간 부문에서는 노동자의 6.4퍼센트만이 노조에 소속돼 있다. 가입률이 최고조에 달했던 1940년대와 1950년대 초반에는 전체 가구의 3분의 1에 적어도 한 명의 조합원이 있었다.[35]

미국인 10명 중 7명이 인상해야 한다고 생각하는 사실에도 불구하고 연방 최저임금이 2009년 7월 이후 시간당 7.25달러에 머물러 있는 한 가지 이유는 기업의 정치권 로비에 노조의 로비가 압도적으로 밀리면서 노조의 힘이 약해졌기 때문이다(그렇더라도 우리가 지적한 바와 같이 많은 주들이 시간당 최저임금을 올렸다. 그리고 일리노이주 8.25달러에서 워싱턴주 12달러에 이르기까지 29개 주의 시간당 최저임금은 7.25달러보다 높기 때문에 노동자 수에 따라 가중치를 부여해 계산했을 때 실제로는 2007년부터 2016년까지 최저임금이 10.8퍼센트 올랐다).[36]

기업의 행태

|

노조의 중요성이 퇴색함에 따라 기업들은 예전과 다르게 운영됐다. 경영진은 회사가 주주뿐 아니라 직원, 고객, 지역사회를 위해 봉사하는 것으로 보이는 사업 모델에서 벗어나 자본 소유주인 주주들의 이익에만 전적으로 관심을 보이는 쪽으로 움직였다. 어쩌면 놀랄 만한 일이기도 하나, 기업의 이런 목적을 둘러싸고 논란이 벌어지고 있다.[37] 이사회는 정확히 누구에 대해 책임을 지는 걸까? 이사회의 유일한 의무가 주주에 대해 있다는 것이 오늘날 주류 견해지만, 이사회가 기업 자체나 소비자와 종업원을 포함한 더 광범위한 범위의 이해관계자들에 대해 책임이 있다는 등의 다른 해석도 있다. 주들도 '관할권(jurisdiction)'이 있으며, 그들이 하는 일은 주마다 다르다. 예를 들어, 캘리포니아주에서는 이사회에 적어도 한 명의 여성 이사를 포함할 것을 요구한다. 최근 의심이 커지긴 하지만, 주주 가치의 극대화는 최근 몇 년 동안 이사회의 규범이 됐다. 물론 주주가 기업을 직접 경영하는 것은 아니지만, 경영자들은 주식과 스톡옵션으로 보수를 받음으로써 주주들의 이익을 위해 행동하고자 하는 동기가 점점 더 커지고 있다. 이제 그들의 보수는 회사의 시가총액에 더 긴밀히 연동되게 됐다. 기업의 시가총액은 주주들이 회사가 장래에 올릴 것으로 예상하는 이익에 할당하는 가치이기 때문에, 경영자들은 높은 이익을 달성한 좋은 결과를 공유할 때를 제외하고 직원, 고객, 지역사회 등 다른 이해관계자들의 이익을 위해 행동한다면 개인적으로는 손해

를 본다.

기업 사냥꾼이 회사를 인수할 수 있다는 위협은 오로지 이익에만 관심을 더 쏟게 만드는 역할을 한다. 자금력이 풍부한 기업 사냥꾼이 회사 실적이 부진하다고 판단한다면 그는 정책의 변화를 강요하거나, 경영진을 해임하거나, 심지어 회사 자산 가치를 높이고자 회사를 분할할 수 있을 만큼 충분한 주식을 매수할 수 있다. 이러한 공격은 뱅가드나 블랙록(Blackrock)과 같이 이사회에 영향을 미치려 하지 않는 패시브 투자자들의 지분율이 높은 오늘날의 세계에서 더 쉽고 저렴하게 할 수 있게 됐기 때문에 기업 사냥꾼은 적은 지분만으로도 지배력을 확보할 수 있다.

많은 사람들은 주식시장의 가치가 미국 경제의 상태를 보여주는 긍정적인 지표라고 생각하며, 야구 점수를 추종하는 것과 같은 방식으로 다우존스 지수나 S&P500을 추종하면서 지수가 상승할 때 기뻐하고 하락할 때 슬퍼한다. 미래 성장 전망이 좋아지면 일반적으로 주식시장은 상승하고 모든 사람들이 이것이 좋은 일이라는 데 동의하지만, 임금이 떨어지거나 경영진이 노동자들을 더 저렴한 로봇으로 대체했을 때도 시장이 상승하는 것도 사실이다. 주식시장은 노동이 아닌 자본에 대한 재분배를 보상한다. 앞서 살펴봤듯 경영진은 이러한 종류의 재분배가 이뤄지도록 하려는 동기를 점점 더 강하게 받는다. 그러나 이러한 맥락에서 덜 거론되는 또 다른 집단이 있는데, 401k 퇴직연금제도를 보유하고 있는 주주나 실제로 확정기여형연금제도(defined-contribution pension plan)에 가입한 모든 사람들이 그들이다.

예전에 종업원은 다른 누군가가 돈을 내줄 책임이 있는 확정급여형연금제도에 가입했을 가능성이 훨씬 더 컸다. 주식시장의 가치가 연금 제공자에게는 관련이 있을 수 있었지만, 그것이 종업원에게 직접 영향을 미치지는 않았다. 그러나 확정기여형연금제도에 가입한 직원들은 주식시장에 투자했고, 주식시장의 성과와 직접적인 이해관계를 맺고 있으며, 임금이 떨어지거나 노동자가 자동화로 대체될 때 보상을 받는다. 그러나 그러한 자산을 가지고 있는 사람들은 대부분 대학 학위를 가진 사람들이며, 그들의 임금은 좋은 수준을 유지해왔다. 따라서 확정급여형연금제도를 확정기여형연금제도로 대체하자 학력 수준이 높고 성공한 미국인들은 일을 못하고 학력 수준이 낮은 미국인들에게 관심을 갖게 되었다. 우리는 교육받은 엘리트들이 미국 노동계급에 대해 반대 운동을 해왔다고 주장하는 것이 아니다. 하지만 그들은 분명 그러한 반대 운동에 대한 묵인 대가로 많은 보수를 받아왔다. 1990년 이후, S&P500 지수는 매년 7퍼센트 이상 상승했다.

워싱턴의 기업과 노동

|

규모가 매우 크고 수익성이 높은 기업들과 아주 부유한 개인들이 많이 생기자 그들이 정치에 미치는 영향력이 커졌다. 특히 우리는 호주머니가 두둑한 사람들이 미국 정치에 더 효과적으로 참여하고, 교육을 덜 받은 서민들(이들의 죽음은 이 책의 주제다)은 방관자로 전락할 위험을 각오해야 했다. 이 일반 사람들의 이익이 무시된다면 그들은 부자

들의 이익을 위한 피해자가 될 수밖에 없다. 오늘날 미국의 민주주의는 잘 작동하지 않고 있으며, 민주주의의 오작동은 워싱턴에서 돈의 기능과 많은 관련이 있다.[38]

2018년 워싱턴에 등록된 로비스트 수만 1만 1,654명이며, 그들은 활동비로 34억 6,000만 달러를 썼다.[39] 이는 535명의 상하원 의원 1인당 22명의 로비스트가 붙어서 의원 1인당 650만 달러씩을 로비 자금으로 썼다는 계산이 나온다. 이 돈은 선거 자금 용도로 쓴 외부 자금과는 별도인데, 2018년에는 이 자금은 13억 달러였다. 합치면 엄청난 액수이며, 이 돈은 워싱턴의 정치에 큰 영향을 미치지만 기업 예산 규모에 비하면 적은 편이다. 예를 들어, 2015년 자동차 제조사들은 광고비로 470억 달러를 썼다.[40]

정부가 자신들에게 유리하게 움직여주도록 설득하려 애쓰는 로비스트들은 항상 있었지만, 기업들은 1970년대 규제 개선이 있은 뒤에야 로비를 강화함으로써 대응했다. 1971년 향후 대법관이 될 루이스 파월 주니어(Lewis Powell Jr.)는 지금도 유명한 메모에서 "미국의 경제 체제는 광범위한 공격을 받고 있다"면서 "기업은 정치력을 배양해 이를 '공격적이고 단호하게' 활용해야 한다"라고 썼다.[41] 기업들은 이후 수년 동안 이 권고를 열심히 따랐다. 1970년대 이전에는 개별 기업은 워싱턴에서 로비가 아니라 그들이 소속된 단체 무역협회를 통해 워싱턴에 압력을 넣었다. 협회들은 의사나 부동산 업자와 같은 그들의 회원들을 위한 특혜를 얻어내는 데 종종 효과를 거뒀고, 지금도 여전히 마찬가지다.

대부분의 기업들은 워싱턴에 로비스트를 두고 있지 않지만, 로비스트를 두고 있는 기업들은 규모가 큰 경향이 있다. 2018년 로비 자금 지출액 기준으로 기업들의 순서를 매겼을 때 1위는 알파벳(구글)이었고, 다음으로는 AT&T, 보잉, 컴캐스트(Comcast), 아마존, 노스롭그루만(Northrop Grumman), 록히드마틴(Lockheed Martin), 페이스북(1,260만 달러) 순으로 높았다. 기업들보다 상공회의소(Chamber of Commerce, 9,480만 달러), 전국부동산협회(National Association of Realtors), 제약 회사·병원·보험사·의사 협회 등의 비즈니스 협회들의 로비 자금 지출액이 더 컸다. 2018년 의사들을 회원으로 둔 미국의학협회의 로비 자금은 알파벳과 대동소이했다. 로비 자금 지출액 상위 20위에 속하는 단체 중 유일한 비기업 단체는 다른 이슈들보다 국가 안보, 시민권, 이민 등에 관해 로비 활동을 하는, 억만장자 투자자 조지 소로스(George Soros)가 후원하는 열린사회정책센터(Open Society Policy Center)다. 제약 회사, 병원, 보험사, 의사들을 모두 포함한 의료 산업 전체는 금융 산업과 마찬가지로 2018년 5억 달러 이상을 지출했고, 노동 단체들은 이의 10분의 1에도 못 미치는 4,700만 달러를 썼다.[42]

기업들 내에서도 그렇지만 워싱턴에서도 노동자가 가진 힘은 기업, 특히 대기업이 가진 힘에 비해 떨어졌다.

로비 제도는 흔히 생각되는 것과 달리, 자금력이 풍부한 기업이나 개인이 그들을 위한 법안을 만들어 매수해놓은 상하원 의원들이 통과시킬 수 있게 만들 때 쓰는 기계가 아니다. 중대 이슈의 경우 모든 면에서 경쟁도 상당히 치열하고, 로비스트들도 아주 많다. 로비도 중요하지만, 그것이 돈을 주고 로비스트를 부리는 사람에게만 유리하게 제도를 조작하지는 못했다. 로비의 역할이 워싱턴의 에너지를 빨아들이는 것인 이상, 로비를 할 수 없거나 하지 않는 사람들의 영향력은 점점 더 줄어든다. 노조처럼 한때 세력이 강했던 집단은 힘을 잃었다. 당신이 로비할 능력이 없다면 당신의 이익을 대변해줄 사람은 없다. 설상가상으로 종종 쓰이면서도 정확한 미국 정가에서 통용되는 표현을 빌려 말하자면, 식탁에 자리를 잡지 못한다면 당신 자리는 메뉴판에 있을 것이다.

노동자들을 대변해줄 사람이 거의 없는 이러한 워싱턴 식탁 주변에서는 상향식 재분배가 설계되고 시행되고 있다. 기업들이 신경 쓰는 사안들로 인해 서민들의 이익은 식탁에서 멀리 밀려나고 있다. 자신을 뽑아준 모든 유권자들의 이익을 대변해야 하는 상하원 의원들은 한결같이 그들이 대변하는 부자들의 이익을 위해 투표하고, 부자가 아닌 사람들의 이익을 무시한다.[43] 이에 못지않게 내지는 더 중요한 사실은, 예를 들어 최저임금처럼 노동자들과 관련된 많은 일들이 결코 투표에 부쳐지는 법이 없다는 것이다. 로비가 가미된 민주주의는 선택적 민주주의다.

오늘날 노동자들이 놓인 환경과 자본주의의 미래
|

13장에서 우리는 계속 상승하는 높은 의료비가 저학력 노동자들의 임금과 근로 조건 악화에 많은 영향을 미친다고 주장했다. 사회보장

과 메디케어 비용 지급, 실업보험, 산업재해보상보험 같이 고용주가 책임져야 하는 그 밖의 의무적인 혜택도 규모는 작더라도 똑같이 영향을 미친다. 아이러니하게도, 노조가 오랫동안 이러한 혜택들을 누리기 위해 투쟁해왔지만, 일단 입법화가 되자 그들이 오히려 노조 가입을 덜 매력적으로 만들었다. 이러한 인건비 부담 때문에 고용주 입장에서는 일부 업무를 아웃소싱하고, 직접 고용자 수를 줄이는 것이 더 이득이다.

노동자들은 다른 면에서도 손해를 보고 있다. 그들이 신기술의 혜택과 그것이 제공하는 상품과 서비스를 공유해왔지만, 그들이 노동력을 판매하는 시장은 점점 더 그들에게 적대적으로 변했다. 제조업 쇠퇴, 무역을 통해 외국인 노동자로 사실상 대체될 위협, 민간 부문 노조의 세력 약화는 기업 로비의 강화로 노동자들이 워싱턴에서 교섭력을 빼앗긴 것처럼 직장에서도 교육 수준이 낮은 노동자들의 교섭력은 약해졌다.[44] 많은 고용주들은 비숙련 직원들의 임금에 대해 적어도 어느 정도의 시장 지배력을 행사할 수 있으며, 그들은 종종 그것을 이용해 경쟁업체 수준 이하로 임금을 유지하려 한다. 아웃소싱은 복리후생이 좋은 양질의 일자리를 복리후생이 거의 없는 불안정한 일자리로 전락시켰다.[45] 교육 수준이 낮은 다수의 미국인들은 더 이상 존경할 만한 기업의 일원이 되어 주주뿐 아니라 대중에게 봉사하면서 보람을 느낄 수 없게 됐다.

그들은 반세기 전 교육 수준이 낮은 노동자들보다 훨씬 더 적대적인 세상에 살고 있다. 이러한 적대적 분위기는 미국뿐 아니라 다른 부유한 나라에서도 많이 볼 수 있다. 그들 중 몇몇 나라에선 임금과 근로 조건이 악화됐다. 그런 나라들에서도 역시 서비스업의 성장과 제조업의 쇠퇴, 경제 성장률의 둔화, 그리고 노조 가입자의 감소를 경험했다. 그러나 이러한 다른 나라들은 미국의 의료 시스템이 치러야 할 비용 문제를 겪지 않고 있으며 훨씬 더 포괄적인 사회 보호 시스템을 갖춰놓았다. 미국만큼 오랫동안 임금 정체 현상을 보인 곳은 없었다. 이 모든 점들이 우리가 부유한 세계 어디서나 절망사란 유행병을 볼 수 있는 것은 아닌 이유를 설명해줄 수 있다. 그러나 모든 비숙련 노동자들에게 서구 자본주의의 미래가 흐리다는 것은 앞으로도 계속 심각한 걱정거리가 아닐 수 없다.

16장

우리는 어떻게 해야 하는가?

우리는 더 정의로운 미국을 보고 싶다. 그런데 사람마다 정의에 대해 아주 다르고 상호 양립할 수 없는 생각을 하고 있는 것이 문제다. 하지만 그보다 우리는 명백한 '부당함(injustices)'에 초점을 맞추는 것이 차라리 더 유용할 수 있는데, 부당함은 그것의 피해에 대해 많은 사람들이 공감할 수 있는 사회적 특징이다. 우리는 개혁을 주장하기 위해 정의의 조각그림을 전부 맞추는 퍼즐을 완성할 필요까진 없다. 경제학자이자 철학자인 아마르티아 센이 말한 '비교적 정의론(comparative approach)'이 이것이다. 그는 이것을 이상적 정의사회를 묘사하면서 시작하는 '초월적 정의론(transcendental approach)'과 대비해놓았다.[1] 우리가 부당한 행위들을 정리해놓은 자료에 동의할 수 있다면, 각각의 행위를 제거할 때마다 우리는 더 나은 세계로 인도된다.

구체적인 사례를 들어보면, 인간의 고통을 통해 돈을 버는 것은 잘못이며, 그러한 고통에 기반한 부의 불평등은 부당하다는 데 폭넓은 공감대가 형성돼 있다. 또 우파건 좌파건 정치적 견해가 극과 극인 사람들 사이에서도 지대추구와 족벌 경영과 정경 유착의 경제 체제인 '정실 자본주의(crony capitalism)'는 부당하다는 데도 역시 광범위한 공감대가 형성돼 있다. 우리가 부의 추구에 대해 어떻게 생각하든지 간에 애덤 스미스가 "터무니없고 억압적인 독점권을 지지한다"고 비난한 것과 같은 특별한 호의를 통해 부자가 되는 것이 부당하다는 데 대해 동의할 수 있다. 반면 소득 불평등을 감소시키는 어떤 행동도 따라서 자동적으로 바람직하다는 것에 대해 공감하진 않는다.

소득분배 문제에 대해 연구한 많은 경제학자들은 처음에는 경제학 분야에서 광범위하게 사용됐고,[2] 철학자들이 현재 '약자 우선주의(prioritarianism)'[3]라 부르는, 사람들이 더 많이 가질수록 정책을 만들 때 그들의 행복에 더 낮은 비중(우선순위)을 둬야 한다는 견해를 지지한다. 약자 우선주의자들은 평등을 지지하고, 경제적 약자 우선주의자들은 사람들이 세금을 많이 내야 할수록 경제에 대한 기여도가 떨어질 것이라는 사실에서 오는 한계를 인식하면서, 소득 평등을 도모할 목적으로 조세 제도를 설계한다. 그래서 만들어진 조세 제도는 사실적인 문제, 특히 사람들이 세금에 어떻게 반응하느냐와 부자들이 타인들의 행복에 얼마나 기여하느냐에 의존한다. 조세 제도는 또 가치와 특히 약자 우선주의에도 의존하는데, 모든 사람들이 그것을 지지하는 것은 아니다. 실제로 우리는 대다수 미국인들이 약자 우선주의를 지지하지 않는 것은 아닌지 의심한다. 특히 경제적 약자 우선주의자들이 주장하는 것처럼 소득분배 상위 1퍼센트에 속하는 사람들에게 추가 소득을 줬을 때 사회가 얻는 가치가 무시될 정도로 작다는 주장은 논란의 여지가 있는 윤리적 입장이다.[4]

이 문제들에 대한 우리의 생각은 이렇다. 우리는 곤경에 처한 사람들이 우선권을 누릴 만하지만, 곤경에 처해 있지 않은 사람들의 소득이나 부의 우선권이 줄어들어서는 안 된다고 믿는다. 절망사와 관련된 괴로움은 가장 중요한 문제로, 부를 엄청난 부자들로부터 그냥 부자들이나 심지어 교육을 받은 중산층으로 재분배함으로써 불평등을 줄이는 것은, 그것이 다른 혜택을 안겨다주지 않는 한 우리에게 중요하지 않아 보인다. 따라서 우리는 불평등 자체에 불안감을 느끼는 것이 아니라, 절도와 임대추구를 통해서나 또는 이 책에서 내내 설명했던 비자발적 상향식 재분배를 통해 발생하는 불평등에 대해 심각하게 우려하고 있다. 분명히 말하자면, 우리는 불평등이 때때로 다른 중요한 사회적 목표들을 훼손하는 결과를 가져올 수 있다는 것을 부인하지 않는다. 예를 들어, 부자들이 그들의 부를 민주주의를 타락시키거나 대부분의 사람들이 의존하고 있는 공공재에 반대 운동을 하기 위해 이용한다면 말이다. 그러나 우리는 약자 우선주의적 계산 결과로 나온 상위 소득에 대한 높은 한계 세율(marginal tax rate, 초과 수익에 대해 세금으로 지불해야 할 세율 – 옮긴이)에 반대한다. 대신 우리는 지대추구에 직접 맞서 싸우는 것을 선호하는데, 이 싸움이 성공한다면 불평등을 줄이는 데 많은 도움이 될 것으로 믿기 때문이다.

오피오이드

|

절망사의 가장 큰 이유는 약물 과다복용이다. 약물 과다복용은 우리가 이 책에서 설명한 사회적 실패를 나타내는 알코올 중독과 자살로 인한 사망을 포함하는 광범위한 유행병에 속한다. 그러나 제약 회사들이 하는 행동은 과도하게 많은 사망자를 초래했다. 연기가 피어오르는 절망감에 휘발유를 뿌린 격이다. 약물 유행병을 막는다고 해서 절망사의 근본 원인이 제거되는 것은 아니지만, 그로 인해 많은 생명을 구할 수 있다는 점에서 그것은 시급히 우선적으로 시행돼야 한다.

중독은 중독자의 협조에도 불구하고 치료가 매우 까다롭다. 보조약물치료(medication-assisted treatment)가 효과적일 수 있다는 데는 광범위하게 의견이 일치하는 것 같지만, 비싼 가격 때문에 모든 사람들이 그런 치료를 받을 수 있는 것은 아니다. 존 케이식(John Kasich) 주지사가 주 전체로 메디케어를 확대한 오하이오주 데이턴과 경찰과 보건 공무원들이 함께 협력해 치안 유지보다 치료에 초점을 맞춘 곳 등 일부 지역에서는, 약물 사망자가 대폭 감소했다는 이야기가 들린다.[5] 메디케이드 추가 확대는 다른 치료뿐만 아니라 약물 문제 해결에도 도움이 될 것이다.

의사들은 오피오이드 처방에 관한 위험성을 그것의 유행병 초기에 실재했던 수준 이상으로 아주 잘 이해하고 있으며, 그들의 처방률은 2012년 정점을 찍었다. 그러나 2017년까지만 해도 미국인 100명당 여전히 1999년도 때보다 세 배나 되는 58건의 오피오이드가 처방

됐고, 평균 처방 일수는 18일이었다.[6] 살펴봤듯 20년 동안 이런 식의 오피오이드 처방 확대가 고통 보고를 줄이는 데 아무런 소용이 없었으며, 우리는 고통을 겪고 있는 사람들을 동정하더라도 오피오이드가 여전히 만성 통증에 극도로 과잉 처방되고 있다고 믿는다. 미국의 의료 시스템은 1999년 이전에 사용됐던 광범위한 대체 치료법을 포함해 더 나은 대안을 모색할 필요가 있다. 보험사들은 그러한 치료법이 오피오이드 처방보다 비용이 더 많이 들더라도 보험료를 부담해줘야 한다.

미국의 제약 산업은 현재 더 일반적으로 봤을 때 의료 산업처럼 기능장애를 겪고 있다. 옥시콘틴은 중독성 약물이 사람들에게 대량으로 방출될 경우 발생할 수 있는 결과를 고려하지 않은 채 승인돼서는 안 됐다. 미국에는 한층 일반적인 의료 개혁 차원에서 치료의 편익과 비용을 평가하고, 치료의 편익이 비용을 초과하지 못하는 치료의 채택을 막을 힘을 가진 영국의 NICE 같은 기관이 필요하다. 이것은 물론 시장에 정부가 간섭하게 되는 한 사례다. 그러나 우리가 앞서 주장한 바와 같이 제약 시장은 자유시장과는 다르고, 결코 자유시장처럼 될 수도 없다.

의료

자유시장의 사회적 편익에 대한 통상적으로 강력한 주장이 의료 분야에는 들어맞지 않는다.[7] 무규제 의료 시장은 사회적으로 이롭지 않고, 규제 시장만이 잘 작동할 수 있다. 영국에서 NICE는 그것을 폐쇄하게 만들거나 지대추구자들을 위한 매력적 장소로 전환할 수 있었던 정치적 압력에 저항한 것으로 보인다.[8] 미국은 '보편적 사회보험 제도(Universal Insurance)'를 도입하고 의료비를 통제하는 데 있어 다른 부유한 나라들의 선례를 따라야 한다. 그러한 제도는 중요하고, 의료비 통제는 더욱 중요하다. 미국은 정부가 의료비를 통제하지 않고 오히려 의료비를 부풀리는 지대추구 기회를 창출해줄 수 있도록 개입함으로써 현재 양 대륙에서 최악의 상황을 겪고 있다. 이미 예전에 케네스 애로가 "의약품에 대한 자유방임주의적 해결책은 용납할 수 없다"[9]고 지적했듯, 무규제 시장이 사회적으로 수용 가능한 수준의 의료 보장을 해주는 것은 불가능하다. 의료비를 감당할 수 없는 사람들에게 보조금을 지원해주는 것처럼 어느 정도의 강제적 조치가 필요하다. 그러한 사실을 부정하는 개혁은 망하게 된다.

많은 어려움이 있더라도 적어도 원칙적으로는 의료 시스템을 개선하면 상당히 긍정적인 효과를 볼 수 있다. 현재 미국 의료 시스템의 낭비가 극심한 이상, 엄청난 비용을 절약하고 접근의 공정성을 높이면서 국민 건강을 증진할 수 있는 더 좋고 효율적인 시스템을 갖추는 것이 가능하다. 이런 시스템은 보험 적용을 못 받는 2,850만 미국인(2017년 기준)이 보험을 적용받게 해줄 수 있으며,[10] 일반 직원들의 실소득도 끌어올려줄 수 있다. 많은 노조원과 정치인들은 교육을 덜 받은 노동자들의 수입이 다년간 전혀 늘지 않았거나 오히려 줄었고, 고용주 지원 의료보험을 없앴다가는 더 문제가 커질 수 있다는 이유로 현 시스템을 없애기를 두려워한다. 고용주가 지원하는 건강보험료가 임금 인상을 가로막았던 주요 원인 중 하나라는 사실을 좀 더 폭넓게 이해할 필요가 있다.

불안 조장자들이 흔히 주장하는 것처럼 '보편적 의료'를 감당할 수 없거나 정부가 그것을 제공한다면 그로 인해 앞으로 무한정으로 조세 부담이 커지는 것도 아니다. 우리는 유토피아적인 꿈처럼 들릴지도 모르는 이런 일이 사실은 결코 유토피아적이지는 않다는 것을 알고 있다. 다른 나라들이 이미 그 일을 하고 있기 때문이다. 유토피아로 가기란 결단코 쉽지 않다. 우리가 처음부터 시스템을 다시 설계한다면 어떻게 하고 싶은가는, 오늘날의 혼란을 개선하기 위해선 어떻게 해야 하는가와는 매우 다른 문제다. 그렇지만 우리는 얻을 수 있는 막대한 이익을 계속해서 염두에 두고 목표와 영감을 모두 정해야 한다.

보험이 필요 없는 사람들이 보험료 납부를 거절하지 못하게 만들기 위한 강제성 있는 조치가 없이는 어떤 계획도 실효성이 떨어질 수 있다. 또 모두가 아주 부자는 아니더라도 보험료 납부자들의 소득을 깎아내릴 비용 통제가 없어도 마찬가지일 것이다. 또 일부 사람들에게 그들이 현재 들어 있고 좋아하는 보험 상품이나 치료법의 일부가 거부될 것이다. 누구도 강제성 있는 조치를 좋아하지 않는다. 비록 분명히 의료비를 감당할 수 없는 사람들을 제외하고는, '의료 배급 (rationing)'이 돈에 따라 이뤄지는 것은 싫어하지 않으면서도 의료 서비스가 배급되어야 한다는 생각을 싫어하는 미국인들은 특히 더 그런 조치를 싫어한다. 미국인들은 또한 상호 모순적인 결과를 원한다. 예를 들어, 지병이 생기기 전에는 보험 가입을 하지 않더라도 지병에 대해선 보장받기를 원한다. 우리가 의료비로 쓰는 모든 돈은 누군가가 번 돈이고, 그 누군가는 현 상태를 유지하기 위해 싸울 것이다. 그러나 그들은 사실 건강을 위해서가 아니라 소득을 보전하거나 제약회사들이 가격 통제 위협을 받을 때 말하길 좋아하는 허황한 자유 의료 시장을 지키기 위해 싸우고 있다는 것을 이해할 필요가 있다.

우리는 현재 논의되고 있는 몇몇 계획 중 어떤 것도 지지하지 않고 있다. 나라들마다 다르긴 하더라도 다른 나라들이 추진하는 계획을 변형한 것을 포함해 많은 옵션들이 검토 중에 있다. 예를 들어, 현재 존재하는 의료 시스템의 유일한 대안이 정부가 사실상 의사와 병원에 돈을 지불하는 식으로 국민을 보살펴주는 영국의 제도라는 것은 사실이 아니다. 연방정부가 65세 미만의 사람들도 적용 대상에 포함하고 세금에서 총비용을 부담하면서 모두를 위한 메디케어를 제공해야 한다는, 재정적 부담이 큰 방안을 대체할 많은 대안이 존재한다. 다른 나라들은 미국보다 더 작고 엄격한 규제를 받는 보험 분야와 민간 병원들과 협력하고 있지만, 모두가 모든 국민을 의료 시스템의 혜택을 누리고, 일부는 보조금을 받고, 비용을 통제할 수 있는 어떤 식의 방법을 가지고 있다.[11] 다른 나라들에서 효과를 본 것이 소득, 전통, 기대치가 다른 미국에서 효과가 없을 수도 있다. 의료 문제에 대해 고민하느라 평생 많은 시간을 애써온 경제학자 빅터 훅스 교수는 "미국은 다른 나라들의 경험에서 배울 수 있지만, 미국의 역사, 환경,

가치에 부합하는 시스템을 만들어야 한다"고 말했다.[12] 그는 정부가 전적으로 의료보험을 지원하는 단일 보험자 건강보험제도가 아닌 바우처를 이용한 세부 계획을 개발했다.[13] 미국에는 영국의 NICE와 같은 비용 통제 위원회를 운영 중이며, 위원회는 전용 부가가치세를 통해 자금을 지원받는다. 다른 계획들은 총비용을 즉시 정부에 전가하지 않는 방식으로 메디케어를 확대하기 위해 노력하고 있다.[14] 이때 고용주들이 계속해서 보험을 제공하게 하거나, 그렇지 않다면 연방 제도에 보험료를 내게 하는 식이다.

이때는 단번에 소득 감소에 직면하게 만들기보다는 병원들이 다른 방법을 썼을 때보다 서서히 소득 둔화를 겪도록 시간이 지나면서 비용이 증가하는 폭을 통제하는 한편, 처음에는 정부 지출을 늘릴 필요가 있을 것이다. 의료 관련 로비는 워싱턴에서 가장 활발하게 펼쳐지며, 개혁 당시 로비스트들을 매수하지 않고 개혁한다는 것은 사실상 불가능하다. 대안은 그들을 영원히 매수하는 것이다. 다만, 잘 설계된 개혁은 비용을 통제하면서 효과는 거의 없는 고가의 치료가 확산하는 것을 통제함으로써 로비스트들에게 바쳐야 할 돈을 천천히 줄여줄 것이다. 재차 말하지만, 우리는 대안을 설계하고 자금을 대는 것과 관련된 문제들에 답하기가 까다롭지만, 정작 중요한 문제는 새로운 복지후생계획에 필요한 자금을 조달하기 위해 거액의 새로운 자금을 마련하는 것이 아니라는 사실을 강조하고 싶다. 이미 쓰이고 있는 돈만으로도 충분하고도 남기 때문이다. 다만, 돈을 재할당하는 방법을 찾는 기술적·금융공학적 문제와 정치적 차원에서 현재 수혜자들의 반대를 매수해 무마하면서, 시간이 지날수록 이러한 매수에 쓴 돈을 회수하는 식으로 금융공학을 수행하는 문제를 해결해야 한다. 노동당 정부 보건부 장관을 지낸 니에 베반(Nye Bevan)이 1946년에 영국 국민건강서비스(British National Health Service)를 탄생시켰을 때 의사들의 로비에 어떻게 대응했느냐는 질문을 받았다. 의사들은 그를 의료 부문에서 나치의 '독재자'에 비유했었다. 그의 대답은 "그들의 입에 금을 채워넣어서" 성공했다는 것이었다.[15]

기업 지배 구조

|

노조가 쇠퇴하자 직원들은 힘을 잃었지만 경영자와 자본 소유주의 힘은 세졌다. 우리는 노조가 다시 번성하거나, 아니면 적어도 노조가 제공하던 서비스가 복원되는 것을 보고 싶지만 노조의 부활이 어렵다거나, 부활하더라도 속도는 더딜 것 같다고 생각한다.

유럽 각지에서 일어나는 것처럼 미국 기업들에서도 직원들이 기업 이사회에 참여하는 식의 포괄적인 개혁이 일어날 가능성은 작다. 이보다 덜 매력적이더라도 여전히 유용한 개혁은 기업들이 현재 관여하고 있는 유해한 관행을 규제하는 것이다. 예를 들어, 아웃소싱 회사가 단순히 직원들이 받아야 할 혜택을 삭감하거나 미등록 이민자를 활용해 직원들의 임금을 깎기 위해 존재하는 것이 아니라는 걸 확실히 할 수 있어야 한다. 오늘날 캘리포니아에서처럼 경쟁금지협정 조항은 어디에서나 불법으로 간주할 수도 있다.

세금과 복지 정책

|

유럽의 사회 안전망은 세전 소득의 불평등이 증가했음에도 불구하고, 수년 동안 집으로 가져가는 소득의 불평등이 늘어나는 것을 막을 수 있을 만큼 충분히 강력했다.[16] 우리는 이미 영국에서 사회 안전망이 더 빨리 늘어나는 상위 소득 계층의 소득을 효과적으로 상쇄해준 최근 사례를 확인했다. 그렇다 하더라도 국가들 내에서건 국가들 사이에서건 절망사를 사회 안전망 부족 탓으로 돌릴 수 있는 '명백한 증거'는 현재 없다. 특히 절망사 유행병의 진원지에 있는 미국의 저학력 백인 남녀들은 미국의 최빈곤층과는 거리가 먼 사람들이며, 1990년대와 2000년대 및 대공황을 거치면서 그들의 빈곤 상태나 소득 변화가 사망률과 분명한 연관성을 가지고 있지도 않다는 것을 우리는 자세히 기술했다.

40년 전으로 거슬러 올라가보면, 더 관대한 사회 안전망은 실직해 소득이 없는 사람들이 세계화와 자동화로 야기된 변화로부터 덜 고통을 느끼게 됐을 것이다. 보편적 의료 서비스도 마찬가지였을 것이다. 그런 무조건적 혜택은 임금 하락으로 인한 부담을 완화해줬을 것이다. 그로 인해 사람들은 짧은 시간 안에 급하게 일자리를 구할 필요가 없다고 생각하게 되고, 보편적 의료 서비스는 기업이 노동자를 해고할 동기를 약하게 만들었을 것이기 때문이다. 근로소득 세액공제처럼 존재하는 일부 혜택은 근로 조건에 따라서만 누릴 수 있다. 스칸디나비아 국가들이 선호하는 적극적인 노동시장 정책은 노동시장에서 노동자 유출을 막는 효과를 낼 수 있었을 것이다.

하지만 더 강력한 사회 안전망에 지나치게 많이 의존하지 않는 게 현명한 처사다. 교육적 성공이 미국 인구뿐 아니라 유럽 인구를 둘로 가르면서 마이클 영이 말한 '포퓰리스트'와 '위선자'로의 분열이 진행 중이라면 사회 안전망은 유용하지만 근본적인 문제를 해결할 수 없는 반창고 같은 것에 불과하다. 그렇더라도 우리는 근본적인 문제를 해결할 수 있는 정책적 해결책을 갖고 있지는 않다. 철학자 꽈미 앤소니 아피아(Kwame Anthony Appiah)는 우리가 능력을 평가하는 시험 합격을 넘어 더 광범위한 재능에 가치를 부여해야 한다고 주장했지만, 적어도 우리에게는 어떻게 하면 그렇게 할 수 있을지가 불분명하다.[17]

보편적 기본소득 개념을 지지하는 사람들이 많다. 그리고 로봇이 많은 노동자나 또는 심지어 대부분의 노동자를 대체한 세상에서, 국민소득 전부가 로봇의 소유주와 발명가들의 몫으로 돌아가지 않도록 하기 위해선 이런 보편적 기본소득 같은 것이 필요하다는 생각은 합리적일 것이다. 그러나 우리는 아직 그런 디스토피아와는 멀리 떨어져 있다. 그렇지만 오늘날에도 보편적 의료 서비스와 보편적 교육을 찬성하는 주장이 있듯, 보편적 기본소득에 대한 강력하고 설득력 있는 주장도 있다. 자유 사회에 사는 사람들은 본래 선택한 대로 자유롭게 쓸 시간을 할당받아야 한다는 것이다. 우리는 특히 보편적 기본소득이 모두의 자유를 늘려줄 것이란 벨기에 경제학자 필리프 판 파레이스(Philippe van Parijs)와 야니크 판데르보호트(Yannick Vanderborght)

의 웅변적이고 설득력 있는 주장을 추천한다.[18] 많은 사람들은 정치와 민주주의가 보편적 기본소득과 함께 훨씬 더 잘 작동하고, 그것 없이는 최저생활이 보장되지 않는 곳에서는 특히 전혀 작동하지 않을 수도 있다고 믿는다.[19] 부유한 나라의 소득원을 둘러싸고 강력한 윤리적 논쟁도 벌어지고 있다. 소득은 분명 현재의 노력 여하에 따라 결정되지만, 우리의 국가적 유산인 교육과 일자리의 기반 시설과 우리가 앞선 세대에게 빚진 물리적·사회적 자본에 의해서도 지지된다.[20] 우리는 모두 우리의 유산 중 일부를 가질 자격이 있다.

그러나 우리는 현재 같은 상황에서 보편적 기본소득에 찬성하지 않는다. 자주 인용되는 우파와 좌파의 생각에 대한 지지도 계산 앞에서 무력화된다. 우파 입장에선 보편적 기본소득이 연금과 장애수당을 포함한 다른 모든 정부의 이전 지출(transfer payment, 정부가 일방적으로 지급하는 지출-옮긴이)을 대체하게 돼 많은 노인과 장애인들이 지금보다 더 가난해질 것으로 본다. 좌파 입장에선 보편적 기본소득은 기존 시스템에 추가되어 엄청나게 많은 돈이 소요될 것처럼 보인다. 1인당 연간 1만 달러의 보편적 혜택을 제공하려면 현재 징수하고 있는 세금의 대략 두 배를 더 거둬야 한다는 것이다. 더 현실적인 가능성은 이 두 극단 사이에 존재한다. 그리고 예를 들어, 가난한 사람들이 추가로 버는 어떤 소득에 대해서도 높은 세금을 내지 않아도 되게 혜택을 설계하는 식으로, 현재의 혜택과 세금에 손을 대서 시스템을 보편적 기본소득과 더 유사하게 만들 수 있다. 그렇지만 심지어 이마저도 감당 가능한 비용으로 하기가 무척 힘든 것으로 드러났다.[21]

보편적 기본소득과 관련해 더 중대한 문제는 '일'에 대한 사고관이다. 보편적 기본소득 옹호자들 사이에선 이로 인해 사람들이 일을 덜하게 될 것임을 증명하고 싶어 하는 사람들이 있는 반면, 다른 한편에서는 일하지 않을 자유를 문제가 아닌 사람들의 본래 특성으로 보는 사람들이 있는 식으로 나눠진다. 일부 납세자들이 다른 사람의 의료비나 다른 사람의 자녀 교육비를 대납해주는 데 대해 불만을 품고 있는 가운데 많은 납세자들이 자신의 여가비를 내는 것조차 상당히 부담스럽게 느낀다는 데에는 의심의 여지가 거의 없다. 경제학자 로버트 프랭크(Robert Frank)는 치료비가 비싸다고 투덜대기만 할 뿐 그의 하지정맥류에 대해선 전혀 신경 쓰지 않는 성질 고약한 환자들을 치료하는 시간을 보내기 위해 눈 속을 운전해가면서, TV로 보편적 기본소득을 받으면서 시를 읽고 예술 활동을 하는 성인 공동체가 나오는 장면을 바라보는 인디애나폴리스의 한 성실한 치과의사 이미지를 떠올렸다.[22] 다수의 미국인은 사람이 보람 있는 인생을 살려면 반드시 일해야 하며, 보편적 기본소득 때문에 일하고 싶은 마음이 약해지고 돈을 벌 수 있는 직업을 찾아야겠다는 부담이 줄어든다면, 삶의 기회들도 줄어들 것이라고 믿는다. 따라서 보편적 기본소득의 정치적 실현 가능성은 그것이 노동력 공급에 미치는 영향에 따라 달라질 것이다. 보편적 기본소득은 일자리를 잃은 사람들에게 새로운 일자리를 구할 수 있게 훈련하고, 새로운 활동을 하고, 지역사회에 공헌할 수 있는 자유를 줄 수 있다. 그것은 또 민주적인 정치 활동에 더 열심히 참여하고, 장기적으로는 자신의 망가진 삶을 재건할 수 있는 기회를 열어줄 수 있을 것이다. 하지만 절망사와 일자리 파괴로 생기는 삶의 의미와 신분 상실을 걱정하는 우리로서는 보편적 기본소득을 앞으로 나아가야 할 최선의 방안이라고 보기 어렵다.

독점 금지

독점금지법 시행은 오늘날 경제와 법률에서 크게 논란이 되고 있는 주제다. 규제 당국이 손을 놓고 있거나 손을 놓게 된 사이 집중화, 시장 지배력, 착취 등이 증가하고 있다고 생각하는 쪽과 해를 끼친 증거는 없고 오히려 소비자들이 특히 많은 혜택을 누리고 있다고 생각하는 쪽이 갈린다. 우리는 15장에서 이런 논쟁들을 검토했다. 우리는 의료와 금융 등 일부 업종에는 실제로 독점 문제가 있다는 주장에는 동의하지만, 그것이 일반적인 문제라는 주장에는 동의하지 않는다. 노동시장에서의 시장 지배력, 즉 '수요 독점'은 또 다른 문제이며, 고용주들이 노동자들에게 남들에 뒤지지 않는 임금보다 낮은 임금을 지불할 수 있는 방법을 찾고 있다는 것을 보여주는 좋은 증거가 존재한다.

그렇더라도 논쟁이 일어나고 있다는 사실이 중요하다. 산업은 기술 변화와 무역과 함께 급속도로 변화하고 있으며, 현 정책이 오늘날에는 효과가 있더라도 계속 그렇게 효과가 있지는 않을 수 있다. 유럽의 규제 당국과 정치인들 간 생각이 서로 다르다는 것은 좋은 일이기 때문에, 때로는 미국 기업에 맞선 그들의 보호주의로부터 영감을 받은 대안이더라도 우리는 여러 대안에 대한 실질적인 경험을 얻는다. 수요 독점은 불법이지만 기소하고 감시하기는 어렵다. 이것을 더 잘 할 수 있는 방법을 알아내기 위한 일을 해야 한다. 우리는 또한 독점 금지 정책이 합병에 대해 면밀히 조사하고, 특히 이미 대기업인 곳들이 잠재적 경쟁사들을 인수하지 못하게 막는 데 더욱 적극적으로 구는 것이 좋은 생각이라고 본다. 아마도 합병의 필요성을 입증해야 할 책임은 규제 당국이 아니라 합병을 제안하는 기업들이 더 확실히 져야 한다. 우리는 또한 아마존, 페이스북, 구글이 그들의 사용자들로부터 획득한 정보를 사용할 때마다 돈을 내게 만들자는 생각을 지지한다.[23] 이것은 자본주의를 훼손하는 것이 아니라 시장을 확장함으로써 자본주의를 더 강하게 만드는 좋은 사례다.

임금 정책

이 책의 주요 논점은 교육을 덜 받은 미국인들이 좋은 일자리를 잃음으로써 직접적인 영향을 받는 사람들에게뿐만 아니라 많은 공동체와 생활양식의 파괴를 통해 다른 사람들에게도 피해를 주고 있다는 것이다. 따라서 그냥 내버려뒀다가는 노동시장은 외부효과(external effect, 개인·기업 등 어떤 경제 주체의 행위가 다른 경제 주체들에게 기대되지 않은 혜택이나 손해를 발생시키는 효과-옮긴이)를 고려하지 않기 때문에 임금을 떠받쳐주는 공공 정책을 마련해야 할 명분은 확실하다. 그러려면 임금보조금 제도나 최저임금 인상 등을 시행하면 된다. 임금보조금은 일자리를 창출하고 임금과 이윤을 모두 끌어올린다. 특히 노벨경제학상 수상자인 에드먼드 펠프스(Edmund S. Phelps) 컬럼비아대학교 교수가 임금보조금 필요성을 오랫동안 주장해왔으며, 보다 최근에는 보수 논객 오렌 카스(Oren Cass)도 같은 주장을 펼쳤다.[24] 최저임금 인상도 임금을 올려준다. 그로 인해 일자리가 줄어들 것인가는 임금 인상 폭과 노동시장의 경쟁력이 어느 정도인지에 따라 달라진다. 어느 쪽이든 기업의 이윤은 줄어들 수 있다. 우파는 보조금을 선호하고 최저임금 인상에 반대하는 경향이 있는 반면 좌파는 그와 반대다.

우리는 임금보조금에 반대하지 않는다. 우리에게 중요한 것은 일자리 회복이다. 그러나 우리는 최근 미국에서 행해진 최저임금에 관한 연구는 약간의 임금 인상으로는 일자리가 줄지 않고 단지 최저임금보다 적게 벌던 사람들이 이제는 높게 벌게 되면서, 본래 최저임금보다 높게 받던 노동자들은 그들을 필요로 하는 직업에서 더 벌어 임금 격차를 해소하게 해주는 '연쇄효과'를 일으킬 수 있음을 설득력 있게 보여주는 증거를 제시해준다고 생각한다. 우리도 1999년 최저임금 도입 이후 영국의 저임금 상황에 일어난 일에 깊은 인상을 받았다. 두 가지 증거 모두 15장에서 논의한 바 있다. 그토록 많은 미국인들이 최저임금 인상에 찬성하고 있다는 사실도 짚고 넘어가야 할 텐데, 이는 최저임금 시행이 임금보조금 지원보다 정치적으로 더 용이할 수 있음을 뜻한다.

따라서 우리는 최저임금의 소폭 인상에 찬성하며, 현재 시간당 7.25달러인 연방 최저임금을 점차 15달러로 인상하려는 운동을 지지

한다. 우리는 최저임금 인상이 기업에서 노동자로 힘과 돈을 재분배하려는 우리의 보다 일반적인 목표의 일부라고 본다. 2017년 노동통계국에 따르면, 최저임금 수준 내지는 그 이하로 번 미국인 180만 명 중 약 3분의 2가 서비스 직종에서 일했는데, 대부분 음식을 준비하고 서빙하는 일이었다.[25] 이것은 교육을 덜 받은 미국인들이 잃어온 좋은 일자리가 아니라, 그들이 실직 후 의지해야 할 위험이 있는 일자리다. 사회 안전망 확충과 비슷하게 최저임금 인상은 그러한 위험을 낮추는 데 유용할 것이다.

지대추구

|

경제학자 조앤 로빈슨은 특허가 혁신과 창의를 북돋는 수단이 아니라 독점적 돈벌이 수단으로 전락한 것을 일컬어 '특허의 역설(paradox of patents)'이라고 불렀다.[26] 특허는 특정인의 이익을 위해 일정한 법률적 권리나 능력, 포괄적 법률 관계를 설정하는 행위를 말한다. 그런데 특허 취득 조건이 불변이 아니라서 그것은 강도 높은 로비의 대상이 된다. 브링크 린지(Brink Lindsey)와 스티븐 텔레스(Steven Teles)[27]는 저작권법과 특허 시장이 면허 요건과 지역 토지이용규제와 마찬가지로 지대추구자들, 즉 기존 기업에 유리하고 도전기업에 불리하도록 급속히 성장하면서 혁신과 경제 성장을 늦추고 있다고 주장했다. 소프트웨어가 많은 산업에서 물리적 자본을 대체함에 따라 저작권은 훨씬 더 까다롭게 적용되고 있다. 건물은 울타리와 경비원으로 보호

할 수 있지만, 코드는 복제가 쉽기 때문이다. 저작권, 특허권, 토지이용규제, 인허가 등의 존재를 옹호하는 건전한 주장도 있지만, 그것들이 경쟁하고 혁신하는 기업들로부터 이미 자리를 잡은 상태에서 높은 수익을 올리는 기존 자리를 지키려고 애쓰는 기업들로 부를 상향분배하는 데 악용된다면, 그것들을 억제할 필요가 있다. 다수의 특허보호가 불필요하고 공공의 이익에 반한다는 주장도 납득할 만하다.[28] 현재 관행상 특허 보호에 따르는 비용이 이익보다 훨씬 더 크기 때문이다.

우리는 15장에서 로비에 대해 논하면서 주로 구글, AT&T, 보잉과 같은 대기업들의 기업 로비에 초점을 맞췄다. 그러나 소기업들은 직접 나서진 않더라도 미국 상공회의소, 전국부동산협회, 미국의료협회 같은 소속 협회를 통한 로비에 훨씬 더 많은 돈을 지출한다. 이런 조직들은 단순히 지출하는 돈 때문만이 아니라 회원들이 전국 각지에 흩어져 있기 때문에 막강한 힘을 발휘하고 있다. 회원들은 모든 지역사회, 좀 더 구체적으로 말하자면 모든 주와 모든 하원의원 선거구의 입장을 대변한다. 그들은 대기업이 직면하고 있는 규제의 면제나 부동산 업체의 경우 특별세금 감면과 같은 중소기업에 대한 특별 대우를 받아내기 위해 로비한다.[29] 자동차 판매상들은 제조 업체가 소비자에게 자동차를 직판하지 못하도록 막는 주(州) 법에 따라 보호받는다. 의사들과 그들이 소속된 협회는 의과대학 인원 증원을 막으면서 의사 수를 줄여 자신들의 임금을 높게 유지하려 한다. 그들은 외국인 의사들의 미국 시장 진입을 효과적으로 가로막는 '거주 요건'을 강요한다. 엘리트 계층에 속한 전문직 종사자들은 교육 수준이 낮은 노동자들보다 외국인 노동자의 도전을 훨씬 더 잘 막고 있다.

소기업들의 지대추구와 그들에 대한 보호는 미국 내 불평등을 이해하는 두 가지 열쇠다. 경제학자 매튜 스미스(Matthew Smith), 대니 야간(Danny Yagan), 오웬 지다르(Owen Zidar), 에릭 지윅(Eric Zwick)은 기업과 사주(社主)에 대한 세금 자료를 조사한 뒤 적극적으로 나서서 자기 회사를 경영하는 기업가들이 상위 소득 불평등 조장에 크게 일조한다는 사실을 알아냈다. 상위 계층 불평등 문제에 있어, 이러한 부유한 사주들은 소득 규모와 사람 수 모두에서 기업 CEO들보다 훨씬 더 중요하다. 그들은 전문 서비스(예: 컨설턴트, 변호사, 전문 무역인)나 보건 서비스(예: 의사와 치과의사) 분야에서 종사한다. 소득 상위 0.1퍼센트가 소유한 대표적인 회사의 사례는 매출 2,000만 달러에 직원 100명 규모의 자동차 판매점, 음료 유통 업체, 대형 로펌 등의 지역 기업이다.[30] 이들 사업체의 대부분은 워싱턴이나 의회 의사당에서 애덤 스미스가 "피로 썼다고 해도 될 수 있는 법률"이라고 부른 인허가 요건을 요구하는 로비를 통해 보호받는다.[31] 변호사들은 지대추구자들에게 어떤 법률을 작성하거나 개정하면 될지 조언하고 그들이 감옥에 가지 않도록 도와준다.

무역협회나 기업이 선출직 공무원들에게 자신들을 보호해 달라고 로비하는 것을 막을 수는 없다. 연방과 주의원들이 이러한 요청에 얼마나 도움을 줄지는 유권자들이 그들이 받는 보호에 대해 얼마나 알고 있고, 만약 알고 있다면 얼마나 그것에 신경을 쓸지에 달려 있을지도 모른다. 우리는 유권자들이 일반적으로 자신이 야금야금 우려먹히고 있거나 또는 더 심한 일을 당하고 있는 걸 모르는 것이 아닌지 의심한다. 로비 주체와 목적 및 결과에 대한 정보가 더 많이 있어야 이런 활동의 효과에 제동을 걸 수 있다.

교육

이 책에서 우리는 4년제 대학 학위 유무에 따른 사람들 사이의 격차를 여러 차례 살펴봤다. 대졸 이하 학력자들은 죽음을 포함한 온갖 나쁜 결과들에 더 빈번하게 직면하고 있다. 그렇다면 모두가 대학을 나온다면 더 나은 세상이 만들어질까?

그럴 수 있을지도 모른다. 미국은 세계 최초로 보편적 초등교육을 시작했고, 기술 변화로 여건이 마련됐을 때 모든 사람들에게 보편적인 고등교육을 제공했다. 지금 일어나고 있는 정보통신 혁명 덕에 이제는 보편적 대학교육까지 제공할 때가 도래했는지도 모른다.

우리는 오늘날 학사학위가 없는 사람 중 다수가 과거에 그것을 취득할 수도 있었고, 과거가 아니라면 지금이라도 취득할 수도 있으며, 그로 인해 그들과 그들만큼은 아니더라도 나머지 우리도 결과적으로 더 잘살 수 있게 되리라고 생각한다. 능력이 있어도 경제적 이유 때문이거나, 아니면 심지어 자기 같은 사람들이 3차 교육을 받을 수 있다는 것을 모르는 더 안타까운 이유로 대학에 진학할 수 없는 사람들이 특히 더 그럴 수 있다. 많은 사람들은 그러한 사람이 교육을 받기가 예전보다 더 힘들어졌다고 주장한다. 고등학교 졸업생들이 적은 돈을 들여 다시 공부를 시작해 대학에 들어갈 기회가 줄어들었기 때문이다. 심지어 오늘날에도 학사학위 취득으로 얻게 될 경제적 이득이 대학에 투자한 돈을 충분히 뽑을 수 있을 만큼 크지만, 대학을 다니는 데는 실제적 위험이 존재하고, 오늘날 대학에 입학하는 사람들의 약 절반은 졸업하지 못해 나중에 빚과 무자격 상태로 남겨질 수 있다. 대학에 입학하는 젊은이들이 계속 늘어나고 있지만, 학사학위를 받고 졸업하는 비율이 거의 제자리걸음을 하고 있다는 것은 여러모로 안타까운 일이다. 대학 교육을 어느 정도 받았지만 졸업하지 못한다면 상대적으로 적은 이익만을 누리게 되는 것처럼 보인다. 따라서 지금 같은 상황은 극도로 낭비적이다. 모든 사람들에게 무료 대학 교육을 제공하려면 상당한 경제적 부담이 뒤따르고 그로 인한 혜택 대부분이 그것을 가장 적게 필요로 하는 사람에게 돌아가더라도 이러한 문제들을 다루는 어떤 정책도 도움이 될 것이다.

더 넓게 봤을 때, 학사학위는 분명 그것의 소지자가 기계로 대체되거나 세계 나머지 지역의 값싼 노동력과 경쟁하지 않게 막아주지는 못한다. 학사학위가 변화로부터 당신을 보호해주는 갑옷은 아니다. 50년 전 아프리카계 미국인들이 일자리 상실과 공동체 파괴로 가장 먼저 고통을 받았고 오늘날에는 대학 학위가 없는 백인들이 고통을 받고 있듯이 다음번에는 학위가 있는 다수의 백인들이 고통을 받게 될 가능성이 농후하다. 모두를 교육한다고 해도 그러한 결과를 막을 수는 없을 것이다.

다른 부유한 나라들에서는 대학 학위 유무에 따른 급격한 격차가 발생하지 않고 있다. 영국에서는 학비 상승에도 불구하고 대학 진학자 수가 빠르게 늘고 있지만 그 수는 미국보다 적다. 독일에는 유명한 '도제훈련제도'가 갖춰져 있고, 많은 사람들이 대학에 진학하기보다는 도제훈련을 받는다. 그로 인해 대학 학위가 없는 사람들도 일과 장인 정신에 대해 큰 자부심을 갖는다. 그런 제도에 반대하는 측에서는 문과 교육을 통해 사람들이 융통성과 적응력을 키울 수 있게 해주지 않고 전적으로 특정한 기술만 배우게 해준다고 주장한다. 그러나 독일 노동자들은 도제훈련제도로 인해 고통받는 것 같지 않으며, 그들에겐 변화 앞에서 재훈련을 받는 게 일상이 됐다.

우리는 미국이 대안을 검토해야 한다고 생각한다. 미국에서 학사 학위 유무에 따라 생기는 격차는 분열적이고 비생산적이다. K-12 교육 시스템은 주로 사람들이 대학에 갈 수 있도록 준비할 수 있게 설계됐지만, 고등학교 졸업자 중 3분의 1만 대학 진학에 성공한다는 점에서 낭비적이고 부당하다.[32] 대학 진학에 실패하는 사람들은 낙오자로 낙인이 찍히고, 자신의 잘못이나 시스템이 조작됐기 때문이라거나, 아니면 두 가지 이유 모두 때문이라고 느낀다.[33]

다른 나라들을 위한 교훈

|

우리는 절망사의 유행병을 치료하기 위해 미국이 다른 나라들로부터 배울 수 있는 교훈과 관련해 많은 지면을 할애했다. 하지만 다른 나라

들이 받는 위협은 무엇일까? 우리는 미국이 겪은 경험이 시간이 지나면 반드시 다른 곳으로 퍼질 것이라고 믿지는 않는다. 하지만 다른 나라들이 미국에서 일어난 일로부터 배울 것이 많으며, 그 일어난 일 중 상당수는 하지 말았어야 할 부정적인 일들이다.

다른 나라들이 가장 단시간 내에 확실히 배울 수 있는 교훈은 현재 시행 중인 오피오이드에 대한 통제를 유지하는 것이다. 영국을 포함해 유럽 의사들은 애당초 고통에 대한 처방에 훨씬 더 보수적인데, 그들이 치료하는 환자들이 고통을 겪지 않는다는 것이 증거로도 확인된다. 유럽 국가들에서는 확실히 중년의 고통이 유행할 조짐이 나타나지 않고 있다. 옥시콘틴 같은 오피오이드는 수술 직후 병원에서 사용되지만, 지역사회에서는 처방 사례가 극히 드물다. 그러나 오피오이드 제조사들은 담배 회사들을 따라서 전 세계에서 오피오이드를 진통제로 포장해 팔려고 애를 쓰고 있다. 퍼듀제약은 의사 등 자사 우호 세력들을 매수해 오피오이드를 홍보하고, 의사들이 '오피오이드 공포증'을 이겨내도록 독려하는 '먼디파마(Mundipharma)'라는 국제법인을 여러 곳 운영 중이다.[34] 이에 따라 오피오이드 처방전 규제 완화를 주장하는 의사들의 글이 유럽 의학 저널들에 정기적으로 게재된다. 미국이 한 대로 따라 해서는 안 된다. 오히려 그것이 다른 나라들에게 사람의 생명이 기업 이익에 희생될 때 일어나는 일을 알려주는 끔찍한 경고 역할을 해야 한다.

오늘날 유럽 정치는 미국 정치만큼이나 걱정스럽다. 브렉시트나 유럽 내 우파나 포퓰리즘 정당에 투표한 사람 중 다수는 교육 수준이 낮은 많은 미국인들만큼이나 정치 과정(political process, 정치적 결정이나 지도자의 선출 등이 행해지는 정치상의 현실적 과정 - 옮긴이)에서 박탈감을 느낀다. 미국처럼 노동자를 대표했던 전통적인 사회민주당은 더 이상 자본을 대표하는 정당과 별반 다르지 않은 것처럼 보인다. 그와 동시에, 그리고 아마도 그러한 결과로 인해 영국을 포함해 일부(전부는 아니더라도) 유럽 국가들의 평범한 사람들은 10년 동안 임금 정체와 긴축으로 고통을 받았고, 그 와중에 의료를 포함한 공공 서비스의 질은 추락했다.[35] 미국의 고통에 대해 우리는 일하는 사람들이 점점 더 자동화와 무역에 취약해지고 있는 지금, 정치인과 기업들은 그런 피해를 완화하기 위해 애쓰기보다는 노동자에게서 경영자와 주주로 부를 상향 재분배하면서 자신들의 잇속을 챙길 기회를 잡았다는 이야기를 하고 있는 것이다. 영국에서도 긴축정책이 사회 안전망이 가장 필요한 시기에 오히려 그것을 약화시키는 등 비슷한 역할을 하고 있다.

영국에서는 기대수명이 계속해서 감소하지는 않았지만, 이전에 오랜 기간 걸쳐 형성되고 유지되던 기대수명의 증가세가 둔화 내지는 중단됐다. 영국에서 10년 동안 없었던 임금 증가는 미국에서 반세기 동안 이어진 임금 감소와는 성격이 크게 다르지만, 그렇다 하더라도 영국도 분명 안심해서는 안 된다는 것을 알려주는 경고 신호들이 나오고 있다. 노동당 정부가 1945년 이후 최초로 근대적 복지국가를 건설한 영국이 복지국가를 가장 먼저 파괴함으로써 미국의 많은 젊은 이들처럼 영국의 젊은이들도 자본주의에 적개심을 품게 만든다면 아이러니할 것이다.

실패가 아닌 미래

절망사를 막으려면 어떻게든 교육 수준이 낮은 미국인들의 임금 하락을 막거나 임금을 상승 반전시켜야 한다. 비관론자들은 우리가 아무것도 할 수 없는 무역과 기술의 혁신에 따른 불가피한 결과를 보고 있다고 주장할지도 모른다. 그것이 사실이라면 우리는 흐름이 바뀔 때까지 기다리고 그사이 다수를 잃게 될 것이란 사실을 용인해야 할 것이다.

아마도 노동자 계급이 겪는 문제들은 임금과 일자리나 다른 어떤 외부적 환경과는 아무런 관계가 없고, 그보다는 정치학자 찰스 머리가 주장한 대로 덜 교육받은 백인 미국인들 사이에서 근면성을 포함한 미국적 덕목이 사라져서 생겼을 수도 있다.[36] 그렇다면 정책이 도움이 될 수 있을지는 불분명하고, 도덕적·종교적인 부활이 필요하다는 것이 찰스 머리의 생각이다. 하지만 우리는 이런 생각에 공감하지 않는다. 노동시장에 관한 11장에서 우리는 저학력 백인의 경제활동 참가율과 임금률이 하락하고 있다는 것을 확인했다. 이런 현상은 다년간 남성들에게서 더 두드러졌지만 최근 들어서는 여성에게서도 심해지고 있다. 경제활동 참가율과 임금률의 동반 하락은 고용주들이 덜 숙련된 노동자를 점점 덜 선호하며, 일자리가 줄어들었으며, 노동자들이 구직 활동을 포기하거나(이럴 경우 경제활동 참가율이 하락한다) 더 나쁜 일자리를 얻는(임금이 낮아진다) 식으로 대처하고 있음을 분명히 보여주는 신호다. 경제활동 참가율이 낮아진 이유를 노동자들이 덜 근면해져서 일하려는 의지가 줄어든 데서 찾는다면 고용주들은 더 적은 수의 노동자를 두고 경쟁해야 함으로써 임금은 되려 상승해야 한다. 하지만 그런 일은 일어나지 않았다.

과거나 지금이나 죽음을 피할 수는 없다. 다만 다른 부유한 나라에서는 어디서도 미국만큼 많이 사람들이 숨지고 있지는 있다. 우리는 미국에서 나타나는 절망과 죽음의 정도가 미국만의 정치와 상황을 반영하고 있다고 믿는다. 미국의 의료 시스템은 그것이 국민 건강에 끼치는 해로 인해 가히 재앙적이다. 그것이 부유한 소수를 더 부자로 만들어주기 위해 일반 미국인들의 생활비를 축내고 있어서 더더욱 그렇다. 제약 회사들은 환자들을 중독시키고, 서민들이 수십 년 동안 이뤄진 의학기술 발전의 혜택을 누리지 못하게 막는 가격책정 전략을 씀으로써 막대한 이익을 챙기고 있다. 경제의 다른 곳에서는 무역과 자동화로 노동자 계급이 더욱 취약해졌으나 기업과 의원들은 그들의 피해를 최소화하기 위한 사회 안전망을 강화하지 않고 있다. 오히려 그들은 노동자의 약점을 악용해 임금을 낮추고 노동자로부터 자본가로, 그리고 서민으로부터 엘리트들로 소득을 상향 분배할 기회를 잡았다. 로비와 돈 많은 후원자를 얻으려는 의원들의 욕구에 볼모가 된 정치 체제는 갈수록 상업적·직업적 이해관계를 위해 경쟁하는 전쟁터로 전락하고 있다. 민주주의가 더 원활히 작동한다면 다수의 이익을 보호했을 법한 의회는 다수의 이익을 대체로 무시해왔다. 강자의 지대추구에 맞서 약자를 보호했어야 할 법은 점점 더 강탈을 지지하는 쪽으로 움직이고 있다. 노팅엄 보안관이 워싱턴 DC에 눌러

앉았고, 선량한 경찰들은 마을을 떠났다. 로빈 후드는 어디서도 보이지 않는다.

그러나 우리는 낙관적이다. 우리는 책 제목에 '자본주의의 실패'라는 문구를 넣을까 고민한 끝에 미래엔 자본주의가 더 나아지기를 바라는 마음에 대신 '자본주의의 미래'를 넣기로 했다. 우리는 자본주의가 진보와 선(善)을 이끄는 엄청나게 강력한 힘이지만, 그것이 사람들을 섬겨야지 사람들이 그것을 섬기도록 해서는 안 된다고 믿는다. 자본주의는 국가가 산업을 장악하는 어떤 환상적인 사회주의적 유토피아로 대체될 것이 아니라, 더 잘 감시되고 규제될 필요가 있다. 민주주의는 도전에 잘 대처할 수 있다. 국가가 지금보다 더 많은 일을 더 잘할 수 있지만, 우리는 정부가 주는 위험과 정부 규모가 커지면 지대추구 움직임이 강해지고 더 많은 불평등이 야기된다는 것을 통절히 알고 있다.[37] 위에서 추진하는 많은 개혁들은 반시장적이 아니라 친시장적이고, 우파와 좌파, 즉 우파에 속하는 시장 원리주의자들(market fundamentalists, 무규제 자유방임 내지 자유시장 자본주의 정책이 대부분의 사회적·경제적 문제를 해결해줄 수 있다고 믿는 사람들 – 옮긴이)과 좌파에 속하는 과도한 불평등을 비판하는 사람들로부터 모두 지지를 받아야 한다. 우리는 지금보다 더 공정한 세금 제도를 선호하지만, 불평등을 근본적인 문제로 보지는 않기 때문에 서둘러 부유세를 시행해야 한다는 생각에 찬성하지는 않는다. 근본적인 문제는, 최상위 부자들이 다수에게 기회를 주지 않는 시스템 안에서 부정한 방법으로 재산을 불려서 생기는 것으로 간주되는 '불공평(unfairness)'이다. 우리는 지대추구를 제한하고 약탈을 줄이면, 공정하게 벌어들인 것으로 폭넓게 비춰지는 소득이나 재산에 높은 세금을 부과하지 않고도 부자들을 견제하고 불공정한 최상위 소득을 낮출 수 있다고 주장한다.

민주주의는 지금보다 충분히 사람들을 더 잘 섬길 수 있다. 미국의 민주주의는 잘 작동하지 않고 있지만, 그렇다고 해서 결코 죽은 것은 아니다. 그리고 그것은 한 세기 혁신주의 시대나 1930년대 뉴딜정책 시대에 더 잘 작동하게 됐듯이 지금도 사람들이 충분히 열심히 밀어붙이면 다시 한 번 잘 작동할 수 있다.

마지막까지 우리와 계속해서 함께해온 독자들에게 우리가 한 제안들은 그다지 놀랍게 느껴지지 않을 것이다. 그것들은 대부분 잘못된 일에 대한 우리의 설명으로부터 나왔다. 그렇지만 그것들을 한곳에 모아놓으면 유용하다. 우리는 정책을 자세히 설명할 수 없으며, 이미 다른 사람들이 광범위하게 기술해놓은 많은 다양한 종류의 의료 개혁과 사회 안전망 설계 중에서 선택하는 것은 우리 목적이 아니며, 우리 능력 범위 내에 있지도 않다. 하지만 우리는 끔찍하기 이를 데 없는 절망사의 유행과 지대추구와 상향식 재분배로 인해 생긴 극단적 불평등이 오랫동안 고민해왔던 계획들을 시행할 수 있는 기회를 마련해주기를 기대한다. 때늦은 감이 없지 않다.

많은 분들이 이 책의 집필에 도움을 주셨다. 그들의 조언과 제안, 댓글에 감사드린다. 우리는 특히 우리의 사고를 돕고 우리가 자칫 저질렀을 수 있는 몇 가지 실수를 피할 수 있게 해줬던 비경제 전문가들에게도 감사한다. 우리는 그들이 남아 있는 어떤 실수라도 용서해주길 바란다. 실수는 전적으로 우리 잘못이다. 이 책의 주제를 하나의 학문으로 다루기는 불가능하며, 우리가 다룬 주제가 얼마나 소홀히 다뤄지고 있고 얼마나 자주 잘못됐는지를 알게 된 것은 우리 두 경제학자 입장에선 겸허한 마음이 느껴지는 경험이었다. 우리는 사회학자, 인구학자, 철학자, 정치학자, 역사학자, 의사, 역학자로부터 귀중한 도움을 받았다.

우리는 이 책에 실린 자료 일부를 2019년 4월 스탠퍼드대학교에서 열린 '인간 가치에 관한 태너강좌(Tanner Lectures in Human Values)'에서 소개했다. 우리는 태너재단의 지원과 스탠퍼드의 환대, 공식 토론자, 그리고 많은 유용한 대화들에 감사한다.

우리 두 저자는 프린스턴대학교의 우드로윌슨스쿨에서 여러 해 동안 가르치고 연구해왔다. 프린스턴대학교는 학문적 연구를 위한 이상적 환경을 제공한다. 우드로윌슨스쿨은 정치적 이슈에 대한 연구 면에서 그런 환경을 제공한다. 우리는 또한 전미경제연구소(National Bureau of Economic Research)의 인사들과 오랫동안 교류해왔다. 조사회 소장인 짐 포테르바(Jim Poterba)와 작고한 마틴 펠드스타인(Martin Feldstein) 전 소장은 오랫동안 우리의 연구를 지지하고 격려해줬다. 디턴은 서던캘리포니아대학교 교수회 회장으로서 자기보고과학센터(Center for Self-Report Science), 경제사회연구센터(Center for Economic and Social Research), 레너드 D. 셰퍼 보건정책경제센터(Leonard D. Shaeffer Center for Health Policy and Economics)의 동료들에게 감사해한다. 그는 갤럽의 수석 과학자이기도 한데, 갤럽 사람들은 무한한 물질적 지원, 자료, 열정, 그리고 좋은 아이디어의 원천이었다.

프린스턴대학교출판부(Princeton University Press)는 이상적인 출판사다. 이 책을 출판하는 데 도움을 준 많은 분들께 감사하다는 말씀을 드리고 싶다. 우리는 국립보건원 산하 국립노화연구소(National Institute on Aging)로부터 후한 지원을 받았다. 몇몇 다른 대형 기관들로부터 받은 보조금을 갖고 수행한 연구는 이 책에 집약되어 있다. 작고한 국립노화연구소 최고연구원 리처드 수즈먼(Richard Suzman)은 우리가 건강 문제에 관심을 갖는 데 많은 도움을 주었다. 전미경제연구소를 통해 국립노화연구소로부터 받은 연구비에 대해서도 감사한다.

한국의 독자들에게

1. Bureau of Labor Statistics, 2020, "Demographics, earnings, and family characteristics of workers in sectors initially affected by COVID-19 shutdowns," Monthly Labor Review, June, https://www.bls.gov/opub/mlr/2020/article/demographics-earnings-and-family-characteristics-of-workers-in-sectors-initially-affected-by-covid-19-shutdowns.htm.

2. Bureau of Labor Statistics, 2020, "Supplemental data measuring the effects of the coronavirus (COVID-19) pandemic on the labor market," Labor Force Statistics from the Current Population Survey, May, https://www.bls.gov/cps/effects-of-the-coronavirus-covid-19-pandemic.htm.

3. David Autor and Elisabeth Reynolds, 2020, The nature of work after the COVID crisis: Too few low-wage jobs, The Hamilton Project, July, https://www.brookings.edu/wp-content/uploads/2020/08/AutorReynolds_LO_FINAL.pdf.

4. Centers for Disease Control and Prevention, 2020, "Mental health, substance use, and suicidal ideation during the COVID-19 pandemic-United States, June 24-30, 2020," Morbidity and Mortality Weekly Report, August 14, https://www.cdc.gov/mmwr/volumes/69/wr/mm6932a1.htm?s_cid=mm6932a1_e&deliveryName=USCDC_921-DM35222.

5. Centers for Disease Control and Prevention, 2020, "Provisional Drug Overdose Death Counts," National Center for Health Statistics, https://www.cdc.gov/nchs/nvss/vsrr/drug-overdose-data.htm.

6. Aliese Alter and Christopher Yeager, 2020, "COVID-19 impact on US national overdose crisis," Overdose Detection Mapping Application

Program, http://www.odmap.org/Content/docs/news/2020/ODMAP-Report-June-2020.pdf.

7. https://www.politico.com/news/2020/03/05/coronavirus-drug-industry-prices-122412.

8. Shannon Mullen O'Keefe, 2020, "One in three Americans would not get COVID-19 vaccine," Gallup, August 7, https://news.gallup.com/poll/317018/one-three-americans-not-covid-vaccine.aspx.

서론 오후의 죽음

1. Emile Durkheim, 1897, *Le suicide: Etude de sociologie*, Germer Baillière, but the link with education goes back further. See Matt Wray, Cynthia Colen, and Bernice Pescosolido, 2011, "The sociology of suicide," *Annual Review of Sociology*, 37, 505-28.

2. Sara McLanahan, 2004, "Diverging destinies: How children are faring under the second demographic transition," *Demography*, 41(4), 607-27; Andrew Cherlin, 2014, *Labor's love lost: The rise and fall of the working-class family in America*, Russell Sage Foundation; Robert D. Putnam, 2015, *Our kids: The American dream in crisis*, Simon and Schuster; David Goodhart, 2017, *The road to somewhere: The populist revolt and the future of politics*, Hurst; Charles Murray, 2012, *Coming apart: The state of white America, 1960-2010*, Crown.

3. Michael Young, 1958, *The rise of the meritocracy*, Thames and Hudson.

4. Michael Sandel, 2018, "Populism, Trump, and the future of democracy," openDemocracy, May 9, https://www.opendemocracy.net/en/populism-trump-and-future-of-democracy/.

5. William Julius Wilson, 1987, *The truly disadvantaged: The inner city, the underclass, and public policy*, University of Chicago Press, 39.

6. Carol Anderson, quoted in Susan B. Glasser and Glenn Thrush, 2016, "What's going on with America's white people?," *Politico Magazine*, September/October 2016.

7.   Martin Luther King Jr., 1965, "Address at the conclusion of the Selma to Montgomery march," March 25, Martin Luther King, Jr. Research and Education Institute, Stanford, https:// kinginstitute.stanford.edu/king-papers/documents/address-conclusion-selma-montgomery-march.

8.   Daniel Cox, Rachel Lienesch, and Robert P. Jones, 2017, "Beyond economics: Fears of cultural displacement pushed the white working class to Trump," PRRI/*Atlantic* Report, April 9, https://www.prri.org/research/white-working-class-attitudes-economy-trade-immigration-election-donald-trump/.

9.   Anderson, quoted in Glasser and Thrush, "What's going on."

10. Wilson, *Truly disadvantaged*; Charles Murray, 1984, *Losing ground: American social policy 1950–1980*, Basic Books.

11. Murray, *Coming apart*.

12. Bureau of Labor Statistics, 2015, "Table A-4: Employment status of the civilian population 25 years and over by educational attainment," Data Retrieval: Labor Force Statistics (CPS), July 8, https://www.bls.gov/webapps/legacy/cpsatab4.htm.

13. Nicholas Bloom, 2017, "Corporations in the age of inequality," The Big Idea, *Harvard Business Review*, https://hbr.org/cover-story/2017/03/corporations-in-the-age-of-inequality.

14. Neil Irwin, 2017, "To understand rising inequality, consider the janitors at two top companies, then and now," *New York Times*, September 2, https://www.nytimes.com/2017/09/03/upshot/to-understand-rising-inequality-consider-the-janitors-at-two-top-companies-then-and-now.html.

15. Emily Guendelsberger, 2019, *On the clock: What low–wage work did to me and how it drives America insane*, Little, Brown; James Bloodworth, 2018, *Hired: Six months undercover in low–wage Britain*, Atlantic Books.

16. Durkheim, *Le suicide*.

17. Dani Rodrik, 1997, *Has globalization gone too far?*, Institute for International Economics.

18. Sam Quinones, 2015, *Dreamland: The true tale of America's opiate epidemic*, Bloomsbury.

19. Adam Smith, 1776, *The wealth of nations*, bk. 4.

20. Matthew Smith, Danny Yagan, Owen M. Zidar, and Eric Zwick, 2019, "Capitalists in the 21st century," *Quarterly Journal of Economics*, 134(4), 1675-745.

21. Kenneth Scheve and David Stasavage, 2016, *Taxing the rich: A history of fiscal fairness in the United States and Europe*, Princeton University Press.

22. Charles Jordan Tabb, 2007, "The top twenty issues in the history of consumer bankruptcy," *University of Illinois Law Review*, 1, 9-30, 29.

23. Jacob S. Hacker and Paul Pierson, 2011, *Winner-take-all politics: How Washington made the rich richer-and turned its back on the middle class*, Simon and Schuster; Martin Gilens, 2012, *Affluence and influence: Economic inequality and political power in America*, Princeton University Press; Larry M. Bartels, 2008, *Unequal democracy: The political economy of the new gilded age*, Princeton University Press.

24. Walter Scheidel, 2017, *The great leveler: Violence and the history of inequality from the Stone Age to the twenty-first century*, Princeton University Press.

25. David Cannadine, *Victorious century: The United Kingdom, 1800-1906*, Penguin.

26. Robert C. Allen, 2017, *The Industrial Revolution: A very short introduction*, Oxford University Press.

1장 폭풍이 일아나기 전의 고요함

1. Quoted in Paul Farmer, 1999, *Infections and inequalities: The modern plagues*, University of California Press, 202.

2. William F. Ogburn and Dorothy S. Thomas, 1922, "The influence of the business cycle on certain social conditions," *Journal of the American Statistical Association*, 18(139), 324–40; Christopher J. Ruhm, 2000, "Are recessions good for your health?," *Quarterly Journal of Economics*, 115(2), 617–50.

3. John Komlos and Benjamin E. Lauderdale, 2007, "Underperformance in affluence: The remarkable relative decline in U.S. heights in the second half of the 20th century," *Social Science Quarterly*, 88, 283–305, https:// doi.org/10.1111/j.1540-6237.2007.00458.x.

2장 분리 상황에 대한 증거들

1. Brookings Institution, 2017, *Policy approaches to the opioid crisis, featuring remarks by Sir Angus Deaton, Rep. Ann McLane Kuster, and Professor Bertha K. Madras: An event from the USC–Brookings Schaeffer Initiative for Health Policy, Washington, DC*, November 3, https://www.brookings.edu/wp-content/uploads/2017/11/ es_20171103_opioid_crisis_transcript.pdf.

2. 별도의 설명이 없는 한, 우리는 이 책에서 비히스패닉계 백인을 '백인'으로, 비히스패닉계 흑인을 '흑인'으로, 그리고 모든 히스패닉 인종을 '히스패닉'으로 표기할 것이다.

3. See Katherine Baicker, Amitabh Chandra, and Jonathan S. Skinner, 2005, "Geographic variation in health care and the problem of measuring racial disparities," Perspectives in Biology and Medicine, 48(1), supplement (Winter), S42–53.

4. 또 다른 의문은 이 중년 연령대에서 이 기간 사람들이 나이가 든 게 중단 내지 반전이 생긴 일부 이유가 되지 않을까 하는 점이다. 실제로 1990~2017년 45~54세로 연령대 내 평균 연령이 0.4세(49.2세에서 49.6세로) 늘어났으며, 우리는 평균 연령 상승만으로 사망률이 (조금이라도) 올라갈 것으로 예상한다. 그러나 그래프는 이를 고려해 조정해놓은 것이다. 조정하지 않았을 때 미국 백인의 사망률 선은 약간 더 높아지지만, 미국 백인과 다른 나라의 시민들 내지

는 미국 백인과 20세기 후반 진전이 계속됐을 때 예상되었던 결과 사이의 차이
는 그러한 어떤 조정과는 무관하게 극명하게 명백하다. Andrew Gelman and
Jonathan Auerbach, 2016, "Age-aggregation bias in mortality trends,"
Proceedings of the National Academy of Sciences, 113(7), E816-17.

5. 이 책의 인쇄를 앞둔 현재 우리는 2018년 미국의 기대수명이 어떻게 됐는지
    알 수 없고, 그것이 어느 방향으로 움직일지도 불분명하다.

3장 절망사에 대하여

1. *PBS Newshour*, 2017, "'Deaths of despair' are cutting life short for
    some white Americans," February 16, video, 8:19, https://www.pbs.org/
    newshour/show/deaths-despair-cutting-life-short-white-americans.

2. Nicole Lewis, Emma Ockerman, Joel Achenbach, and Wesley Lowery,
    2017, "Fentanyl linked to thousands of urban overdose deaths,"
    Washington Post, August 15, https://www.washingtonpost.com/
    graphics/2017/national/fentanyl-overdoses/.

3. Robert L. DuPont, 2008, "Addiction in medicine," *Transactions of the
    American Clinical and Climatological Association*, 119, 227-41.

4. Robert L. DuPont, 1997, *The selfish brain: Learning from addiction*,
    American Psychiatric Association.

5. 이 기간 메릴랜드와 미시시피주에서 알코올성 간질환 사망률은 소폭 하락했
    고, 뉴저지에서는 소폭 상승했다. 알래스카, 델라웨어, 하와이, 노스다코타, 사
    우스다코타, 버몬트, 와이오밍 등 몇몇 작은 주에서는 몇 년 동안 데이터가 보
    고되지 않았다. 이런 주들에서는 델라웨어를 제외하고 데이터가 보고된 기간
    에 사망률이 올라갔다.

6. Ellen Meara and Jonathan Skinner, 2015, "Losing ground at midlife in
    America," *Proceedings of the National Academy of Sciences*, 112(49),
    15006-7.

7. 이 통계는 비히스패닉과 백인 히스패닉에 해당한다. 1990년 이전 인종별 통계
    는 제대로 구할 수 없었다.

8. Yulia Khodneva, Paul Muntner, Stefan Kertsesz, Brett Kissela, and

Monika M. Safford, 2016, "Prescription opioid use and risk of coronary heart disease, stroke, and cardiovascular death among adults from a prospective cohort (REGARDS study)," *Pain Medicine*, 17(3), 444-55, https://www.ncbi.nlm.nih.gov/pmc/articles/PMC6281131/; AmericanHeartAssociation,2018, "Opioid use may increase risk of dangerous hearth rhythm disorder," meeting report, poster presentation, November 5, https://newsroom.heart.org/news/opioid-use-may-increase-risk-of-dangerous-heart-rhythm-disorder?preview=303c; L. Li, S. Setoguchi, H. Cabral, and S. Jick, 2013, "Opioid use for noncancer pain and risk of myocardial infarction amongst adults," *Journal of Internal Medicine*, 273(5), 511-26, https://www.ncbi.nlm.nih.gov/pubmed/23331508.

9. Andrew Stokes and Samuel H. Preston, 2017, "Deaths attributable to diabetes in the United States: Comparison of data sources and estimation approaches," *PLoS ONE*, 12(1), e0170219, https://doi.org/10.1371/journal.pone.0170219.

10. Jay Olshansky, Douglas J. Passaro, Ronald C. Hershow, et al., 2005, "A potential decline in life expectancy in the United States in the 21st century," *New England Journal of Medicine*, 352(11), 1138-45.

11. For England, see NHS Digital, 2018, "Health Survey for England 2017," December 4, https://digital.nhs.uk/data-and-information/publications/statistical/health-survey-for-england/2017; for Australia, see Australian Institute of Health and Welfare, 2018, "Overweight and obesity rates across Australia 2014-15," June 7, https://www.aihw.gov.au/reports/overweight-obesity/overweight-and-obesity-rates-2014-15/data.

4장 교육 수준이 높은 사람들과 낮은 사람들의 생사

1. Statistics are from Thomas D. Snyder, ed., 1993, *120 years of American education: A statistical portrait*, Center for Education Statistics, US Department of Education, table 3, https://nces.ed.gov/pubs93/93442.

pdf.

2. 소득 프리미엄은 고졸 이하 학력자의 평균 시급 대비 4년제 학위 소지 정규직 노동자의 평균 시급 비율로 산정한다. Jonathan James, 2012, "The college wage premium," *Economic Commentary*, 2012-10, August 8, Research Department of the Federal Reserve Bank of Cleveland.

3. 2017년 미국 시민들을 대상으로 실시한 설문 조사. American Community Survey 2017.

4. Lawrence Mishel and Julia Wolfe, 2019, "CEO compensation has grown 940% since 1978," Economic Policy Institute, August 14, https://www. epi.org/publication/ceo-compensation-2018/.

5. Thomas Piketty and Emmanuel Saez, 2003, "Income inequality in the United States, 1913-1998," *Quarterly Journal of Economics*, 118(1), 1-39; Thomas Piketty, 2013, *Capital in the 21st century*, Harvard; Matthew Smith, Danny Yagan, Owen M. Zidar, and Eric Zwick, 2019, "Capitalists in the 21st century," *Quarterly Journal of Economics*, 134(4), 1675-745.

6. Robert D. Putnam, 2015, *Our kids: The American dream in crisis*, Simon and Schuster; Charles Murray, 2012, *Coming apart: The state of white America, 1960-2010*, Crown; Sara McLanahan, 2004, "Diverging destinies: How children are faring under the second demographic transition," *Demography*, 41(4), 607-27.

7. Authors' calculations using Gallup's tracking poll.

8. Alex Bell, Raj Chetty, Xavier Jaravel, Neviana Petkova, and John van Reenen, 2019, "Who becomes an inventor in America? The importance of exposure to innovation," *Quarterly Journal of Economics*, 134(2), 647-713.

9. Michael Young, 1958, *The rise of the meritocracy*, Thames and Hudson.

10. Young, 152.

11. Michael Sandel, 2018, "Populism, Trump, and the future of democracy," openDemocracy, May 9, https://www.opendemocracy.net/en/

populism-trump-and-future-of-democracy/.

12. Kim Parker, 2019, "The growing partisan divide in views of higher education," Pew Research Center, August 19, https://www.pewsocialtrends.org/essay/the-growing-partisan-divide-in-views-of-higher-education/.

13. Dana Goldstein and Jugal K. Patel, 2019, "Need extra time on tests? It helps to have cash," July 30, *New York Times*, https://www.nytimes.com/2019/07/30/us/extra-time-504-sat-act.html.

14. Christopher Hayes, 2012, *Twilight of the elites: America after meritocracy*, Crown.

15. See also Daniel Markovits, 2019, *The meritocracy trap: How America's foundational myth feeds inequality, dismantles the middle class, and devours the elite*, Penguin.

16. Samuel H. Preston, 1996, "American longevity: Past, present, and future," Syracuse University Center for Policy Research, Policy Brief No. 7, 8; Samuel H. Preston and Michael R. Haines, 1971, *Fatal years: Child mortality in late nineteenth-century America*, Princeton University Press.

17. Michael Marmot, 2004, *The status syndrome: How social standing affects our health and longevity*, Times Books.

18. Authors' calculations from the Behavioral Risk Factor Surveillance System and National Health and Nutrition Examination Survey data.

19. 교육 수준에 따른 사망률에 대한 우리 데이터는 1992년까지 거슬러 올라간다. 당시 대부분의 주에선 사망 증명서에 최종학력을 게재하고 있었다. 4개 주, 즉 조지아, 오클라호마, 로드아일랜드, 사우스다코타는 이 규정 준수에 소극적이었기 때문에 이 4개 주에 거주하는 전체 미국 인구의 5퍼센트는 사망과 교육에 대한 우리의 모든 연구 결과에서 제외된다.

20. 1990년대 후반부터 2017년까지 45~54세 사이의 대졸 이상 학력자 분율은 근 3분의 1로 일정하게 유지되었다. 학사학위 소지자와 비소지자 분율이 1990년대 후반부터 극적으로 바뀌었다면, 우리가 그래프에서 보고 있는 것이 사망률

의 변화가 아니라 학사학위가 있고 없는 사람들 종류의 변화란 우려가 제기될 것이다. 인구 분포가 안정적인 이상 그러한 설명은 사실상 불가능하다.

21. Emile Durkheim, 1897, *Le suicide: Etude de sociologie*, Germer Baillière; Matt Wray, Cynthia Colen, and Bernice Pescosolido, 2011, "The sociology of suicide," *Annual Review of Sociology*, 37, 505-28.

5장 흑인과 백인의 죽음

1. Gary Trudeau, 2017, *Doonesbury*, Washington Post, March 26.

2. 히스패닉계 백인을 포함한 모든 백인과 히스패닉계 흑인을 포함한 모든 흑인의 사망률. 1968년 이전의 경우 사망 진단서는 고인을 '백인'과 '기타 인종'으로 분류했기 때문에 우리는 1968~2017년의 사망률을 다루고 있다.

3. Emile Durkheim, 1897, *Le suicide: Etude de sociologie*, Germer Baillière.

4. George Simpson, introduction to *Suicide, a study in sociology*, by Emile Durkheim, trans. John A. Spaulding and George Simpson, ed. George Simpson, Free Press, 1951, loc. 367 of 7289, Kindle.

5. William Julius Wilson, 1987, *The truly disadvantaged: The inner city, the underclass, and public policy*, University of Chicago Press, 39.

6. Wilson, 254.

7. Raghuram Rajan, 2019, *The third pillar: How markets and the state leave the community behind*, Penguin.

8. William N. Evans, Craig Garthwaite, and Timothy J. Moore, 2018, "Guns and violence: The enduring impact of crack cocaine markets on young black males," NBER Working Paper 24819, July.

9. Daniel Patrick Moynihan, 1965, *The negro family: The case for national action*, US Department of Labor.

10. Charles Murray, 1984, *Losing ground: American social policy 1950-1980*, Basic Books; Charles Murray, 2012, *Coming apart: The state of white America, 1960-2010*, Crown.

11. Wilson, *Truly disadvantaged*, 14.

6장 살아 있는 사람들의 건강

1. Amartya K. Sen, 1985, *Commodities and capabilities*, Elsevier.

2. World Health Organization, n.d., "Constitution," accessed October 15, 2019, https://www.who.int/about/who-we-are/constitution.

3. Centers for Disease Control and Prevention, 2019, "Behavioral Risk Factor Surveillance System," last reviewed August 27, https://www.cdc.gov/brfss/index.html.

4. National Center for Health Statistics, 2019, "National Health Interview Survey," last reviewed August 22, https://www.cdc.gov/nchs/nhis/index.htm.

5. BRFSS 조사 대상 규모는 NHIS 조사 대상 규모보다 크고, NHIS 조사는 매년 5,000명을 대상으로 인터뷰, 건강검사, 연구 작업을 혼합해 데이터를 수집하는 프로그램인 미국 국립건강영양조사(National Health and Nutrition Examination Survey)보다 조사 대상 규모가 크다. National Center for Health Statistics, 2019, "National Health and Nutrition Examination Survey," last reviewed September 17, https://www.cdc.gov/nchs/nhanes/index.htm.

6. Majid Ezzati, Hilarie Martin, Suzanne Skjold, Stephen Vander Hoorn, and Christopher J. L. Murray, 2006, "Trends in national and state level obesity in the USA after correction for self-report bias: Analysis of health surveys," *Journal of the Royal Society of Medicine*, 99, 250-57, https://doi.org/10.1177/014107680609900517; Duncan Thomas and Elizabeth Frankenberg, 2002, "The measurement and interpretation of health in social surveys," in *Summary measures of population health: Concepts, ethics, measurement and applications*, World Health Organization, 387-420.

7. Amartya K. Sen, 2002, "Health: Perception versus observation: Self reported morbidity has severe limitations and can be extremely misleading," *British Medical Journal*, 324, 860-61.

8. Ellen L. Idler and Yael Benyamini, 1997, "Self-rated health and

mortality: A review of twenty-seven community studies," *Journal of Health and Social Behavior*, 38(1), 21-37.

9. 우리는 결과가 BRFSS의 어떤 특수성에 의해 기인된 건 아닌지 교차 점검하고자 〈도표 6.1〉의 결과를 재현해보려고 다른 대규모 국가 조사인 NHIS 조사 결과를 사용했지만 같은 결과를 얻었다.

10. Nicholas Eberstadt, 2016, *Men without work: America's invisible crisis*, Templeton.

11. Jeffrey B. Liebman, 2015, "Understanding the increase in disability insurance benefit receipt in the United States," *Journal of Economic Perspectives*, 29(2), 123-50.

7장 고통의 비참함과 미스터리

1. Naomi I. Eisenberger, 2015, "Social pain and the brain: Controversies, questions, and where to go from here," *Annual Review of Psychology*, 66, 601-29, https://doi.org/10.1146/annurev-psych-010213-115146.

2. National Academies of Sciences, Engineering, and Medicine, 2017, *Pain management and the opioid epidemic: Balancing societal and individual benefits and risks of prescription opioid use*, National Academies Press, https://doi.org/10.17226/24781.

3. Rob Boddice, 2017, *Pain: A very short introduction*, Oxford; Antonio R. Damasio, 2005, *Descartes' error: Emotion, reason, and the human brain*, Penguin.

4. Margo McCaffery, 1968, *Nursing practice theories related to cognition, bodily pain and man – environmental interaction*, University of California, Los Angeles, Students' Store, quoted in American Pain Society, n.d., *Pain: Current understanding of assessment, management, and treatments*, 4.

5. Anne Case and Angus Deaton, 2005, "Broken down by work and sex: How our health declines," in David A. Wise, ed., *Analyses in the economics of aging*, National Bureau of Economic Research Conference

Report, University of Chicago Press for NBER, 185-212.

6. 이 지도는 45~54세 사이의 백인이 아니라 25~64세까지의 연령대로 그렸는데, 이로 인해 우리는 더 큰 표본을 사용해서 작은 영역별 통증을 추정할 수 있었다.

7. Anne Case and Angus Deaton, 2017, "Suicide, age, and well-being: An empirical investigation," in David A. Wise, ed., Insights in the economics of aging, National Bureau of Economic Research Conference Report, University of Chicago Press for NBER, 307-34.

8. Gallup World Poll, accessed September 18, 2019, https://www.gallup.com/analytics/232838/world-poll.aspx.

9. 이들은 호주, 오스트리아, 벨기에, 캐나다, 덴마크, 핀란드, 프랑스, 독일, 아일랜드, 이탈리아, 일본, 네덜란드, 뉴질랜드, 노르웨이, 포르투갈, 스페인, 스웨덴, 스위스, 영국이다.

10. 갤럽 조사는 '어제'의 상태를 물었지만, NHIS는 지난 3개월의 상태를 물었기 때문에 NHIS 조사에서 고통을 보고하는 분율이 더 높을 수 있다. 그래도 60세 이후보다 60세 이전에서 고통을 보고하는 분율이 더 올라가는 패턴은 두 조사에서 동시에 목격된다. 우리는 〈도표 7.2〉에서 고령의 유럽인들 사이의 높은 고통 수준에 대해 설명하지는 않았다.

11. Authors' calculations using annual Behavioral Risk Factor Surveillance System surveys.

12. Case and Deaton, 2005, "Broken down."

13. Greg Kaplan and Sam Schulhofer-Wohl, 2018, "The changing (dis)-utility of work," *Journal of Economic Perspectives*, 32(3), 239-58.

8장 자살, 약물 그리고 술

1. Emile Durkheim, 1897, *Le suicide: Etude de sociologie*, Germer Baillière.

2. Robert L. DuPont, 1997, *The selfish brain: Learning from addiction*, American Psychiatric Association, Kindle.

3. Zachary Siegel, 2018, "I'm so sick of opioid disaster porn," *Slate*,

September 12, https://slate.com/technology/2018/09/opioid-crisis-photo-essays-leave-out-recovery.html.

4. DuPont, *Selfish brain*, loc. 2093 of 8488, Kindle.

5. Kay Redfield Jamison, 2000, *Night falls fast: Understanding suicide*, Vintage, 128.

6. Ian R. H. Rockett, Gordon S. Smith, Eric D. Caine, et al., 2014, "Confronting death from drug self-intoxication (DDSI): Prevention through a better definition," *American Journal of Public Health*, 104(12), e49-55, e50.

7. Daniel S. Hammermesh and Neal M. Soss, 1974, "An economic theory of suicide," *Journal of Political Economy*, 82(1), 83-98; Gary S. Becker and Richard A. Posner, 2004, "Suicide: An economic approach," unpublished manuscript, last revised August, https://www.gwern.net/docs/psychology/2004-becker.pdf.

8. Norman Kreitman, 1976, "The coal gas story: United Kingdom suicide rates, 1960-71," *British Journal of Preventive Social Medicine*, 30, 86-93.

9. Kyla Thomas and David Gunnell, 2010, "Suicide in England and Wales 1861-2007: A time-trends analysis," *International Journal of Epidemiology*, 39, 1464-75, https://doi.org/10.1093/ije/dyq094.

10. John Gramlich, 2018, "7 facts about guns in the U.S.," Fact Tank, Pew Research Center, December 27, https://www.pewresearch.org/fact-tank/2018/12/27/facts-about-guns-in-united-states/.

11. National Research Council, 2005, "Firearms and suicide," in *Firearms and violence: A critical review*, National Academies Press, 152-200.

12. Robert D. Putnam, 2000, *Bowling alone: The collapse and revival of American community*, Simon and Schuster.

13. CDC Wonder, average suicide rates over the period 2008-17.

14. Across the fifty US states, the correlation coefficient is .4.

15. Anne Case and Angus Deaton, 2017, "Suicide, age, and well-being: An empirical investigation," in David A. Wise, ed., *Insights in the economics of aging*, National Bureau of Economic Research Conference Report,

University of Chicago Press for NBER, 307-34.

16. 1945년과 1980년에 태어난 코호트 중 4년제 학위를 딴 사람들 분율은 크게 다르지 않기 때문에 이러한 결과들이 코호트들 간 학사학위가 있는 사람과 없는 사람의 구성비 차이 때문에 생겼을 가능성은 작다.

17. Eric Augier, Estelle Barbier, Russell S. Dulman, et al., 2018, "A molecular mechanism for choosing alcohol over an alternative reward," Science, 360(6395), 1321-26, https://doi.org/10.1126/science.aao1157.

18. Christopher Finan, 2017, Drunks: An American history, Beacon, 41.

19. Keith Humphreys, 2003, Circles of recovery: Self-help organizations for addictions, Cambridge University Press.

20. National Institute on Alcohol Abuse and Alcoholism, n.d., "Alcohol's effects on the body," accessed September 18, 2019, https://www.niaaa.nih.gov/alcohol-health/alcohols-effects-body.

21. Global Burden of Disease Alcohol Collaborators, 2018, "Alcohol use and burden for 195 countries and territories, 1990-2016: A systematic analysis for the Global Burden of Disease Study 2016," Lancet, 392, 1015-35, http://dx.doi.org/10.1016/S0140-6736(18)31310-2.

22. 이 자료를 우리에게 보내준 갤럽의 여론 조사관 프랭크 뉴포트에게 감사한다.

23. Jay Bhattacharya, Christina Gathmann, and Grant Miller, 2013, "The Gorbachev anti-alcohol campaign and Russia's mortality crisis," American Economic Journal: Applied Economics, 5(2), 232-60, http://dx.doi.org/10.1257/app.5.2.232.

24. Pavel Grigoriev, France Meslè, Vladimir M. Shkolnikov, et al., 2014, "The recent mortality decline in Russia: Beginning of the cardiovascular revolution?," Population and Development Review, 40(1), 107-29.

25. Robert T. Jensen and Kaspar Richter, 2004, "The health implications of social security failure: Evidence from the Russian pension crisis," Journal of Public Economics, 88(1-2), 209-36.

26. Angus Deaton, 2008, "Income, health and wellbeing around the world: Evidence from the Gallup World Poll," Journal of Economic

Perspectives, 22(2), 53-72.

9장 오피오이드와 죽음

1. Stephen R. Platt, 2018, *Imperial twilight: The opium war and the end of China's last golden age*, Knopf.

2. Platt, 202.

3. Richard J. Grace, 2014, *Opium and empire: The lives and careers of William Jardine and James Matheson*, McGill-Queen's University Press.

4. Tom M. Devine, 2018, *The Scottish Clearances: A history of the dispossessed, 1600-1900*, Allen Lane, 3.

5. National Institute on Drug Abuse, 2019, "Overdose death rates," revised January, https://www.drugabuse.gov/related-topics/trends-statistics/overdose-death-rates.

6. Amy S. B. Bohnert, Maureen A. Walton, Rebecca M. Cunningham, et al., 2018, "Overdose and adverse drug event experiences among adult patients in the emergency department," *Addictive Behaviors*, 86, 66-72. Twenty-one percent of patients surveyed in a level 1 trauma center in Flint, Michigan, following an overdose reported that they were unsure of their intent.

7. Substance Abuse and Mental Health Services Administration, 2017, *Key substance use and mental health indicators in the United States: Results from the 2016 National Survey on Drug Use and Health*, HHS Publication No. SMA 17-5044, NSDUH Series H-52, Center for Behavioral Statistics and Quality, Substance Abuse, and Mental Health Services Administration, https://www.samhsa.gov/data/sites/default/files/NSDUH-FFR1-2016/NSDUH-FFR1-2016.pdf.

8. Dionissi Aliprantis, Kyle Fee, and Mark Schweitzer, 2019, "Opioids and the labor market," Federal Reserve Bank of Cleveland, Working Paper 1807R; Alan B. Krueger, 2017, "Where have all the workers gone? An inquiry into the decline of the U.S. labor force participation rate,"

Brookings Papers on Economic Activity, Fall, 1-87.

9. Jared S. Hopkins and Andrew Scurria, 2019, "Sacklers received as much as $13 billion in profits from Purdue Pharma," *Wall Street Journal*, October 4.

10. Sam Quinones, 2015, *Dreamland: The true tale of America's opiate epidemic*, Bloomsbury.

11. David T. Courtwright, 2001, *A history of opiate addiction in America*, Harvard University Press, Kindle.

12. Courtwright, loc. 604 of 4538, Kindle.

13. Beth Macy, 2018, *Dopesick: Dealers, doctors, and the drug company that addicted America*, Hachette.

14. Ronald Melzack, 1990, "The tragedy of needless pain," Scientific American, 262(2), 27-33.

15. Dana Guglielmo, Louise B. Murphy, Michael A. Boring, et al., 2019, "State-specific severe joint pain and physical inactivity among adults with arthritis-United States, 2017," *Morbidity and Mortality Weekly Report*, 2019(68), 381-87, http://dx.doi.org/10.15585/mmwr.mm6817a2.

16. James M. Campbell, 1996, "American Pain Society 1995 Presidential Address," *Journal of Pain*, 5(1), 85-88.

17. Chris McGreal, 2019, "US medical group that pushed doctors to prescribe painkillers forced to close," *Guardian*, May 25, https://www.theguardian.com/us-news/2019/may/25/american-pain-society-doctors-painkillers; Damien McNamara, 2019, "American Pain Society officially shuttered," Medscape, July 2, https://www.medscape.com/viewarticle/915141.

18. Mayo Clinic, 2019, "Hydrocodone and acetaminophen (oral route)," last updated October 1, https://www.mayoclinic.org/drugs-supplements/hydrocodone-and-acetaminophen-oral-route/description/drg-20074089.

19. Mayo Clinic Staff, 2018, "How opioid addiction occurs," Mayo Clinic,

February 16, https://www.mayoclinic.org/diseases-conditions/prescription-drug-abuse/in-depth/how-opioid-addiction-occurs/art-20360372.

20. Jason Doctor, Andy Nguyen, Roneet Lev, et al., 2018, "Opioid prescribing decreases after learning of a patient's fatal overdose," *Science*, 361(6402), 588-90.

21. Macy, *Dopesick*, 60.

22. Quinones, *Dreamland*.

23. Quinones.

24. Scott Gottlieb, 2019, "The decline in opioid deaths masks danger from designer drug overdoses in US," CNBC, August 22, https://www.cnbc.com/2019/08/21/decline-in-opioid-deaths-masks-new-danger-from-designer-drug-overdoses.html.

25. 25~64세 사이의 아프리카계 미국인의 경우 2012~2017년 사이 연령 조정 사망률이 10만 명당 20.8명 상승했다. 펜타닐 등의 다른 합성(비히어로인, 비메타돈) 오피오이드와 관련된 사망률은 이 기간 10만 명당 15명 상승했다.

26. Anna Lembke, 2016, *Drug dealer, MD: How doctors were duped, patients got hooked, and why it is so hard to stop*, Johns Hopkins University Press.

27. Travis N. Rieder, 2016, "In opioid withdrawal, with no help in sight," *Health Affairs* 36(1), 1825.

28. Lee N. Robins, 1993, "Vietnam veterans' rapid recovery from heroin addiction: A fluke or a normal expectation?," *Addiction*, 88, 1041-54, 1049.

29. We are grateful to Daniel Wikler for discussion of this episode. The ideas of his father, Abraham Wikler, were important in the design of the Vietnam detox program.

30. Ken Thompson, personal communication, September 13, 2018.

31. Benjamin A. Y. Cher, Nancy E. Morden, and Ellen Meara, 2019, "Medicaid expansion and prescription trends: Opioids, addiction therapies, and

other drugs," *Medical Care*, 57(3), 208-12, https://www.ncbi.nlm.nih.
gov/pmc/articles/PMC6375792/; AndrewGoodman-Baconand Emma
Sandoe, 2017, "Did Medicaid expansion cause the opioid epidemic?
There is little evidence that it did," *Health Affairs*, August 23, https://
www.healthaffairs.org/do/10.1377/hblog20170823.061640/full.

32. Energy and Commerce Committee, US Congress, 2018, *Red flags and
warning signs ignored: Opioid distribution and enforcement concerns
in West Virginia*, December 19, 4, https://republicans-energycommerce.
house.gov/wp-content/uploads/2018/12/Opioid-Distribution-Report-
FinalREV.pdf.

33. Brit McCandless Farmer, 2019, "The opioid epidemic: Who is to
blame?," 60 Minutes Overtime, February 24, https://www.cbsnews.
com/news/the-opioid-epidemic-who-is-to-blame-60-minutes/; Scott
Higham and Lenny Bernstein, 2017, "The drug industry's triumph over
the DEA," *Washington Post*, October 15.

34. Peter Andrey Smith, 2019, "How an island in the antipodes became
the world's leading supplier of licit opioids," *Pacific Standard*, July 11,
updated July 24, https://psmag.com/ideas/opioids-limiting-the-legal-
supply-wont-stop-the-overdose-crisis.

35. Katie Thomas and Tiffany Hsu, 2019, "Johnson and Johnson's brand
falters over its role in the opioid crisis," *New York Times*, August 27.

36. District of Massachusetts, US Attorney's Office, Department of Justice,
2019, "Founder and four executives of Insys Therapeutics convicted
of racketeering conspiracy," May 2, https:// www.justice.gov/usao-
ma/pr/founder-and-four-executives-insys-therapeutics-convicted-
racketeering-conspiracy.

37. Lembke, Drug dealer, MD. 물론 약물이 승인되자 처방 시 이런 식의 배제는
없었다. 따라서 옥시콘틴 처방을 받은 사람들은 그것의 시험 대상자들과는 다
르다.

38. National Academies of Sciences, Engineering, and Medicine, 2017,

Pain management and the opioid epidemic: Balancing societal and individual benefits and risks of prescription opioid use, National Academies Press, https://doi.org/10.17226/24781.

39. Allen Frances, quoted in Patrick Radden Keefe, 2017, "The family that built an empire of pain," *New Yorker*, October 23.

40. Keefe.

41. We are grateful to John van Reenen for this sentence.

42. Devine, *Scottish Clearances*, 3.

10장 잘못된 흔적: 빈곤, 소득 그리고 대침체

1. Raj Chetty, Michael Stepner, Sarah Abraham, et al., 2016, "The association between income and life expectancy in the United States, 2001–2014," *Journal of the American Medical Association*, 315(16), 1750–66.

2. Irma Elo and Samuel H. Preston, 1996, "Educational differences in mortality: United States, 1979–85," *Social Science and Medicine*, 42(1), 47–57.

3. Kathryn Edin and H. Luke Shaefer, 2015, *$2.00 a day: Living on almost nothing in America*, Houghton Mifflin; Matthew Desmond, 2016, *Evicted: Poverty and profit in the American city*, Crown; United Nations Human Rights Office of the Commissioner, 2017, "Statement on visit to the USA, by Professor Philip Alston, United Nations rapporteur on extreme poverty and human rights," December 15, https://www.ohchr.org/EN/NewsEvents/Pages/DisplayNews.aspx?NewsID=22533; Angus Deaton, 2018, "The US can no longer hide from its deep poverty problem," *New York Times*, January 24. 세계 빈곤의 공식 통계를 집계하는 세계은행은 미국에서 전 세계 빈곤선을 기준으로 판단하는 빈곤층 인구가 530만 명에 달한다고 추산하고 있다. 최근 나온 관리용 자료를 갖고 한 연구는 세계은행(및 인구조사국)이 빈곤층을 계산하기 위해 사용한 조사가 가난한 미국인들이 받는 사회 안전망의 혜택을 과소평가하고 있다고 주장했다. See

Bruce D. Meyer, Derek Wu, Victoria R. Mooers, and Carla Medalia, 2019, "The use and misuse of income data and extreme poverty in the United States," NBER Working Paper 25907, May. The same is almost certainly true of the developing country surveys used by the World Bank, so the truth of the comparison remains unresolved. The ethnographic work by Edin and Shaefer, Desmond, and, on a smaller scale, Alston, documents the grotesque poverty that exists in the US.

4. Richard Wilkinson and Kate Pickett, 2009, *The spirit level: Why greater equality makes socie - ties stronger*, Bloomsbury. See also the wide range of claims at the Equality Trust's website, https://www. equalitytrust.org.uk/.

5. Bureau of Labor Statistics, 2015, "Table A-4: Employment status of the civilian population 25 years and over by educational attainment," Data Retrieval: Labor Force Statistics(CPS), https://www.bls.gov/webapps/legacy/cpsatab4.htm.

6. Census Bureau, n.d., "Poverty," accessed September 19, 2019, https://www.census.gov/topics/income-poverty/poverty.html; authors' calculations using the March Current Population Survey.

7. 3월 인구통계조사(Current Population Survey) 결과를 갖고 저자들이 계산함.

8. 마약 남용과 빈곤을 인터랙티브하게 매핑할 수 있는 멋진 툴은 https://overdosemappingtool.norc.org에서 구할 수 있다.

9. Richard Wilkinson, 2000, *Mind the gap: An evolutionary view of health and inequality*, Darwinism Today, Orion, 4.

10. Raj Chetty, Nathaniel Hendren, Patrick Kline, and Emmanuel Saez, 2014, "Where is the land of opportunity? The geography of intergenerational mobility in the United States," *Quarterly Journal of Economics*, 129(4), 1553-623.

11. David M. Cutler, Edward L. Glaeser, and Karen E. Norberg, 2001, "Explaining the rise in youth suicide," in Jonathan Gruber, ed., *Risky behavior among youths: An economic analysis*, University of Chicago

Press, 219-79; Julie A. Phillips, 2014, "A changing epidemiology of suicide? The influence of birth cohorts on suicide rates in the United States," *Social Science and Medicine*, 114, 151-60.

12. Kyla Thomas and David Gunnell, 2010, "Suicide in England and Wales 1861-2007: A time trends analysis," *International Journal of Epidemiology*, 39, 1464-75.

13. William F. Ogburn and Dorothy S. Thomas, 1922, "The influence of the business cycle on certain social conditions," *Journal of the American Statistical Association*, 18(139), 324-40.

14. Christopher J. Ruhm, 2000, "Are recessions good for your health?," *Quarterly Journal of Economics*, 115(2), 617-50.

15. Ann H. Stevens, Douglas L. Miller, Marianne Page, and Mateusz Filipski, 2015, "The best of times, the worst of times: Understanding pro-cyclical mortality," *American Economic Journal: Economic Policy*, 7(4), 279-311.

16. 인종과 교육별 소득과 사망률 패턴에 대한 보다 종합적인 분석은 다음 논문을 참조. Anne Case and Angus Deaton, 2017, "Mortality and morbidity in the 21st century," *Brookings Papers on Economic Activity*, Spring.

17. Ben Franklin, Dean Hochlaf, and George Holley-Moore, 2017, *Public health in Europe during the austerity years*, International Longevity Centre, UK, https://www.bl.uk/collection-items/public-health-in-europe-during-the-austerity-years.

18. 유럽에서의 기대수명과 관련해 보다 최근에 등장한 또 다른 미스터리가 있다. 2010년 이후 몇 년 동안 가장 건강한 국가들에서 사망률 개선이 둔화되고 있으며, 2014~2015년 사이에 적어도 12개국의 기대수명이 단축됐다는 사실이다. 단, 유럽 대륙에서도 미국에서 일어난 것과 같은 일이 일어나고 있다고 생각하고 싶은 유혹에 빠질 수 있지만 실제로는 그렇지 않다. 유럽에서는 기대수명의 감소 원인이 노인 사망률 상승 때문이지만 미국에서는 중년이나 그 이전 연령대 사망률의 상승 때문이다. 유럽에서는 2015년 초 심각한 독감이 유행했지만 백신도 독감을 막는 데 그다지 효과적이지 않은 것으로 밝혀지며 많

은 노인들이 목숨을 잃었다. 반면 2016년 초순에는 평소보다 사망자가 적었는데, 이는 허약한 사람 중 상당수가 이미 사망했기 때문이다. 따라서 2015년에 비해 2016년에 기대수명이 반등했다. 영국은 예외였다. 영국에선 기대수명이 반등하지 않았고, 죽음은 긴축 정책과 그 효과를 둘러싼 격렬한 논쟁을 불러일으켰다. 이에 대한 설명은 다음 논문을 참조. Simon Wren-Lewis, 2017, "Austerity and mortality," *Mainly macro* (blog), November 25, https://mainlymacro.blogspot.com/2017/11/austerity-and-mortality.html.

19. Rob Joyce and Xiaowei Xu, 2019, *Inequalities in the 21st century: Introducing the IFS Deaton Review*, Institute for Fiscal Studies, May, https://www.ifs.org.uk/inequality/wp-content/uploads/2019/05/The-IFS-Deaton-Review-launch.pdf.

20. Public Health England, 2018, *A review of recent trends in mortality in England*, December, https://assets.publishing.service.gov.uk/government/uploads/system/uploads/attachment_data/file/762623/Recent_trends_in_mortality_in_England.pdf; Office of National Statistics, 2018, "Changing trends in mortality: An international comparison: 2000 to 2016," August 7, https://www.ons.gov.uk/peoplepopulationandcommunity/birthsdeathsandmarriages/lifeexpectancies/articles/changingtrendsinmortalityaninternationalcomparison/2000to2016; Jessica Y. Ho and Arun S. Hendi, 2018, "Recent trends in life expectancy across high income countries: Retrospective observational study," *BMJ*, 362, k2562, https://doi.org/10.1136/bmj.k2562.

21. David Autor, David Dorn, and Gordon Hansen, 2018, "When work disappears: Manufacturing decline and the falling marriage market-value of young men," NBER Working Paper 23173, revised January; Justin R. Pierce and Peter K. Schott, 2016, "Trade liberalization and mortality: Evidence from U.S. counties," NBER Working Paper 22849, November.

22. Amy Goldstein, 2017, *Janesville: An American story*, Simon and

Schuster.

11장 일자리 양극화의 심화

1. Benjamin M. Friedman, 2005, *The moral consequences of economic growth*, Vintage; Thomas B. Edsall, 2012, *The age of austerity: How scarcity will remake American politics*, Doubleday.

2. Loukas Karabarbounis and Brent Neiman, 2013, "The global decline of the labor share," *Quarterly Journal of Economics*, 129(1), 61-103.

3. 여기서 보상(임금과 복지 혜택)은 민간 부문의 생산직이나 비관리직 노동자(전체 임금 노동자의 80퍼센트가 이에 속함)가 받는 보상의 중간값이다. Economic Policy Institute, 2019, "The productivity-pay gap," updated July, https://www.epi.org/productivity-pay-gap/.

4. 1980년 대졸 여성의 임금 프리미엄은 50퍼센트 대 30퍼센트로 남성보다 높았다. 2000년 이후로는 남녀 모두에게 80퍼센트의 프리미엄이 붙는다. 인구통계조사를 갖고 저자들이 계산함.

5. 인구통계 조사를 갖고 저자들이 계산함. 일부 성인들은 20대 후반까지 학사학위를 받기 위해 계속 애쓴다. 2008년 30퍼센트였던 학사학위 소지자 비율은 2017년 36퍼센트로 높아졌다. 미국지역사회조사(American Community Survey)를 갖고 저자들이 계산함.

6. Stephen Machin, 2015, "Real wage trends," Understanding the Great Recession: From Micro to Macro Conference, Bank of England, September 23 and 24, https://www.ifs.org.uk/uploads/Presentations/Understanding%20the%20recession_230915/SMachin.pdf.

7. White House, 2019, *Economic Report of the President*, March, https://www.govinfo.gov/features/erp.

8. Robert D. Putnam, 2000, *Bowling alone: The collapse and revival of American community*, Simon and Schuster, 196-97.

9. Nikki Graf, 2016, "Most Americans say that children are better off with a parent at home," Pew Research Center, October 10, https://www.pewresearch.org/fact-tank/2016/10/10/most-americans-say-children-

are-better-off-with-a-parent-at-home/.

10. Katharine G. Abraham and Melissa S. Kearny, 2019, "Explaining the decline in the US employment to population ratio: A review of the evidence," NBER Working Paper 24333, revised August.

11. 〈도표 11.2〉에서 모두가 '톱니 효과(ratchet effect, 일단 어떤 상태에 도달하고 나면, 다시 원상태로 되돌리기 어렵다는 특성을 지칭하는 말)'를 보는 것은 아니다. 미국기업연구소(American Enterprise Institute)의 니컬러스 에버슈타트(Nicholas Eberstadt)는 "지난 50년 동안 미국 중년 남성의 경제활동 참가율의 감소세는 놀라운 직선성(linearity)을 나타낸다. 이러한 상당한 남성의 경제활동 단념은 실제로 경제 변화로부터는 거의 영향을 받지 않았다"고 주장했다. Eberstadt, 2018, "Men without work," *American Consequences*, January 30, http://www.aei.org/publication/men-without-work-2/.

12. 다른 이유로는 노동력의 노화와 함께 여성이 남성보다 병에 걸릴 확률이 높다는 점을 감안할 때 보험 혜택을 받는 여성 노동자 비율이 더 높다는 사실을 들 수 있다. See Jeffrey B. Liebman, 2015, "Understanding the increase in disability insurance benefit receipt in the United States," *Journal of Economic Perspectives*, 29(2), 123-50.

13. Henrik Jacobsen Kleven, 2014, "How can Scandinavians tax so much?," *Journal of Economic Perspectives*, 28(4), 77-98.

14. Lane Kenworthy, 2019, *Social democratic capitalism*, Oxford University Press.

15. Bertrand Russell, 1935, *In praise of idleness and other essays*, Routledge.

16. Michele Lamont, 2000, *The dignity of the working man*, Harvard University Press.

17. Andrew Cherlin, 2014, *Labor's love lost: The rise and fall of the working class family in America*, Russell Sage Foundation.

18. Richard B. Freeman and James L. Medoff, 1984, *What do unions do?*, Basic Books.

19. Henry S. Farber, Daniel Herbst, Ilyana Kuziemko, and Suresh Naidu,

2018, "Unions and inequality over the twentieth century: New evidence from survey data," NBER Working Paper 24587, May.

20. Bureau of Labor Statistics, 2019, "Union members summary," Economic News Release, January 18, https://www.bls.gov/news.release/union2. nr0.htm.

21. Cherlin, Labor's love lost.

22. Emily Guendelsberger, 2019, *On the clock: What low-wage work did to me and how it drives America insane*, Little, Brown.

23. James Bloodworth, 2018, *Hired: Six months undercover in low-wage Britain*, Atlantic Books, 57.

24. Guendelsberger, *On the clock*.

25. Neil Irwin, 2017, "To understand rising inequality, consider the janitors at two top companies, then and now," *New York Times*, September 3.

26. Nicholas Bloom, 2017, "Corporations in the age of inequality," The Big Idea, *Harvard Business Review*, https://hbr.org/cover-story/2017/03/ corporations-in-the-age-of-inequality.

27. Cherlin, *Labor's love lost*, 172.

28. Daniel Cox, Rachel Lienesch, and Robert P. Jones, 2017, "Beyond economics: Fears of cultural displacement pushed the white working class to Trump," PRRI/*Atlantic* Report, April 9, https://www.prri.org/ research/white-working-class-attitudes-economy-trade-immigration- election-donald-trump/.

12장 가구 양극화의 심화

1. An early statement is in David T. Ellwood and Christopher Jencks, 2004, "The uneven spread of single-parent families: What do we know? Where do we look for answers?," in Kathryn M. Neckerman, ed., *Social inequality*, Russell Sage Foundation, 3-77.

2. 우리는 1980~1982년, 1990~1992년, 2000~2002년, 2010~2012년, 2016~2018년 각 기간별 3년 평균을 제시한다.

3.	Claudia Goldin and Lawrence F. Katz, 2002, "The power of the pill: Oral contraceptives and women's career and marriage decisions," *Journal of Political Economy*, 110(4), 730-70.

4.	Robert D. Mare and Christopher Winship, 1991, "Socioeconomic change and the decline of marriage for blacks and whites," in Christopher Jencks and Paul F. Peterson, ed., *The urban underclass*, Brookings Institution, 175-202.

5.	William Julius Wilson and Kathryn Neckerman, "Poverty and family structure: The widening gap between evidence and public policy issues," in Sheldon H. Danziger and Daniel H. Weinberg, ed., *Fighting poverty: What works and what doesn't*, Harvard University Press, 232-59.

6.	Ansley J. Coale and Susan Cotts Watkins, 1986, *The decline of fertility in Europe*, Princeton University Press; E. Anthony Wrigley and Roger Schofield, 1981, *The population history of England 1541-1871: A reconstruction*, Edward Arnold.

7.	Sara McLanahan, 2004, "Diverging destinies: How children are faring under the second demographic transition," Demography, 41(4), 607-27.

8.	McLanahan; Kathleen Kiernan, Sara McLanahan, John Holmes, and Melanie Wright, 2011, "Fragile families in the US and the UK," https://www.researchgate.net/profile/Kathleen_Kiernan3/publication/254446148_Fragile_families_in_the_US_and_UK/links/0f31753b3edb82d9b3000000/Fragile-families-in-the-US-and-UK.pdf; Kelly Musick and Kath- erine Michelmore, 2018, "Cross-national comparisons of union stability in cohabiting and married families with children," *Demography*, 55, 1389-421.

9.	Andrew Cherlin, 2014, *Labor's love lost: The rise and fall of the working -class family in America*, Russell Sage Foundation, 145.

10.	Guttmacher Institute, 2017, "Abortion is a common experience for U.S. women, despite dramatic declines in rates," news release, October 19, https://www.guttmacher.org/news-release/2017/abortion-common-experience-us-women-despite-dramatic-declines-rates.

11. Kathryn Edin and Timothy J. Nelson, 2013, *Doing the best I can: Fathers in the inner city*, University of California Press.

12. Andrew Cherlin, 2009, *The marriage-go-round: The state of marriage and the family in America today*, Vintage Books/Random House, loc. 2881 of 4480, Kindle.

13. Robert D. Putnam, 2000, *Bowling alone: The collapse and revival of American community*, Simon and Schuster.

14. 갤럽 조사를 갖고 저자들이 계산함. 보다 일반적 설명은 다음 논문을 참조. Gallup, "How does Gallup Daily tracking work?," accessed September 20, 2019, https://www.gallup.com/174155/gallup-daily-tracking-methodology.aspx.

15. Larry M. Bartels, 2008, *Unequal democracy: The political economy of the new gilded age*, Princeton University Press; Martin Gilens, 2012, *Affluence and influence: Economic inequality and political power in America*, Princeton University Press.

16. Robert D. Putnam and David E. Campbell, 2010, *American grace: How religion divides and unites us*, Simon and Schuster.

17. 갤럽 조사를 갖고 저자들이 계산함.

18. Putnam and Campbell, *American grace*.

19. Robert P. Jones and Daniel Cox, 2017, *America's changing religious identity*, PRRI, https:// www.prri.org/research/american-religious-landscape-christian-religiously-unaffiliated/.

20. Robert Wuthnow, 1998, *After heaven: spirituality in America since the 1950s*, U of California.

21. Cherlin, *Marriage-go-round*, loc. 485 of 4480, Kindle.

22. Kathryn Edin, Timothy Nelson, Andrew Cherlin, and Robert Francis, 2019, "The tenuous attachments of working-class men," *Journal of Economic Perspectives*, 33(2), 211-28.

23. David G. Myers, 2008, *A friendly letter to skeptics and atheists: Musings on why God is good and faith isn't evil*, Jossey-Bass/Wiley.

24. Richard Layard, 2005, *Happiness: Lessons from a new science*, Penguin.

25. 갤럽 자료를 갖고서 각 느낌에 대한 질문을 통해 저자들이 계산함.

4부 다시 쓰는 자본주의의 미래

1. Kaiser Family Foundation, 2018, "Key facts about the uninsured population," December 7, https://www.kff.org/uninsured/fact-sheet/key-facts-about-the-uninsured-population/.

2. Victor R. Fuchs, 2019, "Does employment-based health insurance make the US medical care system unfair and inefficient?," Journal of the American Medical Association, 321(21), 2069-70, https://doi.org/10.1001/jama.2019.4812; Victor R. Fuchs, 1976, "From Bismarck to Woodcock: The 'irrational' pursuit of national health insurance," *Journal of Law and Economics*, 19(2), 347-59.

3. John Maynard Keynes, 1919, *The economic consequences of the peace*, Macmillan.

4. Charles P. Kindleberger, 1986, *The world in depression, 1929-1939*, University of California Press, 17-26.

5. Max Hantke and Mark Spoerer, 2010, "The imposed gift of Versailles: The fiscal effects of restricting the size of Germany's armed forces, 1924-29," *Economic History Review*, 63(4), 849-64

6. 미국 지역사회 설문 조사를 갖고 저자들이 계산함.

7. Frank Newport, 2013, "In U.S., 87% approve of black-white marriage, vs. 4% in 1958," Gallup, July 25, https://news.gallup.com/poll/163697/approve-marriage-blacks-whites.aspx.

8. Andrew J. Cherlin, *Love's labor lost: The rise and fall of the working-class family in America*, Russell Sage Foundation, 54.

9. Ilyana Kuziemko, Ryan W. Buell, Taly Reich, and Michael I. Norton, 2014, "'Last-place aversion': Evidence and redistributive implications,"

Quarterly Journal of Economics, 129(1), 105-49.

10. Alan S. Gerber, Donald P. Green, and Edward Kaplan, 2003, "The illusion of learning from observational research," September 10, https://www. researchgate.net/profile/Donald_Green4/publication/228755361_12_ The_illusion_of_learning_from_observational_research/links/0046351e aab43ee2aa000000/12-The-illusion-of-learning-from-observational-research.pdf.

13장 삶을 무너뜨리는 미국의 의료 서비스

1. Anne B. Martin, Micah Hartman, Benjamin Washington, Aaron Catlin, and the National Health Expenditure Accounts Team, 2019, "National health care expenditure in 2017: Growth slows to post-Great Recession rates; share of GDP stabilizes," *Health Affairs*, 38(1), 96-106, https://doi. org/10.1377/hlthaff.2018.05085.

2. Adam Smith, 1776, *The wealth of nations*, bk. 4. See our introduction.

3. Robert E. Hall and Charles I. Jones, 2007, "The value of life and the rise in health spending," *Quarterly Journal of Economics*, 122(1), 39-72, https://doi.org/10.1162/qjec.122.1.39.

4. Kenneth J. Arrow, 1963, "Uncertainty and the welfare economics of medical care," *American Economic Review*, 53(5), 941-73.

5. Authors' update of Max Roser, 2017, "Link between health spending and life expectancy: US is an outlier," Our World in Data, May 26, https://ourworldindata.org/the-link-between-life-expectancy-and-health-spending-us-focus. The underlying data used for extension are from the World Bank's World Development Indicators, http:// data.worldbank.org/data-catalog/world-development-indicators; and Organisation for Economic Co-operation and Development data, data https://stats.oecd.org/.

6. Victor Dzau, Mark B. McClellan, Michael McGinnis, et al., 2017, "Vital directions for health and health care: Priorities from a National

Academy of Medicine initiative," *Journal of the American Medical Association*, 317(14), 1461-70, https://doi.org/10.1001/jama.2017.1964.

7. William H. Shrank, Teresa L. Rogstad, and Natasha Parekh, 2019, "Waste in the US health care system: Estimated costs and potential for savings," *Journal of the American Medical Association*, 322(15), 1501-9, https://doi.org/10.1001/jama.2019.13978.

8. Elizabeth Arias and Jiaquan Xu, 2019, "United States life tables, 2017," *National Vital Statistics Reports*, 68(7), https://www.cdc.gov/nchs/data/nvsr/nvsr68/nvsr68_07-508.pdf.

9. OECD.Stat, 2019, "Health status," last updated July 2, https://stats.oecd.org/Index.aspx?DatasetCode=HEALTH_STAT.

10. Jonathan Skinner and Amitabh Chandra, 2018, "Health care employment growth and the future of US cost containment," *Journal of the American Medical Association*, 319(18), 1861-62.

11. Irene Papanicolas, Liana R. Woskie, and Ashish K. Jha, 2018, "Healthcare spending in the United States and in other high-income countries," *Journal of the American Medical Association*, 319(10), 1024-39, https://doi.org/10.1001/jama.2018.1150: Ezekiel J. Emanuel, 2018, "The real cost of the US healthcare system," *Journal of the American Medical Association*, 319(10), 983-85.

12. James Banks, Michael Marmot, Zoe Oldfield, and James P. Smith, 2006, "Disease and disadvantage in the United States and in England," *Journal of the American Medical Association*, 295(17), 2037-45.

13. 갤럽 세계 설문조사를 갖고 저자들이 계산함.

14. Karen Davis, Cathy Schoen, Stephen Schoenbaum, et al., 2007, *Mirror, mirror on the wall: An international update on the comparative performance of American Health Care*, Commonwealth Fund, https://www.commonwealthfund.org/publications/fund-reports/2007/may/mirror-mirror-wall-international-update-comparative-performance.

15. Papanicolas et al., "Healthcare spending."

16. Emanuel, "Real cost."

17. Dean Baker, 2016, *Rigged: How globalization and the rules of the modern economy were structured to make the rich richer*, Center for Economic Policy Research.

18. Jon Bakija, Adam Cole, and Bradley T. Heim, 2012, "Jobs and income growth of top earners and the causes of changing income inequality: Evidence from U.S. tax return data," April, https://web.williams.edu/Economics/wp/BakijaColeHeimJobsIncomeGrowthTopEarners.pdf.

19. Papanicolas et al., "Healthcare spending."

20. Michelle M. Mello, Amitabh Chandra, Atul A. Gawande, and David M. Studdert, 2010, "National costs of the medical liability system," Health Affairs, 29(9), 1569-77, https://doi.org/10.1377/hlthaff.2009.0807; Martin et al., "National health care expenditure."

21. Emanuel, "Real cost," 983.

22. Baker, *Rigged*.

23. Danielle Ofri, 2019, "The insulin wars: How insurance companies farm out their dirty work to doctors and patients," *New York Times*, January 18.

24. Economist, 2019, "Why America's biggest charities are owned by pharmaceutical companies," August 15.

25. Nicholas Timmins, 2009, "The NICE way of influencing health spending: A conversation with Sir Michael Rawlins," *Health Affairs*, 28(5), 1360-65, 1362, https://doi.org/10.1377/hlthaff.28.5.1360.

26. Emanuel, "Real cost."

27. Zack Cooper, Stuart V. Craig, Martin Gaynor, and John van Reenen, 2019, "The price ain't right? Hospital prices and health spending on the privately insured," *Quarterly Journal of Economics*, 134(1), 51-107, https://doi.org/10.1093/qje/qjy020.

28. Zack Cooper, Fiona Scott Morton, and Nathan Shekita, 2017, "Surprise! Out-of-network billing for emergency care in the United States,"

National Bureau of Economic Research Working Paper No. 23623, July; Eileen Appelbaum and Rosemary Batt, 2019, "Private equity and surprise medical billing," Institute for New Economic Thinking, September 4, https://www.ineteconomics.org/perspectives/blog/private-equity-and-surprise-medical-billing; Jonathan Ford, 2019, "Private equity has inflated US medical bills," *Financial Times*, October 6.

29. Steven Brill, 2015, America's bitter pill: Money, politics, backroom deals, and the fight to fix our broken healthcare system, Random House.

30. David Robinson, 2016, "Top 5 highest paid New York hospital officials," Lohud.com, June 2, https://www.lohud.com/story/news/investigations/2016/06/02/hospitals-biggest-payouts/85049982/.

31. NewYork-Presbyterian Hospital, 2017, "Amazing things are happening," https://www.nyp.org/amazingthings/.

32. Shefali Luthra, 2018, "Playing on fear and fun, hospitals follow pharma in direct-to-consumer advertising," Kaiser Health News, November 19, https://khn.org/news/hospitals-direct-to-consumer-health-care-advertising-marketing/.

33. Katie Thomas and Charles Ornstein, 2019, "Top cancer doctor, forced out over ties to drug makers, joins their ranks," *New York Times*, January 7, https://www.nytimes.com/2019/01/07/health/baselga-sloan-kettering-astrazeneca.html.

34. Katie Thomas and Charles Ornstein, 2018, "Memorial Sloan Kettering's season of turmoil," *New York Times*, December 31, https://www.nytimes.com/2018/12/31/health/memorial-sloan-kettering-conflicts.html.

35. Patrick Thomas, 2018, "Ever heard of Iqvia? Its CEO made $38 million," *Wall Street Journal*, June 12, https://www.wsj.com/articles/ever-heard-of-iqvia-its-ceo-made-38-million-1528801200.

36. Matthew Smith, Danny Yagan, Owen M. Zidar, and Eric Zwick, 2019, "Capitalists in the twenty-first century," *Quarterly Journal of*

Economics, 134(4), 1675-1745.

37. Centers for Medicare and Medicaid Services, 2018, "National health expenditure data," last modified April 17, https://www.cms.gov/ Research-Statistics-Data-and-Systems/Statistics-Trends-and-Reports/ NationalHealthExpendData/index.html.

38. Ezekiel J. Emanuel and Victor R. Fuchs, 2008, "Who really pays for health care? The myth of 'shared responsibility,'" *Journal of the American Medical Association*, 299(9), 1057-59.

39. Martin et al., "National health care expenditure."

40. Yi Chin, Maurizio Mazzocco, and Béla Személy, 2019, "Explaining the decline of the U.S. saving rate: The role of health expenditure," *International Economic Review*, 60(4), 1-37, https:// doi.org/10.1111/ iere.12405.

41. Sara R. Collins, Herman K. Bhupal, and Michelle M. Doty, 2019, "Health insurance coverage eight years after the ACA," Commonwealth Fund, February 7, https://www.commonwealthfund.org/publications/issue-briefs/2019/feb/health-insurance-coverage-eight-years-after-aca.

42. Martin et al., "National health care expenditure."

43. Collins et al., "Health insurance coverage."

44. David I. Auerbach and Arthur L. Kellerman, 2011, "A decade of health care cost growth has wiped out real income gains for an average US family," *Health Affairs*, 30(9), 1630-36.

45. Jonathan Gruber, 2000, "Health insurance and the labor market," in Anthony J. Culyer and Joseph P. Newhouse, ed., *Handbook of Health Economics*, Elsevier Science, vol. 1, pt. A, 645-706, https://doi. org/10.1016/S1574-0064(00)80171-7.

46. Joint Committee on Taxation, 2018, "Estimates of federal tax expenditures for fiscal years 2017-2021," May 25, https://www.jct.gov/publications. html?func=select&id=5.

47. Victor R. Fuchs, 2019, "Does employment-based health insurance

make the US medical care system unfair and inefficient?," *Journal of the American Medical Association*, 321(21), 2069–70, https://doi.org/10.1001/jama.2019.4812.

48. Leslie Josephs, 2017, "FedEx says US roads are so bad it's burning through tires twice as fast as it did 20 years ago," Quartz, February 1, https://qz.com/900565/fedex-says-us-roads-are-so-bad-its-burning-through-tires-twice-as-fast-as-it-did-20-years-ago/.

49. National Association of State Budget Officers, 2018, Summary: NASBO state expenditure report, November 15, https://higherlogicdownload.s3.amazonaws.com/NASBO/9d2d2db1-c943-4f1b-b750-0fca152d64c2/UploadedImages/Issue%20Briefs%20/2018_State_Expenditure_Report_Summary.pdf.

50. Arrow, "Uncertainty."

51. Robert D. Atkinson and Michael Lind, 2018, *Big is beautiful: Debunking the myth of small business*, MIT Press.

52. Lawrence Lessig, 2015, *Republic, lost: version 2.0*, Hachette.

53. All data from https://www.opensecrets.org/, accessed August 2019.

54. Brill, *America's bitter pill*.

55. Lee Drutman, 2015, *The business of America is lobbying: How corporations became politicized and politics became more corporate*, Oxford University Press.

56. Zack Cooper, Amanda E. Kowalski, Eleanor N. Powell, and Jennifer Wu, 2019, "Politics and health care spending in the United States," NBER Working Paper 23748, revised February.

14장 자본주의, 이민자, 로봇 그리고 중국

1. National Academies of Sciences, Engineering, and Medicine, 2017, *The economic and fiscal consequences of immigration*, National Academies Press, https://doi.org/10.17226/23550. We draw on this compendium of evidence extensively in this section.

2. Ufuk Akcigit, Salomé Baslandze, and Stefanie Stantcheva, 2016, "Taxation and the international mobility of inventors," *American Economic Review*, 106(10), 2930-81, http://dx.doi.org/10.1257/aer.20150237.

3. National Academies of Sciences, Engineering, and Medicine, *Economic and fiscal consequences*.

4. Douglas S. Massey, 2017, "The counterproductive consequences of border enforcement," *Cato Journal*, 37(3), https://www.cato.org/cato-journal/fall-2017/counterproductive-consequences-border-enforcement.

5. Tom Cotton, 2016, "Fix immigration. It's what voters want," op-ed, *New York Times*, December 28.

6. National Academies of Sciences, Engineering, and Medicine, *Economic and fiscal consequences*, 247.

7. *U.S. News and World Report*, n.d., "How much does a plumber make?," accessed July 28, 2019, https://money.usnews.com/careers/best-jobs/plumber/salary.

8. Census Bureau, "Poverty thresholds," accessed February 18, 2019, https://www.census.gov/data/tables/time-series/demo/income-poverty/historical-poverty-thresholds.html.

9. David Autor, David Dorn, and Gordon H. Hansen, 2013, "The China syndrome: Local labor market effects of import competition in the United States," *American Economic Review*, 103(6), 2121-68, http://dx.doi.org/10.1257/aer.103.6.2121. For a later review, see also David Autor, David Dorn, and Gordon H. Hansen, 2016, "The China shock: Learning from labor-market adjustment to large changes in trade," *Annual Review of Economics*, 8, 205-40, https://doi.org/10.1146/annurev-economics-080315-015041.

10. David Autor, David Dorn, and Gordon H. Hansen, 2017, "When work disappears: Manufacturing decline and the falling marriage market of men," NBER Working Paper 23173, February, https://www.nber.org/

papers/w23173.

11. Nicholas Bloom, Kyle Handley, Andr? Kurman, and Phillip Luck, 2019, "The impact of Chinese trade on US employment: The good, the bad, and the apocryphal," July, https://nbloom.people.stanford.edu/sites/g/files/sbiybj4746/f/bhkl_posted_draft.pdf.

12. Robert Feenstra, Hong Ma, Akira Sasahara, and Yuan Xu, 2018, "Reconsidering the 'China shock' in trade," VoxEU, January 18, https://voxeu.org/article/reconsidering-china-shock-trade.

13. David Autor, 2019, "Work of the past, work of the future," *American Economic Association Papers and Proceedings*, 109, 1-32.

14. Quoted in Steven Brill, 2018, *Tailspin: The people and forces behind America's fifty-year fall-and those fighting to reverse it*, Knopf, 181.

15. Autor, Dorn, and Hansen, "China shock."

16. Dani Rodrik, 1997, *Has globalization gone too far?*, Institute for International Economics, loc. 178 of 1486, Kindle.

17. Robert Joyce and Xiaowei Xu, 2019, *Inequalities in the 21st century: Introducing the IFS Deaton Review*, Institute for Fiscal Studies, May, https://www.ifs.org.uk/inequality/wp-content/uploads/2019/05/The-IFS-Deaton-Review-launch_final.pdf.

18. Alberto Alesina and Edward Glaeser, 2006, *Fighting poverty in the US and Europe: A world of difference*, Oxford University Press; Alberto Alesina, Reza Baqir, and William Easterly, 1999, "Public goods and ethnic divisions," *Quarterly Journal of Economics*, 114(4), 1243-84.

19. Michael A. McCarthy, 2017, *Dismantling solidarity: Capitalist politics and American pensions since the New Deal*, Cornell University Press, 51.

20. Jacob S. Hacker, 2008, *The great risk shift: The new economic insecurity and the decline of the American dream*, Oxford University Press; McCarthy, *Dismantling solidarity*.

21. Organisation for Economic Co-operation and Development data quoted by Jacob S. Hacker, 2019, "The economy is strong, so why do so

many Americans still feel at risk?," *New York Times*, May 21.

15장 기업과 소비자와 노동자

1. Adam Smith, 1776, *The wealth of nations*, bk. 1.

2. Alan B. Krueger, 2018, "Reflections on dwindling worker bargaining power and monetary policy," luncheon address at the Jackson Hole Economic Symposium, August 24, https://www.kansascityfed.org/~/media/files/publicat/sympos/2018/papersandhandouts/824180824 kruegerremarks.pdf?la=en.

3. Luigi Zingales, 2017, "Towards a political theory of the firm," *Journal of Economic Perspectives*, 31(3), 113-30.

4. Naomi Lamoreaux, 2019, "The problem of bigness: From Standard Oil to Google," *Journal of Economic Perspectives*, 33(3), 94-117.

5. Lamoreaux.

6. Joseph Stiglitz, 2019, *People, power, and politics: Progressive capitalism for an age of discontent*, Norton; Thomas Philippon, 2019, *The great reversal: How America gave up on free markets*, Harvard University Press; Raghuram Rajan, 2019, *The third pillar: How markets and the state leave the community behind*, Penguin; Paul Collier, 2018, *The future of capitalism: Facing the new anxieties*, Harper; Jonathan Tepper and Denise Hearn, 2018, *The myth of competition: Monopolies and the death of competition*, Wiley; Steven Pearlstein, 2018, *Can American capitalism survive? Why greed is not good, opportunity not equal, and fairness won't make us poorer*, St. Martin's; Tim Wu, 2018, *The curse of bigness: Antitrust in the new gilded age*, Columbia Global Reports; Elizabeth Anderson, 2017, *Private government: How employers rule our lives (and why we don't talk about it)*, Princeton University Press; Dean Baker, 2016, *Rigged: How globalization and the rules of the modern economy were structured to make the rich richer*, Center for Economic Policy Research; Tim Carney, 2019, *Alienated America: Why*

some places thrive while others collapse, Harper; Lane Kenworthy, 2019, *Social democratic capitalism*, Oxford University Press. For an unapologetic defense, see Tyler Cowen, 2019, Big business: A love letter to an American anti-hero, St. Martin's.

7. Philippon, *Great reversal*.

8. David Autor, David Dorn, Lawrence F. Katz, Christina Patterson, and John van Reenen, 2019, "The fall of the labor share and the rise of superstar firms," NBER Working Paper 23396, revised May 2, figure 4, https://economics.mit.edu/files/12979.

9. Buffett quoted in Tepper and Hearn, *Myth of competition*, 2, 198.

10. Numbers from CNN Business online, February 19, 2019: for United, see https://money.cnn.com/quote/shareholders/shareholders.html?symb=U AL&subView=institutional; for Delta, see https://money.cnn.com/quote/ shareholders/shareholders.html?symb=DAL&subView=institutional; for Southwest, https://money.cnn.com/quote/shareholders/shareholders. html?symb=LUV&subView=institutional; for American, https://money. cnn.com/quote/shareholders/shareholders.html?symb=AAL&subView=i nstitutional.

11. Einar Elhauge, 2019, "How horizontal shareholding harms our economy-and why anti-trust law can fix it," SSRN, revised August 4, http://dx.doi.org/10.2139/ssrn.3293822; José Azar, Martin C. Schmalz, and Isabel Tecu, 2018, "Anticompetitive effects of common ownership," *Journal of Finance*, 73(4), 1513-65.

12. Tepper and Hearn, *Myth of competition*.

13. Susanto Basu, 2019, "Are price-cost markups rising in the United States? A discussion of the evidence," *Journal of Economic Perspectives*, 33(3), 3-22; Chad Syverson, 2019, "Macroeconomics and market power: Context, implications, and open questions," *Journal of Economic Perspectives*, 33(3), 23-43.

14. Jan De Loecker, Jan Eeckhout, and Gabriel Unger, 2018, "The rise of

market power and the macroeconomic implications," November 22, http://www.janeeckhout.com/wp-content/uploads/RMP.pdf.

15. John R. Hicks, 1935, "Annual survey of economic theory: The theory of monopoly," *Econometrica*, 3(1), 1-20.

16. Carl Shapiro, 2019, "Protecting competition in the American economy: Merger control, tech titans, labor markets," *Journal of Economic Perspectives*, 33(3), 69-93.

17. Carl Shapiro, 2018, "Antitrust in a time of populism," *International Journal of Industrial Organization*, 61, 714-48.

18. De Loecker et al., "Rise of market power."

19. John Van Reenen, 2018, "Increasing differences between firms: Market power and the market economy," prepared for the Jackson Hole conference, https://www.kansascityfed.org/~/media/files/publicat/sympos/2018/papersandhandouts/jh%20john%20van%20reenen%20version%2020.pdf?la=en.

20. Autor et al., "Fall of the labor share"; International Labor Organization and Organisation for Economic Co-operation and Development, 2015, *The Labor share in G20 economies*, report prepared for the G20 Employment Working Group, Antalya, Turkey, February 26-27, https://www.oecd.org/g20/topics/employment-and-social-policy/The-Labour-Share-in-G20-Economies.pdf.

21. For a contrary view, see Philippon, *Great reversal*.

22. Verizon Communications Inc. v. Law Offices of Curtis V. Trinko LLP, 540 U.S. 398 (2004), https://www.law.cornell.edu/supct/html/02-682.ZO.html.

23. Esteban Rossi-Hansberg, Pierre-Daniel Sarte, and Nicholas Trachter, 2018, "Diverging trends in national and local concentration," NBER Working Paper 25066, September.

24. For an argument to the contrary, see Philippon, *Great reversal*.

25. Joan Robinson, 1933, *The economics of imperfect competition*,

Macmillan.

26. David G. Blanchflower, 2019, *Not working: Where have all the good jobs gone?*, Princeton University Press; David Autor, 2019, "Work of the past, work of the future," *American Economic Association Papers and Proceedings*, 109, 1-32.

27. Doruk Cengiz, Arindrajit Dube, Attila Lindner, and Ben Zipperer, 2019, "The effect of minimum wages on low-wage jobs," *Quarterly Journal of Economics*, 134(3), 1405-54.

28. David Metcalf, 2008, "Why has the British national minimum wage had little or no impact on employment?," Journal of Industrial Relations, 50(3), 489-512; David Card and Alan B. Krueger, 2017, "*Myth and measurement* and the theory and practice of labor economics," *ILR Review*, 70(3), 826-31.

29. Kevin Rinz, 2018, "Labor market concentration, earnings inequality, and earnings mobility," US Census Bureau, CARRA Working Paper 2018-10, September, https://www.census.gov/content/dam/Census/library/working-papers/2018/adrm/carra-wp-2018-10.pdf.

30. Krueger, "Reflections."

31. Krueger.

32. David Weil, 2014, *The fissured workplace: Why work became so bad for so many and what can be done to improve it*, Harvard University Press.

33. David Dorn, Johannes Schmieder, and James R. Spletzer, 2018, "Domestic outsourcing in the United States," January 31, 1, https://www.dol.gov/sites/dolgov/files/OASP/legacy/files/Domestic-Outsourcing-in-the-United-States.pdf.

34. *New York Times*, 2019, "Senators urge Google to give temporary workers fulltime status," August 5.

35. Henry Farber, David Herbst, Ilyana Kuziemko, and Suresh Naidu, 2018, "Unions and inequality over the 20th century: New evidence from

survey data," NBER Working Paper 24587, May, https://www.nber.org/papers/w24587.

36. Kathryn Abraham and Melissa Kearney, 2018, "Explaining the decline in the US employment to population ratio: A review of the evidence," NBER Working Paper 24333, February, https://www.nber.org/papers/w24333.

37. 이 문제를 논의할 수 있게 해준 올리버 하트(Oliver Hart)에게 감사한다.

38. The following draws on Lee Drutman, 2015, *The business of America is lobbying: How corporations became politicized and politics became more corporate*, Oxford University Press; Jacob S. Hacker and Paul Pierson, 2011, *Winner-take-all politics: How Washington made the rich richer?and turned its back on the middle class*, Simon and Schuster; and Brink Lindsey and Steven M. Teles, 2017, *The captured economy: How the powerful enrich themselves, slow down growth, and increase inequality*, Oxford University Press.

39. Data from https://www.opensecrets.org, accessed August 5, 2019.

40. Stephanie Hernandez McGavin, 2016, "Volkswagen Group leads automotive spending on advertising," Automotive News, December 9, https://www.autonews.com/article/20161209/RETAIL03/161209824/volkswagen-group-leads-automotive-spending-on-advertising.

41. Lewis F. Powell Jr., 1971, "Attack of American free enterprise system," confidential memorandum to Eugene B. Sydnor Jr., August 23, Supreme Court History: Law, Power, and Personality, PBS, accessed August 14, 2019, https://web.archive.org/web/20120104052451/http://www.pbs.org/wnet/supremecourt/personality/sources_document13.html.

42. Data from https://www.opensecrets.org, accessed August 5, 2019.

43. Martin Gilens, 2014, *Affluence and influence: Economic inequality and political power in America*, Princeton University Press; Larry M. Bartels, 2008, *Unequal democracy: The political economy of the new gilded age*, Princeton University Press.

44. Dani Rodrik, 1997, *Has globalization gone too far?*, Institute for International Economics.

45. Weil, *Fissured workplace*.

16장 우리는 어떻게 해야 하는가?

1. Amartya K. Sen, 2009, *The idea of justice*, Harvard University Press; Amartya K. Sen, 2006, "What do we want from a theory of justice?," *Journal of Philosophy*, 103(5), 215-38.

2. Anthony B. Atkinson, 1970, "The measurement of inequality," *Journal of Economic Theory*, 2, 224-63.

3. Derek Parfit, 1997, "Equality and priority," *Ratio*, 10(3), 202-21.

4. Peter Diamond and Emanuel Saez, 2011, "The case for a progressive tax: From basic research to policy recommendations," *Journal of Economic Perspectives*, 25(4), 165-90.

5. Abby Goodnough, 2018, "This city's overdose deaths have plunged. Can others learn from it?," *New York Times*, November 25, https://www.nytimes.com/2018/11/25/health/opioid-overdose-deaths-dayton.html.

6. Centers for Disease Control and Prevention, 2019, "Prescription opioid data," last reviewed June 27, https://www.cdc.gov/drugoverdose/data/prescribing.html.

7. Kenneth J. Arrow, 1963, "Uncertainty and the welfare economics of medical care," *American Economic Review*, 53(5), 941-73.

8. Nicholas Timmins, 2009, "The NICE way of influencing health spending: A conversation with Sir Michael Rawlins," *Health Affairs*, 28(5), 1360-65, https://doi.org/10.1377/hlthaff.28.5.1360.

9. Arrow, "Uncertainty," 967.

10. Edward R. Berchick, Emily Hood, and Jessica C. Barnett, 2018, *Health insurance coverage in the United States: 2017*, report no. P60-264, US Census Bureau, September, https://www.census.gov/library/publications/2018/demo/p60-264.html.

11. Victor R. Fuchs, 2018, "Is single payer the answer for the US health care system?," *Journal of the American Medical Association*, 319(1), 15-16, https://doi.org/10.1001/jama.2017.18739.

12. Victor R. Fuchs, 2018, "How to make US health care more equitable and less costly: Begin by replacing employment-based insurance," *Journal of the American Medical Association*, 320(20), 2071-72, 2072, https://doi.org/10.1001/jama.2018.16475, 2072.

13. Ezekiel J. Emanuel and Victor R. Fuchs, 2007, *A comprehensive cure: Universal health care vouchers*, Discussion Paper 2007-11, Brookings Institution, July, http://www.hamiltonproject.org/assets/legacy/files/downloads_and_links/A_Comprehensive_Cure-_Universal_Health_Care_Vouchers.pdf.

14. Dylan Scott, 2019, "How to build a Medicare-for-all plan, explained by somebody who's thought about it for 20 years," Vox, January 28, https://www.vox.com/policy-and-politics/2019/1/28/18192674/medicare-for-all-cost-jacob-hacker. See also Jacob S. Hacker, 2018, "The road to Medicare for everyone," *American Prospect*, January 3.

15. BBC News, 1998, "Making Britain better," July 1, http://news.bbc.co.uk/2/hi/events/nhs_at_50/special_report/119803.stm.

16. Anthony B. Atkinson, 2003, "Income inequality in OECD countries: Data and explana- tions," *CESifo Economic Studies*, 49(4), 479-513.

17. Kwame Anthony Appiah, 2018, *The lies that bind: Rethinking identity*, Liveright.

18. Philippe van Parijs and Yannick Vanderborght, 2017, *Basic income: A radical proposal for a free society and a sane economy*, Harvard University Press.

19. Emma Rothschild, 2000, "A basic income for all: Security and laissez-faire," *Boston Review*, October 1, http://bostonreview.net/forum/basic-income-all/emma-rothschild-security-and-laissez-faire.

20. Herbert Simon, 2000, "A basic income for all: UBI and the flat tax,"

Boston Review, October 1, http://bostonreview.net/forum/basic-income-all/herbert-simon-ubi-and-flat-tax.

21. Hilary W. Hoynes and Jesse Rothstein, 2019, "Universal basic income in the US and advanced countries," NBER Working Paper 25538, February, https://www.nber.org/papers/w25538.

22. Robert H. Frank, 2014, "Let's try a basic income and public work," *Cato Unbound*, August 11, https://www.cato-unbound.org/2014/08/11/robert-h-frank/lets-try-basic-income-public-work.

23. Eric A. Posner and E. Glen Weyl, 2018, *Radical markets: Uprooting capitalism and democracy for a just society*, Princeton University Press.

24. Edmund Phelps, 2009, *Rewarding work: How to restore participation and self-support to free enterprise*, Harvard University Press; Oren Cass, 2018, *The once and future worker: A vision for the renewal of work in America*, Encounter Books.

25. Bureau of Labor Statistics, 2018, "Characteristics of minimum wage workers, 2017," BLS Reports, Report 1072, March, https://www.bls.gov/opub/reports/minimum-wage/2017/home.htm.

26. Joan Robinson, 1956, *The accumulation of capital*, Macmillan, 87.

27. Brink Lindsey and Steven M. Teles, 2017, *The captured economy: How the powerful enrich themselves, slow down growth, and increase inequality*, Oxford University Press.

28. Lindsey and Teles. See also Dean Baker, 2016, *Rigged: How globalization and the rules of the modern economy were structured to make the rich richer*, Center for Economic Policy Research.

29. Robert D. Atkinson and Michael Lind, 2018, *Big is beautiful: Debunking the myth of small business*, MIT Press.

30. Matthew Smith, Danny Yagan, Owen M. Zidar, and Eric Zwick, 2019, "Capitalists in the 21st century," *Quarterly Journal of Economics*, 134(4), 1675-1745, 1677.

31. Adam Smith, 1776, *The wealth of nations*, bk. 4.

32. Cass, *Once and future worker*.

33. Michael J. Sandel, 2018, "Populism, Trump, and the future of democracy," openDemocracy, May 9, https://www.opendemocracy.net/en/populism-trump-and-future-of-democracy/.

34. Harriet Ryan, Lisa Girion, and Scott Glover, 2016, "OxyContin goes global—'We're only just getting started,'" *Los Angeles Times*, December 18, https://www.latimes.com/projects/la-me-oxycontin-part3/.

35. Ellen Barry, 2019, "'Austerity, that's what I know': The making of a young UK socialist," *New York Times*, February 24, https://www.nytimes.com/2019/02/24/world/europe/britain-austerity-socialism.html.

36. Charles Murray, 2012, *Coming apart: The state of white America, 1960–2010*, Crown.

37. Angus Deaton, 2017, "Without governments would countries have more inequality, or less?," *Economist*, July 13.

중년의 삶은 어떻게 비극으로 내몰리는가
절망의 죽음과 자본주의의 미래

제1판 1쇄 발행 | 2021년 7월 5일
제1판 3쇄 발행 | 2021년 7월 30일

지은이 | 앵거스 디턴 · 앤 케이스
옮긴이 | 이진원
펴낸이 | 유근석
펴낸곳 | 한국경제신문 한경BP
책임편집 | 김종오
교정교열 | 이근일
저작권 | 백상아
홍보 | 서은실 · 이여진 · 박도현
마케팅 | 배한일 · 김규형
디자인 | 지소영
본문디자인 | 디자인 현

주소 | 서울특별시 중구 청파로 463
기획출판팀 | 02-3604-590, 584
영업마케팅팀 | 02-3604-595, 583   FAX | 02-3604-599
H | http://bp.hankyung.com   E | bp@hankyung.com
F | www.facebook.com/hankyungbp
등록 | 제 2-315(1967. 5. 15)

ISBN 978-89-475-4727-7   03320